아동미술 이론과 실습

How to Understand and Teach Children's Art

| 최나야 · 김태연 · 김도연 · 김수희 · 조연수 · 전은옥 공저 |

학지사

머리말

취미로 그림을 그리기 시작한 지 6년 정도 되어 갑니다. 왠지 막연하게 그림을 배우고 싶었는데 존경하는 선배님 몇 분이 '그림은 재능이 없어도 된다'며 용기를 주셨던 덕분이지요. 새로운 세계로 들어가면서 미술에 관심이 더 많아졌고, 제가 공부하는 아동학과의 접목도 생각하게 되었습니다.

아동은 놀라운 속도로 발달하는 존재입니다. 그들의 세계를 올바르게 이해하며 미술을 지도할 수 있는 것은 축복이라고 생각합니다. 영유아보육 · 유아교육현장의 예비교사로서, 부모로서, 미술지도자로서 아동미술을 지도하는 데 도움을 드리기 위한 전문서를 내고자 했습니다.

감사하게도 제가 인복이 많아 이 분야의 전문가들과 협업하게 되었습니다. 이 책의 저자들은 아동학, 유아교육학, 미술을 전공하고 어린이집, 유치원, 미술치료센터, 대학 등에서 경력을 쌓아 왔습니다. 저희는 2년 동안 각자 자신의 전문 분야에 대한 장을 맡아 저술하기 위해 지속적으로 서로 논의하고 자료를 수집하며 의미 있는 시간을 보냈습니다. 아동미술에 대해 모두가 한 뼘 더 성장한 만큼 결과물을 독자 여러분과 공유하고 싶습니다.

이 책에서는 기본적인 아동미술 이론과 역사적 바탕을 살펴보고 아동의 미술적 표현이 어떻게 발달하는지 다룹니다. 미술지도를 우리 교육과정과 연결하고, 교사의 역할과 환경 구성에 대해서도 살펴보았습니다. 또한 구체적인 미술활동 방법, 통합적 지도를 위한 다른 영역들과의 융합 방법, 미술 평가, 미술치료, 미술관과 박물관 교육을 내용에 포함함으로써 다른 책들과 차별화하였습니다.

한편 아동미술은 이론만으로는 설 수 없는 분야입니다. 그래서 이 책은 실습 내용을 강화하였습니다. 여기서 소개한 다양한 미술활동을 직접 경험해 보고, 아이들에게 어떻게 적용할지 고민해 보시기 바랍니다. 이런 실습을 통해 신선한 몰입의 경험을 하게 될 것입니다. 미술의 치료적 효과 체험이 덤으로 따라오길 기원합니다.

또한 이 책은 아동미술에 관한 최신 연구들을 요약하여 제공합니다. 이론뿐 아니라 현재 이루어지고 있는 연구 경향을 파악함으로써 현장에서의 미술지도에 실질적인 도움이 될 것입니다. 특히, 이 부분은 저서의 지속적인 개정을 통해 최신화할 것을 다짐하였습니다.

저희는 아동학을 전공하는 예비교사들이 이 책을 통해 대학에서의 한 학기 수업에만 그치지 않고 아동의 발달에 도움이 되는 정보와 통찰을 얻고 미술의 의미와 기쁨도 알게 되기를 희망합니다. 그리고 과도한 인지기능 위주의 사교육에 시달리는 아동들이 미술을 통해 긴장을 해소하고 전인 발달을 이룰 수 있다면 좋겠습니다.

미술서라 방대한 사진 자료를 포함해 책의 편집을 특별히 아름답게 해 주신 학지사 편집부의 이세희 선생님, 출간에 큰 도움 주신 유명원 부장님, 책을 낼 수 있게 허락해 주신 김진환 대표님께 깊은 감사를 드립니다.

2021년 2월

저자 대표 최나야

이 책에 실린 귀한 사진 자료를 제공해 주신 서울대학교 느티나무 어린이집, 안양법원 어린이집, 어린이회관 유치원, 미리내 유치원, 토흘미술학원, 심리상담센터 한점미소, 그리고 활동계획안에 도움 주신 박은미 선생님께 감사드립니다. 교정에 도움을 준 서울대학교 박사과정생 최지수 양에게도 고마움을 전합니다.

차례

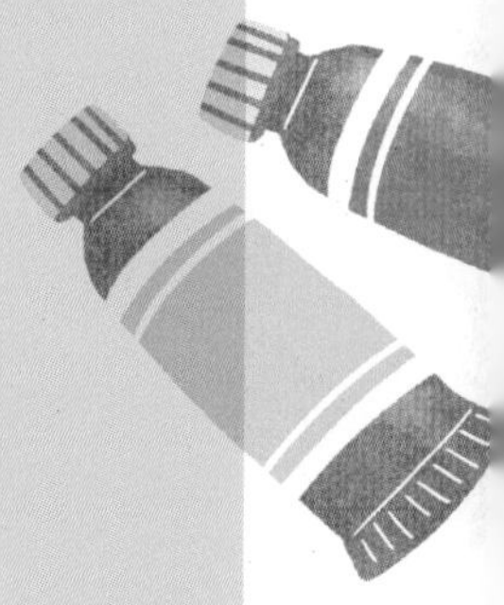

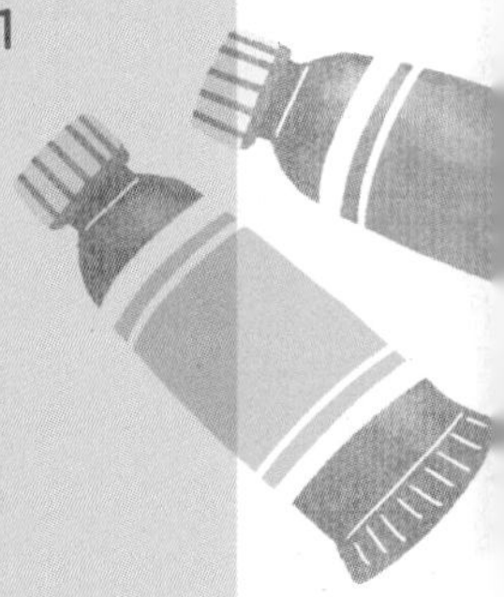

Chapter 11

미술치료의 이해

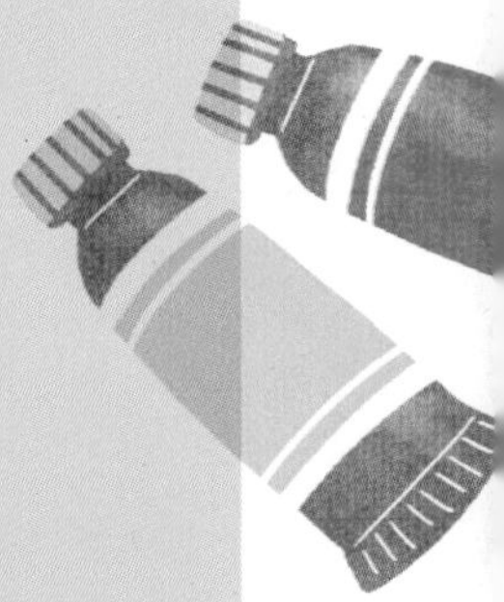

Chapter 12

어린이박물관 · 미술관 교육

Chapter 01

아동미술교육의 의미

1. 아동미술교육의 정의
2. 아동미술교육의 필요성과 목적
3. 아동미술교육의 효과

1. 아동미술교육의 정의

1) 아동과 미술

아동기는 생후부터 청소년기까지 폭넓은 시기를 지칭하지만(한국아동학회, 2009), 이 책에서는 미술교육의 대상으로서 영유아기와 학령기 아동에 초점을 두고자 한다. 아동미술에 대한 정의는 넓은 아동기 중 관심을 두는 시기에 따라 달라지기 때문에 영유아기와 학령기 아동의 특성부터 살펴보고자 한다.

영유아기는 신체·정서·인지 등 전반적인 영역의 발달이 미성숙한 상태에 있다. 영유아의 발달 특성상 원인과 결과, 전후 관계를 고려하는 데에 어려움이 있고, 특히 언어로 자신의 생각과 느낌을 완전히 표현하는 데에 어려움이 있기 때문에 미술활동은 자기표현을 돕는다는 점에서 의미가 크다.

학령기는 신체발달뿐만 아니라 언어, 인지, 사회·정서, 도덕성 등 전반적인 영역의 발달이 이루어지는 시기이다. 영유아와 마찬가지로 학령기 아동들 역시 미술활동을 통해 자신의 느낌과 생각을 표현하는 데에 도움을 받을 수 있다. 또한 미술활동은 상상력과 창의성의 발현을 돕고, 즐거운 놀이로 기능하여 아동의 발달에 도움을 준다. 아동은 주변 환경의 다양한 요소들을 활용하여 새롭고 의미 있는 작품들을 재창조하는 미술활동을 통해 즐거움을 경험하며 성장한다.

2) 아동미술의 의미

미술이란 일정한 세계상·인간상을 미적, 조형적으로 표현하는 예술이며, 미를 재현하거나 표현하는 것을 목표로 하는 재주 또는 기예를 뜻하는 프랑스어 보자르(beaux arts)를 번역한 말로, 영어의 fine art와 같은 의미이다(임소연, 2017). 아동미술(兒童美術)이란 사전적 의미에서 아동이 공간 및 시각의 미를 표현하는 예술을 말하며, 교육적 목적이 강하다.

미술은 회화, 조각, 건축, 공예, 디자인, 서예, 사진 등을 포함하는 개념으로, 시점의 차이에 따라 표현하는 용어는 다소 다를지라도 미술의 개념은 기본적으로는 독자성과 고유성을 핵심으로 한다(권상구, 2006). 미술은 다양한 형체나 색채를 사용하여 조형적인 방법과 시각적인 방법으로 인간의 사상이나 감정을 나타내는 예술의 한 분야라고도 할 수 있다(심성경 외, 2018).

한편, 아동미술(兒童美術)이란 사전적 의미에서 아동이 공간 및 시각의 미를 표현하는 예술을 말하며, 교육적 목적이 강하다. 김수진(2015)은 아동미술은 아동의 시각에서 이해하고 어른의 간섭이 배제된 상태에서 자유롭게 자기 느낌을 표현하고 다양한 경험을 통해 문제해결 능력을 키울 수 있다는 점에서 성인의 미술과는 질적으로 다르다고 말한다. 즉, 아동미술은 방법으로서의 미술이 아니며, 완성된 결과보다는 과정에 더 큰 의미를 둔다는 점에서 차이가 크다.

이러한 맥락에서, 아동미술은 시각적 표현이자 소통하는 예술의 한 영역으로, 아동의 미적 감수성과 일상생활에 필요한 기초능력을 배양하고 기본생활습관을 형성하는 데 중점을 둔다. 그래서 몸과 마음의 균형 있는 성장과 새로운 상상력을 키우고 문화를 향유하는 올바른 태도와 자신의 경험과 생각을 다양하게 표현하여 타인과 공감하고 협동하는 태도를 기르는 데 목표를 둔다.

또한 아동미술교육은 재능 있는 일부 아동을 위한 교육이 아닌, 모든 아동을 대상으로 하기 때문에 전인적인 성장 발달을 위한 통합적 교육활동이라고 정의할 수 있다.

3) 미술교육의 정의

미술교육(美術敎育)은 조형적인 아름다움의 표현 및 그 아름다움에 대한 감상력 등을 기르는 교육이다. 미술교육은 미술과 교육의 합성어로, 인간의 내면을 시각적이고 조형적 · 공간적으로 표현하고 이를 이해하고 감상할 수 있도록 지도함으로써 인간의 가능성을 최대로 신장시키는 행위이다(정지연, 2017). 또한 그리기, 만들기, 꾸미기 등 다양한 미술활동에 필요한 방법을 가르치고, 아동에게 내재되어 있는 미적 조형 본능을 발견하며, 창조의 가능성을 신장시키는 교육을 의미한다(박지헌, 이미경, 2017). 그리고 아동의 다양한 표현 욕구를 이끌어 내어 생각, 느낌, 감정을 자유롭게 표현함으로써 성장할 수 있도록 도움을 제공하는 것을 말한다(장수영, 2019).

전통적인 의미에서의 미술교육은 표현기능 중심으로 기술을 가르쳐 표현능력을 향상시키는 도제식 미술교육을 뜻하였다. 하지만 사회가 발전하고 그에 따른 경제와 문화의 발전으로 사람들의 문화 이해도나 성숙도가 높아짐에 따라 미술교육의 이해와 감상교육을 강조하는 이해 중심 미술교육이 등장하게 되었다. 기존의 표현 중심 미술교육이 표현에 한정해 교육했기 때문에 생기는 문제를 해소하기 위해 문화교육이라는 새로운 미술교육의 분야가 강조되었다. 이해 중심 미술교육은 미술교육을 통하여 다양한 문화를 받아들이고 즐길 수 있는 능력을 기르는 데 목적을 두고 학생들의 표현활동뿐만 아니라 이해와 감상의 기회를 제공하여 새로이 직면하게 될 다양한 문화에 대해 열린 마음으로 받아들일 수 있도록 하는 데 주안을 두고 있다(정은영, 2019).

정리하면, 아동미술교육은 영유아와 학령기 아동들을 대상으로 하며, 아름다움에 대한 느낌과 생각을 공간, 시간, 작품으로 표현하고 이를 감상 및 이해할 수 있도록 안내하는 것이다. 따라서 아동미술교육은 아동의 근본적인 표현 욕구를 충족시키고 내면의 생각을 드러내고 발달시키는 본연의 의미뿐만 아니라 인지 · 사회 · 정서 등 전반적이고 통합적인 전인 발달이 이루어지게 하는 중요한 교육활동이라 할 수 있다.

2. 아동미술교육의 필요성과 목적

아동은 급격하게 발달하는 성장과정에 있기 때문에 아동을 이해하기 위해서는 아동의 발달단계를 먼저 이해해야 한다. 아동의 발달과정을 이해함으로써 이를 고려한 교육을 계획하고 평가할 수 있다.

아동교육활동 중 이탈리아에서 처음 시작된 레지오 에밀리아(Reggio Emilia) 프로그램은 아동이 표현하고자 하는 많은 언어를 폭넓은 미술활동으로 나타내었다(Rinaldi, 1998). 미술활동은 언어가 발달하고 있는 과정의 아동이 자신을 표현할 수 있는 중요한 수단이 되며, 적절한 아이디어를 도출해 내도록 돕는다.

미국의 교육학자 리드(Read, 1956)는 일찍이 아동의 미술교육의 초점을 미술작품 제작과 완성에 두지 않고 바람직한 성장에 두어 미술교육과 인간발달을 연결하였다. 아이스너(Eisner, 1972)는 미술교육을 통한 유아의 지적 발달에 중점을 두었고, 로웬펠드(Lowenfeld, 2001)는 미술교육으로 유아의 지적 성장과 창의성 발달을 도울 수 있다고 하였다. 브루어(Brewer, 1992)는 미술활동을 통해서 아동이 다양한 자료를 탐색하고 감각적인 즐거움을 경험하며 여러 작가의 예술작품을 감상할 수 있는 기회를 갖게 되고, 창의적 표현을 통해 안정감을 갖게 되는 것이 미술교육의 중요한 부분이라고 설명하였다.

아동미술교육은 아동교육 전반에 걸쳐 강조되고 있으며 아동의 전인적인 발달을 돕는다. 미술활동은 단순한 조작뿐만 아니라 평면 또는 입체 공간에서의 표상활동을 통해 인지적 능력의 발달을 도우며, 신체, 인지, 언어, 정서, 사회성 등 다양한 발달 영역과 관련이 있어 아동의 총체적인 발달을 돕는 전인교육이 이루어질 수 있는 활동이다. 또한 아동미술교육은 건강한 자아개념의 확립을 통한 인간성의 발견을 목표로 한다는 점에서 현시대를 살아가는 아동에게 있어 궁극적으로 필요한 교육이다.

1) 아동미술교육의 필요성

아동을 교육함에 있어 아름다움에 대한 감수성을 자극하고 개성을 표출하며 세상을 보는 눈을 기를 수 있도록 돕는 미술활동은, 아동 개인의 질적인 성장을 도울 뿐만 아니라 사회적인 관계를 맺는 방법을 알려 준다는 점에서 중요하다. 이러한 점 외에도 아동미술교육의 필요성을 살펴보자면 다음과 같다.

첫째, 미술교육은 획일적인 표현활동을 지양하고 다양한 재료를 활용하여 표현하도록 돕는다.

●그림 1-1● **페인트를 활용한 미술활동을 통해 긴장해소 및 심리적 안정 얻기**

둘째, 미술활동에 사용되는 재료와 도구를 활용하는 방법을 배움으로써, 아동은 자유로운 표현을 할 수 있게 된다. 재료와 도구의 사용방법 및 기술을 배움으로써 그림을 표현하는 과정에 자신감이 생기며, 문제를 해결할 수 있는 능력이 길러진다. 따라서 유아가 욕구와 의도 및 표현 기법에 맞게 재료와 도구를 유용하게 사용할 수 있도록 도와야 한다.

●그림 1-2● **다양한 재료를 이용하여 자신을 표현하는 유아들**

셋째, 미술교육을 통해 아동은 일상생활 속에서 미술을 실제적으로 활용하는 태도를 익힐 수 있다. 아동을 위한 미술교육은 작품의 심미적인 측면뿐만 아니라, 실생활에 활용할 수 있는 미적 감각과 응용력, 그리고 합리적인 생활태도를 익히도록 돕는다.

●그림 1-3● **친구들과 작품을 활용하여 행사에 활용하기**

넷째, 미술교육을 통해 일상생활 속의 문제해결력을 기를 수 있다. 아동은 미술활동을 하면서 주제, 재료, 표현방법, 크기, 색깔, 질감 등을 선택하여야 하며 재료를 친구와 나누어야 하는 등의 다양한 문제와 부딪히게 된다. 이러한 과정에서 발생하는 크고 작은 문제를 해결해 보는 과정을 통해 문제해결력을 기를 수 있다.

2) 아동미술교육의 목적

아동미술교육의 목적을 7가지로 정리하면 다음과 같다.

첫째, 감각, 대 · 소근육, 눈과 손의 협응력을 기를 수 있다.

아동은 미술활동 속에서 직접 만지고 탐색하고 관찰하고 냄새를 맡는 등의 감각적 경험을 통해 감각능력을 기를 수 있다. 작품을 만드는 과정에서 재료를 오리거나 붙이고 꾸며 보는 일련의 활동들은 아동의 대 · 소근육 발달을 돕는다. 또한 여러 가지 미술 도구와 재료를 세밀하게 조작해 보는 과정은 눈과 손의 협응력의 증진을 도모한다.

둘째, 자기표현 및 의사소통 능력의 향상을 돕는다.

미술활동을 통해 아동은 자신의 생각이나 느낌을 표현하고 다른 사람에게 전달하는 경험을 할 수 있으며, 이는 자신과 타인을 알아가는 기회가 된다. 친구들과 서로의 작품을 감상하고 설명해 봄으로써 적절한 어휘를 활용하여 의사소통을 하기 위한 시도가 이루어진다. 이렇게 적절한 표현을 위해 노력하는 과정은 자기표현과 의사소통 능력의 증진을 돕는다. 또한 또래뿐만 아니라 교사와의 긴밀하고 섬세한 상호작용은 언어 확장 및 올바른 어휘 사용을 도우므로 긍정적이다.

셋째, 인지능력의 발달을 돕는다.

미술작품을 창작하는 과정에서는 눈과 손의 협응 및 대소근육의 움직임을 조절한 오리기, 붙이기, 찢기 등의 활동이 이루어지는데, 이러한 활동은 아동의 두뇌 발달에 매우 효과적이다. 또한 미술활동의 과정을 계획하고 이를 실행에 옮기면서 아동의 머릿속에서 계획의 수정과 작품의 비교 및 평가가 이루어지는데, 이러한 지속적인 과정 역시 상위 인지능력의 발달에 도움이 된다.

넷째, 정서의 함양을 돕는다.

아동에게 미술활동은 즐거운 체험활동으로, 이를 통해 행복, 기쁨, 긍지와 같은 긍정적인 정서를 경험한다. 이러한 경험은 아동의 정신건강에 긍정적일 뿐만 아니라 내적 감정들을 그대로 표현할 수 있도록 돕는다는 점에서 이점이 크다. 아동은 자유롭게 표현하는 미술놀이 활동을 통해 억눌리고 위축되었던 감정과 갈등을 해소할 수 있어 긴장이 완화되고 정서적 안정과 편안함을 경험할 수 있다. 아동미술교육은 긍정적 자아 개념의 형성을 돕고 정서적 안정을 통한 올바른 인격 형성을 돕는다.

다섯째, 사회성의 증진을 돕는다.

아동은 발달적 특성상 자기중심적이고 다른 사람의 입장을 고려하는 데 어려움을 겪는다. 미술활동은 자신과 타인의 표현과 생각이 다를 수 있음을 깨닫도록 돕기 때문에, 상호 이해의 바탕을 형성할 수 있다. 또한 학교나 교육기관에서 이루어지는 공동 미술 작업은 각자의 역할과 책임을 나눌 수 있고 올바른 상호작용의 장을 제공한다는 점에서 중요하다. 또한 서로의 미술작품을 감상하고 나누는 시간을 가질 수 있어 미술활동은 아동의 사회성 발달에 도움이 된다.

특히, 미술활동 중 공동 작업은 여러 아동들이 하나의 주제에 대하여 깊이 있는 사고의 과정을 통해 문제를 해결해 나가며, 각자 자신의 역할을 이해하고 자신의 역할이 공동에 미치는 영향을 인식하도록 돕기 때문에 사회성 발달에 좋다. 공동 작품활동에서 자신과 상대의 서로 다른 생각과 표현방식을 접할 수 있고, 친구들과의 상호작용 속에서 서로의 생각을 나누고 도움을 주고받으며 배려와 책임감을 키울 수 있다. 작품의 제작 과정에서도 재료를 나누어 쓰고, 함께 정리하면서 공동체 의식이 증진된다.

●그림 1-4● 고흐의 〈해바라기〉 작품을 감상 후 다른 친구의 작품을 감상하기

여섯째, 창의성의 증진을 도모한다.

창의성은 누구에게나 잠재되어 있는 요소이며, 인간은 누구나 자신의 잠재된 능력을 성장시키고자 하는 욕구를 가지고 있다. 창의성은 어떤 문제를 다른 사람과 다르게 생각하는 능력이면서 동시에 확산적, 수렴적 사고의 과정을 통해 보다 합리적인 결과를 도출하는 것이다. 아동은 미술활동을 경험하며 고정관념에서 벗어나 나름대로의 표현

욕구를 표출하며, 확장해 나가는 과정에서 표현활동을 넘어 창의적인 작품을 만들어 내는 창조적 행위자로 거듭날 수 있다.

자신의 경험과 느낌을 그림으로 표현하고 내면의 생각을 표현하고, 다양한 작품의 감상을 즐기며 창의력이 향상된다. 아동에게 있어 미술활동은 주변 환경에 있는 다양한 요소들을 한데 어울리게 하여 새롭고 의미 있는 세계를 표현하는 과정으로 이런 활동은 창의성을 키워 나가고 성장하는 데 도움을 준다(Lowenfeld, 2001).

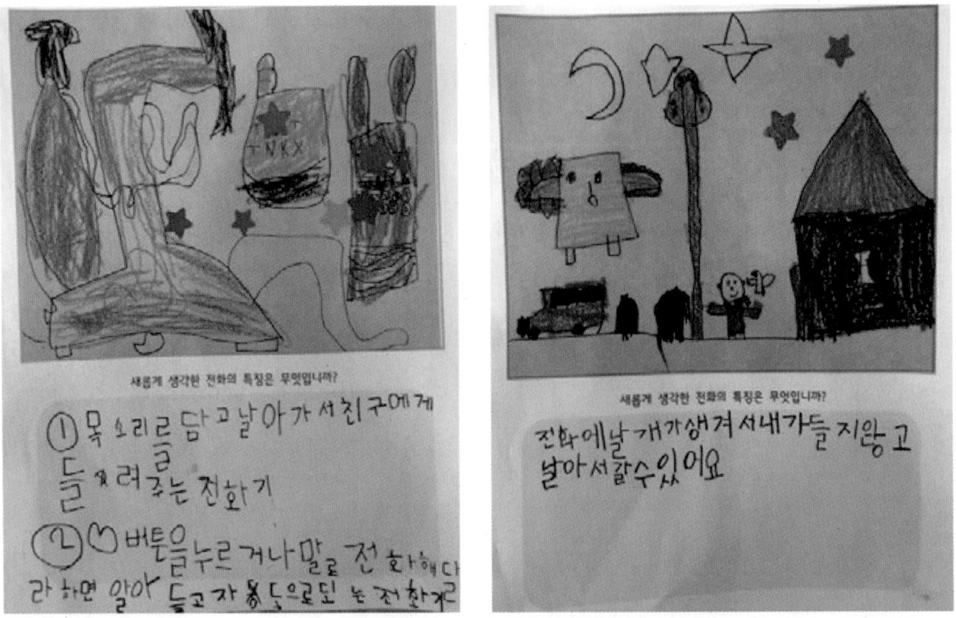

●그림 1-5● **상상하여 그림으로 표현(세상을 바꿀 전화기 표현하기)**

일곱째, 심미감을 발달시킨다.

미술활동은 예술활동이며 하나의 예술작품을 만들기 위해서는 우선 주변의 아름다움을 보고 발견할 수 있어야 한다. 아이들이 접하는 모든 일상생활 및 환경 속에서 아름다움을 찾고 발견하는 자세에서부터 심미감이 발달한다. 아름다운 것을 보고 모방하거나 자신만의 창작활동을 즐기며 심미감이 더 발달할 수 있다.

●그림 1-6● 명화: 이중섭의 〈다섯 아이와 끈〉

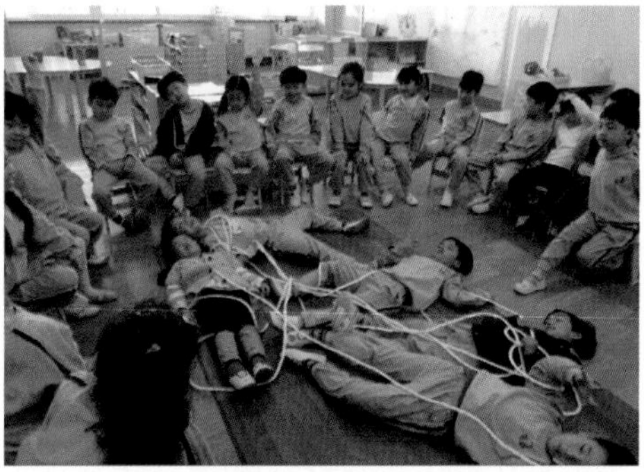
●그림 1-7● 〈다섯 아이와 끈〉 명화의 예술적 요소를 살펴보고 재구성한 표현

3. 아동미술교육의 효과

아동미술교육의 효과성은 여러 연구를 통해 다양한 관점과 영역에서 나타나고 있다. 내용별로, 첫째, 미술교육에 대한 교사와 학부모의 인식, 둘째, 미술치료로서의 미술교육, 셋째, 사회심리적 지원을 돕는 미술교육, 넷째, 협동학습을 통한 미술교육, 다섯째, 통합적 활동을 통한 미술교육으로 나누어 살펴보았다.

1) 미술교육에 대한 교사와 부모의 인식

영유아를 교육하는 교사와 부모는 미술교육의 효과성에 대해 다양한 기대와 인식을 가지고 있다. 현장의 교사와 부모들의 요구를 파악하는 것은 미술교육활동 계획과 활용방안을 모색하는 데 유용한 자료가 될 수 있다.

(1) 교사들의 미술교육에 대한 인식

교사들은 미술교육의 효과를 높이기 위해서 교사 대 아동의 비율 감소의 필요성을 언급하였으며, 표현활동에 치중하기보다는 충분히 탐색할 수 있는 시간과 활동이 이루어져야 한다고 주장하였다. 또한 미술활동에 있어서 교사의 계획을 중시하는 것으로 나타났으며, 교사의 계획 시 인터넷을 포함한 다양한 유아 관련 잡지 · 자료를 활용하는 것으로 나타났다(오진선, 2016).

또한 교사들은 어린이집 보육현장에서 미술교육을 매우 중요한 교육활동이라고 인식하였는데, 그 이유는 미술교육이 창의력과 자기표현과 의사소통에 중요한 수단이라고 여기기 때문이다.

(2) 부모의 미술교육에 대한 인식

부모들은 미술교육의 효과를 높이기 위한 환경으로 편안한 공간과 분위기 조성이 가장 중요하다고 보았고, 유아교육기관에서 미술활동을 위한 충분한 시간을 제공해 주는 것이 필요하다고 생각하였다(주당 3~4회, 1회당 30~50분). 부모들은 미술교육이 유아의 창의성을 높이는 가장 효과적인 교육방법으로 생각하고 있으며, 정서발달에도 긍정적이라고 인식하고 있었다(심지희, 2013).

2) 미술치료로서의 미술교육

미술치료는 미술교육의 또 하나의 활용 및 효과성을 찾을 수 있는 영역이다. 미술은 인간의 표현 방법 중 하나로 자신의 감정을 표현하기도 하고, 자신과 관련된 시대의 사건이나 사실을 전달하기도 한다. 또한 미술이 가지는 표현성은 언어나 문자로 표현하는 데 한계가 있는 감정이나 생각, 느낌을 전달하기에 적절한 방법이기도 하다. 따라서 미술은 자신의 정서를 정화하고 이해하게 하며 자신의 내면을 탐색하기 위한 방법으로 확대되고 있다.

이처럼 창조적인 미술활동이 인간의 정서와 자아 성장에 특히 많은 영향을 끼친다고 보고 현대사회는 미술의 치료 기능에 주목하고 있다. 아동은 급변하는 사회 속에서 심리적 갈등을 겪고 있으며, 정신적인 스트레스의 해소, 자기표현, 순화 등에서 어려움을 겪고 있다. 창의적인 미술활동은 아동으로 하여금 자신의 내면을 표현하고 단절된 외부와 의사소통을 하도록 해 주므로, 치유력을 지닌 올바르고 안전한 자기표현의 배출구가 된다. 미술활동에 내재된 치료적 특성을 활용한 미술교육은 아동의 심리적 정서 순화를 가져 올 수 있다(이선경, 2009). 또한 미술치료는 미술과 심리학을 접목시킨 학문이기 때문에 혼란한 아이들의 마음에 올바른 가치관을 심어 준다(강재은, 2014). 미술치료적 방법을 미술교육에 활용하여 실제 수업에 적용해 보면, 학생들이 가진 스트레스 해소를 돕고 미술의 치유적 기능이 심리적 정화와 정서적 안정감을 얻도록 돕는 것으로 나타났다(이지혜, 2008). 이러한 미술치료는 교사가 아동을 이해하고 상담하는 데 좋은 자료를 제공할 수도 있다.

3) 사회심리적 지원을 돕는 미술교육

아동기는 인격 및 정서가 발달하는 시기이므로 다양한 사람들과의 관계를 비롯하여 자연과 서로 공존하기 위한 감수성 신장이 적극적으로 이루어져야 한다. 아동들이 선행학습과 같은 인지적 활동에 대부분의 시간을 할애하는 반면, 갈수록 자연과의 교감이 부족해지는 상황이라 발달적 문제가 많이 나타나고 있다. 미술활동을 통해 이러한 문제에 접근할 수 있다.

관련된 연구결과는 다음과 같이 요약된다. 생태에 집중한 다양한 미술교육활동이 아동의 생태감수성을 높였다(김지원, 2018). 그리고 점토 활용 미술수업이 아동에게 자신감을 갖게 하고 창의력을 신장하며 의사소통을 증대시켜 사회성 발달에 도움이 되었다(김효준, 2016). 자화상을 통한 표현 중심 미술활동은 자기성찰을 통해 아동의 자신감을 증진시켰다(이정인, 2010). 또한 공감하고 경청하며 질문하면서 이루어지는 미술교육활동은 편안한 분위기를 만들고 정서에 집중하게 함으로써 의사소통을 더 활발하게 만들었다(윤은영, 2016). 그 외에도 힐링 미술활동은 자신에 대한 친밀감과 존중감을 일깨워 자존감을 향상시키고, 내면의 긴장을 해소하고 감정의 밸런스를 회복하며 자유로운 표현능력과 정서 순화를 도왔다(김성숙, 2017).

이처럼 사회심리적 지원을 통한 미술교육활동은 아동의 정서 순화, 의사소통, 생태감수성, 자신감 등에 도움이 되는 의미 있는 활동이다.

●그림 1-8● **점토로 음식 표현하기**

●그림 1-9● **자화상 표현활동**

4) 협동학습을 통한 미술교육

미술교육에서 협동학습은 자신의 작품과 다른 사람의 작품이 비교되는 경쟁 평가와는 다르게 하나의 작품을 힘을 합쳐 완성해 나가는 과정을 통해 문제해결 능력이 발달하고 상호 협력할 수 있도록 돕는 데 목적이 있다.

공동작품을 완성해 나가는 과정을 통해 미적 표현능력뿐만 아니라 책임감, 사회성, 성취감, 리더십 등을 기를 수 있으며(김소희, 신희명, 이연호, 최혜린, 김향미, 2016; 정민혜, 2018), 교사의 주입식 수업에서 벗어나 아동 스스로 학습내용을 구성하여 수업에 참여하는 아동 중심의 활동이 가능하다. 따라서 협동학습을 통한 미술교육은 교육적 측면과 더불어 사회적인 측면에서도 다양한 효과를 기대할 수 있다.

협동미술교육활동은 타인을 도우며 만족감과 성취감을 느낄 수 있고 자신을 긍정적으로 평가함으로써 긍정적 자아의 형성을 돕는다. 공동의 과제를 이행함에 있어서도 적극적인 참여를 통해 자신감을 기를 수 있다.

●그림 1-10● **배경 그림을 협동화로 그리기**

5) 통합적 활동을 통한 미술교육

미술교육활동에 교과내용, 프로그램, 감상활동을 통합함으로써 미술교육의 효과가 배가 되었다(김민규, 2017; 김지서, 2018; 심지희, 2013; 임경희, 2015). 다양한 교과 및 프로그램의 통합은 직접적인 체험을 통하여 미적 감수성을 기르고, 창의적으로 표현할 수 있는 기회를 가지며 자신의 삶 속에서 미술을 통한 사고와 인식을 향상시키도록 도왔다. 나아가 평면표현 위주의 미술수업에서 벗어나 다양한 미술의 장르를 경험하게 하는 교육적 효과도 볼 수 있다.

이는 미술교육활동이 다양한 영역에서 긴밀한 교육적 활동과 연계될 수 있다는 것을 의미한다. 이는 미술교육과 그 외의 활동과의 통합활동의 필요성을 시사하고, 통합적 활동을 통한 미술교육이 아름다움을 표현하고 심미감을 익히는 과정을 넘어서 한 인격체로서의 인성 발달에 긍정적임을 나타낸다.

(1) 문화예술교육과 자연미술교육 프로그램 연계

문화예술교육과 자연미술활동의 통합을 통해 자연환경에 대한 인식의 변화가 생겨났고 미적인 인식 및 협동심과 사회성, 문제해결 능력이 증진되었다. 또한 스트레스를 마음껏 발산하고 해소하는 데 효과적이었다(김민규, 2017).

(2) 창작활동과 미술 감상 · 비평 수업 적용

미술수업 시간은 교과서에 나온 작품의 표현 및 감상활동에 초점을 두고 있다. 그러나 문제중심학습(problem-based learning: PBL) 모형을 기반으로 한 미술교과 수업은 아동들의 심미적 태도, 비판적 사고력, 상상력의 증진을 도왔고(최다혜, 2019), 미술문화에 대한 이해를 이끌었다.

(3) 자연환경과 문화유산을 미술교육과정에 적용

제주 지역의 다양한 자연환경과 문화유산을 자전거로 이동하며 직접 체험하게 하고, 이를 미술과 교육과정에 적용시켜 전인적인 교육의 효과를 이루었다(이예지, 2018). 미술교육활동은 총 5회기로 구성되었는데, 1회기는 '제주어로 쓰는 캘리그래피' 활동, 2회기는 '내가 디자인하는 올레 스탬프' 전각활동, 3회기는 '나만의 돌하르방 만들기' 조형활동, 4회기는 '잊혀지는 것들에 대한 소중함' 감상활동, 5회기는 '꿈을 달리는 자전거' 선제 구성 활동이다.

(4) 사회과와 미술교수 · 학습지도의 통합

사회과와 통합을 통한 미술교육활동은 미술작품의 시대적 · 문화적 · 사회적 배경에 대한 이해를 높이고 미술활동에 대한 아동의 관심과 흥미를 향상시켜 미술교육의 효과를 증진시켰다(김명숙, 2014). 또한 통합 대상 교과인 사회과에 대한 관심도까지 증진시키고 미술적인 흥미를 높이며 미술활동의 적극성을 향상시키는 데 큰 의미를 지닌다.

(5) ICT를 활용한 감상 수업

ICT(Information Communication Technology: 정보통신기술)를 활용한 감상 수업은 아동의 능동적인 수업태도와 집중도를 향상시켰다(신주은, 2009). ICT를 활용한 감상 수업은 다양한 멀티미디어 환경이 도처에 존재하는 오늘날 다양한 시각문화에 대한 미적 안목, 창의적 아이디어의 제안 등과 같은 능력의 강조를 도울 수 있다는 장점을 가진다. 미술교육에 있어서 기존의 표현 위주에서의 교육에서 벗어나 다양한 시각문화에 대한 미적 안목을 높이고 미술문화에 대한 이해의 폭을 넓히는 데 기여할 수 있을 것으로 기대된다.

최신 연구 ____ 미술과 뇌 발달

* 강진, 남호정(2015). 창의적 미술교육과 뇌과학 이론에 따른 사례분석. **한국상품문화디자인학회, 42(42)**, 181–190.
* 백중열(2018). 뇌(腦) 반구에 기초한 아동미술심리 상담 사례 연구 및 제언. **기초조형학연구, 21(4)**, 55–166.
* 안경숙, 신애선(2017). 유아 디자인 활동이 미술능력과 언어표현력에 미치는 영향–뇌 기반 학습 원리 적용을 중심으로–. **유아교육 · 보육복지연구, 21(3)**, 79–106.
* 임수진, 안경숙(2015). 뇌친화적 수업 원리에 기초한 예비유아교사 대상의 유아미술교육 수업모형 개발연구. **유아교육연구, 35(3)**, 279–307.
* 최명숙(2015). 뇌과학에 기반한 미술과 인성교육. **미술교육연구논총, 42**, 1–20.
* Thompson, P. M., Giedd, J. N., Woods, R. P., MacDonald, D., Evans, A. C., & Toga, A. W. (2000). Growth patterns in the developing brain detected by using continuum mechanical tensor maps. *Nature, 404*(9), 190–192.

미술교육은 아동의 뇌 발달과 어떤 관련이 있을까? 최근 연구들은 아동미술교육의 효과와 관련하여 미술활동이 뇌에 미치는 영향에 주목하고 있다.

인간의 대뇌는 좌뇌와 우뇌로 나누어져 있고, 그 사이가 뇌량으로 연결되어 있다. 좌뇌는 이성적 · 논리적 · 언어적 · 수리적 · 분석적 · 합리적인 반면, 우뇌는 상대적으로 감성적 · 직관적 · 시각적 · 공간적 · 종합적 · 창의적인 측면을 담당한다고 알려져 있다. 인간은 태어날 때 가장 많은 뇌세포를 가지고 태어나며, 뇌세포끼리 연결하는 작업과 가지치기가 활발하게 이루어져 생후 3년 만에 뇌의 무게는 세 배가량 증가한다. 사람의 지능이나 성격은 이런 연결망인 수상돌기와 시냅스가 결정한다.

미술은 주로 우뇌와 관련이 있다. 전성수(2007)는 현재의 학교교육이 대부분 좌뇌에 편향되어 이루어지기 때문에 자연과 예술활동으로 뇌의 조화롭고 균형 있는 발달을 꾀해야 한다고 주장한다. 그에 따르면, 미술은 외부 정보의 80%를 차지하는 시각과 직결되고, 인간의 본능인 정서와 감정과 관련되며, 주로 우뇌의 특성을 활성화하는 가장 좋은 활동 중 하나이기 때문에, 뇌와 관련하여 미술활동은 본질적이다. 미술은 학생들의 능동적인 참여와 내적 동기를 강조하고, 미술활동에 몰두하여 새롭고 남과 다르게 생각하고 표현하며, 그것을 실생활과 연결시켜 적용할 때 뇌는 효과적으로 성장할 수 있다.

7~12세 아동기에는 두정엽과 측두엽의 발달이 왕성해진다. 따라서 공간지각을 관장하는 두정엽의 활용을 돕는 미술활동을 선호하게 된다. 아동은 인지교육으로부터 받

은 스트레스를 즐거운 미술활동을 통해 적절히 해소할 수 있다(Thompson et al., 2000).

강진과 남호정(2015)은 창의성 발현의 근본이 되는 '뇌'의 활동을 탐구하고 전뇌 활용을 돕는 미술수업 사례를 보고하여 미술교육에 대한 과학적 근거를 제공하였다. 백중열(2018)은 미술교육의 가치를 증명하기 위해 뇌 메커니즘의 특징을 분석하고 미술교육과 연관 지어 아동화를 연구하였다. 그에 따르면, 아동을 위한 미술교육은 직관을 활용하고, 오감을 형상화하며, 사물을 주의 깊게 관찰하는 경험을 제공한다. 특히, 미술활동은 우뇌를 많이 활용하도록 도와, 좌·우뇌의 고른 발달을 돕는다.

유아미술교육에서의 뇌 친화적 수업 원리 또한 주목할 만하다. 뇌 친화적 수업 원리란 학습과정을 뇌의 작동 원리에 맞게 재조직하는 것을 의미한다. 즉, 뇌의 변화의 원리, 다양성의 원리, 발달적 민감성의 원리, 상호작용의 원리를 적용하여 예술적이면서도 과학적으로 수업을 운영함을 뜻한다. 이러한 뇌 기반 학습 원리를 미술교육에 적용한 연구를 살펴보자면 다음과 같다. 한 유아의 디자인 활동 수업의 효과를 살펴본 연구(안경숙, 신애선, 2017)에 따르면, 뇌 기반 원리를 적용한 디자인 활동은 미술능력과 언어표현력의 증진을 돕는 것으로 나타났다. 또한 임수진과 안경숙(2015)의 연구에서는 뇌 친화적 수업 원리에 기초한 유아미술교육 수업모형이 예비 유아교사의 미술과 미술교육에 대해 긍정적 인식을 돕고, 유아미술교육에 대한 교수역량을 함양하는 데 기여한다고 보고하였다. 마지막으로, 최명숙(2015) 역시 뇌의 주요한 특성인 가소성을 강조하며, 인성 변화를 위한 미술교육을 뇌과학적 관점에서 살펴보았는데, 미술교육이 인성의 변화에 있어 치료적 역할을 한다고 밝혔다.

실습

나선형 모빌 만들기

활동목표	• 다양한 재료로 모빌을 꾸밀 수 있다. • 창의적인 입체구성력을 알 수 있다. • 눈과 손의 협응력과 조절능력을 키울 수 있다.
준비물	다양한 색깔의 종이 색지, 연필, 가위, 실 또는 빵 끈, 풀, 색연필, 마커, 크레용 등 그리기 재료, (종이)펀칭기, 테이프 등
활동 방법	1. 종이 또는 종이 접시를 나선형으로 자른다. 2. 나선형으로 자른 종이를 마커, 크레용 등으로 꾸민다. 3. 색지를 사용하여 모빌에 달아 줄 그림들을 그리고 오린다. 4. 그림들 위에 펀칭기를 사용하여 구멍을 하나씩 뚫는다. 5. 뚫어 준 그림을 실 또는 빵 끈으로 묶어 달아 준다. 실 또는 빵 끈의 길이를 조절해서 매달리는 그림들의 길이를 다르게 한다. 6. 색지에 맨 위에 붙일 그림도 그리고, 꾸민 뒤 자른다. 7. 자른 그림을 나선형 종이 맨 위에 붙여 준다. 8. 그림에도 구멍을 내서 실로 매달 수 있는 고리를 만든다.
작품 예시	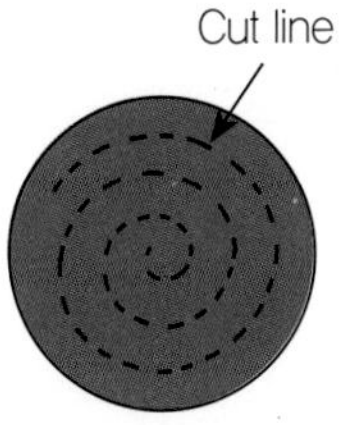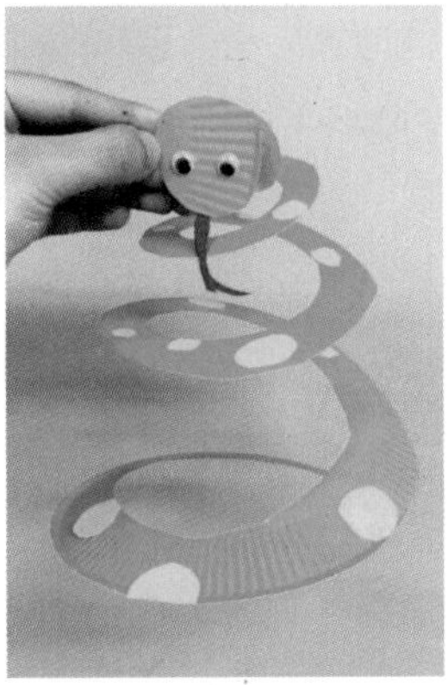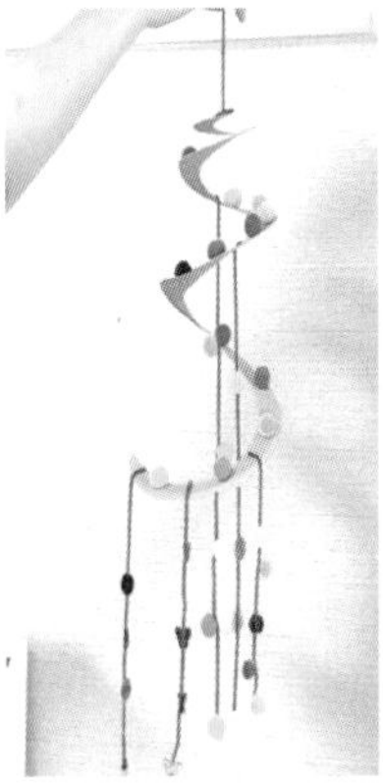

참고문헌

강재은(2014). 미술치료의 필요성. 동아대학교 대학원 석사학위논문.

강진, 남호정(2015). 창의적 미술교육과 뇌과학 이론에 따른 사례분석. **한국상품문화디자인학회**, 42(42), 181-190.

권상구(2006). **유아미술교육의 실제**. 서울: 미진사.

김명숙(2014). 사회과의 통합을 통한 미술 교수 · 학습 지도방안 연구. 한국교원대학교 대학원 석사학위논문.

김민규(2017). 지역사회 문화예술교육과 연계한 자연미술교육의 효과성 연구. 한국교원대학교 대학원 석사학위논문.

김성숙(2017). 정서순화를 위한 힐링미술교육. **미술교육연구논총**, 48, 53-76.

김소희, 신희명, 이연호, 최혜린, 김향미(2016). 협동학습을 통한 미술교육의 효과에 대한 연구. **한국조형교육학회**, pp. 271-273.

김수진(2015). 창의성 향상을 위한 아동미술교육. 한남대학교 대학원 석사학위논문.

김지서(2018). 명화를 활용한 고등학교 영어 쓰기 수업모형 개발 및 적용. 한국교원대학교 대학원 석사학위논문.

김지원(2018). 생태적 감수성 함양을 위한 중학교 생태미술교육 지도방안 연구. 부산대학교 대학원 석사학위논문.

김현주(2011). 미술과 교육과정 평가 연구. **기초조형학연구**, 12(3), 157-170.

김혜경(2010). 파트너십에 기반한 미술교육 프로그램의 교육적 의미와 구조에 대한 연구. **미술교육논총**, 24(1), 93-122.

김효준(2016). 점토를 활용한 초등 미술수업 지도방법 연구: 3~4학년 미술 교과를 중심으로. 제주대학교 대학원 석사학위논문.

박지헌, 이미경(2017). **NCS 기반 활동 중심 유아미술교육**. 서울: 창지사.

백중열(2018). 뇌(腦) 반구에 기초한 아동미술심리 상담 사례 연구 및 제언. **기초조형학연구**, 21(4), 55-166.

신주은(2009). ICT를 활용한 감상수업이 초등학교 4학년의 학업성취도에 미치는 영향. 이화여자대학교 대학원 석사학위논문.

심성경, 백영애, 이영희, 변길희, 박주희(2018). **영유아미술교육**. 경기: 공동체.

심지희(2013). 유아미술교육에 대한 어머니의 인식 및 요구에 관한 연구. 원광대학교 대학원 석사학위논문.

안경숙, 신애선(2017). 유아 디자인 활동이 미술능력과 언어표현력에 미치는 영향-뇌기반 학습 원리 적용을 중심으로-. **유아교육 · 보육복지연구**, 21(3), 79-106.

오진선(2016). 영아미술교육에 대한 교사인식과 운영현황 및 지도방안 연구. 동국대학교 대학원 석사학위논문.

윤은영(2016). 사회적 소통을 통한 초등 미술 교수 · 학습 방안 연구. 한국교원대학교 대학원 석사학위논문.

이선경(2009). 치료적 관점에서의 청소년 미술교육. 영남대학교 대학원 석사학위논문.

이예지(2018). 제주 자연 · 문화 체험을 통한 미술지도 연구: 초등학교 고학년을 중심으로 제주대학교 대학원 석사학위논문.

이정인(2010). 자화상을 통한 표현 중심의 미술교육연구: 고등학교 2학년 학생 중심으로. 숙명여자대학교 대학원 석사학위논문.

이지혜(2008). 미술치료를 활용한 중등 미술교육 프로그램 연구. 숙명여자대학교 대학원 석사학위논문.

임경희(2015). 유치원 학부모의 유아 미술교육에 대한 인식 분석. 중앙대학교 대학원 석사학위논문.

임소연(2017). 전래동요를 활용한 아동미술교육 프로그램 개발연구. 수원대학교 미술대학원 대학원 석사학위논문.

임수진, 안경숙(2015). 뇌친화적 수업 원리에 기초한 예비유아교사 대상의 유아미술교육 수업모형 개발연구. **유아교육연구**, 35(3), 279-307.

전성수(2017). **유아미술의 이해와 지도: 30년 연구를 집대성한 뇌 과학 기반 유아미술교육론**. 경기: 형설출판사.

정민혜(2018). 협동미술교육프로그램을 통한 서번트리더십의 효과. 제주대학교 대학원 석사학위논문.

정은영(2019). 미술교육 정의적 영역의 확장을 위한 고찰. **미술교육논총**, 33(1), 1-29.

정지연(2017). 아동미술교육의 미술치료 활용연구. 동아대학교 대학원 석사학위논문.

최다혜(2019). 창작 활동과 연계한 미술 감상 · 비평 수업 연구. 국민대학교 대학원 석사학위논문.

최명숙(2015). 뇌과학에 기반한 미술과 인성교육. **미술교육연구논총**, 42, 1-20.

한국아동학회(2009). **한국 아동청소년 발달백서**. 서울: 창지사.

Brewer, J. A. (1992). *Introduction to Early Childhood Education: Preschool through Primary Grades*. MA: Allyn and Bacon.

Eisner, E. W. (1972). *Educating Artistic Vision*. NY: Macmillan Publishing Co. Inc.

Lowenfeld, V. (2001). *Creative and Mental Growth*. NY: Macmillan.

Read, H. (1956). *Icon and Idea*. Cambridge: Harvard University Press.

Rinaldi, C. (1998). '교육적 프로젝트의 구성', '한국 레지오 어린이' New letter 창간호. 서울: 한국

레지오 연구회.

Thompson, P. M., Giedd, J. N., Woods, R. P., MacDonald, D., Evans, A. C., & Toga, A. W. (2000). Growth patterns in the developing brain detected by using continuum mechanical tensor maps. *Nature, 404*(9), 190−192.

Chapter 02

아동미술교육의 역사와 최근 경향

1. 우리나라의 아동미술교육
2. 외국의 아동미술교육
3. 아동미술교육의 동향

1. 우리나라의 아동미술교육

1) 우리나라 미술교육의 역사

우리나라 최초의 근대식 미술교육은 1895년 관립한성사범학교에서 시작되었다. 우리나라는 다른 나라에 비해 미술교육의 발전이 늦은 편인데, 이는 일제강점기와 한국전쟁 등으로 인해 미술교육의 중요성과 연구의 필요성을 인지하지 못했기 때문이다. 하지만 그 후 다양한 외국 이론들을 받아들여 접목하며 빠르게 성장해 왔다.

(1) 갑오경장 전후

갑오경장 이전의 미술교육에 대해 정확하게 전해지는 바는 없지만 고려시대와 조선시대의 도화서(그림 그리는 일을 담당한 관서)에서 도제교육으로 이루어졌을 것으로 추정하고 있다. 갑오경장 이후에는 일본식 교육의 영향으로 시작되었다.

(2) 한국강제병합 이전(1895~1910년)

조선 말기 대원군의 쇄국정책이 풀리고 외국 문물이 교류되면서부터 시작되었다. 1895년 고종은 근대적 국가를 수립하는 데 교육의 중요성을 강조하고 한성사범학교 관제와 소학교령, 보통학교령을 차례로 공포하였다. 배재학당, 이화학당, 한성사범학교가 설립되면서 서구식 미술교육이 시작되었다. 이 시기를 미술의 초기 생성기라고 할 수 있으며, 과도기적 초기 미술교육의 형태로 볼 수 있다. 이 새로운 학제는 대부분 서구 법령을 그대로 도입한 것으로, 당시의 국정에 적합하지 않은 사항이 많아 큰 실효를 거두지는 못하였다.

●그림 2-1● **고종황제** (1852~1919)

(3) 일제시대(1910~1945년)

1911년 조선교육령을 공포하였고, 한국교육제도의 근본적인 수정을 시도하였다. 보통학교에서는 도화, 수공, 수예가 다루어지고 교과서에서는 사생화, 기억화 등이 다루어졌다. 침체기라 할 수 있는 일제 치하 시기의 조선교육령 공포에 따른 일본인 교사에 의한 식민화 교육의 일부로 실용주의와 동화주의에 초점을 둔 교육이었기 때문에 진정한 의미에서의 미술교육이라고 보기는 어렵다.

(4) 해방 이후(1945~1953년)

해방 이후, 미군정기로 들어서면서 미국식 민주주의 교육으로 전환되며, 교과명이 '미술'로 개칭되었다. 하지만 6 · 25전쟁으로 인하여 과도기적 시기를 거쳤으며, 전세가 회복됨에 따라 미술교육이 본격적으로 시작되었다. 그러나 한국전쟁으로 문맹화가 강해 문맹퇴치 운동이 우선적으로 이루어져 학교에서의 미술교육은 소홀한 편이었다. 전쟁으로 인해 학교교육이 중단되기를 반복하였으며, 교육이 이루어지더라도 대부분 모방 수업 위주였으며, 기능주의 위주의 실용적 미술교육이 이루어졌다.

(5) 재건기(1953~1963년)

국력 회복과 경제 부흥의 시기로 1955년 교육과정이 제정되어 미술교육이 활기를 띠기 시작하였다. 휴전 후 점차 국력을 회복해 나갈 즈음 미국의 피바디(Peabody) 교육사절단이 내한하여 우리나라 미술교육 발전에 크게 기여하였다. 사범학교 교사들과 사범대학 교수들을 대상으로 미술과 공예활동을 전개하였고, 미술 국제교류에도 기여하였으며 새로운 교육과정을 전파하는 등 교육 전반에 크게 영향을 미쳤다.

George Peabody College for Teachers
Korean Project
Improvement of Teacher Training
Semi-Annual Progress Report
to the
International Cooperation Administration
and
The United States Operations Mission to Korea
For the Period
August 29, 1959, through February 28, 1960

●그림 2-2● 미국 피바디 보고서 (1959~1960)

(6) 성장 전기(1963~1985년)

치첵(F. Cižek),[1] 리드(H. Read),[2] 로웬펠드(V. Lowenfeld) 등의 창의성 중심, 과정 중심, 아동 중심의 미술교육론이 영향을 주었다. 미술교육이 제도적으로 뿌리를 내렸고 그동안 이루어진 미술교육의 효과가 사회나 학교에서 눈에 띄게 나타나기 시작한 시기

1) 프란츠 치첵(Franz Cižek, 1865~1946): 보헤미안 출생, 아동 중심주의 실천자, 어린이의 자발적인 표현 방법과 어린이의 상상력을 자극하고 표현 의욕을 성장시키는 데 기여하였다.

2) 허버트 리드(Herbert Read, 1893~1968): 영국의 문예가, 예술비평가, 시인. 창의성 미술교육 이론을 집대성하였다. 대표 저서로는 『Education through Art』가 있다.

1967년 새미술 교과서

1973년 중학 미술 1 교과서

1981년 미술 교과서

●그림 2-3● **시대별 미술 교과서**

이다. 사생대회, 미술학원, 미술교사 양성기관, 교육대학원 미술교육과의 개설 등 다양한 제도적 측면에서의 변화가 나타났다.

(7) 성장 후기(1985년~현재)

학문적 연구 결과를 기초로 한 DBAE(Discipline Based Art Education)[3]와 미적 교육(Aesthetic Education), 여가미술교육 등의 우뇌 발달을 돕는 교육이 강조되었다. 더불어 미술교과의 독자성을 강조하였고 이해와 감상활동을 중요시하였다. 전문가 양성을 통해 전문성을 갖춘 초·중등 미술교사가 확보되었고 제반 수업 여건이 개선되었다. 전문적인 미술교육을 위한 여건이 나아졌으나, 입시 위주의 왜곡된 교육제도로 인해 전반적으로 미술교과에 대한 무시와 약화현상이 나타나기도 하였다.

2) 교육과정에서의 아동미술교육

1955년 1차 교육과정 공시 이후부터 학교교육에서 미술교육이 등장하였으며, 피바디 사절단 이후 근대적인 미술교육이 실제 교육현장에서 이루어질 수 있었다.

(1) 1차, 2차, 3차 교육과정

1차 교육과정(1954~1963)에서 미국에서 도입된 생활과 경험 중심의 교육이념이 기초가 되었다. 2차 교육과정(1963~973)에서 사범대학의 교육대학 승격으로 각 대학에

3) DBAE: 학문 중심 미술교육의 한 흐름으로 바칸(M. Barkan), 아이스너(E. W. Eisner), 그리어(D. Greer) 등에 의해 개발되었다. 미술문화와 미술작품을 이해하고 미술작품과 미적 특성에 잘 반응하는 교양 있는 사람들을 양성하는 것이 목적이다.

미술교육과가 설치되었다. 경험주의 이론에 기초하여 일상생활과 관련된 미적 표현을 감상하고, 조형적 능력과 태도를 기르는 데 초점을 두었으며(양윤정 외, 2003), 궁극적으로 기능의 습득과 인격의 배양을 목표로 하였다. 3차 교육과정(1973~1981)에서는 미국의 학문 중심 교육과정을 바탕으로 교과내용을 체계화하고 감상을 교육과정의 하나로 인식하게 되었다. 또한 조형능력을 육성하여 정서를 풍부하게 하고 전통미의 재발견과 창조적인 발전을 목표로 하였다.

(2) 4차, 5차, 6차 교육과정

4차 교육과정(1981~987)에서는 미래지향적 정신에 바탕을 두어 개인적·사회적·학문적 적합성을 고루 갖춘 교육과정을 기획하였으며, 표현 및 감상활동을 통하여 미적 정서와 창조성 함양을 강조하였다. 5차 교육과정(1987~1992)에서는 종래의 교육과정의 장점을 체계화시키고 미술의 세분화된 영역을 통합시켜 표현과 감상활동으로 나누어 제시하였다. 초등학교 1, 2학년 미술을 '즐거운 생활'로 교과명을 수정하였다. 6차 교육과정(1992~1997)은 인간 중심 교육과정으로 자아실현을 목표로 미술교육의 목적, 목표 교수방법 등을 구체화하고 일관성이 있도록 통일하였다.

(3) 7차, 2009년 이후 개정 교육과정

7차 교육과정(1997~2009)은 미술활동을 통하여 표현 및 감상능력을 기르고 창의성을 개발하며 심미적인 태도 함양을 목표로 하였다. 또한 민족미술문화를 계승하고 발전시켜 나가는 데 중점을 두었으며, 학생들의 개인차, 수준, 지역성을 고려하여 다양성과 학습자 중심의 교육을 강조하였다. 2011년부터 현재까지 반영되는 2009년 개정 교육과정은(2009~현재) 창의성과 인성교육을 특징으로 기존의 지식을 주입하는 교육이 아닌 학생들의 잠재된 창의성을 발전시킬 수 있도록 다양한 교과와 주제를 융합하여 통합적으로 지도하는 방향으로 교육과정을 개정하였다(유희정, 2017).

3) 표준보육과정과 누리과정에서의 미술교육

우리나라의 유치원과 어린이집에서는 만 3~5세 유아를 위한 국가수준의 교육과정인 누리과정을 2013년부터 연령별로 시행하고 있다. 신체운동·건강, 의사소통, 사회관계, 예술경험, 자연탐구의 5개 영역으로 구성되어 있고, 그중 예술경험 영역이 미술교육과 밀접한 관련이 있으나, 미술의 감상과 표현은 영역통합적이란 점에서 다른 영역과도 관련이 깊다. 표준보육과정 및 개정 누리과정의 내용은 제5장에서 자세히 살펴보도록 한다.

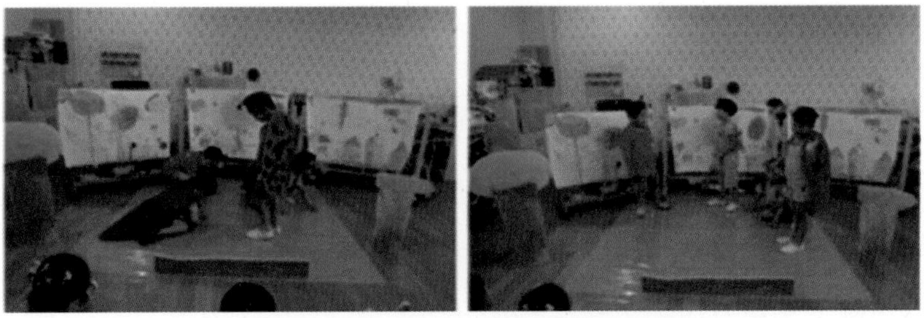

●그림 2-4● 소품을 만들어 극놀이하는 모습

●그림 2-5● 서로 다른 표현 존중하기

●그림 2-6● 〈해님 달님〉 동화감상 후 역할극으로 예술 경험하기

2. 외국의 아동미술교육

1) 외국 미술교육의 역사

(1) 중세 이전

중세 이전(~15세기 초)의 미술교육은 노동의 일부로 간주하였고, 아테네의 노예 경제사회에서 장인과 기예가들의 지위가 낮았기 때문에 예술가라는 직업은 높은 평판을 얻지 못했으며, 미술교육을 단지 도제방식의 학습 방법 정도로 여겼다. 미술교육은 장인들의 엄격한 도제형식으로 기능공들의 기술을 전달하는 직접적 모방의 형태가 이루어졌을 뿐, 오랜 세월 동안 미술은 학교의 정규 교과로 받아들여지지 못하였다. 즉, 숙련된 기능을 갖춘 미술가를 기르기 위한 도제제도 형식의 전문적 기능교육이 미술교육을 대신하였다고 볼 수 있다.

(2) 르네상스 시대

르네상스 시대(14~16세기)는 레오나르도 다빈치와 미켈란젤로의 시기라고 해도 과언이 아니다. 인문주의적 교육방법의 미술교육이 요구되었고, 정신의 바탕 원리에 따른 사상을 가르치면서 도제교육은 사라져 갔다. 예술가들이 이론적인 측면을 연구할 수 있

●그림 2-7● **미켈란젤로**
〈피에타〉(1497~1498)

●그림 2-8● **레오나르도 다빈치**
〈모나리자〉(1503~1506)

도록 돕는 예술원 개념이 싹텄고, 미술이 문학과 동등한 이론적인 학문 분야로 급부상하였으며, 소수의 천재적인 예술가를 칭송하였다. 결과적으로 르네상스의 미술교육은 순수미술의 실습과 교육을 강조하는 예술원의 형태를 취하게 되었다(Efland, 1991).

(3) 전제주의 시대

전제주의 시대에는 아카데미 미술교육이 이루어졌다. 이 시기에 미술교육과정은 훗날 모든 미술학교의 모범이 되었으며, 그 영향은 오늘날까지도 이어지고 있다. 1649년 설립된 프랑스 아카데미는 회화와 조각을 가르쳤고, 미술 법칙과 생물 드로잉 코스를 의무적으로 교육했으며, 이는 17세기 후반부터 19세기 후반까지 이어져 내려왔다. 그 이후 원근법, 기하학, 방법의 규칙을 형식화한 회화 분석을 중요시하였고, 실기와 이론의 완전교육 체계가 잡히게 되었다(임정기 외, 2006).

(4) 산업사회

19세기에 접어들면서 산업혁명으로 많은 공장들이 세워졌고 과학기술이 비약적으로 발전하기 시작하였다. 따라서 대량생산과 분화 작업이 가능해지고 질 좋은 상품에 대한 요구가 증가하면서 상품의 디자인을 전문으로 하는 전문인에 대한 수요가 생기게 되었다. 순수미술을 위한 예술원은 산업 현장이 필요로 하는 전문인을 충분히 양성하기 어려웠기 때문에, 학교에서 미술을 가르쳐야 한다는 주장이 대두되기 시작하였다.

프랑스에서는 지역산업체의 필요에 의한 지방예술원이 설립되어 산업미술교육 문제에 접근하였고, 독일에서는 종합기술전문학교와 미술과 공예학교가 창립되었다. 영국에서는 건축과 공예품에서 상실된 예술성을 찾기 위해 수공예 학교가 설립되었다. 이 시기에 들어서면서부터 아동을 존중하는 문화의 영향으로 아동발달에 미술이 필요함을 알고, 감각과 실물을 중시하는 실제적 실물교육의 한 방법으로 미술교육을 도입하게 되었고, 독일에서 프뢰벨(F. W. A. Fröbel)이 최초로 유치원을 설립하여, 기하학과 여러 실물을 활용한 교육을 중시하게 되었다.

(5) 표현기능 중심 미술교육

산업사회의 요구에 발맞추어 점차 다양성 있는 미술교육이 이루어졌다. 19세기 말부터 제2차 세계 대전까지는 표현기능 중심 미술교육이 이루어졌으며, 산업적인 교육방식으로 요약될 수 있다. 프랭클린(B. Franklin), 러스킨(J. Ruskin) 등에 의해 재료와 도구를 활용한 체계적인 실기 지도와 반복적인 훈련이 강조된 미술교육이 이루어졌다. 표현기능 중심 미술교육은 사회가 필요로 하는 미술가인 산업디자인 육성에 중점을 두고 미술교육이 실시되었다. 반복적인 훈련을 통한 표현기능의 향상에 중점을 두었고 미술의 기본 요소와 체계적인 구조를 토대로 한 지도를 강조하였다.

표현기능 중심 미술교육은 학습자의 개인적인 특성과 입장이 고려되지 않았으며,학생을 산업발전의 도구로 보아 희생과 훈련을 강조했다는 점이 단점으로 지적된다. 또한 특정 방법과 법칙만 사용하는 한계를 가진다.

(6) 창의성 중심 미술교육

19세기에 이루어진 창의성 중심 미술교육은 심리학의 발달에 힘입어, 표현기능 중심 미술교육에 대한 반발로 나타났으며, 20세기 초 존 듀이(J. Dewey)의 진보주의 교육철학이 대표적이다. 로웬펠드(V. Lowenfeld), 치첵(F. Cižek) 등 아동 중심 교육의 사조로서, 허버트 리드(H. Read)에 의한 창의성 중심 미술교육은 '미술을 통한 교육(Education through Art)'이라 불린다. 이는 창의성을 육성하고 인간정신을 찾고자 하였다는 점에서 그 의미가 크다. 아동 중심 교육 사조의 배경이 되었고, 심리학의 발달과 표현주의 미술의 등장으로 발전하였다. 미술교육은 아동이 자기표현을 마음껏 하도록 돕는 것이라고 주장하였으며 급속도로 세계로 뻗어 나갔다.

창의성 미술교육의 특징은 자유로운 자기표현을 보장하고 간섭을 최대한 배제하는 것이다. 미술을 통한 교육의 성과에 관심을 두었고(고숙자, 2003) 자아표현의 중요함을 강조하였으며 자아의 개발을 돕는 것이 바로 미술이라고 보았다. 이를 통해 인간을 위한 미술교육으로 변화할 수 있었으며, 아동의 개인적 경험을 중시하고 개성표현을 돕는 미술의 중요성을 강조하였다(최연식, 2010).

(7) 이해 중심 미술교육

이해 중심 미술교육은 미술의 학문적 독자성을 강조하고, 이해와 감상활동을 중요시한다. 교과과정과 교사의 역할을 중요시하고 창의성 중심 미술교육의 한계를 극복하기 위한 신미술 교육운동이 이루어졌다. 체계적 교육을 강조하며 학문적 체계 확립과 동시에 독립적인 위치의 미술교육을 강화시켰다. 또한 지식의 구조를 계열적으로 체계화한 조직적인 교수 · 학습 방법을 강조한 나선형 교육과정을 의미하며, 이해 · 지식 · 개념 · 기술 등을 환경에 적용하는 것을 목표로 한다.

DBAE[4](Discipline Based Art Education), 미적 교육(Aesthetic Education) 사회 중심 미술교육, 보람 있는 여가를 위한 미술교육, 우뇌 발달 강조교육, 다문화 미술교육(Multicultural Art Education)을 학문적 기초로 하며, 신미술 이해와 능동적으로 대처할 수 있는 효과적 이해 중심 미술교육으로 발전하였다.

2) 외국 아동미술교육의 특징

(1) 프랑스의 미술교육

프랑스의 초등교육은 유치원에서 실시하는 학령전 교육(enseignement présenter)과 초등학교 교육으로 구분된다. 초등학교 취학 이전의 3세 이상(경우에 따라 2세도 입학 허용) 유아들이 유치원(3년)에 가고, 초등학교는 5년제이다.

프랑스의 초등학교 미술교육 과정은 어린이가 이전의 교육과정에서 배운 것을 토대로 점진적으로 구축해 나갈 수 있도록 유치원 과정에서 배운 것을 기반으로 한다(송선영, 2014). 미술에서 회화 창작과 공예·공작이 분리된 것은 유럽 여러 나라들과 유사하다. 미술교육에 있어서 교사의 재량이 돋보이는 것이 프랑스뿐만은 아니지만, 초등학교 아이들이 인솔교사와 함께 루브르 미술관이나 중소 도시의 미술관에서 작품을 감상하는 모습을 쉽게 볼 수 있다(송선영, 2014).

●그림 2-9● **프랑스 아이들의 창의적인 미술활동**
출처: EBS 세계의 교육현장.

4) DBAE(Discipline Based Art Education): 학문에 기초한 미술교육으로 미술지도 방법에 대하여 제작, 미술비평, 미술사, 미학의 4가지 영역의 통합을 주장한다(안수진, 2017).

(2) 중국의 미술교육

중국의 학교교육제도는 학전교육기관, 초등교육기관, 중등교육기관, 고등교육기관 4개 분야[5]이다. 3세에서 6세까지의 취학 연령 전의 유아에 대해 보육과 교육을 실시하고 있는데 이는 유아의 습관 양성, 지적 능력 개발과 심신 건강에 중요한 의미를 갖는다. 교육목표는 유아의 심신 발달에 규율을 따르고 유아의 체질 등의 발전을 촉진하여 초등학교 입학을 위한 기초를 마련하는 것이다.

교육부는 초등학교의 미술교과에 평가 부분을 추가하였고, 교과내용은 회화, 공예, 감상 3가지 과목으로 분류하였다. 교육은 미술에 대한 흥미와 취미를 기르는 것을 목적으로 하기 때문에, 난이도를 낮춤으로써 현실적인 면을 고려하였다. 또한 미술수업과 학생들의 일상생활 속 경험과의 연관성을 중시하였고, 긍정적인 감정의 체험을 통해 상상력과 창의력을 높이는 데 중점을 두었다. 이와 더불어 심미의식과 미적 능력을 높이고, 자연과 인간사회에 대한 애정과 책임감을 증진하고, 긍정적인 삶을 영위와 능력의 발전을 돕는 내용들로 구성되어 있다(김선아, 2019).

●그림 2-10● **중국 허베이 미술대학교 전경**

(3) 일본의 미술교육

1887년에 동경미술학교가 설립되었으며(이성도, 김혜숙, 2018), 일본의 미술과(圖畵科: 도화과)는 구미 여러 나라의 미술교육 영향을 받았다. 초기에는 '미술'이라는 개념이 일본에 없었으므로 학교교육에 도입하기 위한 교육제도, 전문 미술교육기관의 정비가 결과적으로 소학교 미술교육에도 영향을 미치게 되었다(최인선, 2004).

5) 中华人民共和国学制 중국 학제 홈페이지.
https://baike.baidu.com/item/%E4%B8%AD%E5%8D%8E%E4%BA%BA%E6%B0%91%E5%85%B1%E5%92%8C%E5%9B%BD%E5%AD%A6%E5%88%B6/2220496?fr=aladdin

1910년 문부성 발행으로 『New Textbooks of Drawing』이 발간되었으며, 이 책에는 명암, 공간 관계, 윤곽선, 색채론 등이 다루어졌다. 이 책은 프뢰벨(F. W. A. Fröbel)의 교육이론과 아서 웨슬리 도(Arthur Wesley Dow, 1857~1922)의 디자인 방법 등을 다루었으며, 일본의 미술교육에 많은 영향을 주었다. 아서 웨슬리 도는 동양과 서양의 미술적인 요소들에서 미술의 공통점을 추출하고, 훌륭한 미술품은 선, 명도, 색상의 3가지 요소와 대립, 전이, 종속, 반복, 대칭 등의 다섯 가지 원리가 작용하며 이를 토대로 교육이론을 제시하였다(Stankiewicz, 1990).

시라하마 아키라(白濱徵: Akira Shirahama, 1866~1927)는 미국의 새로운 교수법과 방법 등을 공부하여 미술교육(특히, 도화교육)의 발달에 크게 공헌한 사람이다. 미국 미술교육의 이론과 실제를 일본식 교육방법으로 변형시켜 적용하였다. 시라하마 아키라(白濱徵)가 1909년에 발표한 글에서 어린이 미술교육의 방식을 다음과 같이 제시하였다(Okazaki, 1985).

① 어린이가 책을 보고 그대로 그리기보다는 일상생활에서 본 것들을 그리게 한다.
② 어린이가 1학년부터 자유롭게 그리도록 많은 기회를 제공한다.
③ 어린이에게 스케치 학습활동을 제공한다.
④ 어린이가 동물이나 사람의 움직임 등을 주의 깊게 관찰하고 그리게 한다.
⑤ 어린이는 자와 컴퍼스를 이용해 산업드로잉과 유사한 학습활동을 한다.
⑥ 어린이에게 색채이론을 배우는 학습활동을 제공한다.
⑦ 어린이에게 회화의 기본 원리와 구도를 가르친다.
⑧ 어린이들이 연필, 색연필, 붓과 물감 등 여러 가지 매체를 사용하게 한다.
⑨ 어린이들에게 도화지와 색지를 모두 사용하게 한다.
⑩ 어린이에게 예술품을 보여 주어 친밀감을 갖게 하며 명화를 복제하기보다는 취향을 향상시키도록 한다.

(4) 세계 여러 나라의 아동미술교육 목표

국가별 미술교육의 목표는 추구하는 이상에 따라 차별적이기 때문에, 국가별 아동미술교육의 목표를 비교하여 살펴보고자 한다.

① 미국

미국은 주마다 다르게 운영되기 때문에 통합된 국가교육과정이 명확하지 않지만, 일반적으로 다양성과 창의성에 중점을 둔다. 학생의 다양성과 창의성의 증진을 위해 다양한 재료와 기술, 기법을 활용한 자유로운 표현을 중요시하며, 다양한 문화를 미술과 연관 지어 미술교육을 통해 타인의 생각을 폭넓게 이해하는 데 기여하고자 한다. 또한 자연을 인간의 창조성을 향상시킬 수 있는 중요한 매개체로 본다. 개인의 인격적 함양과 창의력을 성장을 거시적인 목표로 두고 유치원에서 대학에 이르기까지 미술교육을 인간 존중의 근본을 마련하기 위한 교육으로 활용한다는 공통점을 지닌다.

② 캐나다

독립적인 학교교육 시스템으로 주정부마다 독자적 운영으로 운영되고 있다. 온타리오주(Ontario)의 미술교육 목표를 예로 들어 보면, 학생들의 창의력뿐만 아니라 타인과의 커뮤니케이션 능력의 함양을 목표로 한다. 또한 다양한 시대의 미술품 분석을 통해 관찰력, 서술능력과 이해 및 감상능력을 개발하는 것을 목적으로 한다.

③ 독일

독일은 미술교육을 통해 미적 감상의 능력과 미적 조직화 능력을 증진하는 데 목적을 두었다. 무엇보다 독일은 2002년부터 수월성 교육에 중점을 둔 교육이 이루어지고 있다. 수월성 교육이란 모든 학생에게 교육의 기회를 평등하게 제공하면서 잠재력이 뛰어난 학생을 골라 그 잠재성을 극대화시키기 위한 교육을 말한다. 즉, 모든 학생의 소질과 능력을 최고의 상태로 발전시키고 최고의 성취를 이루도록 지원하는 교육이라고 정의할 수 있다. 학생의 소질과 능력을 최대한 개발하는 것이 독일교육의 목적이다.

④ 영국

영국은 단계별 학습 프로그램을 제시하고 학생마다 각기 다른 성취를 목표로 하는 개별화 교육을 실시한다. 각각의 단계별 성취목표로 학생의 능력에 따라 다른 기대수준을 제시하지만, 거시적인 목표는 미술감상과 비평, 창작활동을 통한 생활의 여유로움과 질적 향상에 주안을 둔다는 점에서 궁극적인 목표가 동일하다. 특히, 미술과 디자인에 중점을 두며, 창의력과 상상력을 자극하는 경험을 통한 이해와 반응의 과정을 중시한다. 스스로 느끼고 생각하며 세계와 상호작용하는 것으로써 미술활동의 중요성을 강조한다. 스코틀랜드와 북아일랜드의 경우 유사한 성격의 공통교육과정 정책을 갖고 있으나 국가교육과정의 직접적인 영향을 받지는 않는다.

⑤ 호주

호주의 미술교육 목표는 영국과 유사하다. 각 단계마다 목표를 다르게 정하고 단계가 높아질수록 사회 · 문화와 연계하여 작품을 분석 및 비평하는 학습활동을 할 수 있도록 계획되었다. 또한 사회 속 문화와 미술과의 연관성을 중요시한다. 각 학생의 표현과 생각을 중시하여 표현능력의 개발을 목표로 하며, 예술작품을 이해하는 데 필요한 상징언어의 사용에 초점을 둔다. 미술을 생활과 밀접하게 연관 지어 일상적인 예술활동에 자발적으로 참여할 수 있는 기술 기법 및 과정을 개발하는 데 목표를 둔다.

⑥ 일본

일본은 한국과 미술교육의 목표가 비슷하다. 학생의 창조활동의 기쁨을 느껴 미술애호가로 성장하도록 돕고, 풍부한 감성을 토대로 미술의 기초적 정서능력의 함양에 초점을 둔다. 저학년은 관찰력과 상상력을 향상시키고 자발적인 창의적 연구를 통해 미적 표현능력을 기르고, 자연과 미술작품에 대한 기초적인 이해와 견해를 넓혀 감상능력을 갖추는 것을 목표로 한다. 고학년의 경우에도 교육과정에 있어 내용의 연계성을 유지한 채 저학년과 동일한 목표를 추구한다.

3. 아동미술교육의 동향

시대 흐름에 따라 미술교육도 끊임없이 변화하고 있다. 아동미술교육을 통한 창의성의 증진의 중요성은 계속해서 주목받고 있으며, 정서적인 차원에서의 지원 가능성 까지 주목받고 있다. 이는 물질만능주의와 경쟁지향적 사회에서 어린 아동들도 스트레스를 시달리는 현 상황을 반영한다. 이러한 실정이 반영되면서 미술교육을 통한 인성 함양과 정서적 지원, 문제행동의 완화에 초점을 둔 연구가 활발히 이루어지고 있다. 그리고 최근에는 인공지능시대에 접어들면서 이에 대한 준비로 인간 중심의 하브루타 미술교육의 중요성이 부각되고 있다. 이러한 모든 필요성을 아울러 아동미술교육의 동향을 살펴보고자 한다.

1) 창의성 증진

창의성은 개인의 이상을 실현하도록 돕는 능력으로, 사회가 발전할수록 더욱 중요시되고 있다. 창의성을 기르는 것은 삶의 질 향상을 돕기 때문에 미술교육에서 핵심 목표로 여겨져 왔다. 미술활동은 생각의 자유로운 표현과 직접적인 경험과 주체적인 탐색을 돕는다. 이러한 표현과정을 통해 풍부한 표현력과 상상력이 증진되며 본인이 주체가 된 활동을 통해 즐거움을 느낄 수 있다.

(1) 그림책을 활용한 창의성 증진 미술활동

아동의 창의성 증진을 위한 교육활동으로 그림책 감상과 이를 활용한 미술활동의 중요성이 대두되고 있다. 아동은 그림책의 내용과 관련된 이미지를 자유롭게 상상하여 표현할 수 있고, 그림책을 통해 색, 형태 등의 안목을 기를 수 있다. 그림책을 활용한 미술활동은 아이들의 상상력과 창의력 증진에 도움을 주며, 더 나아가 다양한 미술표현 양식과 사고의 폭을 넓힐 수 있는 것으로 밝혀진 바 있다.

표 2-1 아동의 다양한 생물의 표현

그림책 제목	〈마녀 위니의 엉망진창 휴가〉
미술활동과 창의성	그림책에서 표현하는 바닷속처럼 다양한 해양생물을 표현함

출처: 정민경(2017).

(2) 창의성 증진을 위한 미술교육 프로그램

창의성 증진을 위한 미술교육 프로그램 개발을 위하여 창의성과 유아미술교육에 관련된 선행연구를 토대로 프로그램의 목적 및 목표를 설정하고 이에 맞는 교육내용과 교수 · 학습 방법 및 평가를 구성하였다. 개발한 프로그램을 적용해 본 결과, 유아의 창의성 증진뿐만 아니라 미술성향과 그림 표현능력 향상에 효과적인 것으로 나타났다(김보배, 최미숙, 2020). 이는 유아교육현장에서 유아의 미술적 능력과 태도를 증진시키는 구체적인 교육활동의 예시를 제공하며, 미술교육 프로그램이 창의성 증진에 도움이 된다는 이론적 근거로 활용이 가능할 것으로 기대된다.

2) 인성교육 및 정서 함양

2015년「인성교육진흥법」이 발휘되었다. 하지만 인성 계발은 하루아침에 이루어질 수 없으며, 다양한 경험을 통해서만 길러질 수 있다는 점에서 많은 시간이 할애되어야 한다. 이러한 점에서 영유아기 시기부터 다양한 경험을 통해 올바른 인성의 성장을 도모해야 할 필요성이 부각되었다. 영유아기는 발달 특성상 미술활동이 필요하고 적절하며 이를 통해 얻을 수 있는 이점이 크다는 점에서, 아동을 대상으로 인성교육의 방법 중 하나로 활용이 가능하다. 미술활동을 통한 인성교육은 올바른 인성의 발달뿐만 아니라 정서 함양에도 도움을 줄 여지가 있다는 점에서 긍정적이다. 미술교육에서의 미적 체험은 감정표현, 작품 제작을 통한 자신감과 성취감의 형성, 서로의 작품을 감상하며 타인과의 소통으로 배우는 배려와 이해심의 성장을 도와 인성교육 및 정서 함양에 도움이 될 수 있기 때문에 주목할 만하다.

(1) 인성 계발을 위한 미술활동

아이들의 인성 계발을 위한 방안으로 미술활동과의 접목이 이루어지고 있다. 인성 계발을 위해 그림책을 활용한 인성교육은 아동의 감정, 생각, 느낌 등을 미술활동을 통해 표현하도록 돕는다. 이러한 활동을 돕는 하나의 방법으로 그림책이 주로 활용되는데, 배려, 거짓말, 용기, 자신감 등과 관련된 다양한 인성 함양을 돕는 그림책을 활용하여, 활동

●그림 2-11● 유아들의 정서 함양을 돕는 마음 감정 알아보기

이 진행된다. 그림책을 읽은 뒤에는 이와 연계한 미술표현 활동이 진행되어 아동의 창의력과 상상력, 독창성과 함께 인성 형성을 이끌어 낼 수 있도록 지도한다(홍지명, 2018).

(2) 숲에서의 미술활동을 통한 정서 함양

숲에서 놀이하며 자연물을 소재로 작품을 만들고 감상하는 미술교육 프로그램은 아동에게 행복한 경험을 선사하고 긍정적인 정서의 함양을 돕는다는 점에서 의미가 크다(원예지, 2018). 자연에서의 경험은 안정감, 성취감을 경험하도록 돕고 자존감을 증진시키며, 타인과의 소통을 돕고, 공감 및 배려 등의 가치를 내면화하도록 돕기 때문이다. 특히, 숲에서의 미술교육은 자연을 통해 아동에게 긍정적인 정서와 행복한 감정을 경험하도록 돕는다는 점에서 주목을 받고 있다. 숲에서의 미술활동을 통해 아동은 오감으로 자연을 감상하고 느끼며, 이를 놀이 및 작품 제작 등의 미술 활동으로 표현할 수 있다.

●그림 2-12● **숲에서 놀이하는 유아들**

3) 문제행동 완화와 정서 안정

(1) 미술 프로그램을 통한 위축, 불안 및 문제행동의 감소

미술활동 프로그램과 미술치료는 아동들의 문제행동에 긍정적이다. 선행연구에 따르면, 선택적 함구증을 보이던 아동이 인지행동 미술치료를 통해 위축되고 부정적이었던 자기신념을 탐색하고 자기인식의 수정을 통해 위축이 감소되었다. 이는 동적 가족화(KFD) 투사 그림검사를 통해 밝혀졌는데, 수동적이고 위축된 정서로 자아상이 약했던 아동의 자아상 크기가 커지고 긍정적이고 적극적인 자아상으로 변화되었음이 확인되었다(홍성욱, 2020).

또한, 미술치료 프로그램은 우울과 불안한 정서로 인한 왜곡된 인지적 오류를 깨닫도록 돕고 이를 수정하는 반복적인 과정을 통해 긍정적 정서로 변화를 도왔다. 우울, 불안, 무기력 등의 부정적 정서가 높았던 아동 또한 미술치료 프로그램을 통해 학교와 가정에 대한 정체감과 소속감이 증진되었다(김영란, 이근매, 2017). 게다가 미술활동은 사회적 미성숙 문제행동에도 영향을 주어, 아동의 학교 사회활동 참여가 활발해지고 인지 · 정서가 긍정적으로 변화하도록 돕는 것으로 밝혀졌다(정대영, 정창숙, 2015).

(2) 놀이 미술활동을 통한 문제행동의 지도

놀이 미술활동을 통해 아동의 문제행동을 지도할 수 있다(함영숙, 2019). 교사들은 놀이가 결합된 미술활동을 아동들이 더 흥미로워하고 재미있게 즐길 수 있는 생동감 넘치는 신체 미술활동이라고 말한다. 놀이미술을 통하여 아동은 친구들과의 상호작용하며 정서적 안정감을 느낄 수 있을 뿐만 아니라 창의성, 융통성, 자율성도 기를 수 있다. 놀이 미술활동은 또래와 긍정적인 관계를 형성할 수 있도록 돕는 자연스러운 장을 제공한다. 놀이미술은 특히, 교사가 문제행동을 지닌 아동에 지속적인 관심을 갖도록 도우며, 문제행동을 지닌 아동의 경우 놀이에 자발적으로 참여하며 즐거운 몰입을 경험하면서 문제행동의 완화를 돕는다.

4) 인공지능시대의 미술교육: 하브루타

많은 노벨상 수상자를 배출한 유태인의 교육방식 중 하나인 하브루타는 '짝을 지어 질문하고 대화, 토론, 논쟁하는 것'이다. 즉, 함께 이야기 나누는 것을 의미한다. 상대와 짝을 지어 한다는 점에서 특이점을 지닌 공부 방법으로, 이는 혼자서 하는 기존의 공부 방법과 인공지능의 빅데이터를 통한 학습법과는 질적으로 다르다. 하브루타는 타인의 의견을 경청하고 공감하며, 타인과 생각을 공유하며 서로 같거나 다른 점을 찾아 나가며 상대를 이해할 수 있다는 점에서차 별성을 지닌다.

이러한 점에 착안하여 일부 연구에서는 미술의 체험, 표현, 감상의 전 영역에 하브루타를 적용하였다. 이를 구체적으로 살펴보면 하브루타로 지각하기, 소통하기, 연결하기, 떠올리기, 제작하기, 이해하기, 비평하기의 과정이 포함된다(한경은, 2019). 현대 미술작가의 작품을 제시하여 철학, 역사, 지리 등의 인문학적인 주제에 대해서 하브루타 기법을 적용할 수 있는 구체적인 방안을 제시함으로써 현장에서의 미술교육 적용이 가능하다.

최신 연구 ____ 미술과 창의성은 어떤 관계가 있을까

* 김영옥, 이연주, 이연화(2019). 숲 체험을 통한 미술활동이 유아의 친사회적 행동과 창의성에 미치는 영향. **생태유아교육연구, 18**(3), 49-77.
* 김유리, 김호(2020). 에듀테인먼트를 활용한 미술활동이 유아의 창의성에 미치는 영향. **어린이미디어연구, 19**, 55-78.
* 김보배, 최미숙(2020). 창의성 증진 전략에 기초한 유아 미술교육 프로그램 개발 및 효과. **유아교육연구, 40**(4), 87-108.
* 이성희, 이미연(2020). 디지털 이미지를 활용한 미술활동이 유아의 창의성과 공간지각능력에 미치는 영향. **열린유아교육연구, 25**(4), 23-53.
* 이윤영, 유영의(2018). SCAMPER 기법을 적용한 미술활동이 만 5세 유아의 창의성에 미치는 영향. **한국유아교육연구, 20**(3), 271-301.

미술과 창의성은 연관성이 크다. 이는 아동에 대한 실험연구들을 통해 확인할 수 있다.

첫째, 숲 체험을 통한 미술활동이 유아의 창의성에 긍정적인 영향을 주었다(김영옥, 이연주, 이연화, 2019). 숲에 대한 변화를 관찰하며 자연물을 탐구하고 수집하는 미술표현 활동을 주 2회 8주 동안 실시하였다. 도입 단계에서는 숲에 대한 상상을, 전개 단계에서는 숲에서의 체험을 거쳐 자연물로 표현하고, 마지막으로 감상 및 평가를 진행한 결과, 창의성의 하위 요인 중 독창성, 개방성, 민감성의 증진에 효과가 있었다.

둘째, 창의성 증진 전략에 기초한 유아 미술교육 프로그램을 개발하여 효과를 검증한 연구도 수행되었다(김보배, 최미숙, 2020). 유아 46명을 대상으로 실험 처치 후 분석한 결과, 미술 성향과 그림 표현능력 향상에 효과가 나타났다. 이는 유아교육현장에서 창의성 증진에 바탕을 둔 미술교육이 미술적 능력과 태도를 증진시키는 데 의미 있음을 보여 준다.

셋째, SCAMPER 기법을 적용한 미술활동도 창의성과의 관련성이 입증되었다(이윤영, 유영의, 2018). SCAMPER 기법은 Osborn(1968)에 의하여 만들어진 체크리스트 기법을 에버를(Eberle, 1972)이 재구성하여 만든 것이다. SCAMPER는 Substitute(대치하기), Combine(결합하기), Adapt(적용하기), Modify(수정하기), Put to other uses(다른 용도로 사용하기), Eliminate(제거하기), Reverse(재정리하기)의 앞 글자를 딴 것으로, 다양한 사고를 할 수 있도록 돕는다(황경현, 2012). 이 연구에서는 SCAMPER 기법을 적용하여, 교사가 적절하게 발문하고, 유아가 주제와 대상에 호기심을 갖고 상상하도록 하였다. 핑거페인팅, 만들기 등의 미술활동이 주 3회씩 8주간 진행된 결과, 아동의 창의성 향상에 긍정적이었다.

넷째, 디지털 이미지를 활용한 미술활동도 유아의 창의성에 긍정적인 영향을 미쳤다(이성희, 이미연, 2020). 시각문화가 발전하며 일상생활에서 디지털 이미지를 읽고 활용하는 능력이 중요해짐에 따라 유아들의 비주얼, 디지털 리터러시가 주목을 받고 있다. 유아가 주변 환경의 미적 요소를 자유롭게 탐색하는 가운데, 특히 무한한 가상공간에서 표현과 감상을 돕는 미술활동은 확산적 · 창의적인 사고력을 길러 주고 제한된 놀이 공간을 확장시켜 준다. 따라서 디지털 이미지는 아동미술교육 매체로 교육현장에 적극 활용될 수 있다.

다섯째, 에듀테인먼트를 활용한 미술활동 역시 아동의 창의성 발달로 이어지는 것으로 나타났다(김유리, 김호, 2020). 에듀테인먼트(Endutainment)는 교육(Education)에 오락(Entertainment)을 가미한 합성어로, 재미있게 학습할 수 있다는 의미의 신 개념 콘텐츠를 말한다. 그림책을 선정하여 창의적 표현 방법으로 들려주고 작가의 재료 선택과 활용, 창의적 표현 방법 등을 담은 매체를 활용하여 감상활동을 전개하는 방식으로 이루어진다.

실습

수채화 기법: 크레파스와 물감의 반발

활동목표	• 물감과 크레파스의 성질에 대해 알 수 있다. • 생각을 자유롭게 표현할 수 있다. • 눈과 손의 협응력을 키울 수 있다.
준비물	수채화 용지, 물, 물통, 붓, 수채화 물감, 휴지, 크레파스 등
활동 방법	1. 도화지에 크레파스로 그리고 싶은 그림의 밑그림을 그린다. 2. 수채화 물감으로 밑그림 위에 색칠 또는 덧칠한다. 3. 이야기의 제목을 정한다. 4. 그린 작품을 다른 친구들에게 소개한다.
핵심 원리	* 반발 원리 • 물과 기름이 섞이지 않는 반발 원리를 이용한 그림표현이 가능하다. • 기름 성분이 있는 크레파스와 수성 수채화를 이용한다. • 유지로 굳혀 만든 크레파스로 그린 부분에는 수채화 물감이 묻지 않아 표현이 흥미롭다. • 수채화 그림은 반발 원리를 이용하여 표현의 폭도 넓힐 수 있고 생각하는 느낌의 표현도 자유롭다.
작품 예시	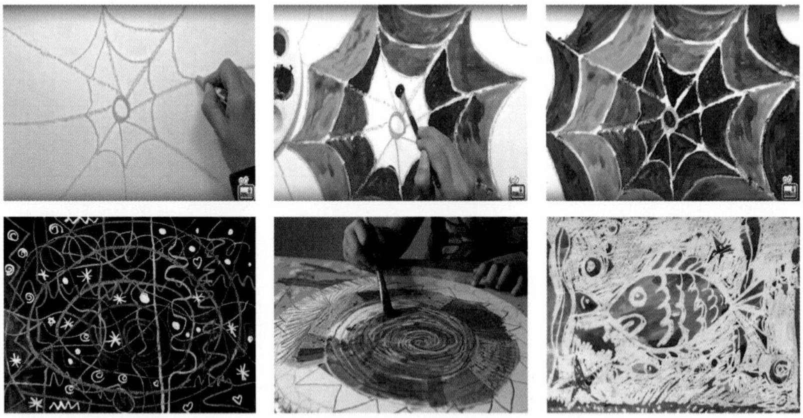

고숙자(2003). 미술교육 이론의 탐색. 서울: 예경.

교육부(2009). 7차 유치원 교육과정. 서울: 교육부.

교육부(2011). 초등교과 교육과정 개정을 위한 시안개발연구. 서울: 교육과학기술부.

교육부(2016). 지능정보사회에 대응한 중장기 교육정책의 방향과 전략. 세종: 교육부.

교육부, 보건복지부(2019). 2019년 개정누리과정 지도서. 세종: 교육부.

김보배, 최미숙(2020). 창의성 증진 전략에 기초한 유아 미술교육 프로그램 개발 및 효과. 유아교육연구, 40(4), 87-108.

김선아(2019). 중국과 한국의 중등 미술교사 양성 및 선발에 관한 비교연구. 한양대학교 대학원 석사학위논문.

김영란, 이근매(2017). 인지행동 집단미술치료가 학교부적응 아동의 문제행동에 미치는 영향. 임상미술심리연구, 7(2), 51-74.

김영옥, 이연주, 이연화(2019). 숲 체험을 통한 미술활동이 유아의 친사회적 행동과 창의성에 미치는 영향. 생태유아교육연구, 18(3), 49-77.

김유리, 김호(2020). 에듀테인먼트를 활용한 미술활동이 아동의 창의성에 미치는 영향. 어린이미디어연구, 19(3), 55-78.

보건복지부, 중앙육아종합지원센터(2020). 제4차 어린이집 표준보육과정 해설서. 세종: 보건복지부.

서윤주(2016). 하브루타의 교육적 의미와 사회과수업에의 적용에 관한 연구. 한국교원대학교 대학원 석사학위논문.

송선영(2014). 한국과 프랑스의 미술교육비교연구. 초등교육연구, 18, 53-86.

안수진(2017). 거꾸로 교실(Flipped Class)을 활용한 시각문화 미술교육 지도방안 연구. 동국대학교 대학원 석사학위논문.

양윤정, 박소정(2003). 미술과 교육목표 및 내용체계연구 2. 서울: 한국교육과정평가원.

원예지(2018). 숲활동을 통한 아동미술교육 프로그램 연구. 숙명여자대학교 대학원 석사학위논문.

유희정(2017). 영유아미술교육. 경기: 공동체.

이성도, 김혜숙(2018). 미술교육논총, 53권, 1-26.

이성희, 이미연(2020). 디지털 이미지를 활용한 미술활동이 유아의 창의성과 공간지각능력에 미치는 영향. 열린유아교육연구, 25(4), 23-53.

이윤영, 유영의(2018). SCAMPER 기법을 적용한 미술활동이 만 5세 유아의 창의성에 미치는 영향. 한국유아교육연구, 20(3), 271-301.

이주연, 박은덕(2002). 새 미술과 교육과정 방향모색을 위한 국제 비교 및 모형연구. 조형교육, 19(19), 145-215.

임정기, 이성도, 김황기(2006). 미술교육의 이해와 방법. 경기: 예경.

정대영, 정창숙(2015). 인지행동미술치료가 정서 · 행동장애 위험군 아동의 문제행동과 사회적 기술에 미치는 영향. **미술치료연구**, 22(4), 1133-1160.

정민경(2017). 어린이 그림책을 활용한 창의성 중심 미술 수업안 연구: 유아기 아동을 대상으로. 중앙대학교 대학원 석사학위논문.

최연식(2010). **최연식의 전공미술의 핵**. 서울: gbooks.

최인선(2004). 일본의 미술교육 사상이 우리나라 미술교육에 미친 영향 연구. 한양대학교 대학원 석사학위논문.

한경은(2019). 인공지능 시대의 하브루타 미술교육 방안 고찰. **한국초등교육**, 31, 61-75.

함영숙(2019). 초등교사의 놀이미술에 대한 인식과 놀이미술활동을 통한 아동문제행동 지도 방안. **예술인문사회융합멀티미디어논문지**, 9(2), 341-351.

홍성욱(2020). 선택적 함구증 여중생의 인지행동 미술치료가 문제행동과 또래관계에 미치는 단일사례연구. 경기대학교 대학원 석사학위논문.

홍지명(2018). 인성동화를 활용한 미술활동이 유아의 창의적 인성 및 미술능력에 미치는 영향. **인문사회 21**, 9(4), 1573-1588.

中华人共和国教育部(2000). 中小学美术教学大纲.

中华人共和国教育部(2001). 全日制义务教育美术课程标准(实验稿).

中华人共和国教育部(2003). 普通高中美术课程标准(实验).

中华人共和国教育部(2011). 义务教育美术课程标准.

Eberle, B. R. F. (1972). Developing imagination through scamper. *The Journal of Creative Behavior, 6*(3), 199-203.

Efland, A. D. (1991). *A History of Art Education: Intellectual and Social Currents in Teaching the Visual Arts.* New York, NY: Teachers College Press.

Efland, A. D. (1996). **미술교육의 역사**(박정애 역). 서울: 예경.

Okazaki, A. (1985). *American Influence on the History of Japanese Art Education: The Case of Akira Shirahama.* The History of Art Education proceedings from the Penn State Conference. The Pennsylvania State University College of Arts and Architecture School of Visual Arts.

Osborn, A. F. (1963). *Applied imagination: Principles and procedures of creative problem solving.* NY: Charles Scribner's Sons.

Stankiewicz, M. A. (1990). *Rules and Invention: From Ornament to Design in Art education.* In Framing the Past: Essays on Art Education edited by Donald Soucy and Mary Ann Stankiewicz. Reston: NAEA.

Chapter 03

아동미술 관련 이론

1. 구성주의
2. 레지오 에밀리아
3. 다중지능이론
4. 학문에 기초한 미술교육
5. 융합인재교육

'주말 지낸 이야기' 그림에 줄곧 공룡을 그리는 아이가 있다면 교사는 어떻게 해야 할까? 항상 검은색 크레파스만 쓰는 아이에게 다른 색깔을 추천해야 할까? 미술활동을 할 때마다 지루하다고 도망가려는 아이에 대해 어떤 식으로 대응해야 할까? 뻥튀기를 이어서 목걸이를 만드는 활동 중에, 아이들이 뻥튀기를 먹거나 서로 던지면서 놀고 있으면 교사는 뭐라고 말해 주어야 할까?

이 장에서 다루는 이론들은 보육현장에서 빈번하게 나타나는 위와 같은 문제들에 대해 교사들이 어떻게 대응해야 하는지에 관한 학자들의 생각을 다룬다. 이러한 문제에는 정답이 없다. 아이가 원하는 대로 줄곧 공룡을 그리게 하는 것도 한 가지 방법이고, 공룡이 아닌 다른 것을 추천해 주는 것도 방법이 될 수 있으며, 공룡을 그리되 이를 기반으로 주제를 확장하여 다른 것들을 그리게 해 보는 것도 또 다른 방법이다. 다만, 교사가 이러한 결정을 할 때는 '그냥' 하는 것이 아니라, 자신의 교육철학과 신념에 따라, 일관성 있게 행동해야 한다. 그리고 이러한 교사의 교육철학과 신념은 아동의 발달과 학습에 관한 이론적 근거에 기반을 둔 것이어야 한다.

1. 구성주의

아이가 미술을 잘하기 위해서 가장 중요한 것은 무엇일까? 아동발달의 기제에 대한 학자들의 의견은 크게 선천적 요소를 강조하는 입장(성숙주의), 후천적 요소를 강조하는 입장(경험주의), 그리고 선천, 후천적 요소에 더하여 학습자의 의지를 강조하는 입장(구성주의)으로 나뉜다.

표 3-1 아동의 미술발달에 대한 관점

	성숙주의	경험주의	구성주의
명칭	선천주의, 생득주의	후천주의, 행동주의, 학습이론	상호작용주의
발달의 기제	유전, 성숙	환경, 경험	유전, 환경 + 학습자의 의지
예시	화가 부모에게서 태어난 자녀는 그림을 잘 그릴 것이다.	어릴 때부터 미술학원에 다녔으면 그림을 잘 그릴 것이다.	화가인 부모 아래에서 어릴 때부터 미술교육을 받은 쌍둥이 중에서도 한 명은 그림을 잘 그리지만, 다른 한 명은 그렇지 않을 수 있다.
미술교사의 역할	• 아동의 수준 관찰 • 적절한 환경 조성	• 체계적인 교육계획 • 적절한 환경 조성 • 효과적인 교수전략 • 객관적인 평가	• 아동의 수준 관찰 • 적절한 환경 조성 • 지속적인 동기부여 • 객관적/주관적 평가

1) 성숙주의 관점에서의 아동미술교육

초기에 보편적으로 받아들여졌던 이론은 선천적으로 타고난 것, 즉 부모의 유전자와 신체적 · 정신적 성숙을 강조한 학자들의 주장이었다. 로웬펠드(Lowenfeld, 1957)를 비롯한 성숙주의자들은 미술능력의 향상이 선천적인 능력의 발현이자, 예정된 순서에 따른 단계적 발달에 의한 것이라고 보았다. 즉, 특별한 교육이나 촉진과정이 없더라도 아동의 미술능력은 시간이 지나면서 자연스럽게 발달한다는 것이다. 예를 들어, 어떤 부모도 자녀에게 끼적이는 방법을 일부러 가르치지는 않지만, 대부분의 영아는 필기도구를 손에 쥘 힘이 생기면 어딘가에 끼적이는 행동을 나타내기 시작한다.

아동의 선천적 발달에 대한 생각은 교사의 역할 규정에도 영향을 미친다. 성숙주의의 중요한 개념인 '발달규준'과 '준비도'에 따르면, 영아기 아동에게서 나타나는 난화(끼적이기)는 원하는 세기와 방향으로 선을 긋기 위한 아동의 준비과정이며, 앞 단계의 발달과업을 완수하고 준비된 아동만이 면이나 형태를 그리는 다음 단계로 나아갈 수 있다. 따라서 준비되지 않은 아동에 대한 조기교육은 의미가 없으며, 성인과 아동의 갈등만을 불러일으킨다. 즉, 성숙주의에서는 교사가 아동의 현재 수준을 관찰하고, 적절한 재료를 제공하는 등의 환경 조성에 머무는 매우 소극적인 역할을 해야 한다고 본다. 이러한 관점은 아동의 잠재력을 믿고 지나친 개입이나 무리한 조기교육을 방지한다는 장점이 있으나, 자칫 아동이 적절한 미술교육을 받지 못하고 방치될 위험성을 갖는다.

2) 경험주의 관점에서의 아동미술교육

아동의 자연스러운 발달과 성숙을 중시하는 성숙주의자와 달리, 아동이 특정 행동을 경험해 보아야 그 행동을 할 수 있다고 믿는 경험주의자들은 아동의 발달은 누적된 경험에서 비롯된다고 본다. 아이가 보이는 끼적이는 행동은 전혀 본 적 없는 새로운 것이 아니라, 부모나 다른 성인이 무언가를 쓰는 행동을 보고 자기 나름대로 모방하려는 시도이다. 영아는 지속적으로 끼적이기를 반복하면서 점점 경험을 쌓고, 성인이나 또래의 모습에서 자신에게 부족한 부분을 배워 가며 더욱 정확하고 뚜렷한 형태를 그릴 수 있게 된다. 이렇게 충분한 경험과 학습을 통해 아동은 선 긋기, 형태 그리기라는 미술 행동을 할 수 있게 되는 것이다.

아동의 후천적 발달에 집중한 학자들은 아동의 미술능력이 모두 외부에서 배운 것이라고 보기 때문에, 이러한 교육적 자극을 제공하는 교사의 역할이 중요해진다. 먼저 교사는 아동이 미술을 잘 배울 수 있도록 구체적이고 체계적인 교육계획을 세워야 한다. 또한, 교사는 아동이 보다 효과적으로 배우기 위한 여러 가지 교수 · 학습전략을 고안하고 적절한 학습환경을 제공한다. 이외에도 교사는 지속적이고 객관적으로 아동의 미술발달을 평가하여 다음 교육을 위한 계획에 반영해야 한다. 이러한 관점은 학습의 책임을 교수자에게 돌리기 때문에, 아동의 문제행동이나 학습에서의 실패 역시 교수자의 노력으로 극복할 수 있다고 본다. 즉, 아동이 미술을 싫어하거나 못하는 이유는 교사가 잘 가르치지 못했기 때문이고, 교사가 더욱 효과적이고 적절한 교수방식을 찾는다면 모든 아동은 미술을 잘 배울 수 있을 것이라는 생각이다. 이처럼 교사의 역할이 강조되고 적극적으로 이루어지는 데에 반해, 아동은 자신의 의지 없이 단순히 가르치는 대로 배우는 수동적 역할에 머문다는 한계를 갖는다.

3) 구성주의 관점에서의 아동미술교육

앞서 설명한 두 가지 관점이 모두 아동의 미술발달을 설명하는 데에 한계를 가지고 있었기 때문에, 현대 학자들은 유전적 요인과 환경적 요인, 그 외에도 아동 자신의 의지를 강조하는 구성주의적 관점을 취하고 있다. 구성주의는 인간이 외부에서 주어진 지식을 그대로 받아들이는 것이 아니라, 자극을 해석하고 스스로 주관적인 지식을 구성한다는 의미를 갖는다. 두 명의 아동이 같은 강아지를 보고도 서로 다른 그림을 그리는 이유는 각자의 흥미나 관심, 인지적 수준, 미술적 표현능력 등에 차이가 있기 때문이다. 일란성 쌍둥이 자매가 같은 미술수업을 들어도, 한 명은 미술을 좋아하고, 다른 한 명은 싫어할 수도 있다. 이러한 태도의 차이는 성취도의 차이로 이어진다. 즉, 구성주의자들은 개인의 학습동기에 따라 학습의 결과가 달라진다고 본다.

유전과 환경 외에도 학습자의 동기가 중요하므로, 교사의 역할에는 단순히 잘 가르치는 것뿐 아니라, '배우고 싶은' 상황을 만드는 것이 포함되었다. 교사가 아무리 체계적이고 효과적인 수업을 하더라도, 아동이 배울 생각이 없다면 학습이 이루어지지 않기 때문이다. 따라서 교사는 미술활동을 하는 아동을 지속적으로 관찰하며 아동의 흥미와 관심, 수준을 파악하고, 아동이 흥미를 가질 만한 미술활동을 계획하고 시행해야 한다. 또한 교사는 미술활동의 결과를 평가할 때에, 선의 정확도, 색상의 다채로움, 형태의 사실성과 같은 객관적이고 구체적인 성취뿐 아니라, 아동의 참여도나 만족도와 같은 주관적이고 정서적인 성취에도 관심을 가져야 한다. 이러한 관점은 아동의 자율성을 높이고 자발적인 미술학습이 이루어진다는 장점이 있으나, 개별 아동의 흥미와 수준을 고려한 교수전략이 중요해짐에 따라 교사의 역량이 강조되고, 부담이 커진다는 단점을 갖는다.

시사점과 적용 1

Q1. 여러분은 성숙주의, 경험주의, 구성주의 중 어떤 관점에 가장 공감이 가나요? 각 관점은 어떤 의미를 가지고 있을까요?

- 성숙주의 관점을 완전히 부정한다면 우리는 2세의 아동이 난화기를 겪는다는 발달적 지식에 대해 이야기할 수 없을 것입니다. 모든 아동의 미술능력이 그 자연스러운 성숙에 따라 특정한 순서와 단계를 거친다는 '발달규준'의 개념으로 인해, 교사는 아동의 미술표현 발달이 어느 시기에, 어떤 순서로 나타나는지 배울 필요가 있습니다. 경험주의의 경우, 아동은 백지상태이므로 표현 발달의 시기나 순서에 관계없이, 교사의 지도가 중요하기 때문입니다. 또한, 영아를 위한 미술교육, 유아를 위한 미술교육처럼 연령과 발달수준을 고려한 교수법이나 활동 내용을 적용하는 것도 성숙주의에서 제시하는 '준비도'의 개념으로 인한 것입니다. 준비되지 않은 아동에 대한 무리한 조기교육은 효과가 없으므로, 교사는 아동의 발달수준을 이해하고 적절한 환경 구성으로 도와야 합니다.

- 경험주의 관점의 가장 큰 의미는 교사 역할의 중요성에 대한 인식을 높여 주었다는 점입니다. 성숙주의에 따르면 아동은 자연스럽게 스스로 발달하므로, 교사는 열악한 환경이 아동의 발달을 방해하지 않도록 하는 최소한의 지원을 하는 정도이지, 교사의 역량이 학습결과를 좌우하는 것은 아니었습니다. 그러나 경험주의 관점에서 교사는 아동발달의 모든 면에 영향을 미칩니다. 따라서 교사는 아동의 미술적 흥미와 관심, 발달적 수준을 정확하게 파악하고, 이른 시기부터 아동의 수준에 맞는 다양하고 풍부한 미술적 경험을 제공해야 합니다. 아동이 미술을 싫어하는 것은 아동 본인의 한계라기보다는 적절하지 않은 외부 환경 때문이므로, 개별 아동의 상황을 잘 파악하고 적절한 교수법을 사용한다면 모든 아동은 미술을 좋아하고 잘하게 될 것이라는 희망적인 관점을 갖게 됩니다.
- 구성주의 관점은 아동 자신의 배우고자 하는 의지를 강조한다는 점에서 가장 큰 의의를 갖습니다. 타고난 실력으로 인해 원래 그림을 잘 그리더라도, 실력 있는 교사가 흥미로운 미술활동을 계획하고 진행하더라도, 아동 본인의 성향에 따라 미술활동을 좋아하지 않을 수 있습니다. 그리고 이러한 선호는 미술능력의 발달에도 영향을 미칩니다. 교사는 단순히 전달력이 좋은 프로그램을 개발하는 데에만 집중할 것이 아니라, 아동이 미술활동을 즐거워하고 스스로 참여하고자 하는 동기를 부여하는 데에도 신경을 써야 합니다. 예를 들어, 미술 프로그램의 구성이 좋은지가 아니라, 어떤 사람과 함께 하는지, 어떤 분위기에서 활동이 진행되는지가 아동의 미술활동 참여에 더욱 큰 영향을 미칠 수 있습니다. 이것이 바로, 똑같은 내용의 활동이더라도 좋아하는 선생님이나 친구와 하는 미술활동에 아동이 더욱 적극적으로 참여하고 잘 배우는 이유입니다.

Q2. 미술활동을 하기 싫어하는 아동이 있을 때, 성숙주의, 경험주의, 구성주의 신념을 가진 교사는 어떻게 대응할까요?

(본 질문의 답변은 성숙주의, 경험주의, 구성주의의 특성을 강조하기 위해 다소 극단적인 관점을 설명합니다. 현대로 오면서 성숙주의, 경험주의도 그 한계를 인정하고 서로의 관점을 받아들여 상황에 따라 완충적인 태도를 보입니다.)

- 성숙주의 신념을 가진 교사는 아동이 가진 유전적 특성의 자연스러운 발현과 신체적·인지적 성숙에 따른 미술능력의 발달을 기대합니다. 따라서 준비되지 않은 아동에게 무리하게 활동을 강요하기보다는, 아동의 수준, 흥미, 관심을 더욱 면밀히 관찰하고 아동이 미술에 흥미를 가질 만한 환경을 조성하고자 노력할 것입니다.
- 경험주의 신념을 가진 교사는 아동의 학습 실패는 교수법의 문제라고 생각합니다. 아동이 미술활동에 관심이 없는 것은 활동의 매력도나 교사의 교수능력이 부족하기 때문이므로, 더욱 흥미로운 교수법과 교구재 제공을 통해서 아동의 미술활동을 촉진하려고 적극적으로 노력할 것입니다.

• 구성주의 신념을 가진 교사는 아동의 학습에는 유전과 환경은 물론 아동 자신의 의지가 중요한 영향을 미친다고 봅니다. 이 때문에 교사는 아동에 대한 지속적인 관찰, 환경 구성, 교수계획 수립과 교구재 제공에 더하여, 아동의 동기부여를 위한 노력을 중시합니다. 아동이 미술을 하고 싶지 않은 이유는 무엇인지 파악하여 문제를 해결하거나, 아동이 좋아하는 다른 활동과 연계하거나, 좋아하는 친구들과 협력하도록 하는 등의 노력을 통해 아동이 스스로 미술활동에 대한 의지를 가질 수 있도록 지원할 것입니다.

2. 레지오 에밀리아

일부 교과에 대한 전문적 지도를 목적으로 한 어린이집에서의 특별활동은 이제 필수적인 일과로 자리 잡았다. 미술과목은 특히 인기 있는 특별활동 중 하나이지만, 사실 영유아교육에서는 이와 같이 다른 영역과의 분절된 교과과정 시행을 지양하도록 권고하고 있다(보건복지부, 한국보육진흥원, 2020).[1] 보육교사는 아동에게 있어 미술활동이 '미술시간에 하는 활동'이 아닌, '미술기법을 사용한 활동'으로써 다른 영역의 활동과 유기적으로 연결될 수 있도록 계획해야 한다. 이러한 면에서 미술전담교사를 기관에 상주시키고, 교육활동 전체의 틀 안에 미술활동을 녹여내는 레지오 에밀리아의 접근방식을 참고할 수 있다.

1) 레지오 에밀리아 프로그램에서의 아동미술교육

레지오 에밀리아 프로그램은 이탈리아 레지오 에밀리아 지역에서 제2차 세계 대전 직후 부모들이 자신의 유아기 자녀들을 위해 학교를 건립하면서 시작되었다. 앞서 설명한 구성주의 관점은 레지오 에밀리아의 교육철학에도 강한 영향을 미쳤으며, 특히 구성주의의 창의적이고 유능한, 사회적인 아동에 대한 신념은 프로젝트 활동을 통한 아동주도적 학습방식이 성공할 수 있는 중요한 전제가 된다(이순형 외, 2005).

레지오 에밀리아 접근법을 확립한 로리스 말라구치(Loris Malaguzzi)는 피아제(J.

1) 외부에서 파견된 특별활동 교사의 특성상, 영유아의 하루일과나 현재 진행되고 있는 주제와 무관하게 사전에 짜인 연간계획안에 따라 활동이 이루어진다.

Piaget)가 주장한 자기중심적 아동관(환경과 상호작용하며 혼자 지식을 구성해 가는 아동)에는 반대하였으나, 아동이 직접 사물을 변형시키고 자신의 사고와 아이디어를 반영하는 경험을 통해 발달을 이룬다는 교육방식은 인정하였다. 아동은 프로젝트에 참여한 또래들과 아이디어를 공유하고, 궁금한 점에 대한 적극적인 시도를 통해 새로운 지식을 구성한다. 레지오 에밀리아 프로그램의 아동은 처음 보는 미술 재료를 활용하거나 자기가 생각한 참신한 방식으로 대상을 표현해 보는 경험을 통해, 성인에게서 주입된 것이 아닌 본인들만의 창의적인 방식으로 미술활동을 시행한다.

또한 말라구치는 비고츠키(L. S. Vygotsky)의 이론에서 나타난 사회적 맥락 속의 아동발달과 다른 사람과의 상호작용을 통한 학습방식을 받아들이고, 이러한 과정에서 의사소통과 사고처리의 도구가 되는 언어의 중심적 역할을 강조하였다(New, 2000). 즉, 성인과 아동은 서로 자신이 이해한 것을 표현하고 지식을 교류하며, 이를 위해서 지속적인 언어적 상호작용이 필수적이다. 예를 들어, 만들기를 하고 있는 아동은 조용히 혼자 활동하기보다는 옆의 친구나 교사와 만들고 있는 대상에 대해 이야기하면서 활동을 진행하고, 작품이 완성된 후에는 특정 장소에 전시된 작품에 대해서 서로의 생각이나 느낌을 공유하며 감상하는 시간을 가진다.

2) 프로젝트 활동의 상징과 표상, 기록

레지오 에밀리아의 가장 복잡하고 특징적인 측면인 프로젝트 활동은 특정 주제에 대해 교사와 아동이 함께 탐구해 가는 과정으로 이루어진다. 교사가 학급 아동들에게 필요하다고 생각하는 주제를 제안할 수도 있으나, 아동 스스로 관심 있는 주제를 선택할 수도 있다. 4월이라고 해서 무조건 봄을 선택하는 것이 아니라, 당시에 아동이 관심을 보이는 나무, 꽃, 봄소풍과 같은 주제를 선택하여 보다 구체적이고 심도 있는 접근을 시행한다. 특히, 주제가 시작된 초기의 1차 표상활동과 주제가 진행된 후기의 2차 표상활동을 통해, 대상에 대한 아동의 관심과 이해도의 변화를 확인할 수 있다.

레지오 에밀리아의 프로젝트는 미국의 프로젝트 접근법에 비해 표현의 중요성을 강조한다는 특징이 있다. '아동의 백 가지 언어(the hundred language of children)'라는 표현에서 나타나듯, 언어적 표현 이외의 다양한 표현방식을 강조하였으며, 아동마다 자기에 맞는 표현방식을 가지고 있다고 보았다(Edwards, Gandini, & Forman, 1993). 즉, 아동의 표현방식의 하나로 미술표현을 적극적으로 활용하였으며, 아동이 창의적인 다양

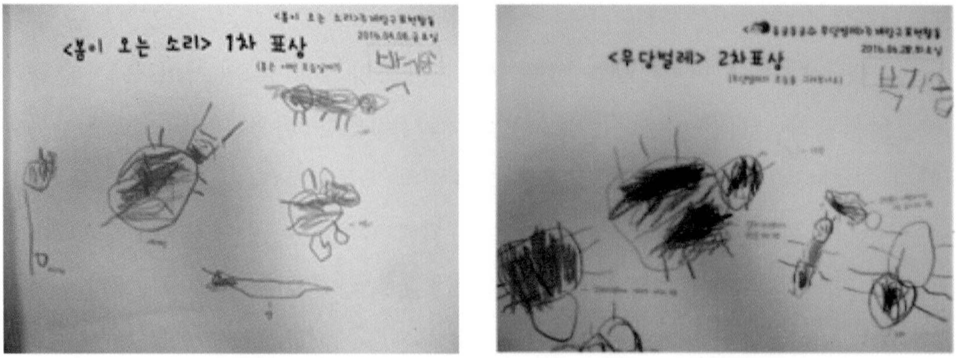

활동 전
(단조로운 색깔 사용, 단순한 설명)

활동 후
(다채롭고 사실적인 색깔 사용, 표현한 대상에 대한 세부적인 설명)

●그림 3-1● **무당벌레에 관심이 없던 시기와, 관심이 생긴 시기의 그림 표현의 차이**

한 방식으로 표현하는 것이 지적 능력에도 영향을 미친다는 신념 아래, 학교마다 아틀리에스타를 두어 아동의 상징적 표현방식 발달을 돕고자 한다.

또한 레지오 에밀리아는 기록과 환경의 중요성을 강조한다. 기록은 학습경험에 관

●그림 3-2● **레지오 에밀리아 환경 구성**

한 자료이고 사건 간의 관련성을 밝히며, 아동과 부모, 교사가 앞으로의 경험을 계획할 수 있도록 한다. 교사는 아동의 언어, 행동, 작품 등을 모두 기록 · 보관하며, 아동의 미술작품 역시 중요한 기록 자료로서 수집된다. 또한 아동의 작품은 '제3의 교사'라 칭해지는 환경구성에 있어서도 중요한 역할을 차지한다. 레지오 에밀리아의 교실은 천장과 벽, 바닥에 이르기까지 아동의 작품으로 가득 채워지며, 이러한 작품은 아동에게 만족감과 성취감, 새로운 아이디어를 위한 영감을 제공한다.

3) 아틀리에와 아틀리에스타

흔히 미술전담교사라는 명칭으로 번역되는 아틀리에스타는 시각예술 전공자로서, 단순히 미술과목에만 초점을 맞추기보다는 아동이 사용할 수 있는 다양한 표현방식을 안내하고 지원한다. 아틀리에스타는 교사와 협력하여 프로젝트 활동의 틀을 만들어 가

OHP와 라이트테이블을 이용한 활동

라이트테이블에서의 협동작품

벽에 투영된 새 그림자를 보며
스케치북에 따라 그리는 아동

아틀리에스타와 활동하는 아동
(그림 유치원)

●그림 3-3● **아틀리에에서의 다양한 표현활동**

는 핵심적인 역할을 한다(Fraser & Gestwicki, 2002). 아동이 아틀리에스타와 함께 작업하는 작업장인 아틀리에는, 백 가지 언어로 표현하기 위한 기술을 배우는 장소이면서 동시에 부모나 교사가 아동이 학습하는 과정을 볼 수 있는 장소가 된다.

시사점과 적용 2

Q1. 미술교사와 아틀리에스타의 미술활동은 어떤 점에서 공통점과 차이점을 가지고 있을까요?

- 미술교사는 미술이라는 교과과정 안에서 미술사, 미술표현, 미술감상 등을 가르치는 반면, 아틀리에스타는 담임교사와 협력하여 프로젝트 활동의 틀을 만드는 역할을 합니다. 즉, 미술과목에 한정하지 않고 전체 교과과정에 있어 다채로운 표현방식을 가르치며, 미술적 요소뿐 아니라 음악이나 움직임과 같은 폭넓은 예술적 요소를 활용하여 아동이 자신의 지식이나 생각, 느낌을 나타낼 수 있도록 돕습니다.
- 또한 아틀리에스타는 일반적인 미술기술을 가르치기보다 개별 아동의 작품을 보다 세련되게 표현하는 법을 알려 주고자 합니다. 예를 들어, 검은색을 고집하는 아동에게 무작정 다른 색을 사용해 보라고 추천하기보다는, 검은색으로 표현할 수 있는 깊이감, 질감의 차이를 이용하여 완성한 작품들을 보여 줌으로써 아동의 흥미를 유지하면서도 보다 높은 수준의 작품을 만들기 위한 영감을 제공합니다.

Q2. 레지오 에밀리아 접근법을 이해하는 교사는 어떤 식으로 미술을 활용할까요?

- 레지오 에밀리아 접근법에서는 아동이 자신이 이해한 내용을 다양한 방식으로 표현하게 함으로써, 더욱 수준 높은 이해에 도달하게 합니다. 이때 미술적 표현방식이 자주 활용되는데, 대표적으로 대상에 대한 1차, 2차, 3차 표상을 들 수 있습니다. '비행기'에 대한 프로젝트 초기에 아동은 기존의 지식을 가지고 1차 표상을 진행하고, 프로젝트가 진행되면서 2차, 3차 표상을 시행합니다. 이때 교사는 표상의 방식을 꼭 그림으로 한정하기보다는, 조형, 디자인 등으로도 시행하여 아동이 자신의 지식을 다양한 측면에서 표현할 수 있는 기회를 제공합니다. 또한 아틀리에스타나 특별활동 교사와의 협업을 통해, 아동에게 더욱 풍부하고 세련된 방식의 표현 기법을 제안할 수 있습니다.

3. 다중지능이론

다른 활동 시간에는 곧잘 참여하는데, 미술시간에만 지루하다며 도망가려는 아동이 있다. 반대로 다른 활동은 평범한데 미술활동에서 유독 돋보이는 아동도 있다. 이처럼 우리는 아동이 특정 분야에서 다른 분야에 비해 강한 흥미를 보이는 경우를 자주 목격할 수 있으며, 이들은 대부분 그 분야에서 보다 빠른 발달과 높은 성취를 보인다. 예를 들어, 말로 설명하는 것은 서툴지만 그림으로 잘 표현하는 아동, 혹은 움직임이나 춤으로 표현하는 데에 더 익숙한 아동이 있다. 기존의 교육이 아동의 약점을 보완하여 모든 분야를 기준선 이상으로 평준화시키고자 노력하였던 반면, 가드너(H. Gardner)는 다중지능이론을 바탕으로 아동의 강점을 찾고 이를 보다 강화시키는 교육방식을 주장하였다.

1) 다중지능이론에서의 아동미술교육

1904년 프랑스의 심리학자인 알프레드 비네(A. Binet)와 동료들은 초등학생의 학업실패 위험성을 평가하기 위한 방법으로서 최초의 지능검사를 개발하였고, 그 이후로 객관적으로 측정된 학습능력을 하나의 점수로 표기하는 지능(IQ)라는 개념이 널리 퍼지기 시작했다. 그로부터 80년 후, 발달심리학자인 펠드만(D. H. Feldman)과 가드너(Gardner)는 기존의 지능이 너무 좁게 정의되어 있다며 사람에게는 하나가 아닌 여러 가지의 기본 지능이 존재한다고 주장하였다(Gardner, 2011). 이들은 영역-특정적(domain-specific) 인지능력이라는 개념을 통해, 인지능력이 하나의 일반적 능력을 반영한다기보다는 특정 영역에 초점을 두고 있다고 보았다(Feldman, Krechevsky, & Chen, 1993).

가드너는 인간의 인지능력에 있어 각각 독립적인 몇 개의 독특한 영역이 존재하며, 모든 개인은 여러 지능 영역에서 각기 다양한 능력을 소유하고 있다고 말한다(Gardner, 2011). 이러한 지능은 고정된 것이 아니라 교육에 따라 강화될 수 있으므로, 아동의 다양한 인지능력 중 특별히 잘할 수 있는 발달 영역을 규명하고 이에 근거하여 개별화된 교육 프로그램을 구성할 필요가 있다(프로젝트 스펙트럼 접근법).

표 3-2 가드너가 주장한 다중지능의 종류

		핵심 요소	관련 직업	확인 진술문 예시
1	언어 지능	단어나 언어의 소리, 구조, 의미, 기능에 대한 민감성	작가, 연설가	다른 언어를 말하거나 읽는 법을 배우는 것은 내게 비교적 쉽다.
2	논리 · 수학 지능	논리적 · 수학적 패턴을 파악하는 능력	과학자, 수학자	수학, 혹은(그리고) 과학은 학교에서 내가 제일 좋아하는 과목이었다.
3	공간 지능	시공간적 세계를 정확하게 인지하고, 초기 인식에 따라 변형을 가하는 능력	예술가, 건축가	나는 일반적으로 친숙하지 않은 장소에서 내가 갈 길을 찾을 수 있다.
4	신체 · 운동 지능	신체의 움직임을 통제하고 사물을 능숙하게 다루는 능력	운동선수, 무용가, 조각가	나는 적어도 한 가지 운동이나 신체활동을 규칙적으로 한다.
5	음악 지능	리듬, 음의 높낮이와 음색을 만들어 내거나 감상하는 능력, 음악적 표현에 대한 감상 능력	작곡가, 연주자	나는 한 개 이상의 악기를 연주할 수 있다.
6	대인관계 지능	타인의 분위기, 기질, 동기 및 욕망을 알아채고 적절하게 반응하는 능력	상담사, 정치적 지도자	내 이웃이나 직장 동료들은 상담을 하거나 조언을 구하려고 나에게 찾아온다.
7	자기성찰 지능	자신의 느낌을 알아채고 감정을 분별하는 능력, 자신의 강점과 약점에 대한 지식	심리치료사, 종교 지도자	나는 대개 명상, 반성 또는 중요한 삶의 질문에 대해 생각하며 혼자 시간을 보낸다.
8	자연탐구 지능	어느 종에 속하는지 잘 구분해 내고, 관련 종식의 존재를 알며, 형식적 · 비형식적으로 둘 이상의 종 간의 관계를 파악해 내는 능력	동식물 연구자, 동물권익보호론자	나는 배낭여행, 하이킹을 하거나 자연 속에서 거닐며 시간을 보내는 것을 좋아한다.

출처: Armstrong, T. (2008). *Multiple intelligences in the classroom* (3rd ed.). 김동일 역(2014). **다중지능과 교육**. 서울: 학지사(최근에는 아홉 번째 지능인 실존 지능에 대한 고려도 이루어지고 있음).

다중지능이론의 핵심적 주장은 다음과 같다. 첫째, 모든 사람은 여덟 가지 재능을 모두 가지고 있다. 물론 여덟 가지 기능이 기능하는 방식은 사람마다 다르며, 어떤 지능은 매우 잘 발달되어 있고, 어떤 것은 보통이며, 나머지는 다소 덜 발달되어 있을 것이다. 미술과 가장 큰 관련성을 갖는 공간 지능이나 신체 · 운동 지능의 경우에도, 모든 사람은 해당 지능을 가지고 있다. 다만 다소간 발달수준의 차이가 있을 뿐이다. 둘째, 대부분의 사람은 노력을 통해 각각의 지능을 적절한 수준으로 발달시킬 수 있다. 가드너는 충분한 격려와 강화, 교수가 이루어진다면 거의 모든 사람이 여덟 가지 지능 모두를 상당한 수준까지 발달시킬 수 있다고 주장한다. 즉, 적절한 미술적 교수가 이루어진다면 대부분의 사람은 공간 지능, 신체·운동 지능을 어느 수준까지 발달시킬 수 있다. 셋째, 이런 여러 가지 지능은 보통 복잡한 방식으로 함께 작용한다. 삶 속에서 어떤 지능도 독자적으로 존재할 수는 없다. 즉, 미술과 관련해서도 단순히 공간 지능, 신체·운동 지능뿐 아니라, 다른 영역과의 통합적인 발달이 필요하다. 넷째, 인간은 각각의 지능 영역 안에서 다양한 방식으로 뛰어날 수 있다. 특정 영역에서 뛰어남을 인정받기 위한 정해진 기준은 없다. 즉, 읽는 속도는 느리지만 말을 잘하고, 어휘 표현이 풍부한 사람 역시, 언어 지능이 높다고 볼 수 있다. 같은 원리로 그림을 잘 그리지만 만들기는 잘하지 못한다거나, 색감은 좋으나 정밀한 묘사에 취약한 사람도 미술과 관련된 지능이 높다고 볼 수 있다.

2) 다중지능을 반영한 미술활동

가드너는 아동이 대인관계 지능, 자기성찰 지능, 공간 지능, 신체·운동 지능, 음악 지능, 언어 지능, 논리·수학 지능, 자연탐구 지능의 8가지 지능을 가지고 있다고 보았다. 또한, 이러한 다양한 지능을 기초로 아동의 활동 영역을 8가지(수학, 과학, 언어, 기계·도구, 동작, 사회적 이해, 음악, 미술) 영역으로 구분하였다(Krechevsky, 1998). 미술 영역과 관련성이 높은 지능은 공간 지능과 신체·운동 지능이다. 예를 들어, 다음과 같은 체크리스트를 활용하여 아동의 미술 관련 지능을 확인할 수 있다.

교사는 아동이 강점으로 가지고 있는 지능을 파악하고, 해당 지능을 적극적으로 활용하는 교육활동을 계획함으로써 아동의 흥미를 높이고 자발적 참여를 유도할 수 있다. 다중지능이론 중 미술과 관련된 지능, 즉 공간 지능과 신체·운동 지능을 적극적으로 활용하는 교수방법은 다음과 같다.

먼저 공간 지능이 높은 아동을 위한 교수방법은 시각적 전시, 예술활동, 상상 게임, 마인드맵, 은유와 비유, 시각화 등이다. 교사는 아동과 함께 통합적 예술수업을 하며, 다양한 사물을 보고, 그리고, 이를 시각화하여 표현하거나, 색을 칠하고, 마인드맵을 그리는 활동을 한다. 특히, 수업의 도입 부분에서 주제에 대한 아동의 흥미를 이끌어내는 방법으로써, 주제와 관련된 특이하거나 인상적인 그림을 제시하는 방법을 활용할 수 있다.

반면에 신체·운동 지능이 높은 아동을 위한 교수활동은 실습, 드라마, 촉각활동, 이

표 3-3 미술과 관련된 다중지능

		확인 문항	○	×
1	공간 지능	• 분명한 시각적 이미지를 보고함 • 지도, 차트 그리고 다이어그램 등을 글보다 쉽게 읽음(혹은 취학 전일 경우, 글 이상의 것을 살펴보는 것을 즐김) • 몽상을 많이 함 • 미술활동을 즐김 • 그림 그리기를 잘함 • 영화, 슬라이드 또는 다른 시각적 제시물 보기를 좋아함 • 퍼즐, 미로 찾기 또는 유사한 시각적 활동을 즐김 • 흥미로운 3차원적 건축물(예: 레고 조립)을 만듦 • 읽는 동안 단어보다 그림에서 많은 것을 얻음 • 교과서, 교재 또는 다른 교구에 낙서하는 것을 좋아함 • 기타 다른 공간능력		
2	신체 · 운동 지능	• 하나 이상의 스포츠에 뛰어남(혹은 취학 전일 경우 연령보다 발달된 신체적 역량을 보임) • 한 자리에 오래 앉아 있으면 움직임, 경련 등을 보이며, 책상을 산만하게 두드리거나 안절부절못함 • 타인의 몸짓이나 버릇을 영리하게 흉내 냄 • 물건을 분리하거나 다시 붙이는 활동을 좋아함 • 눈앞에 보이는 모든 물건에 손을 가져다 댐 • 달리기, 뛰기, 레슬링 또는 유사한 활동을 즐김(혹은 연령이 높을 경우 이러한 흥미를 보다 절제된 방법으로 나타냄. 예를 들어, 교실에서 달리기, 의자에서 뛰어내리기 등) • 공예(목공예, 바느질, 정비 등)나 또는 다른 분야에서 높은 미세 운동 협응을 보임 • 학생 자신을 표현하는 인상적인 방법이 있음 • 생각하거나 일하는 동안 다양한 신체적 감각을 보고함 • 찰흙 또는 다양한 촉각 경험(핑거페인팅 등)을 즐김 • 기타 다른 신체 · 운동능력		

출처: Armstrong, T. (2008). *Multiple intelligences in the classroom* (3rd ed.). 김동일 역(2014). **다중지능과 교육**. 서울: 학지사.

완활동 등이다. 교사는 말로 설명하거나 그림을 그리는 등의 정적인 활동보다는 움직이고 만져 보는 동적인 활동을 위주로 한 실습활동을 계획한다. 아동은 재료를 쌓고, 만지고, 형태를 만드는 조형활동에 관심을 보일 가능성이 높으며, 수업 도입부에는 주제와 관련된 신기한 물건을 만져 보거나 이용해 보는 체험을 하며 아동의 흥미를 이끌어 낼 수 있다.

시사점과 적용 3

Q. 다중지능이론을 이해한 교사는 어떤 식으로 미술을 활용할까요?

• 다중지능이론은 기본적으로 개별 아동에게 맞는 교수·학습 방법이 다르다고 여기며, 특히 같은 영역의 지능이 발달한 아동이라도 그것이 세부적으로는 서로 다른 방식으로 나타날 수 있다고 봅니다. 예를 들어, 신체·운동 지능이 발달한 아동이라고 해서 모든 운동을 다 잘하는 것은 아니고, 대근육을 활용하는 달리기, 던지기 등에 특화된 아동이 있는 반면, 소근육을 활용하는 자르기, 만들기 등에 특화된 아동도 있기 때문입니다. 따라서 교사는 미술적 재능이 있는 아동이라 하더라도 개별 아동이 선호하고 잘하는 분야가 있다는 것을 인정하고, 일괄적인 표현방식을 강요하기보다는 아동 스스로 원하는 표현방식을 선택할 기회를 제공할 것입니다.

4. 학문에 기초한 미술교육

제4차 표준보육과정에서는 0~2세 영아의 예술경험 영역의 내용범주에서 '감상' 부분을 제외하였다. 그렇다면 영아에게는 작품에 대한 감상활동이 필요하지 않은 것일까? 감상활동은 눈으로 보이는 심미적 부분 외에, 그 작품의 사회적 배경, 맥락, 특별한 표현 기법 등에 대한 부분을 포함한다. 그러나 이론적 설명은 영유아의 자유로운 발상이나 표현을 제한할 수도 있다. 영유아의 감상활동에서 교사는 유아에게 작품에 대한 사전지식을 어느 정도나 제공해야 하는 것일까?

미술교육에 있어 이론적 지식의 전달 여부는 오랜 기간 학자들 간에 논란을 일으킨 부분이다. 여기에서는 아동이 자신이 원하는 것을 미술적으로 표현하고, 다른 사람의 미술작품을 이해하는 데 있어 이론적 기반이 필요한지, 그렇지 않은지에 대한 학자들의 생각과 그에 따른 미술교육 방식의 변화에 대해 설명한다.

1) 표현기능 중심 아동미술교육

19세기 말 산업혁명으로 인한 대량생산은 기존의 수공업 방식에 비해 대대적인 양적 증가를 이루었으나 상품의 질이 떨어지는 문제를 야기하였다. 이에 따라 상품의 미적 수준을 높이기 위한 미술가와 디자이너가 필요해졌고, 유럽 각국에 직업학교, 기술학교, 미술학교가 설립되어 미술교육을 시행하게 되었다. 이 시기의 미술교육은 표현능력을 향상시켜 생활에 필요한 물건이나 작품을 만들어 내고자 하는 실용적인 목표를 가졌으며, 미술전문가를 키우고자 하는 목적에 치중하였다(이소은, 권기남, 2018).

이 시기의 미술전문가는 '미술을 감상하는 사람'이 아니라, '미술을 표현하는 사람'이었다. 이처럼 표현기능 중심 미술교육에서는 개인의 개성을 드러내기보다는 대중적 아름다움을 표현하는 능력을 키우려고 하였으므로, 미술기술 향상을 위한 반복적인 훈련이 강조되었다. 특히, 미술에 관한 기본 요소를 파악하고 이를 반영한 체계적인 실기지도를 시행하였다.

표현기능 중심 미술교육의 의의는 체계적 미술전문가 양성의 필요성 인식으로 인해 미술교육이 학교교육의 한 부분으로 자리 잡게 되었다는 점이다. 또한 이를 계기로 다양한 미술교육이 시작되었고, 사회의 교육적 요구를 반영하여 사회에 공헌하였다. 그러나 개별 학습자의 흥미나 요구를 고려하지 않고 산업 발전의 도구로써 학생을 바라보았던 점과 미래의 직업을 위해 교과과정에서의 희생과 훈련을 강조한 점, 사전에 정해진 일률적인 방식으로 작품을 완성하려고 한 점 등에서 문제가 나타난다.

2) 창의성 중심 아동미술교육

루소(J. J. Rousseau), 코메니우스(J. A. Comenius), 페스탈로치(J. H. Pestalozzi), 프뢰벨(F. W. A. Fröbel) 등의 교육학자들에 의해 기존의 성인 위주의 교육방식이 아동 중심으로 바뀌고, 아동의 흥미와 감각, 직접적 경험을 중시하는 교수방법이 나타나게 되었다. 미술교육의 목적이 상품화를 위한 일률적 표현에서 벗어나 자기표현과 미적 경험에 집중하게 되면서, 미술전문가의 양성보다는 일반 아동의 창의성 발달과 전인적 성장을 위한 미술교육이 시행되었다.

이 시기의 미술은 아동의 사고나 감정의 표현수단으로 여겨졌고, 특히 프로이트(S. Freud)는 미술에서의 자아표현이 내부 욕구의 표현이자, 통합된 인격 발달을 위한 방법이라고 보았다(이소은, 권기남, 2018). 창의성 중심의 미술교육은 19세기 심리학 발달에 따라 아동의 내부 욕구표현의 일환으로 미술활동을 이해하고, 미술을 통해 전인적 발달을 이루고자 하는 목표를 갖는다.

창의성 중심의 미술교육에서는 아동의 미술이 어른의 지나친 간섭에서 벗어나 자유롭고 자발적으로 이루어져야 한다고 본다. 따라서 교사의 역할이나 중요성이 줄어들고, 아동을 격려하고 환경을 제공하는 소극적 역할에 머물게 된다는 특성이 있다. 또한 아름다운 작품을 만들고 성과를 내는 것보다, 아동이 미술활동을 하는 과정에서 자연스럽게 얻어지는 심미성 발달, 협동심 증진, 창의성 발달 등에 중점을 두었다. 즉, 활동의 결과가 아닌 활동의 과정을 중시하는 현재의 미술활동의 경향성이 이때부터 나타났다고 볼 수 있다.

창의성 중심 미술교육은 미술활동의 주체를 학습자 본인에게로 돌리고, 상업적 목표가 아닌 전인적 발달이라는 교육적 목표를 추구하면서 아동 중심, 과정 중심의 미술활동을 강조하게 되었다. 그러나 성인의 개입을 제한하는 자유로운 자기표현 중심의 활동으로 인해 학습자의 입장에서는 다소 지루하게 느껴질 수 있는 반복적 훈련, 즉 기초적 미술기능의 수련이 부족해졌고, 미술교육에서 교사의 역할이 지나치게 축소되었다는 문제를 나타냈다.

3) 이해 중심 아동미술교육

20세기 중반 소련의 스푸트니크 발사는 미국의 실용주의적 교육방식에 대한 비판과 반성을 유발하였다. 학문 중심 교육과정은 학생들이 학문의 기본적인 구조와 요점을 이해함으로써 수업에서 직접 다루지 않은 다양한 문제에 대해서도 대응할 수 있는 응용력과 문제해결력을 갖추게 된다고 본다. 이를 바탕으로 미술교육에서도 변화가 나타났으며, 실생활에 직접 적용되는 미술의 실용적 측면뿐 아니라, 지식의 체계로서 미술의 이론적 측면에도 중요성을 두게 되었다. 이처럼 학문 중심 교육과정과 본질주의 교육철학의 영향을 받은 이해 중심 미술교육은 미술을 하나의 학문체계로 이해하고, 기본 지식이나 구조에 대한 이해를 강조하며, 교과과정과 교사의 역할을 강조한다.

이해 중심 미술교육을 주장한 아이스너(E. W. Eisner)는 미술이 하나의 독립된 교과이며, 학교 교육과정에서 없어서는 안 될 교과라고 주장하여 기존 창의성 중심 미술교육에서 간과되었던 미술의 독자성을 강조하였다. 다시 말해, 전인적 교육을 위한 수단으로서가 아니라 미술 그 자체가 교육의 목표가 된다고 본 것이다. 특히, 자유로운 표현에 치중하던 미술활동을 미술교과에 대한 이해와 작품에 대한 감상까지 확장하여, 그림을 그리거나 조형물을 만드는 활동 외에, 작품의 미적 요소나 특징, 가치에 대해 이야기하고, 작품을 통해 시대적 배경이나 문화를 이해하는 활동까지도 모두 아동의 미술활동에 포함되어야 한다고 주장하였다(Eisner, 1995).

아이스너는 교육과정을 '학생들에게 교육적 경험을 제공하기 위해 의도적으로 개발된 연속적인 활동'이라고 정의하고, 적극적 교사의 역할과 수업의 중요성을 강조하였다. 자유로운 표현만을 강조하던 데서 벗어나 미술문화에 대한 이해나 논리적인 비평을 가르치기 위해서, 교사는 미술 교과과정을 충분히 이해하고 체계적인 교육계획을 세워 수업을 진행해야 한다.

아이스너, 그리어(D. Greer) 등의 학자들과 미국미술교육협회의 미술교육에 대한 접근방식을 일컬어 학문에 기초한 미술교육(Discipline-Based Art Education: DBAE)이라고 칭한다. 이 접근은 미술의 역사와 문화에 대한 이해, 미술작품의 미적 특징과 인위적 환경에 대한 이해, 시각적 이미지의 분석·설명·해석, 미술작품의 창조 등의 학습경험을 중요하게 여긴다. 또한 아동미술교육의 목표가 미술제작, 미술비평, 미술사, 미학 등의 영역과 관련된 것으로 보고, 충분한 이론적 기반을 가진 아동만이 스스로 시각적 이미지를 창조할 수 있으며, 다른 사람의 작품을 이해할 수 있다고 보았다.

이해 중심 미술교육은 자유로운 표현에 치중하던 기존의 창의성 중심 미술교육이 가진 기초 부족의 문제를 해결하였다는 의의를 갖는다. 아동이 미술문화를 이해하여 다양한 문제에 대처할 수 있도록 하며, 체계적인 교과과정과 적극적인 교사의 역할을 강조하여 학교 교과로서 미술의 위치를 확고히 하였다. 그러나 미술의 이론적인 부분에 대한 강조가 지나칠 경우 미술교육이 실습이 아닌 지식의 전달로 변질될 가능성이 있으며, 교사의 역량을 과하게 요구하여 부담을 높였다는 한계를 가지고 있다.

시사점과 적용 4

Q. 표현 중심, 창의성 중심, 이해 중심의 미술교육에서는 어떤 미술활동을 하게 될까요?

- 표현 중심 미술교육은 미술(표현) 전문가를 길러내기 위한 것으로, 정교하고 아름다운 미술표현을 할 수 있는 훈련에 치중합니다. 따라서 표현 중심 미술교육에서는 시험을 위한 학원 교육처럼, 정밀한 스케치와 드로잉, 안정적인 디자인, 색의 조합과 배치 같은 전문적 미술기법 위주의 수업을 하게 됩니다. 즉, 교사는 아동의 개성이나 창의성을 길러 주기보다 전형적인 아름다움을 표현하는 방법을 습득하도록 지도하는 데에 집중합니다.

- 창의성 중심 미술교육은 미술을 그 자체가 목적이 아닌 전인적 발달을 위한 표현도구로 여깁니다. 즉, 작품의 완성도나 미술적 기법에 구애받지 않고 아동이 자신의 생각과 느낌을 자유롭게 표현하고 만족감을 느낄 수 있는 활동을 시행합니다. 예를 들어, 교사는 아동과 함께 하는 활동에서 물감 뿌리기, 종이 찢기와 같은 결과를 통제할 수 없는 표현 기법을 사용하거나 반죽놀이, 오감놀이 같은 작품 완성에 목적을 두지 않은 활동을 하며 미술교육의 범위를 확장하여 적용하게 됩니다.
- 이해 중심 미술교육에서 교사는 아동이 미술작품을 단순한 표현의 산물이 아닌, 의미와 맥락을 담아내는 결과물로써 이해할 수 있도록 합니다. 교사는 아동이 생각과 느낌을 원하는 대로 표현하기 위해서 어느 정도의 미술적 기반이 필요함을 인정하고, 미술 재료의 사용이나 표현 기법 등 기술적 요소에 대한 훈련활동 역시 간과하지 않습니다. 예를 들어, 스케치, 채색, 디자인 등의 기초적인 미술기법을 배우는 활동을 시행합니다. 또한, 이해 중심 미술교육의 특징이라 할 수 있는 감상활동을 중시합니다. 아동은 유명한 작가의 그림이나 조형물을 감상하며 그 안에 담긴 시대적 배경과 의미, 표현 기법의 변화에 대해 배우고, 이론적 기반 위에 자신의 느낌을 더하여 진정한 의미에서 다른 사람의 작품을 이해할 수 있게 됩니다.

5. 융합인재교육

1) 융합인재교육에서의 아동미술교육

융합인재교육(STEAM)은 과학(Science), 기술(Technology), 공학(Engineering), 수학(Mathematics)을 통틀어 과학기술 분야에서 학문 간 '통합적 접근 교육'을 목적으로 한 미국과학재단(NSF)의 융합형 교육(STEM)에서 비롯되었다. STEM의 목적은 뛰어난 과학기술력을 바탕으로 융합적 사고와 실생활 문제해결력을 가진 창의적 인재를 양성하고자 하는 것이었다. 샌더스(M. Sanders)는 STEM 교육을 '과학, 기술, 공학, 수학 중 두 가지 이상의 교과내용과 과정을 통합하는 교육접근 방식'이라고 정의하였으며, 반드시 기술이나 공학 중 한 영역이 포함되어야 한다고 보았다(이안근, 2019). 그러나 시간이 지나고 STEM 교육이 기술공학의 핵심 분야에만 치중하는 편향성을 나타내면서, 예술을 접목하는 융합적 사고의 중요성을 인식한 야크만(G. Yakman)에 의해 STEM 교육에 예술(Arts)을 융합한 STEAM 교육이 나타나게 되었다. STEAM 교육은 예술의 창조력과 상상력이 모든 교육 분야에 미치는 중요성을 강조하였다.

STEAM은 과학에 예술적 상상력을, 예술에 과학적 아이디어를 차용하여 각 분야를 더욱 발전시키려는 '과학과 예술의 융합'을 목적으로 한다. 예술을 포함함으로써 실생활과의 관련성을 높이고, 학생들의 수업에 대한 흥미를 더하는 긍정적 영향도 나타났다(김진수, 김방희, 김진옥, 2020). 여기에서 예술(A)은 단순히 순수미술과 응용미술뿐 아니라, 인문학, 철학, 심리학, 사회학 등을 포함하는 인문사회 분야 전체를 포함하는 넓은 의미의 개념이다.

융합인재교육에서 예술을 추가한 가장 중요한 이유는 '창의성(creativity)'이다. 과학기술의 창의성과 예술의 창의성 사이에는 상호 보완성이 있으며(김왕동, 2011), 예술은 사고기질을 형성하여 고차원적 사고와 다차원적 시각을 형성할 수 있다(Tishman & Palmer, 2006). 즉, 과학은 예술에 방법론적 도구(체계성, 일관성)를 제공하고, 예술은 과학의 발전에 창의적 모델(창의성, 융통성)을 제공한다는 것이다.

STEM 교육은 1990년대 미국, 핀란드, 영국, 프랑스, 호주 등 전 세계적으로 많은 지원을 받은 교육방식이었으며, 우리나라에서는 2011년 국가경쟁력 강화와 창의적 융합인재 육성을 위한 '과학기술인력 육성지원 기본계획(안)'에 포함되어 시범학교에서 적용되었다. 2015년 개정 교육과정에서는 창의융합인재 양성을 위해 핵심 역량을 도입하는 등 4차 산업혁명과 관련하여 융합교육의 중요성이 강화되고 있다. 교육부의 융합인재교육의 기본 방안은 창의성과 인성교육을 유기적으로 연결시켜 창의력과 인성을 겸비한 21세기형 인재 양성을 위한 것으로, 우리나라에서 융합형 인재교육에 예술을 추가한 원인이기도 하다.

예술 기반 융합인재교육(A-STEAM)은 교과별 STEAM 유형에 따른 범주 구분 방식으로, 예술교육에 STEAM을 적용한 프로그램을 범주화하여 부르는 명칭이다(김진수, 2012). A-STEAM에서의 융합적 사고는 인지적 영역과 정의적 영역, 심동적 영역으로 분류된다. 인지적 영역에는 기억, 이해, 적용, 분석, 평가, 창조 등이 포함되며, 정의적 영역에는 직관, 감수성, 공감, 상상, 협력 등이, 심동적 영역에는 손조작 기능이 포함된다(이안근, 2018). 즉, 예술의 창작과정에서는 관찰 대상을 직관과 감수성을 가지고 이해하며 분석하고 평가하여 손조작을 통해 표현하는 융합적 과정이 나타난다. 이러한 과정을 통해 A-STEAM은 학습자가 고차원적 · 다차원적인 관점을 갖도록 하는 사고기질(thinking disposition)을 형성하며, 학습자의 탐구력, 문제해결 능력, 협력, 의사소통

능력에 긍정적으로 기여한다.

2) 융합인재교육에 기반한 아동미술교육

아동은 미술활동을 하면서 타고난 호기심으로 주변을 탐색하면서 자신의 개념을 구체화하며 관련 지식을 통합한다. 또한 아동은 이 과정을 통하여 정서적 안정감을 갖게 되고 또래와의 상호작용을 통하여 타인에 대한 이해와 자아개념 발달에도 영향을 받는다. 아동미술의 목적은 미술의 본질적 활동보다는 다양한 수단과 방법을 통해 전인적(holistic) 인간을 형성하는 것에 있으며, 교육과정으로서의 미술은 상상력과 창의력 발달을 위하여 발달 영역 간의 통합으로 아동이 능동적으로 상호작용하고 협력하면서 다양한 경험을 통해 문제해결력을 기르기 위한 과정으로 여겨진다. 우리나라에서도 2015년부터 실시된 3~5세 연령별 누리과정에서 이러한 통합적 접근을 권장하였으며, 개정 누리과정에서는 영역통합적 활동에 대한 강조를 통해 융합인재교육의 요소인 창의성과 수학적, 과학적 능력이 더욱 강조되고 있다.

결국, STEAM 교육에서의 융합교육은 적절한 내용과 적용방법에 따라 과학과 예술 모든 영역에 상승효과를 줄 수 있다. 예술과 과학은 창의적인 새로움을 추구하는 데서 출발한다는 동질성을 가지고 있으므로, 예술적 상상력과 과학적 아이디어의 융합교육은 창의성을 개발하고, 창의적 태도를 함양하는 데에 도움이 된다. 또한 A-STEAM 교육에서 미술은 학문 영역 간 상호 보완의 수단적 가치가 된다. 이것은 미술의 조형성과 시각화 기능이 모든 학문에서 필요로 하는 요소이기 때문이다. 예를 들어, 수학과의 융합은 미술의 시각적인 표현을 통해 영유아기에 필수적으로 발달되어야 하는 수학의 추상적 개념들을 쉽게 이해하도록 도와준다. 이외에도 미술은 공간개념과 비율, 배치, 원근법 등 타 학문의 융합으로 표현활동에 참여하는 수단적 가치를 갖는다. 그러나 교사는 미술의 가장 본질적인 미적 체험의 경험을 도외시하거나 정서적인 학습보다 인지적인 학습만을 유아미술교육의 방향으로 제시하지 않도록 주의해야 한다. 교사는 현대의 복잡한 환경에서 일어날 수 있는 다양한 문제들을 해결하기 위한 시대적 요구라는 융합인재교육의 의미를 올바르게 이해해야 한다.

최신 연구 ____ A-STEAM 관점에 의한 유아미술교육 적용 사례

* 이안근(2018). 예술기반 융합인재교육(A-STEAM) 관점에 의한 유아미술교육 연구. **조형미디어학**, 21(2), 176-185.

유아미술활동에서는 먼저 감각을 통하여 대상을 관찰하고 탐구하는 과정을 거쳐 그 대상을 재해석하여 표현한다. 이러한 과정을 A-STEAM 교육에 적용하여 관찰 대상으로 활용할 수 있는 자료로써 유아들이 이해할 수 있는 수준의 비교적 단순한 표현 기법을 사용하는 유명한 화가들의 그림이나 사진을 선택할 수 있다. 작품을 제시하여 자유롭게 명화를 감상함으로써 유아들의 비판적 사고를 자극하는 기회를 제공하며, 그 과정에서 확산적 사고와 창의적 사고는 자연스럽게 융합적인 사고로 발달하게 된다.

- 모네(Claude Monet)의 〈루앙 대성당(Notre-Dame de Rouen Cathedral)〉
  같은 건물이 시간과 빛에 따라 어떻게 달라지는지를 탐색할 수 있다. 아침 안개가 피어오르기 전, 석양 무렵의 저녁, 맑은 날, 흐린 날 등 같은 건물이 다르게 보이는 여러 장의 연작(連作)은 빛이 사물에 어떻게 작용하는지를 사고하도록 해 준다. 어두운 회색에서 황금색 그리고 붉은색으로 변화하는 작품을 탐색함으로써 자연과 빛에 대한 확산적인 사고를 할 수 있게 한다.

성당의 정문. 아침 햇살, 파랑의 조화

성당의 정문과 생 로맹 탑. 햇빛 가득한 파랑과 금색의 조화

성당의 정문. 흐린 날씨. 회색의 조화

• 레오나르도 다빈치(Leonardo da Vinci)의 〈인체비례도(Canon of Proportions)〉, 〈최후의 만찬(The Last Supper)〉

이 작품은 해부학에서부터 과학과 기하학, 수학 등 모든 영역의 학문을 융합한 관점에서 탐구가 가능하도록 해 준다. 이 작품에는 황금비율과 균형, 대칭, 비례 등을 쉽고 흥미롭게 이해할 수 있어서 유아의 발달에 따라 활용에 좋은 작품이다. 또 레오나르도 다빈치의 〈최후의 만찬〉은 원근법과 소실점 등에 의한 입체감 등을 관찰 탐구할 수 있도록 한다.

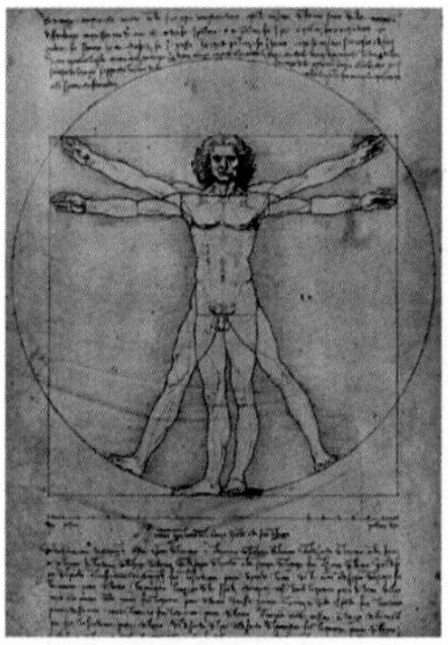

인체비례도

최후의 만찬

• 칸딘스키(Wassily Kandinsky)의 〈구성 7(Composition 7)〉

점이나 선, 동그라미 등의 여러 모양과 색을 이용한 형태들을 자유롭게 배치하여 눈으로 보는 음악적인 표현을 읽어낼 수 있도록 한다. 이러한 명화 외에도 피라미드나 파르테논 신전, 피사의 사탑 등 건축물에 숨겨진 수학적 요소나 과학 등을 탐구할 수 있는 사진들과 작품은 매우 많이 있으며, 유아미술교육의 좋은 자료가 될 수 있다.

구성 7

예술은 자연의 모방이라고 한다. 특히, 유아들은 모방과 재현의 과정을 거쳐 표현활동을 시작한다. 유아에게 명화를 활용하는 데 있어서 명화 속의 스토리와 심미적 요소는 관심과 흥미, 창의성을 자극할 수 있다. 명화 감상을 통한 재해석의 과정에서 창의성이 향상되며 표현 의욕에 동기부여를 받는다. 이와 같이 명화에서 과학이나 기하학 등의 다양한 요소를 분석하고 종합하는 등 자유로운 감상활동 후 친구들과의 감상의 경험을 토론하게 하는 활동은, 다른 사람의 관점을 이해하고 소통하면서 융합적 사고의 접근을 강화하게 된다. 특히, 이러한 감상과정에 레지오 에밀리아 교육을 활용한다면 더욱 효과적으로 유아들의 융합적인 표현활동이 될 수 있다. 유아들의 관찰과 숙고, 추론을 통한 미술 감상활동은 경험의 확장으로부터 비판적 사고와 융합적 사고로 이어지는 융합인재육성 교수·학습법이 된다.

실습

판화 기법: 우드록 판화

활동목표	• 판화의 원리와 제작 과정을 이해한다. • 재료의 특성을 살려 판화를 제작한다.
준비물	우드록, 그림을 그릴 수 있는 뾰족한 도구(연필, 이쑤시개, 볼펜 등), 물감, 물감을 롤러로 펴 바를 수 있는 쟁반, 문지르개(바렌), 종이나 스케치북
활동방법	1. 우드록에 뾰족한 필기도구로 원하는 모양을 그린다. 2. 만들어진 우드록 원판을 쟁반 위에 놓고, 원하는 색의 물감을 롤러로 골고루 펴 바른다. 3. 원판 위에 종이나 스케치북을 겹치고, 문지르개(바렌)로 눌러 모든 면에 물감이 잘 묻도록 한다. 4. 쟁반의 남은 물감이 종이에 번지지 않도록 조심스럽게 떼어낸다. 5. 건조 과정에서 종이가 말리지 않도록 직사광선을 피해 천천히 건조시킨다.
작품 예시	  
응용	1. 우드록 원판을 잘라 서로 다른 색깔로 찍어내기 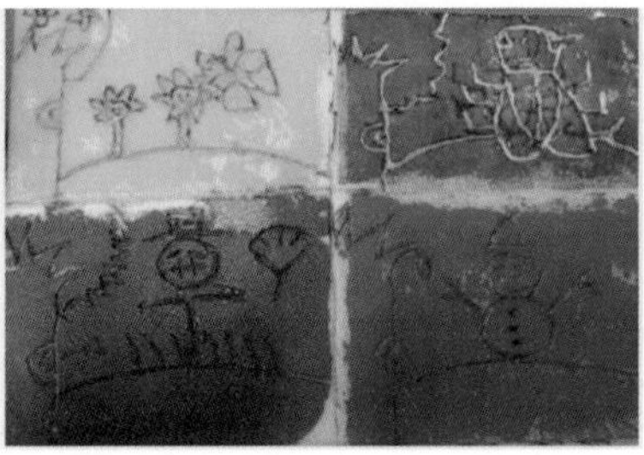  2. 우드록 원판을 작게 자른 후, 반복적인 형태로 찍어서 패턴 만들기 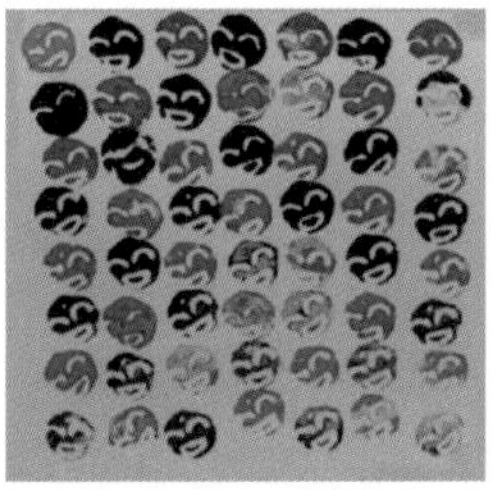 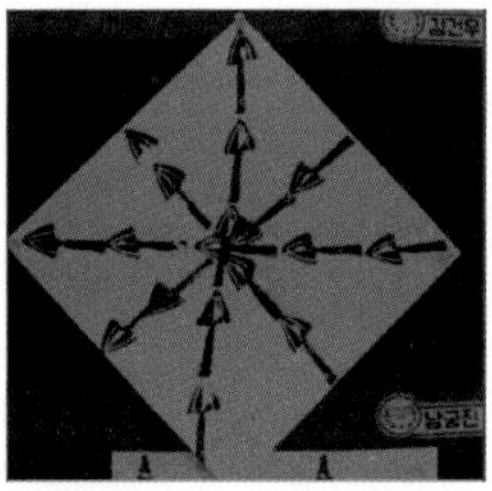 

참고문헌

김왕동(2011). 창의적 융합인재 양성을 위한 과제: 과학기술과 예술융합. **STEPI Insight, 67.** 과학기술정책연구원 보고서.

김진수(2012). **STEAM 교육론.** 경기: 양서원.

김진수, 김방희, 김진옥(2020). **융합 STEAM 교육의 이해.** 서울: 공감북스.

보건복지부, 한국보육진흥원(2020). 2020 어린이집 평가지표: 영역 1 보육과정 및 상호작용.

이소은, 권기남(2018). **아동미술교육.** 경기: 양서원.

이순형, 이성옥, 이완정, 권혜진, 황혜신, 이혜승, 이영미, 정윤주, 성미영, 권기남(2005). **영유아 보육 · 교육 프로그램의 이해.** 서울: 학지사.

이안근(2018). 예술기반 융합인재교육(A-STEAM) 관점에 의한 유아미술교육 연구. **조형미디어학, 21**(2), 176-185.

Armstrong, T. (2008). *Multiple intelligences in the classroom* (3rd ed.). 김동일 역(2014). **다중지능과 교육.** 서울: 학지사.

Edwards, C. P., Gandini, L., & Forman, G. E. (1993). *Hundred Languages of Children: The Reggio Emilia Approach to Early Childhood Education.* 김희진, 오문자 공역(1996). **(어린이들의 수많은 언어) 레지오 에밀리아의 유아교육.** 서울: 정민사.

Eisner, E. W. (1995). 서울교육대학교 미술교육연구회 역(1998). **새로운 눈으로 보는 미술교육.** 서울: 예경.

Feldman, D. H., Krechevsky, M., & Chen, J. (1993). *Building on Children's Strengths: The Experience of Project Spectrum (Project Zero Frameworks for Early Childhood Education, Vol 1).* 안영진 역(2004). **프로젝트 스펙트럼 1: 다중지능이론에 의한 아동의 다양한 능력 개발 프로젝트.** 서울: 창지사.

Fraser, S., & Gestwicki, C. (2002). *Authentic Childhood: Experiencing Reggio Emilia in the Classroom.* Albany, N.Y.: Delmar Thompson Learning.

Gardner, H. (2011). *Frames of mind: The Theory of Multiple Intelligences.* 김동일 역(2016). **지능이란 무엇인가?.** 서울: 사회평론.

Krechevsky, M. (1998). *Project Spectrum: Preschool Assessment Handbook.* NY: Teacher College Press.

Lowenfeld, V. (1957). *Creative and mental growth* (3rd ed.). NY: Macmillan.

New, R. (2000). Reggio Emilia: An approach or an attitude? In J. Roopnarine, & J. Johnson (Eds.), *Approaches to early childhood education* (3rd ed.) (pp. 341-358). Upper Saddle

River, NJ: Prentice Hall.

Tishman, S., & Palmer, P. (2006). *Artful Thinking: stronger thinking and learning through the power of art-Final report by Harvard College to Traverse City Area Public Schools*. Cambridge: Harvard Graduate School of Education.

Chapter 04

아동미술표현의 특성과 발달

1. 아동미술표현의 일반적 특성
2. 아동미술표현능력 발달단계
3. 아동미술감상능력 발달단계
4. 아동의 색 개념 발달단계

아동들은 매우 본능적으로 그림을 그린다. 손에 무엇인가가 쥐어지면, 팔을 마구 휘저으면서 종이 위에 어떤 흔적을 남기는 과정을 매우 즐거워하는 모습을 볼 수 있다. 이러한 움직임은 연령이 더해지면서 정교해지고 강화되며, 인지적 · 사회적 · 정신적 발달과 함께 더욱 많은 것을 그림으로 표현할 수 있게 된다. 하지만 정작 우리는 아동이 그린 그림을 이해하지 못하고 난해하다고 느낄 때가 많다. 우리는 아동이 무엇에 관심을 두고, 어떤 것을 그리며, 그림으로 어떻게 표현하는지에 관심을 가지고 연구해 왔다. 그 결과 아동미술에서 공통적으로 나타나는 일반적인 특성을 발견하였다. 또한 아동의 미술표현능력은 어떻게 발달하는지에 대해서도 많은 연구가 이루어졌다. 아동의 개인차에 따라 매우 다르게 나타나는 미술표현능력이 과연, 정해진 순서에 따라 순차적으로 발달하는지 아닌지는 학자들에 따라 그 견해도 매우 다양하다.

이 장에서는 여러 가지 연구자들이 제시한 아동미술의 일반적인 특성과 발달단계에 대해 알아보고자 한다. 아동이 그림으로 표현해 내는 독창적인 특성과, 연령별 미술표현 발달의 특성을 이해하는 것은 성인이자 교육자로서 발달 특성에 적합한 보다 나은 미술교육 프로그램을 제공하는 데 의의가 있다고 생각한다.

1. 아동미술표현의 일반적 특성

우리가 아동의 미술작품을 볼 때, 어떠한 표현 특징이 나타나는지 이해하는 것은 매우 중요하다. 아동은 일반적 대상을 인식 가능한 상징으로 창조해 내어 공간적 구도를 갖춘 디자인으로 통합할 수 있는 능력을 가지고 있고(Feinburg, 1987), 미술작품에 융통성, 창의성, 다양성과 역동성을 반영시킬 수 있는 능력을 보여 준다(Feinburg, 1988). 아동의 미술활동에는 평면적인 그림뿐만 아니라 3차원의 입체 작품도 포함되지만, 여기에서는 아동의 평면 그림 속에서 나타나는 공통적인 특징을 정리하고자 한다.

1) 난화적 표현

마구 그리기 또는 끼적거리기(scribble)라고도 불리는 난화는 아동이 어떤 특정 대상을 뚜렷한 목적이나 의도 없이 그리는 선으로 이루어진 그림을 의미한다. 언어적 · 신체적 발달이 미성숙한 영아들에게서 많이 나타나는데, 자신의 손과 팔의 본능적 움직임에 따라 선을 그리게 되는 즐거운 운동이자 자기표현의 수단이 된다.

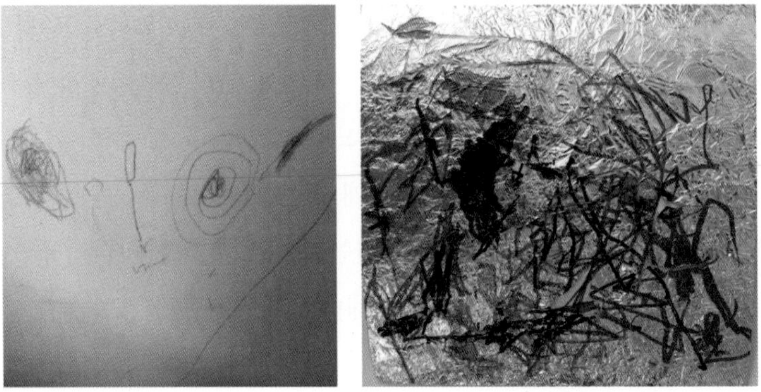

●그림 4-1● 아동이 벽과 쿠킹포일 위에 그린 난화적 표현의 그림

2) 기저선 표현

기저선이란 아동이 공간의 개념을 이해하기 시작하면서 하늘과 땅을 구분하기 위해 종이에 공간의 경계를 만드는 선(류지영 외, 2016)이다. 대부분의 아동은 종이에 선을 그어 윗부분은 하늘, 아랫부분은 땅을 의미하여 그림을 그린다.

●그림 4-2● 기저선을 사용하여 땅과 하늘을 구분하여 그린 그림

3) 투시적 표현(X-ray 화법)

투시적 표현이란 실제로는 보이지 않는 부분까지 투시하여 그림으로 그리는 것으로, 엑스레이(X-ray) 표현이라고도 불린다. 아동은 보이는 대로 그리는 것이 아니라 아는 것을 그리기 때문에 투시적인 표현이 가능하다. 이는 아동이 알고 있는 상황을 관념적

인 사고로 표현하는 것을 의미한다.

●그림 4-3● **집 안과 버스 안의 모습을 투시해서 표현한 그림**

4) 두족 표현

큰 동그라미 얼굴에서 2개의 팔과 다리의 모양이 나타나는 형태를 의미한다. 몸통이 없는 이러한 형태는 주로 어린 유아들이 거치는 인물 표현 과정이다.

●그림 4-4● **몸통에서 팔, 다리가 나오는 두족인 그림**

5) 의인화적 표현

아동은 모든 사물을 자기와 동일시하여 모든 것에 생명이 있다고 생각한다(심재영, 1999). 따라서 그림 속 꽃이나 나무, 구름 등에 사람이 가지고 있는 눈, 코, 입을 그려 표현한다. 이처럼 사람이 아닌 사물을 사람 모양으로 의인화하여 표현하는 현상을 애니미즘(animism)이라고 부르기도 한다.

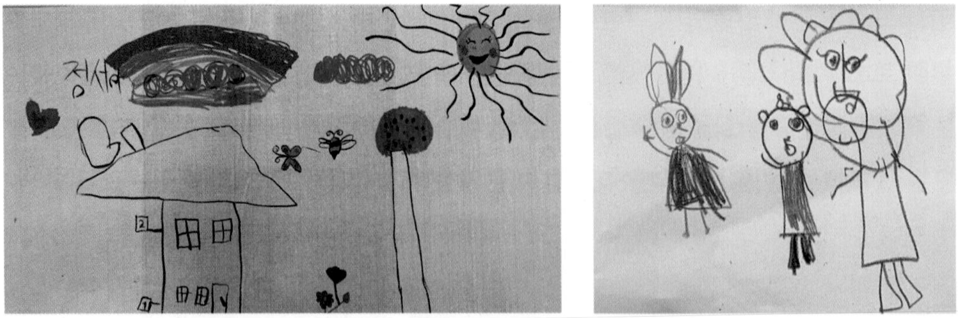

●그림 4-5● 해가 미소 짓고 동물들이 사람처럼 서 있는 형태의 의인화된 그림

6) 반복적 표현

아동이 자신이 표현하고 싶은 대상 또는 자신 있게 표현할 수 있는 도식이나 상징을 반복적으로 그리는 표현법이다. 자신이 알고 있는 것을 계속하여 그림 속에 나열해서 표현하는 것을 발견할 수 있다. 기호나 부호처럼 보일 수도 있다.

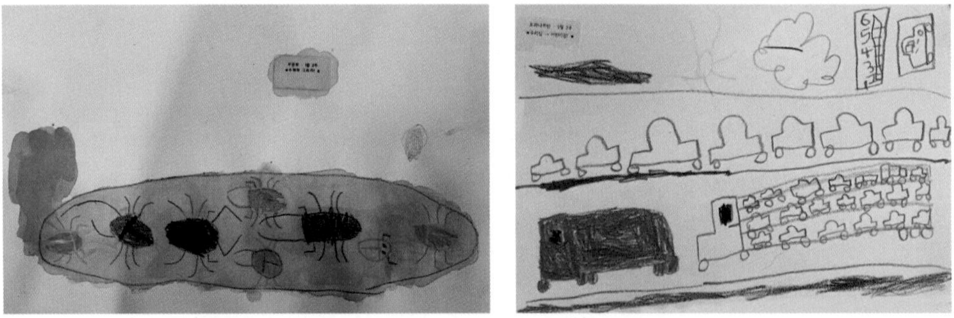

●그림 4-6● 자동차와 벌레 같은 대상을 반복해서 나열하듯 그린 그림

7) 자기중심적 표현

자신이 생각하기에 가장 소중한 것, 중요한 것, 좋아하는 것, 인상 깊었던 것, 갖고 싶은 것 등을 가장 크게 확대하여 그린다. 자신이 좋아하는 색만 사용하기도 한다. 그림의 대상은 주로 자신이나 가족, 친구가 되며, 자신이 제일 좋아하는 인물을 크게 그리고 주로 중앙에 위치하게 할 때가 많다. 이때 사물이나 사건의 과장이나 축소가 일어나기 때문에 사실적 · 논리적 표현은 아닐 수 있다.

●그림 4-7● 자신과 가족, 풍경을 그릴 때 강조하고 싶은 대상을 확대하거나 집중해서 묘사하여 표현한 그림

8) 설명적 표현

글씨를 쓸 수 있게 되면서부터 아동들은 그림 속 대상에 글씨로 설명을 쓰는 경향을 보인다. 한자나 영어, 숫자 등을 쓰기도 한다. 이는 남에게 보여 주고 싶고 자기의 능력을 자랑하고 싶어 하는 성격을 띤 표현의 형태로 볼 수 있다.

●그림 4-8● 한자와 한글을 사용하여 대상에 설명을 덧붙인 그림

9) 동시적 표현

아동이 평면 그림에 시각적 제한 없이 어떤 사물의 모습을 모든 시점에서 보이는 대로 동시에 표현하는 것 또는 시간의 흐름을 동시에 표현하는 것을 의미한다. 실제 보이는 대로 그리는 것이 아니라 아동이 위, 아래, 옆, 정면 등 다른 위치에서 보았던 경험

을 모두 합쳐 그리기 때문에 이런 동시적 표현이 나타난다. 예를 들어, 동물의 얼굴은 정면이지만, 몸은 측면의 형태를 가지고 있거나, 연못을 그냥 동그랗게 그리거나, 낮과 밤에 일어난 일 모두를 함께 표현해서 그리기도 한다. 이론적으로는 맞지 않지만 유아들만의 독특한 표현법이다.

●그림 4-9● **동물의 얼굴은 정면이지만 몸은 측면인 동시적인 표현**

10) 전개도식 표현

마치 전개도를 펼치듯 3차원의 입체 형태를 2차원의 평면 형태로 눈에 보이는 대로 나타낸 그림을 의미한다.

●그림 4-10● **운동장과 탁구대의 모습이 마치 전개도처럼 펼쳐지게 묘사된 그림**

2. 아동미술표현능력 발달단계

같은 나이라고 해도, 어떤 아동은 사람의 형태를 완벽하게 그리는 반면, 다른 아동은 동그란 얼굴에 막대기 같은 팔과 다리, 몸을 가진 단순한 형태로 그림을 그리는 차이를 보인다. 이처럼 아동의 그림은 천지 차이이다. 그렇다면 아동의 미술표현능력의 발달에는 일련의 단계가 있는 것일까?

아동의 미술표현능력 발달단계에 대해서는 학자마다 다른 견해를 보이고 있고, 개인차, 관심사, 흥미의 정도에 따라 다르게 나타난다. 아동미술 능력 발달단계를 제시한 학자로는 영아기부터 청소년기까지 모두 포괄하여 제시한 로웬펠드(Lowenfeld)와 유아기를 보다 집중적으로 연구한 켈로그(Kellogg)가 대표적이다.

1) 로웬펠드의 미술표현능력 발달단계

-20세기 오스트리아의 미술교육자
-미술을 통한 인간교육에 관심을 가지고, 특히 아동의 미술교육에 중점을 두고 연구함.
-아동의 순차적인 발달을 매우 중요시함. 태어나서 성장하면서 일정한 단계를 거쳐 발달하며, 어떤 단계로 나아가기 위해서는 반드시 그 전 단계를 거쳐야 한다고 주장함. 발달 속도의 차이가 있을 수 있지만 전체적인 발달의 진행은 유사함.
-따라서 교사는 발달단계를 정확하게 파악하여 아동의 수준에 맞게 주제, 동기부여, 재료 등을 제공해서 잠재적 능력이 실현되도록 적절한 환경을 만들어 주어야 함.

빅터 로웬펠드
(Victor Lowenfeld, 1903~1960)

(1) 2~4세: 난화기(The Scribbling Stage)–자아표현의 시작

난화는 아직 근육을 통제하는 능력이 부족한 아동의 첫 그림이다. 아동이 표현도구로 아무 의미 없이 마구 끄적거리는 것을 의미한다. 빠르면 18개월부터 2세 정도에는 난화를 시작하는데, 무엇을 그린다기보다는 감각운동의 즐거움으로 그림을 그린다. 벽이나 땅같이 아무 곳에나 그림을 그리려고 하는데, 이는 일반적인 발달의 자연스러운 부분이다. 난화에도 단계가 있는데, 일반적으로 마구 그리는 난화기, 조절된 난화기), 이름 붙이는 난화기로 나누어진다.

① 마구 그리는 난화기(disordered scribbling)

난화의 초기 단계로 아동이 종이 위에 선을 자유롭게 마구 그리는 것이다. 난화 그리기 과정 자체에 매우 흥미를 느끼며, 자신의 움직임 자체를 즐기게 된다. 종이 위에 무질서한 선을 표현하는 것 이외에도 크레용을 움켜쥐고, 팔을 휘둘렀을 때, 종이 위에 어떤 형태가 나타나는 것을 보는 것 자체가 즐거운 일이다. 이때, 아동이 그린 그림이 너무 작아 보여도, 아동은 커다란 동작으로 움직임을 만들면서 표현하고 있음을 유의해야 한다.

② 조절된 난화기(controlled scribbling)

마구 그리는 난화기가 시작된 지 6개월 정도 지나면, 아동은 자신의 동작과 종이 위에 흔적들 사이에 관련이 있음을 알게 된다. 자신이 만든 흔적들에 대한 시각적인 통제를 할 수 있게 되는데, 이는 자신의 동작에 대한 조절능력을 얻는다는 것을 의미한다. 아동의 시각과 근육운동 발달 사이의 협응이 이루어지는 매우 중요한 시기이다.

자신의 근육을 통제하면서 수평선, 수직선을 그릴 수 있게 되고, 동그란 원을 반복해서 그릴 수도 있게 된다. 이렇게 자신이 새롭게 획득한 능력을 실행하는 것을 매우 즐거워하고, 행동에 옮기면서 보다 숙달되어 감을 느끼게 된다. 따라서 이때 어떠한 간섭도 하지 않고 자유롭게 자신의 행동을 충분히 즐길 수 있도록 지켜봐 주는 태도가 필요하다.

③ 이름 붙이는 난화기(naming of scribbling)

이제 자신이 그린 난화에 이름을 붙이기 시작한다. 여전히 난화 자체는 단순하고 이해하기 어려운 형태이지만, 이름을 붙이고 명명하려는 시도는 아동의 사고에 변화가 있다는 것을 의미한다. 이전까지는 움직이는 행위 자체에 만족했다면, 이제는 자신의 주변 세계와 자신의 움직임을 연관시키는 것이다. 이러한 시도들을 바탕으로 그림이 보다 구체적으로 변화하기 때문에, 이러한 시도 자체가 매우 중요한 의미를 갖는다. 이때 아동의 난화를 어른들이 해석하거나 설명하려는 시도보다는 아동의 새로운 사고방식과 표현방식을 칭찬해 주어 자신감과 용기를 갖도록 북돋아 주어야 한다.

(2) 4~7세: 전도식기(The Preschematic Stage)—재현의 첫 시도

형태가 없는 난화가 재구성되어 보다 의식적이고 사실적인 형태를 가진 대상으로 표현되는 시기이다. 하지만 자신이 본 대상을 사실적으로 관찰해서 그린다기보다는 알고 있는 것을 그리는 형태이다. 자신이 잘 알고 있는 것을 그리는 시도들은 이전 난화기에 사용되었던 상징으로부터 시작되는데, 주로 그 첫 상징은 '사람'이 된다. 크고 동그란 머리에서 두 개의 선이 아래로 그려져 몸이나 다리의 형태를 가진 '두족인(head-feet representation)'을 그리지만, 점차 시간이 지나면 보다 정교한 사람의 표현이 가능하다. 다양한 선을 그릴 수 있게 되며, 색을 섞어 창조하고 칠할 수 있을 만큼 조절 감각이 크게 발달하는 시기이다. 따라서 전도식기는 아동이 어떤 표현 양식이나 도식을 확고하게 확립하기 전의 단계이기 때문에, 가장 유연하고, 자유로운 형태를 보이는 중요한 시기이다. 더 나아가 사실적인 표현을 처음으로 시도하는 시기이기 때문에, 아동이 흥미를 가지고 있고, 잘 알고 있으며, 자신과 직접적으로 관련되어 있는 주제를 선택하고, 동기부여가 자연스럽게 될 수 있도록 도와주는 것이 필요하다.

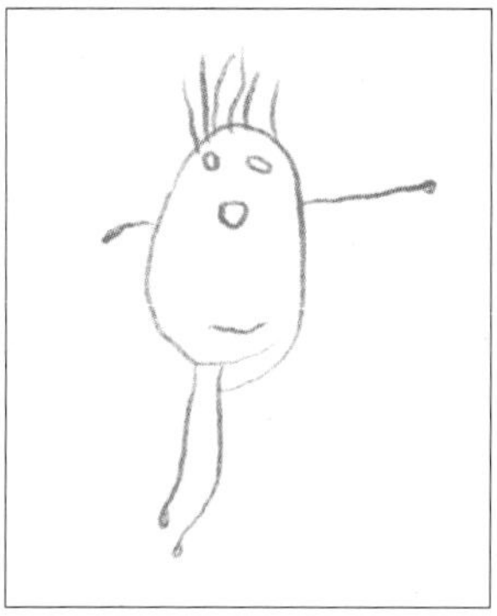

●그림 4-11● **두족인**

(3) 7~9세: 도식기(The Schematic Stage)

'도식(schema)'이란 어떤 사물에 대해 아동이 계속 반복하여 개발한 개념을 의미한다. 7~9세 아동들은 자신과 대상과의 관계를 완벽하진 않지만 이해하기 시작하면서 사물에 대한 개념이 형성된다. 이렇게 습득된 사물에 대한 도식을 자신만의 표현 방법으로 묘사한다. 특히, 공간개념이 생기기 시작하면서 최초로 기저선(baseline)을 그려 땅과 하늘을 구분하여 그린다. 주관적으로 표현하기 시작하면서 자신이 생각하기에 중요한 부분은 과장하고 중요하지 않은 부분은 생략한다. 색에 대한 도식도 형성되어 더 이상 자신이 좋아하는 색과 같은 주관적인 선택만이 아닌 사실적인 색을 선택해 사용하기 시작한다.

(4) 9~11세: 또래집단기(The Gang Age)

또래집단의 의사를 존중하는 시기로 형태에 대한 세부 표현이 나타난다. 더 이상 기저선을 그리지 않고도 땅과 하늘을 자연스럽게 표현할 수 있다. 심리적으로 성장 욕구가 강한 시기이면서 지식이 늘어 감에 따라 복잡한 형태를 의식하고, 그것을 표현하고 싶어 한다. 도식적인 표현에서 사실적이고 객관적인 표현으로 변화하는 시기이다.

(5) 11~13세: 의사실기(The Pseudo-Naturalistic Stage)

관찰력이 증가하면서 사물을 객관적으로 보는 경향이 강해지고, 이러한 것들을 사실적으로 표현하려고 노력하는 시기이다. 이전에 형성된 개념적 표현 사이에서 고심하고 혼란을 느끼기도 한다. 배경, 원근감, 비례 등을 표현하기 시작할 수 있게 되면서 비판력도 늘고, 작품의 감상이나 평가도 할 수 있게 된다. 하지만 이 시기에 미술에 흥미를 잃거나 포기하는 아동도 뚜렷하게 생긴다.

(6) 13~17세: 결정기(The Period of Decision)

자아인식능력과 함께 환경에 대한 인식능력이 급격하게 발달하는 시기이다. 환경에 대한 인식능력이 발달하면서 사실적 표현 외에도 입체적인 공간의 크기, 색채, 명암, 원근감 등을 보다 세심하게 표현하려고 노력한다(Lowenfeld & Brittain, 2011).

2) 켈로그의 미술표현능력 발달단계

- 미국의 심리학자이자 샌프란시스코의 보육원 원장
- 1948년부터 1966년까지 약 20년 동안 각 나라의 2~8세 아동 그림 100만점 이상을 수집하여 그림 속에서 나타나는 패턴을 발견함.
- 아동의 난화를 20여 개의 패턴으로 구분하고, 배치의 패턴, 그림 속에 나타나는 기본 도형에 대해 분류하여 제시함.
- 지역에 상관없이 같은 연령대의 아동은 일반적이고 보편적인 발달단계를 거친다고 보았음.

켈로그
(Rhoda Kellogg, 1898~1987)

(1) 1~2세: 난화기

아동의 근육운동의 발달로 팔의 다양한 단순 동작에 의해서 난화를 그리기 시작한다. 1~2세 아동이 그린 난화를 20종류의 표식으로 분류하였는데, 마구 그리기 형태에서부터 간단하거나 복잡한 형태의 기본적인 선의 형태가 나타난다. 켈로그가 구분한

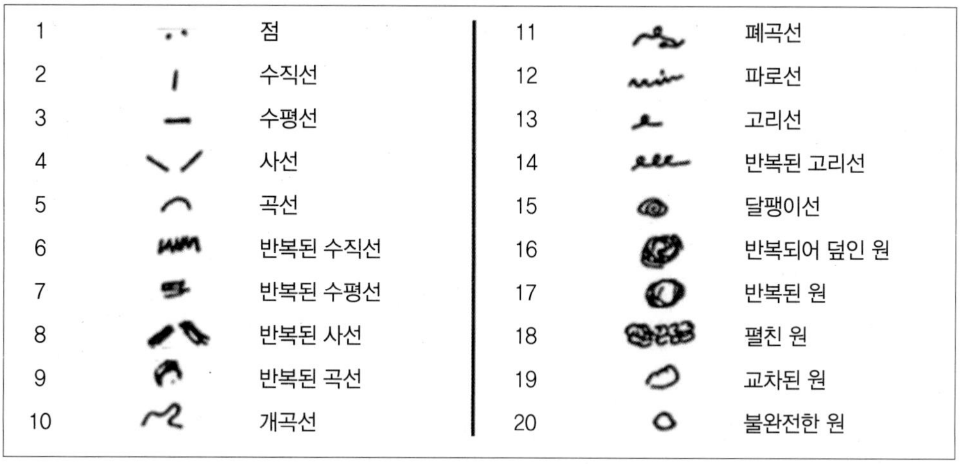

●그림 4-12● **20가지 기본적인 난화 패턴**

출처: Kellogg, R. (1970). *Analyzing Children's Art*, p. 15.

난화기의 패턴은 [그림 4-12]와 같다.

(2) 2~3세: 도형의 출현

난화기를 거쳐 아동은 단순하게 반복되던 선에 교차되는 다른 선이나 형태를 그려내기 시작한다. 단일선을 사용해서 원, 십자가 등의 도형을 그리고, 한 가지 이상의 도형을 함께 그리면서 새로운 형태를 만들어 낸다. [그림 4-13]과 같은 6가지 기초 도식을 바탕으로 2가지가 모여서 집합을 이루고, 3가지 이상 또는 여러 가지 모양으로 다양한 위치와 형태로 연합되어 재구성되는 배치를 이루게 된다. 아동은 도형을 그려내고 새로운 형태가 조합되는 과정을 통해 모양을 인식할 수 있으며 중앙의 의미도 이해하게 된다(이소은, 권기남, 2018). 켈로그는 이렇게 아동이 그린 기본 도형들이 함께 연합되어 표현되는 형태를 구분하여 제시하였는데, [그림 4-13]과 같다.

●그림 4-13● **6가지 기초 도식**

출처: 김정, 이수경(1985). 유아를 위한 조형놀이 교육, p. 12.

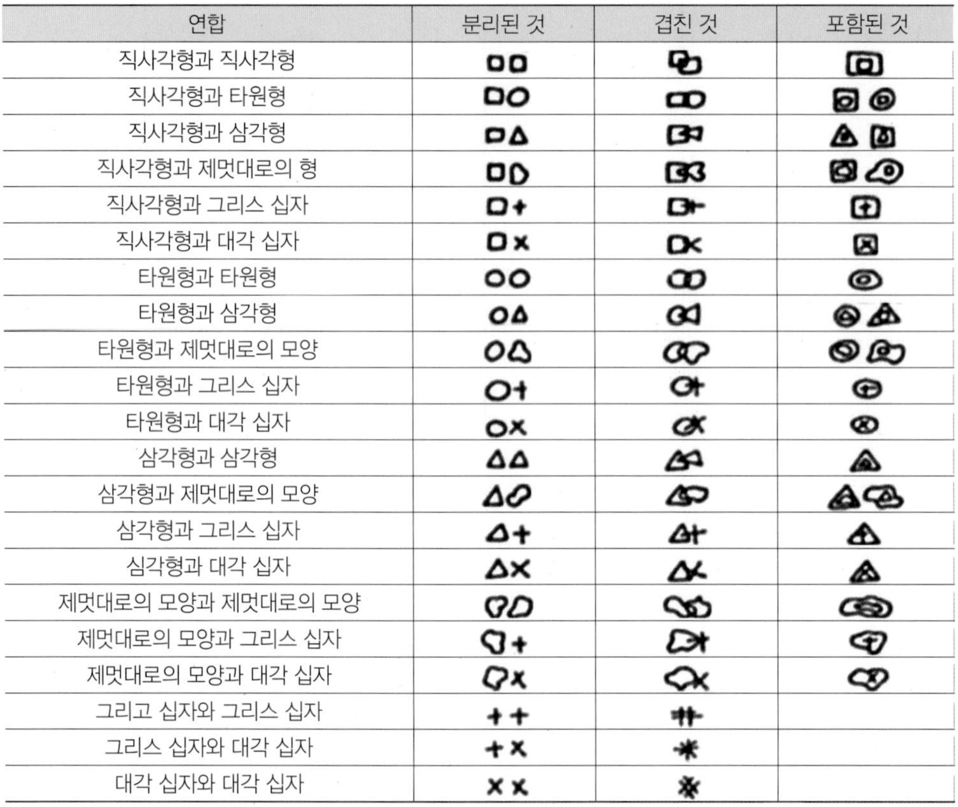

●그림 4-14● **기본 도형의 연합**

출처: Kellogg, R. (1970). *Analyzing Children's Art*, p. 49.

(3) 3~4세: 도형의 정교화

이 시기는 아동이 그린 도형들이 보다 정교화되어 디자인 단계의 특성을 나타낸다. 두 개의 도형이 합쳐진 형태의 콤바인(combine)과 셋 이상의 도형이 합쳐진 에그리게이트(aggregate)로 분류되는 도형을 이용한 디자인을 하기 시작한다. 이 시기의 특징은 아동의 그림 속에서 만다라형, 태양형, 방사형의 특성이 나타난다는 점이다. 이러한 형태들이 초기 도형이나 구도 패턴과 유사한 것처럼 보이지만, 아동은 이제 의도적으로 선을 그리고 자신의 기억과 반복적인 경험을 통한 자기학습과정에서 습득되어 나타난 형태라는 점에서 차이를 가진다(권경패, 2012).

표 4-1 **만다라형, 태양형, 방사형의 인물 그림**

만다라형	태양형	방사형
원이나 사각형을 1개나 2개의 십자형이나 대각선 십자형으로 나눈 결합의 형태	1개의 원에서 가시가 돋친 것처럼 가장자리를 둘러서 길이가 일정하지 않은 짧은 직선들을 그려 넣은 형태	원에서 직선이 사방으로 나오며 원과 직선 두 가지가 함께 표현되는 형태

(4) 4~5세: 초기 회화

아동의 초기 그림이 그려지는 시기로서 난화와 도형의 발현 이후에 사람, 동물, 건물, 집, 식물, 탈것 등의 다른 사물을 사실적으로 그리게 되는 시기이다. 처음에 그리는

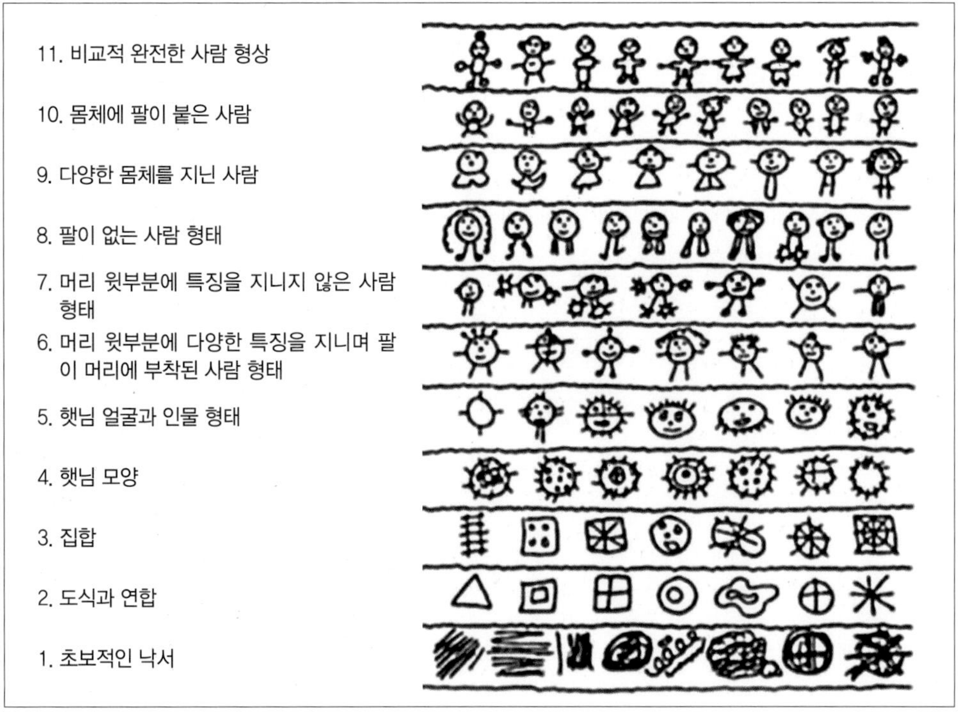

●그림 4-15● **난화기에서부터 인물화로 발달하는 단계**

출처: Kellogg, R. (1970). *Analyzing Children's Art*, p. 109.

동물은 동물과 사람의 특성을 모두 가지고 있는 혼합의 개념을 보이기도 한다. 초기의 만다라형, 태양형, 방사형의 인물화에서 더욱 숙달되어 사람의 얼굴과 팔다리를 그릴 수 있게 된다. 그림에 장식적인 요소가 더해지고, 아동은 그린 대상에 이름 붙이기를 좋아한다. 켈로그는 초기 난화기에서부터 아동이 인물화를 그리기까지의 발달단계를 11단계로 나누어 [그림 4-15]처럼 제시하였다.

3. 아동미술감상능력 발달단계

미술감상능력이란 미술작품이나 어떤 미적인 대상을 바라볼 때 무언가를 느낄 수 있는 능력을 의미한다. 인간은 미적 작품을 향유하고 이해하기 위해서는 감상능력이 필요하다. 감상을 하기 위해는 아름다움을 느낄 수 있는 미적 감각이나 감수성을 지녀야 하는데, 이러한 능력은 어렸을 때부터 일련의 단계를 거쳐 자연스럽게 습득된다. 가드너(Gardner, 1980)와 파슨스(Parsons, 1987)의 연구를 중심으로 아동의 감상능력 발달단계를 살펴볼 수 있다.

1) 가드너의 감상능력 발달단계

-미국의 심리학자, 하버드 대학교의 교육심리학과 교수이자 보스턴 의과대학의 신경학과 교수
-4~6세 아동을 대상으로 미적 선호, 미적 선호의 기준, 어떻게 미술작품이 만들어졌는가, 미술사가 사용한 재료, 작품에 대한 판단기준 등에 대하여 질문을 하고, 반응의 성숙도에 따라 그 수준을 분류하였음.
-5단계에 따라 미술감상 능력이 발달한다고 보았지만, 모든 아동이 같은 시기에 같은 순서로 이어지는 것은 아니고, 개인의 미적 경험이나 감수성, 인지 발달의 정도에 따라 차이가 있다고 주장함(박주연, 2014).

하워드 가드너
(Howard Gardner, 1943~현재)

(1) 1단계: 지각의 단계(0~2세)

사물을 직접 지각하는 단계로 사물의 공간적 형태만을 구별하는 시기이다. 지각의 단계는 감상자가 되기 위한 필수적인 단계로서 예술과의 만남에 필요한 바탕으로서의 시각능력이 준비되는 시기이다.

(2) 2단계: 상징 인식의 단계(2~7세)

현존의 사물과 기호·상징화된 사물과의 관계를 인식하면서 대상을 개념적으로 감상하는 시기이다. 사물에 대한 인식이 감정적이고 충동적이기 때문에 표현된 상징의 공식적, 즉각적인 지시성에만 얽매이기 쉽다. 따라서 이 시기에 아동은 그림을 볼 때 주로 그림 속의 내용을 중심으로 보게 된다. 그림을 그릴 때에는 종이 가득 그리고, 피곤하면 쉽게 그만둔다. 일반적으로 말하는 '예술적' 지각을 갖고 있다고 하기는 힘들며, 예술적 지각능력은 표현능력에 뒤떨어진다.

(3) 3단계: 사실적인 단계(7~9세)

조형적인 대상을 받아들이는 데에 있어서 묘사적 규칙과 전통적 개념을 중시하게 되는 사실적인 단계이다. 그림 속 대상이 사진처럼 사실적일수록 선호하고 존중하며 가치를 높게 평가한다. 반면에 환상적이고 상징적인 표현은 우습게 생각하거나 경시하는 경향이 강하게 나타난다. 그림이 무엇을 그린 건지에 대한 주제에 지배적인 관심을 갖는다.

(4) 4단계: 탈사실적 단계(9~13세)

실제 사물이 지시하는 면보다 표현적인 면에 주목할 수 있게 된다. 다양한 미적 특성에 관심을 가지고 미묘한 표현이나, 진부하지 않은 색다른 특성들을 지각하고 관심을 갖게 된다. 지금까지 주제에 대한 관심 대신에 탈사실적 단계에서는 이 주제를 어떻게 표현해 낼 것인가 하는 재료와 기법에도 관심을 기울이게 된다. 감수성이 예민해지면서 타인의 개성도 인식하고 인정하며 예술작품들의 각기 다른 양식에도 관심을 보이기 시작하는 단계이다.

(5) 5단계: 예술적 몰입과 위기의 단계(청년기)

청년기가 되면 미술에 대한 관심이 전보다 떨어지면서 다른 활동으로 관심이 분산된다. 비판적인 인식과 환경에 대한 지각능력이 높아짐에 따라 표현에 자신이 없어지고 다른 친구들의 작품을 비판하려고 한다. 정서의 격변과 과도한 비판적 성향으로 예술로부터 멀어지는 학생들이 많아진다. 그러나 판단의 객관도는 전보다 높아지면서 사실적으로 표현되어야 한다는 고정관념의 구속에서 자유로워진다. 이 시기는 훈련을 통해 개성적인 예술에 몰입하기도 하는 단계이다.

2) 파슨스의 감상능력 발달단계

- 10년 동안 300명에게 그림을 보여 주고, 주제, 표현력, 매체나 양식, 판단 등의 4가지 관점에 대한 질문을 하여 반응을 분석함.
- 인간이 그림을 어떻게 이해하는가에 대한 주제를 가지고 연구한 결과, 총 다섯 단계로 나누어 정리함. 그는 미적 발달이 연속적이고 점진적으로 일어나기 때문에 연령에 따른 발달단계를 보이는 것이 아니라 개인의 미적 경험의 횟수와 양에 의해 차이를 보인다고 주장함.
- 예술작품을 이해하는 인간의 능력은 보편적인 특성을 지니고 있고, 점차 복잡해지고 정교해지면서 유기적인 관련 속에서 발달한다고 보았음(박휘락, 2003).

파슨스
(Michael J. Parsons)

(1) 1단계(영유아기)–편애

영유아기의 아동들은 그림에 대해 자기중심적으로 지각하는 경향이 강하기 때문에 자신의 개인적 취향에 따라 판단한다. 이 시기 아동은 색채가 풍부할수록 좋은 그림이라고 느낀다. 그림의 주제에 관심이 많기도 해서 크게 반응하기도 하고, 공상의 세계에 빠져 놀기도 한다. 그림과 관련성이 없어도 무엇이든지 떠오르는 대로 기뻐하면서 수용한다는 것이 이 단계의 공통적인 특징으로 보인다. 그림 전체를 본다기보다는 관심이 많은 부분에 직관적으로 반응하고, 자신의 경험에 대입하여 감상한다. 이 단계에서는 그림이 사실적으로 그려져 있지 않아도 문제가 되지는 않는다.

(2) 2단계(취학 전 아동, 초등학교, 중학교 시기)–미와 사실주의

초등학생과 중학생들이 이 단계에 속하는데, 이들은 그림의 목적이 무엇인가를 재현하는 것이라고 생각한다. 따라서 이 단계의 아동들에게는 아름다움과 사실주의에 기량이 더해진 것이 가치 판단의 기준이 되어, 사실적인 그림이 보다 좋은 작품으로 평가된다. 더 이상 단순하게 대상만을 보는 것이 아니라 대상과의 관계, 작품 속에 전개되는 상황, 묘사에 대한 관념 등을 해석할 수 있는 인식능력이 생겼기 때문이다. 그림 속의 장면이 실제와 동일하지 않다는 것을 식별할 수 있고, 그림으로부터 얻은 인상이 반드시 다른 사람들이 느끼는 인상과 서로 일치하지 않을 수도 있다는 것 또한 이해할 수 있다.

(3) 3단계(사춘기 시기)–표현력

이 단계에서는 미술작품에 작가의 어떤 감정과 생각이 표현되었는지를 발견하고 설명할 수 있는 단계이다. 그림을 볼 때 그림이 자아내는 경험이 강렬하면 강렬할수록, 그것에 흥미를 가지면 가질수록 그 그림은 좋은 그림으로 평가된다. 예술가는 자신의 주관적인 경험과 감정을 표출하는 사람이라고 생각한다. 그러면서 표출성이 강렬한 작품일수록 좋은 작품이라고 판단한다. 즉, 예술의 목적은 어떤 인간의 경험을 표현하는 일이라고 생각한다. 주제와 그 내용보다는 표현된 것(감정이 표출된 결과)이 더 중요하다고 생각한다. 감상자로서 이제는 작품을 개인적인 경험에 비추어 해석할 수 있게 되었기 때문에 감정이나 작품의 독창성이 담긴 그림을 좋은 작품으로 평가한다.

(4) 4단계(청소년 시기)–양식과 형식

이 단계와 다음 5단계부터는 순차적인 연령보다는 경험이나 환경이 더 중요한 요소로 작용되는 단계이다. 감상 대상으로서 그림이 갖는 의의는 개인적인 관계에서 결정되기보다는 오히려 역사적 · 사회적인 환경 등에 의하여 결정된다고 본다. 그림의 의의는 전통에 뿌리를 두고 있으며, 전통에 대하여 여러 가지 이야기를 하면서 더욱 예민하게 그림을 분석한다. 작품의 매체와 형식, 양식적 · 역사적 중요성을 바탕으로 작품을 재해석하게 된다.

(5) 5단계(경험과 환경이 나이보다 중요하게 작용되는 시기)–자율성

이제 예술작품의 해석과 가치는 시대적 상황에 따라 함께 변하는 것이며, 기존의 전통적 해석에 문제제기를 하면서 새로운 해석을 시도하는 단계이다. 작품에 대한 판단은 보다 개인적이기도 하고, 사회적일 수 있다. 작품에 나타난 보다 미묘한 뉘앙스에 풍부한 반응을 할 수 있게 되고, 전통에 의하여 보는 방법이 틀린 경우도 있다는 것을 의식할 수 있다. 주로 예술전문가들이 이 단계에 속하는데, 기존 해석을 재검토하고 조정하여 자율적으로 판단하는 단계이다.

4. 아동의 색 개념 발달단계

아동은 주변 환경에서 보이는 다양한 색을 자연스럽게 접하게 되고, 구분할 수 있게 되며, 색의 이름을 하나씩 배워 나간다. 아동은 어려서부터 각자 자신이 좋아하는 색깔을 하나쯤 가지고 있고, 그 색만 선호하는 경향을 보이기도 한다. 미술시간에 보면 특히 색과 색이 혼합되는 것을 매우 신기해하는 것을 볼 수 있다. 색에 대한 경험이 쌓일수록, 색을 선택하는 폭도 넓어지고, 그림 속에서 다양한 색을 사용할 수 있게 된다(Day & Hirwitz, 2006).

1) 로웬펠드의 색채 개념 발달과정

(1) 만 2~3세

이 시기에는 특정한 목적성이나 의식성이 없는 무의식적인 상태의 그리기를 통해 즐거움을 느끼는 단계이다(박현희, 2017). 어떠한 의식적 자각 없이 무의식적으로 손에 닿는 대로 칠하는 특성을 보인다. 이 시기에는 남아와 여아 구분할 것 없이 원색을 선호하는 특징을 보이며, 3세 이후가 되어서야 색채를 통해 반응한다.

(2) 만 3~4세

처음으로 사실적인 표현이 이루어지는 이 시기의 아동은 자기중심적이고, 호기심도 왕성하다. 색채의 선택에 있어서도 매우 주관적이다. 이 시기의 아동이 표현한 그림을 보면 처음부터 끝까지 동일한 색을 사용하는 것을 알 수 있다. 4세 아동은 형태와 색을 분리할 수 있고 공간을 인식할 수 있다.

(3) 만 4~7세

이 시기에는 색의 차이보다 형태의 차이를 먼저 인지한다. 자신의 생각을 자유롭게 표현하여 본인만이 알 수 있는 형태로 그림을 그리려고 한다. 도화지 위에 색칠하는 행위 그 자체에서 만족감을 얻기 때문에 아동은 스스로 흥미를 끄는 색을 선택하고 칠한다. 5세 이전의 아동은 색 선택을 할 때, 물체의 고유색을 생각하지 않고 오직 주관적인 판단으로 선택한다. 하지만 만 5세 이후 아동들은 고유색, 즉 실제 색과 동일한 색을 선택하여 칠하려는 의지가 나타난다.

(4) 만 8~9세

아동은 대상과 색채의 관계를 자연스럽게 발견하고 더 이상 주관적인 경험에 의한 것이 아닌, 사물과 사람의 개념을 발견하고 파악하는 능력이 생기는 시기이다. 명확한 개념 전달을 위한 구체적인 도식화에 접어드는 시기로서 독자적인 표현이 가능하다. 예를 들면, 바나나는 노란색이고 바다는 늘 파랗게 표현되는 점도 상징적인 색채 사용이 형성되기 시작했기 때문이다.

Q 아동의 색감을 발달시킬 수 있는 질문들

Q. 이 방에서 몇 가지 색을 볼 수 있니?

Q. 오늘 파란색 옷을 입은 사람들은 일어나 보자. 친구들의 파란색 옷은 다 같은 파란색처럼 보이니? 파란색들을 밝은 순서대로 또는 어두운 순서대로 나열해서 서 볼까?

최신 연구 ____ 유아의 미술발달을 위해 꼭 기억해야 할 8가지 원칙

* McClure, M., Tarr, P., Thompson, C. M., & Eckhoff, A. (2017). Defining quality in visual art education for young children: Building on the position statement of the Early Childhood Art Educators. *Arts Education Policy Review, 118*(3), 154-163.

2016년 미국의 국립예술교육자협회(National Arts Educations Association) 소속 유아교육 미술교육자(Early Childhood Art Educators: ECAE) 4명은 「예술: 조기 학습을 위한 필수」(2016)라는 논문을 통해서 미술교육에서의 유아, 교육자, 환경, 재료의 중요한 역할에 대해서 설명한다. 유아의 미술학습을 위해 기초가 되는 철학적인 8가지 원칙을 2개의 카테고리로 나누어 기술하였다. 유아의 미술발달과 표현에 있어서 중요한 원칙 3가지와 유아들의 예술적인 의도를 도울 수 있는 원칙 5가지는 다음과 같다.

• 원칙 1~3: 유아의 미술발달과 표현

1. 유아에게는 발견, 상호작용, 운동감각, 경의로움, 탐구, 상상력을 일으키는 체계적이고 물질적으로도 풍부한 환경이 필요하다.
2. 유아에게는 2차원과 3차원적 표현을 지원하는 다양한 예술매체와 가까워질 필요가 있다.
3. 유아에게는 재료의 감각적/육체적 특성을 탐색하고, 자신의 경험을 다시 제시하기 위한 기술과 개념을 발달시킬 수 있는 구조적/비구조적이고 충분히 많은 시간이 필요하다.

• 원칙 4~8: 특정 유아의 시각예술 의도를 지지하는 방법

다음과 같은 역할을 하는 반응적인 교육자(responsive educator)가 필요하다.

4. 대중문화를 포함한 유아들의 다양한 능력, 관심사, 질문, 아이디어, 문화적 경험을 중요시한다.
5. 기술을 적절히 개발하고, 사용하며 재료 관리를 할 수 있다.
6. 실제, 가상, 실험 매체와 과정을 통해 자신들의 생각, 감정, 인식을 표현하는 독특한 방식을 이해하고 지지한다.
7. 대화, 스토리텔링, 감각운동적 탐구놀이, 연기, 드라마, 노래, 예술작품 만들기를

통해 의미를 창조하는 여러 가지 방법을 지원한다.

8. 다양한 형태의 문서와 평가를 사용해서 유아의 학습을 주의 깊게 관찰하고, 듣고, 성찰한다.

실습 I

수채화 기법 1: Wet on Wet 기법

활동목표	• 수채화 기법(Wet on Wet)을 이해한다. • 물감과 물을 사용하여 자유롭게 원하는 것을 표현한다.
준비물	수채화 용지, 물, 물통, 붓, 수채화 물감, 휴지 등
활동방법	1. 수채화 용지에 연필로 직사각형 또는 원하는 모양의 밑그림을 그려 준다. 2. 붓에 원하는 색의 물감을 묻힌 뒤, 물을 충분히 묻혀 첫 번째 모양을 칠한다. 3. 물기가 마르지 않은 상태에서 바로 좀 더 진한 색깔의 물감을 다시 묻혀 첫 번째 칸의 반만 칠해 준다. 4. 물과 물이 섞여 밝은 색상의 물감과 진한 물감의 색이 자연스럽게 블렌딩된다. 5. 더 자연스러운 블렌딩을 원한다면, 1~3번 과정 뒤에 붓을 깨끗하게 씻은 뒤, 휴지로 물기를 제거한다. 6. 깨끗하게 마른 붓으로 두 가지 색의 경계를 살살 닦아내듯 붓 터치를 하면 훨씬 자연스러운 블렌딩을 만들 수 있다. 7. 이 과정을 반복해서 연습해 본다. 2가지 이상의 색을 사용하거나 물의 농도를 바꿔서 채색하면서 연습해 볼 수 있다.
작품 예시	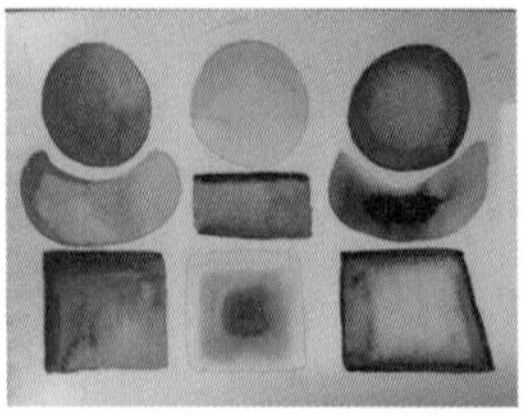 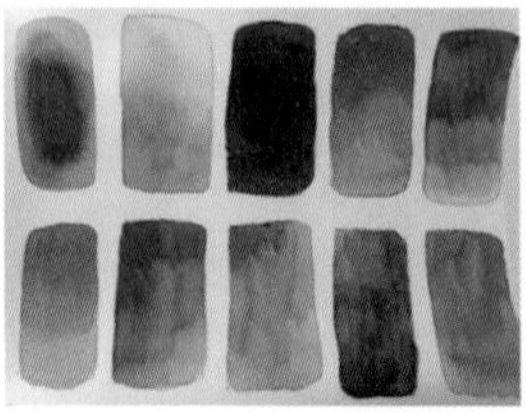 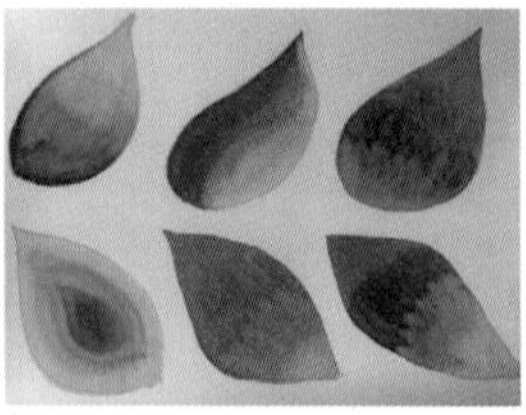

실습 2

수채화 기법 2: Wet on Dry 기법

활동목표	• 수채화 기법(Wet on Dry)을 이해한다. • 물감과 물을 사용하여 자유롭게 원하는 것을 표현한다.
준비물	수채화 용지, 물, 물통, 붓, 수채화 물감, 휴지
활동방법	1. 붓에 원하는 색의 물감을 묻힌 뒤, 물을 묻혀 가로로 줄을 그어 본다. 2. 물감의 양과 물의 농도를 조절해서 다양하게 가로줄을 그어 본다. 3. 물감이 완전히 마를 때까지 기다린다. 4. 완전히 마른 상태에서 다른 색의 물감을 묻혀 아까 그린 가로줄 위에 세로줄을 그어 본다. 5. 이때도 물감의 양과 물의 농도를 조절해서 다양하게 세로줄을 그어 본다.
작품 예시	 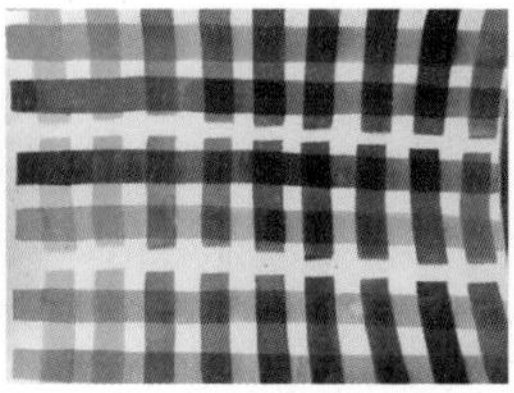 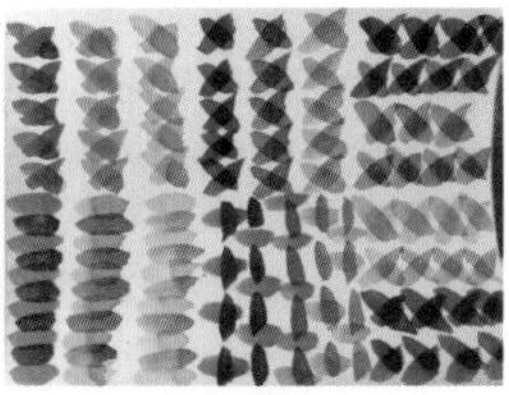

※ Wet on Wet 기법과 Wet on Dry 기법은 어떻게 다를까요?

Wet on Wet 기법은 마르기 전에 빠르게 물감을 올려야 하기 때문에 채색을 보다 속도감 있게 할 수 있다. 물감이 젖은 상태에서 서로 번지면서 자연스러운 그러데이션 효과를 얻을 수 있고, 붓 터치가 정확하게 보이지 않고 뭉개지듯 마르기 때문에 그림 자체가 부드러운 느낌을 줄 수 있다.
반면, **Wet on Dry 기법**은 마른 상태에서 색을 올리기 때문에 붓 자국이 그대로 나타나 뚜렷한 경계가 보인다. 따라서 그림 속에서 살아 있는 붓의 터치감을 느낄 수 있고, 보다 세밀하게 모양을 잡을 때 사용할 수 있다. 또한 마른 상태에서 다시 칠할 때 붓에 물을 충분히 묻혀 칠해 주면, 마른 물감 위에 색이 깨끗하게 쌓이는 것을 볼 수 있다. 그래서 그림자를 표현할 때 활용할 수 있다.

☞ **추가 활동: 발색표 만들어 보기!**

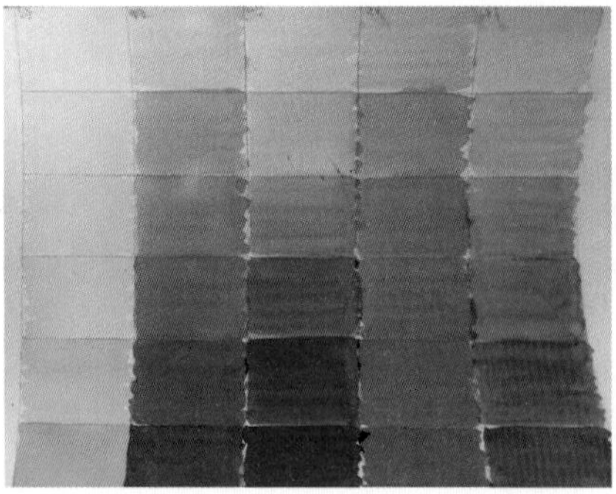

농도별 색상 차이를 알아보는 발색표 만들기 연습

– 수채화 용지 위에 연필로 네모난 칸을 〈가로 5 × 세로 5〉 또는 〈가로 5 × 세로 6〉으로 그린다. 수채화의 기본이 되는 물 조절을 통한 명도 단계 연습을 해 본다. 윗부분의 가장 옅은 색으로 시작해서 가장 아랫부분의 진한 색이 될 수 있도록 물감과 물을 조절해서 자연스러운 발색표를 만들어 본다. 반대로 가장 진한 아랫부분부터 시작해서 옅어지도록 연습해 본다.

권경패(2012). 다중지능이론을 활용한 유아미술 프로그램 연구−4~5세 중심으로−. 수원대학교 대학원 석사학위논문.

김정, 이수경(1985). **유아를 위한 조형놀이 교육**. 서울: 교문사.

류지영, 이은적, 안혜리, 이주연, 김선아(2016). **미술교육의 기초**. 경기: 교육과학사.

박현희(2017). **아동미술지도를 위한 아동색채심리의 이해와 실제**. 서울: 성안당.

박휘락(2003). **미술감상과 미술비평 교육**. 서울: 시공사.

박주연(2014). 미적 인식 발달단계에 따른 감상교육 워크시트 개발 연구−가드너 발달단계 중심으로−. 단국대학교 교육대학원 미술교육전공 석사학위논문.

심재영(1999). **유치원 생활 주제별 프로젝트 접근에 의한 영유아 미술활동**. 서울: 창지사.

이소은, 권기남(2018). **아동미술교육**. 경기: 양서원.

Day, M., & Hurwitz, A. (2006). **어린이와 어린이 미술−어린이 미술교육의 이론과 실제**(전성수, 박수자, 김정선 역). 서울: 예경.

Feinburg, S. G. (1987). Children's awareness of two aspects of competence in drawing: Level of representation and level of spatial integration. *Visual Arts Research*, Fall, 80-93.

Feinburg, S. G. (1988). *Criteria for scoring in the visual arts*. Unpublished writing consultation for Project Spectrum.

Gardner, H. (1980). *Artful Scribbles: The Significance of Children's Drawings*. NY: Basic Books.

Housen, A. (1983). *The eye of the beholder: Measuring aesthetic development*. Doctoral dissertation, Harvard University.

Kellogg, R. (1970). *Analyzing children's art*. Palo Alto, CA: The National Press.

Lowenfeld, V., & Brittain, W. L. (2011). **인간을 위한 미술교육**(서울교육대학교 미술교육연구회 역). 서울: 미진사.

McClure, M., Tarr, P., Thompson, C. M., & Eckhoff, A. (2017). Defining quality in visual art education for young children: Building on the position statement of the Early Childhood Art Educators. *Arts Education Policy Review, 118*(3), 154-163.

Parsons, M. (1987). *How We Understand Art: A Cognitive Developmental Account of Aesthetic Experience*. Cambridge: Cambridge University Press.

Yenawine, P. (2013). *Visual thinking strategies: Using art to deepen learning across school disciplines*. MA: Harvard Education Press.

Chapter 05

영유아 미술지도와 교육과정

1. 국가수준 보육과정에서 나타난 영유아 미술지도의 방향성
2. 0~2세 표준보육과정과 영아 미술지도
3. 3~5세 표준보육과정(누리과정)과 유아 미술지도

1세 영아와 4세 유아에게 똑같이 하얀 도화지와 크레용을 주더라도, 두 아이가 만들어 내는 결과물은 전혀 다를 것이다. 영유아는 연령에 따라 서로 다른 인지적 · 신체적 발달수준을 가지고 있으므로, 같은 도구, 같은 과제에도 서로 다르게 반응한다. 역량 있는 교사는 영유아의 발달수준을 이해하고, 그에 맞는 다양한 예술적 경험을 제공할 수 있어야 한다.

●그림 5-1● 교사는 영아와 유아 간의 서로 다른 발달수준을 이해하고 지도해야 한다.

1. 국가수준 보육과정에서 나타난 영유아 미술지도의 방향성

1) 제4차 표준보육과정과 개정 누리과정

국가에서는 영유아의 연령 및 발달수준에 적합한 보육을 제공하기 위해, 「영유아보육법」과 「유아교육법」에 의거하여 표준보육과정과 누리과정을 개발하여 보급하였다. 이 장에서는 어린이집에 다니는 0~5세 영유아를 위한 국가수준 교육(보육)과정인 표준보육과정과, 어린이집과 유치원에 다니는 3~5세 유아를 위한 국가수준 교육과정인 누리과정에 제시된 영유아의 미술지도와 관련된 내용을 다룬다. 유치원과 어린이집에 다니는 유아에게 일관된 교육과정을 제공하기 위해 2013년 도입된 누리과정은 기존의 유치원 교육과정과 3~5세 표준보육과정을 대체하였으며,[1] 이를 보완한 2019 개정 누리과정이 2020년 3월부터 어린이집과 유치원에 적용되었다. 또한, 개정 누리과정의 내용을 반영하여 2020년 9월부터 제4차 표준보육과정이 적용되었다.

표 5-1 0~2세 보육과정과 3~5세 보육과정의 영역 및 내용범주 구성

구분	기본생활	신체운동	의사소통	사회관계	예술경험	자연탐구
0~2세 보육과정	건강하게 생활하기	감각과 신체 인식하기	듣기와 말하기	나를 알고 존중하기	아름다움 찾아보기	탐구과정 즐기기
	안전하게 생활하기	신체활동 즐기기	읽기와 쓰기에 관심 가지기	더불어 생활하기	창의적으로 표현하기	생활 속에서 탐구하기
			책과 이야기 즐기기			자연과 더불어 살기

구분	신체운동 · 건강	의사소통	사회관계	예술경험	자연탐구
3~5세 보육과정	신체활동 즐기기	듣기와 말하기	나를 알고 존중하기	아름다움 찾아보기	탐구과정 즐기기
	건강하게 생활하기	읽기와 쓰기에 관심 가지기	더불어 생활하기	창의적으로 표현하기	생활 속에서 탐구하기
	안전하게 생활하기	책과 이야기 즐기기	사회에 관심 가지기	예술 감상하기	자연과 더불어 살기

[주의] 제4차 표준보육과정과 개정 누리과정에서는 기존의 내용범주와 내용을 간소화하였다. 이에 따라 0~2세 보육과정 신체운동 영역의 감각과 신체 인식하기 내용범주가 3~5세에는 존재하지 않으며, 3~5세 보육과정 사회관계 영역의 사회에 관심 가지기 내용범주와 예술경험 영역의 예술 감상하기 내용범주는 0~2세에는 존재하지 않는다.

아동의 학습은 영역통합적으로 이루어지므로 미술지도 역시 다양한 영역과 관련된다. 기존에는 영유아를 위한 미술교육이 예술경험 영역과의 높은 관련성을 갖는다는 점 때문에, 이에 대해서만 다루는 경향이 있었다. 그러나 2019 개정 누리과정과 제4차 표준보육과정에서는 보육일지에서 영역 구분을 없애는 등, 영유아의 모든 활동에서 여

1) 표준보육과정은 0세부터 5세까지 초등학교 취학 이전의 모든 연령의 영유아를 위한 내용을 다루고 있으며, 이 중 유치원 교육과정과 통합된 3~5세 보육과정을 누리과정이라고 칭한다. 즉, 현재의 3~5세 보육과정은 표준보육과정이며 누리과정이기도 하다.

러 학습 영역이 통합적으로 나타난다고 보고 있다.

예를 들어, 기존에는 꽃을 보고 그림을 그리는 유아의 활동을 자연의 아름다움을 느끼고 이를 그림으로 표현하는 예술경험 영역의 활동이라고 보았다. 그러나 개정 누리과정에 따르면, 이 유아는 그리기라는 소근육 활동을 통해 신체운동 · 건강 영역, 친구에게 자기 그림을 말로 설명하는 과정에서 나타나는 의사소통 영역, 친구와의 상호작용으로 인한 사회관계 영역, 꽃이라는 자연물에 관심을 갖는 자연탐구 영역의 모든 영역에 관련된 활동을 하고 있는 것이다. 따라서 영유아의 미술활동의 지도에 있어서도 영역통합적인 이해가 이루어질 필요가 있다. 이 장에서는 미술교육과 관련하여 예술경험 영역을 주요 영역으로서 접근하되, 다른 영역과의 연계성이나 통합적 접근에 대한 관점을 유지하고자 하였다.

2) 제4차 표준보육과정과 개정 누리과정의 예술경험 영역

영유아의 예술경험 영역은 크게 세 가지 내용범주를 가진다. 첫 번째로 아름다움 찾아보기는 예술적 요소에 호기심을 갖는 것을 말한다. 영유아는 주변 환경에서 미술적 요소에 관련된 현상이나 사물을 흥미롭게 관찰하고 집중하여 아름다움의 요소를 찾아낸다. 이 내용범주는 영유아가 주변의 소리, 움직임, 색, 모양 등을 찾아보고 즐기며, 일상 속에서 예술적인 요소를 발견하는 활동을 포함한다. 교사는 영유아가 주변의 다양한 자연과 사물에서 아름다움에 관심을 두고 탐색할 수 있도록 하며, 직접 만져 보고 조작하면서 아름다움을 느끼는 반복적인 경험을 가질 수 있도록 지원한다. 이를 통해 예술적 요소에 대한 지식과 지각능력을 발달시키고, 주변의 아름다움을 이해하는 심미적 태도를 증진시켜, 아동이 스스로 아름다움을 찾고 추구해 나가는 태도를 형성하게 한다. 교사는 아동이 사물을 지각하고, 만져 보고, 느끼고, 반응할 수 있도록 다양한 감각경험을 제공하여 영유아가 자신의 생각과 느낌을 연합하고 표현할 수 있는 활동을 구성한다.

두 번째로 창의적으로 표현하기는 자신의 느낌과 생각을 다양한 재료와 형식으로 표현하는 것이며, 이번 개정으로 인해 기존의 '예술적'이라는 단어 대신 '창의적'이라는 단어로 대체됨으로써, 보다 넓은 범주의 다양한 표현을 예술경험 영역으로 포함하였다. 인간은 태어나면서부터 자신의 생각과 느낌을 표현하고자 하는 욕구를 갖는다. 따라서 영아기부터 언어적 · 비언어적 표현활동을 자발적으로 시도하며, 교사는 아동이 이 과정을 즐기고, 만족하는 경험을 하게 지원해야 한다. 초기 소근육 발달수준이 낮고 표현력이 부족한 시기의 영아들은 다양한 사물을 만지고, 누르고, 찢고, 자르고, 비비고, 문지르고, 합쳐 가며 자연스럽게 미술경험을 쌓아간다. 이를 통해 의도하거나 의도하지 않은 결과물을 만들어 내게 되고, 점차 자신의 의도대로 모양이나 모형을 표현할 수 있게 된다. 교사는 아동이 표현기술의 부족으로 인해 마음껏 활동하는 데에 방해받지 않도록, 아동의 필요에 따라 미술 재료의 사용법을 가르친다. 그러나 대부분의 경우 표현의 기술에 중점을 두기보다는 표현의 자유로운 내용에 중점을 두어 지도해야 한다. 교사는 완성된 결과물에 집착하지 않으며, 무엇보다 영유아가 자신이 나타내고자 하는 바를 잘 드러낼 수 있는 다양한 예술적 표현방식을 경험하고, 그 과정을 자유롭게 즐기도록 해야 한다.

세 번째로 예술 감상하기는 일상에서 마주치는 자연과 사물, 자신이나 또래가 만든 작품, 작가들의 작품을 감상하는 활동을 의미한다. 즉, 아름다운 자연환경, 사물이나 미술작품을 즐기며, 일상생활에서 예술에 대해 지속적으로 관심을 가지는 활동이다. 주변의 친근한 요소에서 시작해 익숙한 자연물, 설치물, 지역사회에서 쉽게 볼 수 있는 작품 등으로 감상의 영역을 넓힌다. 특히, 인지발달에 따라 자연스럽게 자기중심성에서 벗어나면서 영유아는 자신의 작품뿐 아니라 다른 또래의 작품, 모르는 작가의 작품에 관심을 갖고 감상할 수 있게 된다. 더 나아가 자신이 속한 문화, 그리고 그와 다른 문화에서 비롯된 예술작품까지 흥미를 보이고, 이러한 외부에 대한 관심은 타인의 감정이나 느낌을 이해하고 소통할 수 있는 능력에도 긍정적인 영향을 미친다. 교사는 영유아가 다양한 자연현상과 사물, 예술작품을 접하고 이에 관하여 자신의 생각을 표현하거나 다른 사람과 대화를 통해 느낌을 공유하는 경험을 할 수 있도록 지원해야 한다.

예술경험 영역의 경우, 기존 표준보육과정과 누리과정에서는 영아와 유아 대상의 세 가지 내용범주가 동일하게 구성되어 있었다(아름다움 찾아보기, 예술적 표현하기, 예술 감상하기). 그러나 2019 개정 누리과정에서 0~2세 영아의 예술 감상하기 내용범주가 삭제되었고, 3~5세 유아 부분에만 남으면서 영유아 간 내용범주의 차이가 생겼다. 이는 영아가 예술작품을 감상할 수 없다는 뜻이 아니라, 형식적인 감상활동보다는 일상의 아름다움이나 주변의 사물에 대한 자연스러운 탐색과 탐구활동에 보다 중점을 둔다고 이해해야 한다.

2019 개정 누리과정에서는 연령별 세부 내용을 삭제하고, 영역별 내용만을 제시하

여 교사의 자율성을 높이고자 하였다. 또한, 기존에 월별 생활주제를 제안하던 교사용 지침서를 편찬하는 대신, 개별교사의 역량과 자율성을 강조하며 영역 간 통합적 적용 사례만 제시하고 있다. 즉, 국가에서 정해진 연령별 학습내용에 따라 아동의 학습을 일괄적으로 통제하기보다는, 학급에 속한 아동 개개인의 흥미와 수준을 중심으로 교사가 융통성 있게 내용을 구성할 수 있도록 하였다.

3) 표준보육과정에서 추구하는 인간상과 영유아 미술지도

표 5-2 표준보육과정(누리과정)에서 추구하는 인간상

가	건강한 사람	몸과 마음이 고루 발달하고 스스로 건강함을 유지하며 안정적이고 안전한 생활을 하는 사람
나	자주적인 사람	자신을 잘 알고 존중하며 자신감을 가지고 스스로 할 수 있는 일을 주도적으로 해 나가는 사람
다	창의적인 사람	주변 세계에 열려 있고, 호기심이 많으며, 자기만의 방식으로 상상하고 느끼고 표현하고 탐구하는 가운데 새롭고 독창적인 생각을 하는 사람
라	감성이 풍부한 사람	예술을 사랑하고 존중하며 자신을 둘러싼 주변 세계에 경이감과 아름다움을 느끼고 즐길 수 있는 풍부한 문화적 감수성을 지닌 사람
마	더불어 사는 사람	자신이 속해 있는 사회에 소속감을 느끼고, 다른 사람과 생명을 존중하고 자연과 더불어 살아가며 보다 나은 사회를 만들기 위해 사회문제에 관심을 갖고 협력하는 민주시민

출처: 제4차 표준보육과정 해설서 내용을 바탕으로 재구성.

영유아의 미술지도는 표준보육과정에서 추구하는 인간상 중 '창의적인 사람', '감성이 풍부한 사람'과 연결 지어 생각할 수 있다. 영아는 그 발달수준으로 인해 아직까지 미술작품을 만들어 내는 활동이 어려우므로, 영아의 표현활동은 결과물보다는 과정에 중점을 두고 이루어져야 한다. 교사는 영아가 기존의 관점에 얽매이지 않은 자신만의 독특하고 자유로운 생각과 탐색을 할 수 있도록 지원하며, 주변 환경의 다양한 요소를 사랑하고 아끼며, 자신이 속한 문화에 대해 이해하고 소중함을 느낄 수 있도록 지도한다. 특히, 최근의 급격한 변화를 이루며 다원화된 사회에서 영아가 잘 적응할 수 있도록, 새로운 환경이나 문제에 부딪혔을 때 스스로 노력하여 답을 찾고 해결하고자 하는 태도를 길러 주어야 한다. 따라서 교사는 주어진 계획에 따라 미술과제를 제시하기보다는, 영아가 스스로 활동을 선택하고 몰두하는 과정을 통해 독창적이고 독특한 능력을 발휘하여 창의적인 사람이 되는 데 중점을 두어야 한다.

유아기는 영아기에 비해 상상력과 표현능력이 발달하여, 자연과 일상에서 만나는 다양한 사물과 문제에 호기심을 가지고 자신만의 방식으로 탐구하며 스스로 답을 찾아내고자 한다. 교사는 유아의 자발적 놀이를 중시하는 개정 누리과정의 취지를 이해하고, 유아가 자신의 관심과 흥미에 따라 세계를 탐색하고 도전하고 실험하며, 그 결과물을 다양한 방식으로 표현할 수 있도록 지원해야 한다. 특히, 제4차 표준보육과정과 개정 누리과정에서는 기존의 '예술적 표현하기'를 '창의적으로 표현하기'로 대체함으로써, 영유아의 표현방식 및 내용을 보다 자유롭고 폭넓게 인정하고자 하였다. 또한, 영유아가 예술을 사랑하고 존중하며, 자신을 둘러싼 주변 세계에 경이감과 아름다움을 느끼고 즐길 수 있는 풍부한 문화적 감수성을 지녀야 한다고 명시(보건복지부, 2019)하여, 미술지도에 있어 표현활동뿐 아니라 아름다움을 발견하고 공감하는 감상활동을 통한 문화를 향유하는 사람으로서의 성장을 강조하였다. 따라서 교사는 유아가 자발적이고 자유롭게 주변 환경을 탐색하고, 일상과 놀이에서 아름다움을 찾고 공감할 수 있는 풍부한 경험을 제공해야 한다.

표 5-3 개정 누리과정의 목적과 목표

목적	누리과정의 목적은 유아가 놀이를 통해 심신의 건강과 조화로운 발달을 이루고 바른 인성과 민주시민의 기초를 형성하는 데에 있다.
목표	1. 자신의 소중함을 알고, 건강하고 안전한 생활습관을 기른다. 2. 자신의 일을 스스로 해결하는 기초 능력을 기른다. 3. 호기심과 탐구심을 가지고 상상력과 창의력을 기른다. 4. 일상에서 아름다움을 느끼고 문화적 감수성을 기른다. 5. 사람과 자연을 존중하고 배려하며 소통하는 태도를 기른다.

기존의 0~5세 표준보육과정에서는 목표와 영역이 일대일 대응관계를 이루었으며, 예술경험 영역의 목표는 '아름다움에 관심을 가지고 예술경험을 즐기며, 창의적으로 표현하는 능력을 기른다'였다(보건복지부, 2020). 그러나 제4차 표준보육과정과 개정 누리과정에서는 전 영역의 내용이 통합적으로 유아의 경험과 연계되도록 한다는 개정의 취지를 반영하여, 목표와 영역이 일대일 대응하지 않는다(교육부, 보건복지부, 2019). 개정 누리과정의 5가지 목표 중 예술경험 영역과 가장 관련성이 높은 것은 '일상에서 아름다움을 느끼고 문화적 감수성을 기른다'라고 볼 수 있다. 교사는 유아가 자연과 문화에 대

한 감수성을 바탕으로, 일상 속에서 아름다움을 느끼고 즐기는 마음을 가지도록 도와야 한다. 유아는 자신의 느낌을 예술적으로 표현하는 과정을 즐기며, 열린 마음을 가지고 자연과 문화를 향유할 수 있어야 한다. 교사는 유아가 놀이를 통하여 문화적 공감능력과 심미적 감수성을 키워 나갈 수 있도록 지원한다. 또한 전조작기 후기의 유아는 상징과 상상에 익숙해지며, 자기중심성, 물활론, 인공론 등의 인지적 발달 특성으로 인해 자유롭고 창의적인 표현이 늘어난다. 교사는 이러한 유아의 특성을 이해하고, 유아가 다양한 방법으로 자신의 생각을 표현할 수 있도록 지원한다.

2. 0~2세 표준보육과정과 영아 미술지도

0~2세 영아를 위한 표준보육과정은 기본생활 영역, 신체운동 영역, 의사소통 영역, 사회관계 영역, 예술경험 영역, 자연탐구 영역의 6가지 영역으로 구성되어 있으며, 그 중 미술지도와 가장 밀접한 관련성을 가진 영역은 예술경험 영역이다.

1) 0~1세 표준보육과정 예술경험 영역

0~1세 영아를 위한 예술경험 영역의 목표는 '아름다움을 느끼고 경험한다'이다. 0~1세 영아는 자연과 생활 속에서 감각을 통한 자극에 호기심을 가지고 반응하며, 다양한 방법으로 표현하기를 즐긴다(보건복지부, 2020). 피아제(J. Piaget)의 인지발달단계 중 감각운동기[2]에 해당하는 0~1세 영아는 아직까지 외부의 자극에 대한 반응으로써 수동적으로 행동하는 비율이 높고, 신체적으로 스스로 원하는 곳으로 몸을 움직이는 데에 제한이 있으며, 언어적으로 원하는 바를 표현할 수 있는 언어적·비언어적 의사소통 능력이 부족하다. 이 시기의 영아는 친근한 소리나 주변 환경에 관심을 가지고 즐김으로써 풍부한 정서를 경험한다. 환경에서 아름다운 요소를 발견하고 이를 좋아하는 태도를 형성하며, 일상에 대한 긍정적인 태도를 기르고 자신을 둘러싼 대상과 함께하는 즐거움을 경험한다. 또한 영아는 자신이 느낀 감정이나 경험을 소리나 움직임으로 표현

2) 피아제(Piaget)는 인간의 인지발달단계에 따라 0~2세의 감각운동기(sensorimotor stage), 2~6세의 전조작기(preoperational stage), 6~12세의 구체적 조작기(concrete operational stage), 12세 이후의 형식적 조작기(formal operational stage)로 구분하였다.

하고, 감각을 통한 미술을 경험하며 주변 사람의 행동을 모방하고 이를 반복하며 즐긴다. 그리고 영아는 이러한 경험을 통하여 감성을 계발하고 심미감을 형성하며 행복감을 느낀다. 따라서 교사는 영아가 익숙한 주변 환경의 소리나 움직임, 색, 모양에 호기심과 관심을 가지며 예술적 요소를 경험하고, 자유롭게 표현하며 즐기는 경험을 할 수 있도록 지원해야 한다.

표 5-4 0~1세 표준보육과정 예술경험 영역의 목표

아름다움을 느끼고 경험한다.
• 자연과 생활에서 아름다움에 관심을 가진다. • 예술적 경험을 표현한다.

0~1세를 위한 예술경험 영역 중 아름다움 찾아보기 내용범주는 영아가 자연과 생활, 예술에서 아름다움을 느끼고 관심을 가지며 감상하는 경험을 반영하고 있다. 첫 번째 내용인 '자연과 생활에서 아름다움을 느낀다'는 0~1세 영아가 자신을 둘러싼 일상적 환경에서 소리나 움직임, 색과 모양 등에 호기심을 기울이며 아름다움을 인식해 나가는 과정을 다룬다. 예를 들어, 산책을 하던 영아가 길가의 꽃과 나무를 바라보며 관심을 갖고 만져 보는 활동이다.

두 번째 내용인 '아름다움에 관심을 가진다'는 0~1세 영아가 일상생활에서 자연이나 사물의 아름다움을 감상하고 즐길 수 있는 내용을 다룬다. 예를 들어, 세면대에서 손을 씻던 영아가 세면대에 고여 있던 물을 찰박거리며 물이 튀는 소리나 모양을 즐기며 탐색하는 활동이다.

표 5-5 0~1세 표준보육과정 예술경험 영역의 내용범주와 내용

영역	내용범주	0~1세 표준보육과정의 내용
예술경험	아름다움 찾아보기	• 자연과 생활에서 아름다움을 느낀다. • 아름다움에 관심을 가진다.
	창의적으로 표현하기	• 소리와 리듬, 노래로 표현한다. • 감각을 통해 미술을 경험한다. • 모방 행동을 즐긴다.

제4차 표준보육과정의 교사 해설서에서는 영아의 활동에 대해 설명하며, ① 영아가 겪는 경험의 실제, ② 영아가 겪는 경험에 대한 이해(설명), ③ 교사의 지원(공간, 자료, 일과, 상호작용, 안전 등)에 관한 내용을 제시하고 있다. 〈표 5-6〉은 4차 표준보육과정에 제시된 영아의 아름다움 찾아보기 활동에 대한 사례이다. 사례에서 볼 수 있듯이, 영아가 관심을 보이는 대상에 대해 교사는 언어적 · 비언어적으로 적극적으로 반응하며 아동의 아름다움 찾기 활동을 지원한다.

① 영아 경험의 실제는 실제로 나타난 영아의 행동이나 교사, 또래와의 상호작용 등을 기술한 것이며, ② 영아 경험의 이해는 그 활동 안에 담긴 교육적 · 발달적 의미를 해석한 것이다. 마지막으로, ③ 교사의 지원은 영아의 활동이 원활하게 이루어지도록 교사가 제공한 환경, 자료, 시간, 상호작용, 안전관리 등에 관한 내용을 다룬다. 제4차 표준보육과정과 개정 누리과정에서는 일률적으로 정해진 별도의 일지서식이나 평가방식이 없으므로, 표에 제시된 3가지 주요 내용을 중심으로 개별 교사가 자신만의 활동계획안 서식을 만들어 활동 내용을 기술하게 된다.

표 5-6 **0~1세 영아의 아름다움 찾아보기 활동 사례**

① 영아 경험의 실제	앗, 차가워!
	여름날 공원에서 산책하던 중에, ○○이가 바닥의 바닥분수에서 물이 솟아 나오는 것을 발견한다. 교사: ○○이가 물이 올라오는 걸 보고 있구나. 손을 대면 어떤 느낌일까? 교사의 권유에 ○○이는 조심스레 손을 갖다 대 본다. 교사: ○○이가 손을 대니까 물이 옆으로 튀어 오르네. 앗, 차가워! ○○이는 손이 닿는 곳의 물이 사방으로 튀는 모습을 바라보며 까르륵 웃음을 터뜨린다.
② 영아 경험 이해	
○○이는 바닥에서 솟아오르는 물의 모습에 관심을 보였고, 손을 갖다 대고 옆으로 퍼져 나가는 모습을 바라보며 즐거워하였다. • 산책 중에 보게 된 바닥분수의 물이 솟는 모습에 관심을 가지며 신기해하였고, 손으로 만지면서 차가운 느낌을 느껴 보았다.	

③ 교사 지원
• 공간 –교사는 실외공간에서 영아가 주변 사물의 감각경험과 움직임을 경험하도록 지원하였다. • 자료 –공원의 바닥분수에서 나오는 물이 재료로 활용되었다. • 일과 –산책 시간에 영아가 주변의 사물을 경험하고 느낄 수 있는 충분한 시간을 가지도록 여유 있게 일과를 진행하였다. • 상호작용 –교사는 먼저 활동을 제시하지 않고 ○○이가 관심을 두는 대상을 관찰하고 적절한 순간에 언어적, 비언어적으로 격려하였다. –언어표현이 어려운 영아의 특성을 고려하여, 영아의 탐색과 관찰 과정을 말로 읽어 주거나(언어화), 사물의 아름다움을 느끼고 즐기는 과정에 공감하며 상호작용하였다. (물이 올라오는 걸 보고 있구나, 옆으로 튀어 오르네, 앗, 차가워!) –영아가 용기를 내어 사물을 탐색해 볼 수 있도록 상호작용하였다. (손을 대면 어떤 느낌일까?) • 안전 –영아가 뛰거나 장난치다가 물을 밟고 미끄러지지 않도록 근처에 서서 도움을 주었다. –다른 사람과 부딪치거나 주변에 물을 튀겨 피해를 주지 않도록 유의하였다.

창의적으로 표현하기 내용범주는 영아가 자신의 느낌을 소리, 음악과 리듬, 미술경험, 모방행동 등으로 표현하는 과정을 즐기는 내용을 담고 있다. 그중 미술활동과 관련된 내용인 '감각을 통해 미술을 경험한다'는 0~1세 영아가 감각을 통해 미술표현을 시도하고 단순한 미술을 경험하며 즐기는 내용이다. 의도한 것이 아닌 우연하게 미술경험을 하다 결과물을 만들어 내고, 미술을 경험하는 과정에서 재료에 익숙해지고 이를 이용해 자신만의 창의적 표현을 즐기는 것이다. 예를 들어, 손의 움직임에 집중하여 끼적이기를 하던 아동이, 어느 순간 자신이 만든 선의 궤적을 인식하고, 특정한 모양을 의도하여 그리기 시작하는 활동이다.

표 5-7 0~1세 영아의 창의적으로 표현하기 활동 사례

① 영아 경험의 실제	이상한 느낌이야.
	〈욕실 대야 안에서〉 ○○이는 교사가 대야에 넣어 준 마른 미역이 물에 닿아 흐물흐물해지는 것을 본다. 손으로 살짝 만져 보고 냄새 맡아 보고, 얼굴에도 갖다 대 본다. 이리저리 손을 저으며 물에 떠 있는 미역이 움직이는 모양을 유심히 바라보고, 손에 감아서 들어 올리거나, 건져낸 미역을 욕실 바닥에 늘어놓고 한참 바라본다.
	〈거실에서〉 ○○이는 지퍼백 속에 들어 있는 물감이 짜진 종이를 손으로 꾹꾹 눌러 본다. 물감의 부드럽고 차가운 느낌, 문질렀을 때의 미끄러운 느낌을 즐기며 이리저리 손을 움직이고, 색이 섞이는 것을 보면서 더욱 열심히 문지르기 시작한다. 손가락으로 문지르다가 손바닥으로 문질러 보고, 얼굴에 대 보거나 바닥에 비벼보면서, 지퍼백 안의 색깔이 변하는 것을 유심히 쳐다본다.

② 영아 경험 이해
• ○○이는 손으로 물을 저어 물에 떠 있는 미역이 움직이는 모습을 보며 의도하지 않은 흔적을 만들어 내는 것을 즐겼다. • ○○이는 손가락을 문질러 여러 방향으로 지퍼백 속의 물감을 움직이며 표현하는 것을 즐겼다. • 물의 흐름에 따라 움직이는 미역의 모양, 손가락의 움직임에 따라 번져 가는 물감의 모양과 같이 자신이 만들어 낸 흔적에 관심을 가졌다. • 손과 손가락을 움직이며 소근육을 조절하는 경험을 하였다.

표 5-8 예술경험 영역 연령별 미술활동의 예시(0~1세)

0~1세	아름다움 찾아보기	• 돗자리에 누워서 하늘을 봐요 • 여러 가지 색깔의 장난감을 찾아봐요	
	창의적으로 표현하기	• 색깔 선을 따라 기어가요 • 손가락 크레용[3]으로 끼적여 봐요 • 색깔판을 통해 친구 얼굴을 보아요 • 팬티 모양 종이에 끼적여 봐요 • 같은 색깔 블록을 따라 걸어요	

2) 2세 표준보육과정 예술경험 영역

2세 영아를 위한 예술경험 영역의 목표는 '아름다움을 느끼고 즐긴다'이다. 0~1세의 '경험한다'에 비해 다소 능동적인 표현으로, 이 시기의 자연과 생활 속에서 경험하는 다양한 감각 자극을 통해 아름다움을 느끼고 인식하며, 점차 아름다움에 관심을 가지고 찾아보며 표현하기를 즐긴다(보건복지부, 2020). 감각운동기의 0~1세 영아와 달리 전조작기에 진입하는 2세 영아는 인지발달로 인해 보다 적극적으로 자신의 생각과 느낌을 표현할 수 있으며, 신체발달로 자유롭게 걷거나 뛸 수 있어 동적 활동의 범위가 넓어지고, 언어발달로 인해 교사나 부모, 또래와 활발한 의사소통이 일어나기 시작한다.

2세 영아는 능동적으로 주변을 탐색하며 아름다움을 즐길 줄 알고 자발적으로 표현하는 것을 즐긴다. 이는 성인의 눈에 자칫 의미가 없어 보일 수 있으나, 향후 창의성 발달에 기초를 이루는 중요한 과정이므로, 교사는 영아가 주변 환경에 대한 단순한 관심에서 벗어나 좋아하는 것을 적극적으로 찾아보는 경험을 할 수 있도록 충분한 시간과 공간을 제공해야 한다. 또한 2세 영아는 친근한 노래를 따라 부르거나 간단한 도구를 이용하고, 느낌을 몸으로 표현하며 일상생활 경험을 상상놀이로 즐기는 경험을 하게 된다. 2세 영아에 대한 미술지도는 이러한 영아의 표현 욕구를 충족시킬 수 있는 새롭고 풍부한 방식으로 이루어져야 하며, 교사는 개별 영아의 느낌과 생각, 표현 방법을 존중하여 편안한 분위기에서 자신의 생각을 표현하도록 지원한다.

3) 크레용과 크레파스: 프랑스에서 만들어진 크레용을 일본에서 개량하여 만들어진 것이 크레파스로, 정식 명칭은 '오일 파스텔'이다. 일반적으로 재질이 보다 단단한 크레용을 영아용으로 사용하고, 재질이 물러 색칠이 부드럽고 혼색/겹색이 잘 되는 크레파스를 유아나 아동용으로 사용한다.

표 5-9 2세 표준보육과정 예술경험 영역의 목표

아름다움을 느끼고 즐긴다.
• 자연과 생활에서 아름다움을 느끼고 관심을 가진다. • 예술을 통해 자유롭게 표현한다.

2세를 위한 예술경험 영역 중 아름다움 찾아보기 내용범주는 영아가 일상에서 접하는 사물과 공간, 동식물과 사람, 자신이나 또래의 작품에서 아름다움을 느끼고 즐기며, 아름다움을 적극적으로 찾아보는 경험을 다룬다. 첫 번째 내용인 '자연과 생활에서 아름다움을 느끼고 즐긴다'는 2세 영아가 일상의 자연이나 생활 속 공간, 사물 등의 아름다움에 주의를 기울여 아름다움을 풍부하게 느끼며, 자신과 또래의 다양한 예술적 표현을 감상하고 즐기는 내용이다. 예를 들어, 산책을 하던 영아가 새롭게 핀 길가의 꽃을 발견하고 친구들과 이야기를 나누며 함께 관찰하는 활동이다.

두 번째 내용인 '아름다움에 관심을 갖고 찾아본다'는 2세 영아가 색이나 형태 같은 미술적 요소에서 아름다움을 발견하고 경험하는 내용이다. 예를 들어, 영아가 야외놀이터에서 페인트 붓으로 길을 그리거나 바람을 표현하는 활동이다.

표 5-10 2세 표준보육과정 예술경험 영역의 내용범주와 내용

영역	내용범주	2세 표준보육과정의 내용
예술경험	아름다움 찾아보기	• 자연과 생활에서 아름다움을 느끼고 즐긴다. • 아름다움에 관심을 갖고 찾아본다.
	창의적으로 표현하기	• 익숙한 노래와 리듬을 표현한다. • 움직임과 춤으로 자유롭게 표현한다. • 미술 재료와 도구로 표현해 본다. • 일상생활 경험을 상상놀이로 표현한다.

표 5-11 2세 영아의 아름다움 찾아보기 활동 사례

① 영아 경험의 실제	부채 같은 낙엽이야!
	○○이는 떨어진 플라타너스 잎을 집어 든다. 커다란 낙엽을 이리저리 흔들어 보더니 옆의 친구에게도 하나 건네준다. "부채야. 시원해." ○○이와 친구는 함께 낙엽을 흔들어 바람을 일으키면서 "시원해, 시원해!" 하며 웃는다. 다른 친구는 낙엽 여러 장을 모아 쥐고는 책처럼 한 장 한 장 넘기면서 교사에게 "내가 책 읽어 줄게요."라고 말한다.

② 영아 경험 이해

- 영아들은 야외활동을 하며 자연스럽게 계절의 변화를 경험하고, 바닥에 떨어진 낙엽을 집어 연상되는 모양을 가지고 부채와 책처럼 가지고 놀이하며 즐겼다.
- 영아는 자신이 느낀 바를 말로 표현하고, 다른 친구와 소통하며 놀이를 확장하였다.

③ 교사 지원

- 공간
  - 교사는 영아가 바깥놀이 공간에서 충분한 시간을 가지고 안전하게 놀이하며, 계절의 변화와 자연의 아름다움을 느낄 수 있도록 지원하였다.
- 자료
  - 공원에서 일상적으로 볼 수 있는 나무와 풀, 낙엽 등이 영아가 아름다움을 느끼고 찾을 수 있는 대상이 되었다.
- 상호작용
  - 영아가 낙엽의 모양에 관심을 가지고 상상놀이(책 읽기)를 시작하자, 교사가 이를 받아들이고 영아의 놀이가 진행될 수 있도록 지원하였다.
  - 영아는 자신이 찾아낸 자연물의 모습을 다른 친구와 공유하며 소통하였고, 서로 말뿐 아니라 웃음, 놀이 행동으로 적극적으로 반응하며 놀이를 확장하였다.
- 안전
  - 영아가 위험하거나 비위생적인 장소에 가지 않도록 지속적으로 활동 범위를 확인하고, 도움이 필요한 유아와 상호작용하며 안전하게 놀이할 수 있도록 지원하였다.

창의적으로 표현하기 내용범주는 영아가 노래와 리듬, 움직임과 춤, 미술표현, 상상놀이 등 다양한 방법으로 생각과 느낌을 자유롭게 표현하는 내용을 담고 있다. 그중 미술 활동과 관련된 내용인 '미술 재료와 도구로 표현해 본다'는 2세 영아가 스스로 다루기 적절한 재료와 도구를 이용하여 자유롭게 미술표현을 시도하고 이 과정을 즐기는 내용이다. 예를 들어, 페인트 붓이나 칫솔처럼, 정교한 조작이 필요하지 않은 도구를 이용하여 자유롭게 색이나 형태를 그리는 활동이다.

표 5-12 2세 영아의 창의적으로 표현하기 활동 사례

① 영아 경험의 실제	크리스마스 리스 만들기
	○○이는 털실 공에 목공풀을 바르고 등나무 틀 위에 붙인다. 여러 개를 쌓아 올리자 잘 붙지 않고 흔들거리는 모습에 옆에 있던 친구가 풀을 더 짜 준다. "잘 붙어 있게 풀을 많이 발라야 해." 원하는 색깔을 차례대로 올리고 풀을 발라 고정한다. "마를 때까지 손으로 꼭 누르고 있어." ○○이는 털실공이 떨어지지 않게 누르고, 잠시 동안 마르기를 기다린다.

② 영아 경험 이해

- ○○이는 등나무 틀에 원하는 재료를 붙여 크리스마스 리스를 꾸민다.
- 영아는 지난 경험에 비추어, 목공풀이 붙으려면 시간이 필요하다는 것을 알고 손으로 누르고 붙기를 기다린다.

③ 교사 지원

- 자료와 공간
  - 교사는 등나무 틀을 꾸미기 위한 다양한 재료들을 제공하였다.
- 상호작용
  - 교사는 영아가 원하는 방식으로 재료를 활용하고 다른 친구와 협력할 수 있도록 지원하였다. 영아들은 재료가 잘 붙도록 서로 도우며 풀을 짜고, 재료를 누르고 기다렸다.
  - 교사는 영아가 원하는 재료가 없거나, 활용 방법을 모르는 경우에 적절한 도움을 주었다.
- 안전
  - 교사는 영아가 목공풀을 잘못 다루어 입에 넣거나 옷에 붙지 않도록 지켜보았다.

표 5-13 예술경험 영역 연령별 미술활동의 예시(2세)

2세	아름다움 찾아보기	• 여러 가지 모양의 나뭇잎을 찾아보아요 • 내가 좋아하는 색깔을 골라요	
	창의적으로 표현하기	• 모양 종이에 그려요 • 스티커로 내 얼굴을 꾸며 봐요 • 친구에게 줄 생일카드를 색칠해요 • 스펀지 도장을 찍어 보아요 • 풀과 테이프로 종이를 길게 붙여요 • 내 몸(손, 발)을 따라 그려 봐요 • 쌀과 콩으로 마라카스를 만들어요 • 비눗방울 그림을 그려 봐요 • 밀가루 반죽에 동물 모양 틀을 찍어 봐요 • 자연물로 내 사진을 꾸며 봐요 • 모양 얼음으로 그림을 그려요 • 밀가루와 색깔풀로 그림을 그려요	

3. 3~5세 표준보육과정(누리과정)과 유아 미술지도

2019 개정 누리과정은 기존의 누리과정과 동일하게 신체운동 · 건강 영역, 의사소통 영역, 사회관계 영역, 예술경험 영역, 자연탐구 영역의 5가지 영역으로 구성되어 있으며, 그중 미술지도와 가장 밀접한 관련성을 가진 영역은 예술경험 영역이다. 3~5세 누리과정의 예술경험 영역은 '아름다움 찾아보기', '창의적으로 표현하기', '예술 감상하기'의 세 가지 내용범주로 구성되어 있다.

3~5세 유아를 위한 예술경험 영역의 목표는 '아름다움과 예술에 관심을 가지고 창의적 표현을 즐긴다.'이다. 3~5세 유아는 일상에서 아름다움과 경이감을 느끼고 즐기며 표현할 줄 아는 풍부한 감성을 지니고 있다(교육부, 보건복지부, 2019). 유아는 자연, 생활, 예술에서 아름다움을 찾아보고 느끼며, 다채롭고 창의적인 방법으로 자신의 경험, 생각, 느낌을 표현하고, 서로의 다양한 예술표현을 존중하는 법을 배운다. 교사는 유아가 아름다움을 느끼고 즐기며 창의적으로 표현하는 과정을 통해 풍부한 감수성을 기르도록 지원하는 역할을 한다. 또한 유아가 다양한 예술작품을 감상하고 상상력을 키우며 예술 표현이 가지고 있는 고유의 가치를 존중하도록 지도해야 한다.

표 5-14 **3~5세 표준보육과정 예술경험 영역의 목표**

아름다움과 예술에 관심을 가지고 창의적 표현을 즐긴다.
• 자연과 생활 및 예술에서 아름다움을 느낀다. • 예술을 통해 창의적으로 표현하는 과정을 즐긴다. • 다양한 예술 표현을 존중한다.

3~5세를 위한 예술경험 영역 중 아름다움 찾아보기 내용범주는 유아가 자연과 생활에서 아름다움을 느끼며 예술적 요소에 관심을 가지고 찾아보는 경험을 담고 있다. 첫 번째 내용인 '자연과 생활에서 아름다움을 느끼고 즐긴다'는 3~5세 유아가 자신의 주변에서 만나는 자연, 공간, 사물 등의 아름다움을 풍부하게 느끼며 즐기는 과정을 다룬다. 예를 들어, 바깥놀이터에서 놀던 유아가 바람에 흩날리는 벚꽃 잎을 보고, 벚꽃 잎을 줍거나 쫓아다니며 즐기는 활동이다.

두 번째 내용인 '예술적 요소에 관심을 갖고 찾아본다'는 3~5세 유아가 주변의 자연과 생활에서 다양한 소리나 리듬 등의 음악적 요소, 색이나 형태 등과 같은 미술적 요소를 발견하고, 사물이나 동식물의 움직임에서 아름다움을 경험하는 내용을 다룬다. 예를 들어, 바람에 날리는 스카프를 관찰하던 유아가 스카프를 들어 올렸다 내리거나 펄럭이는 등 다양한 방식으로 움직이며 그 변화를 탐색하는 활동이다.

개정 누리과정의 교사해설서에서는 유아의 활동에 대해 설명하며, ① 유아가 겪는 경험의 실제, ② 영역의 통합적 이해 사례, ③ 5개 영역의 통합적 이해 설명에 대한 내

표 5-15 **3~5세 표준보육과정(누리과정) 예술경험 영역의 내용범주와 내용**

영역	내용범주	3~5세 표준보육과정(누리과정)의 내용
예술 경험	아름다움 찾아보기	• 자연과 생활에서 아름다움을 느끼고 즐긴다. • 예술적 요소에 관심을 갖고 찾아본다.
	창의적으로 표현하기	• 노래를 즐겨 부른다. • 신체, 사물, 악기로 간단한 소리와 리듬을 만들어 본다. • 신체나 도구를 활용하여 움직임과 춤으로 자유롭게 표현한다. • 다양한 미술 재료와 도구로 자신의 생각과 느낌을 표현한다. • 극놀이로 경험이나 이야기를 표현한다.
	예술 감상하기	• 다양한 예술을 감상하며 상상하기를 즐긴다. • 서로 다른 예술표현을 존중한다. • 우리나라 전통예술에 관심을 갖고 친숙해진다.

용을 제시하여, 개별 영역에 중점을 두기보다는 다른 영역과의 통합적 적용에 초점을 맞추어 설명하고 있다. 따라서 유아의 경험에 대한 이해와 교사의 지원에 대한 내용은 추가적으로 생각해 보아야 한다. 유아들은 또래 간의 언어적 · 비언어적 상호작용이 많고 교사의 도움 없이 창의적인 시도를 하므로 교사는 유아에게 새로운 자극이 될 수 있는 다양한 예술적 경험의 기회를 제공한다.

창의적으로 표현하기 내용범주는 유아가 노래를 즐겨 부르고, 간단한 소리와 리듬을 만들어 보며, 자유롭게 움직이며 춤추고, 다양한 미술 재료와 도구를 활용하여 표현하며, 경험과 이야기를 극놀이로 표현하는 내용을 담고 있다. 그중 미술활동과 관련된 내용인 '다양한 미술 재료와 도구로 자신의 생각과 느낌을 표현한다'는 3~5세 유아가 자연생활에서 발견한 다양한 재료와 도구를 활용하여 여러 가지 창의적 방법으로 표현하는 것이다. 표현능력이 발달한 유아는 자신의 생각을 마음껏 표현할 수 있으며, 익숙한 도구를 사용하던 영아기와 달리 새로운 도구를 탐색하고 도전하는 경험을 즐긴다. 예를 들어, 시장놀이를 하면서 기존에 쓰던 화폐 장난감 대신 자신들이 직접 그린 돈을 사용하거나, 전지에 그린 배경으로 직접 가게 배경을 만들어 사용하기도 한다.

예술 감상하기 내용범주는 유아가 자신과 또래의 작품뿐만 아니라 다양한 예술을 감상하며 상상하기를 즐기고, 서로 다른 예술표현을 존중하며, 전통예술에 친숙해지는 내용을 담고 있다. 첫 번째 내용인 '다양한 예술을 감상하며 상상하기를 즐긴다'는 3~5세 유아가 자신과 또래의 작품이나 음악, 춤, 미술작품, 극 등 다양한 예술을 감상하고 자유롭게 상상하기를 즐기는 내용이다. 예를 들어, 주말 지낸 이야기 그림을 친구들 앞에서 발표하는 활동이다.

두 번째 내용인 '서로 다른 예술표현을 존중한다'는 3~5세 유아가 자신과 또래의 작품, 음악, 춤, 미술작품, 극 등에 포함된 다양한 표현을 존중하는 내용을 다룬다. 예를 들어, 한지로 봄꽃 만들기를 한 작품을 보며, 서로 다른 모양이나 표현 방법에 대해 이야기를 나누는 활동이다.

세 번째 내용인 '우리나라 전통예술에 관심을 갖고 친숙해진다'는 유아가 우리나라 고유의 전통음악, 춤, 미술, 건축물, 극 등에 관심을 가지고 전통예술을 감상하며 우리나라 문화에 친숙해지는 내용이다. 예를 들어, 유아들에게 전통사찰에서 나타나는 문양들을 보여 주고, 테두리만 그려져 있는 문양 모양에 따라 유아가 원하는 대로 색칠을 해 보는 활동이다.

표 5-16 예술경험 영역 연령별 미술활동의 예시(3~5세)

3~5세	아름다움 찾아보기	• 옛날 사람들이 살던 집(한옥)의 지붕 모양을 살펴봐요 • 여러 가지 색깔과 모양의 나뭇잎을 찾아보아요 • 셀로판지 안경을 쓰고 색종이를 구별해 봐요
	창의적으로 표현하기	• 클레이로 우리가 먹는 간식을 만들어요 • 스크래치 페이퍼에 엄마, 아빠 얼굴을 그려요 • 전지에 친구의 몸을 따라 그리고 안쪽을 꾸며 보아요 • 동그라미와 세모, 네모로 우리 가족을 그려 봐요 • 유성사인펜으로 부채(우산)을 꾸며요 • 교통표지판을 그려 보아요 • 자연물로 내 이름을 표현해요 • 나뭇잎 왕관을 만들어요 • 분무기로 벽에 무늬를 만들어요 • 소풍 사진을 넣을 액자를 만들어요 • 친구와 함께 그려요 • 찰흙으로 동물을 만들어요 • 그림책의 표지를 디자인해요
	예술 감상하기	• 우리나라 전통문양을 감상해요 • 친구의 그림을 보고 함께 이야기해요 • 고흐의 〈해바라기〉 명화를 보고 우리 반의 해바라기와 비교해 봐요

앞서 설명한 바와 마찬가지로, 누리과정에서는 영역통합적 활동을 강조하며, 5개 영역이 미술활동 안에서 어떻게 통합적으로 나타나는지에 대해서 구체적인 예시로 설명하고 있다.

표 5-17 3~5세 유아의 영역통합적 미술활동 사례

예술경험 영역의 통합적 이해	블록놀이
	자유선택활동 시간, 유아들은 자석 블록을 꺼내서 놀이한다. ○○와 △△이, □□는 여러 가지 색깔과 모양의 자석블록으로 함께 동물원을 만든다. ○○: (뚜껑을 열며) 한꺼번에 꺼내면 지저분해져. 필요한 만큼씩만 꺼내서 만들자. △△: (원하는 색깔 블록을 고르며) 그런데 여기는 빨간색이 더 필요해. 몇 개만 더 꺼내 줄래? □□: 그 모양은 빨간색이 더 없어. 노란색으로 줄까? △△: 여기는 사자가 있는 위험한 데라서 빨간 줄이 들어가야 해. 지금 안 쓰는 그 빨간 네모, 나랑 바꿔 줄래? ○○: 사자 우리랑 펭귄 우리랑 너무 가까워(언어 영역에서 책을 가져 와 세운다.). 사자가 펭귄을 잡아먹지 않게 좀 더 높은 벽을 만들자. 유아들은 블록을 교환해 가며 저마다 원하는 동물이 들어갈 우리를 만들고, 과학 영역에서 동물 피겨를 가져와 배치한다. ○○: 코끼리는 준비가 다 됐어요. 놀러 오세요! △△: 펭귄은 아직 자고 있어. 조금 더 기다려야 해. □□: 그럼 코끼리부터 보러 갈까?

5개 영역의 통합적 이해

- 신체운동 · 건강
  - 신체활동 즐기기: 신체 움직임을 조절한다. 유아들은 블록 상자를 가져 오고, 상자 안의 블록을 꺼내고, 원하는 모양으로 조립한다. 자석 블록을 붙이거나 떼고, 끼우고, 적절한 각도로 꺾어서 고정한다.
- 의사소통
  - 듣기와 말하기: 말이나 이야기를 관심 있게 듣는다. 유아들은 서로가 만들고 있는 동물 우리에 대해 이야기하고, 필요한 재료를 이야기하거나 상황을 설명한다. 유아는 상대방의 말이나 이야기를 듣고 적절하게 반응한다.
- 사회관계
  - 더불어 생활하기: 친구와 도우며 사이좋게 지낸다. 유아들은 동물원을 만들기 위해 서로 역할을 분담하며 협력하고, 부족한 재료를 꺼내 주거나 다른 것과 교환해 준다. 놀이를 지속하기 위해 함께 이야기를 만들고, 다른 친구의 상황을 고려해 다음 놀이를 진행한다.
- 예술경험
  - 창의적으로 표현하기: 유아는 여러 가지 색깔과 모양의 블록을 이용해 원하는 모양의 동물원을 만든다. 동물에 따라 다른 색깔로 표시하거나, 위험한 부분은 책을 이용해 벽을 쌓기도 하고, 동물 피겨를 배치하여 동물원의 형태를 창의적으로 완성한다.
- 자연탐구
  - 자연과 더불어 살기: 유아는 육식동물의 특성을 알고, 사자와 펭귄을 분리하기 위해 벽을 만들어야 한다고 생각한다. 또한 펭귄이 잠을 자고 있으므로, 구경하기 위해서는 깰 때까지 기다려야 한다고 설명한다.

실제 어린이집에서는 유아반을 연령 혼합반으로 운영하는 경우가 많다. 혼합반을 운영하는 경우, 동일한 활동이라도 교육활동의 목표가 다를 수 있음을 인지하고 확장된 난이도의 활동에 대비하여 계획을 세울 필요가 있다.

●그림 5-2● **교사는 아동의 개인차를 이해하고 지도해야 한다. 혼합연령을 대상으로 미술지도를 하는 경우, 같은 과제 내에서도 서로 다른 수준으로 활용할 수 있도록 다양한 확장 가능성을 열어 두고, 수준별 활동방법을 미리 생각해 본다.**

〈우리 반 아이들을 위한 활동 수준, 어떻게 정해야 할까?〉

표준보육과정과 누리과정의 연령별 수준에 따른 활동을 계획할 때 주의해야 하는 점은, 예를 들어 만 2세용 표준보육과정에 참여하는 아동의 대부분은 만 2세가 아니라는 점이다.

–**만 2세 아동이 아닌 만 2세반 아동**: 만 2세용 표준보육과정은 대상 아동이 현재 만 2세임을 의미하는 것이 아니라, 만 2세 학급에 재원 중인 아동을 대상으로 한다는 의미이다. 따라서 생일 기준으로 아동의 연령이 달라진다.

–**보육연령 ≠ 실제 연령**: 반 편성의 기준이 되는 보육연령은 아동의 실제 연령과 일치하지 않는다. 보육연령은 그 해 1월 1일을 기준으로 그 아동이 몇 세인지를 기준으로 결정되며, 부모의 요청에 따른 상/하위반 편성 등의 특별한 사항이 없는 한 1년간 변화하지 않는다. 따라서 각 영유아는 생일이 지나는 순간, 실제로는 그 학급에 속하는 연령에서 벗어나게 되며, 후반부로 갈수록 만 2세반 아동의 대부분은 만 3세로 채워지게 된다.

예를 들어, 2017년 2월 14일에 태어난 아동은 2020년 1월 1일을 기준으로 만 2세 10개월이므로, 2020년 보육연령은 만 2세이다. 그런데 실제 어린이집에 입학하는 시기는 생일이 지난 뒤인 2020년 3월 1일 이후이므로, 이 아동은 만 3세인 상태로 만 2세 반에 진학하게 된다. 이처럼, 만 2세 학급은 만 2세 2개월(12월 31일생)에서 만 3세 1개월(1월 1일생)까지의 아동으로 구성되어 시작되며, 2021년 2월의 만 2세 반에는 만 3개 2개월(12월 31일생)에서 4세 1개월(1월1일생)까지의 아동이 재원하게 된다.

따라서 우리가 배우는 대부분의 만 2세 아동의 발달과정은 만 2세반 아동에게서는 나타나지 않는다. 오히려 대부분의 아동은 만 2세의 발달과업을 이미 완수한 상태이다. 그렇다면 우리는 만 3세 보육과정에 맞춰 활동을 계획해야 하지 않을까?

다음의 문제를 생각해 보자.

A교사가 계획한 교육활동 계획안이다. A교사는 다음 중 어떤 아동의 담임교사일까?

* "빨강, 노랑, 파랑, 어디 있니?"
아동은 선생님이 불러주는 색깔에 맞는 놀잇감을 교실에서 찾아와 바구니에 담는다. 교사는 사전에 다양한 색깔의 놀잇감을 꺼내기 쉽고 잘 보이는 장소에 비치하여 아동이 손쉽게 장난감을 가져 올 수 있도록 한다.

① 이제 막 걷기 시작하는 아동
② 색깔에 관심을 가지고 서로 다른 색을 구분하나 색의 명칭은 모르는 아동
③ 빨강, 노랑, 파랑의 기본적인 색깔을 구분할 수 있고 새로운 색에 관심을 갖기 시작하는 아동
④ 빨강, 주홍, 주황, 갈색을 구별할 수 있고 색을 섞어 새로운 색을 만드는 데 관심을 보이는 아동

답은 3번이다. 어린이집의 미술활동은 중 · 고등학교의 미술수업과 달리, 미술의 이론이나 기술을 가르치고자 하는 것이 아니다. 미술 요소가 가미된 영역통합적 활동을 하고자 하며, 아동이 흥미를 가지고 즐길 수 있는 활동을 계획한다. 따라서 대부분의 아동이 무리 없이 수행할 수 있는 수준으로 활동을 계획하되, 수준이 높거나 낮은 아동을 위한 확장 가능성을 열어두어야 한다.

즉, 만 2세 학급의 활동은 학급 대부분의 아동이 이미 완수한 발달과업(만 2세 발달과업)을 기반으로 하되, 아동의 흥미를 더하는 약간의 도전적인 요소를 가미하여 구성한다. 즉, 기본 수준의 활동 이외에 비계설정(scaffolding)을 통해 도달할 수 있는 수준의 높은 난이도의 확장활동을 준비함으로써, 다양한 아동의 발달수준 및 흥미에 대응할 수 있다. 교사는 아동에게 무언가를 가르치려 하지 않고, 아동이 다양한 경험을 하는 와중에 스스로 배워 나갈 수 있는 환경을 제공하는 역할에 충실해야 한다.

〈영아용 활동계획안〉

반명(대상 연령)	ㅇㅇ반(만 2세)	일시	20ㅇㅇ년 ㅇ월 ㅇ일
주제	느낄 수 있어요	소주제	온몸으로 느껴 보아요
활동명	케이크 만들기	흥미 영역	감각탐색 영역
활동목표	• 여러 가지 색과 모양의 케이크 재료를 탐색해 본다. • 재료를 얹어 원하는 모양으로 케이크를 꾸며 본다.		

활동방법	활동자료
• 최근에 있었던 친구의 생일파티에서 케이크를 먹었던 이야기를 하며, 케이크에 대해 소개한다. • 케이크 만들기 순서를 사진과 함께 설명해 준다. • 케이크시트와 생크림을 나누어 주고, 시트에 생크림을 바른다. • 생크림을 바른 시트 위에 과일과 견과류로 장식한다. • 완성한 케이크에 관해 이야기를 나누며 활동을 마무리한다.	케이크 만들기 세트(케이크 시트, 생크림, 여러 가지 과일, 견과류), 개인접시, 플라스틱 빵칼, 머릿수건, 앞치마

요리활동
케이크 만들기

1. 케이크에 올릴 재료 준비하기
2. 과일은 작고 예쁘게 썰기

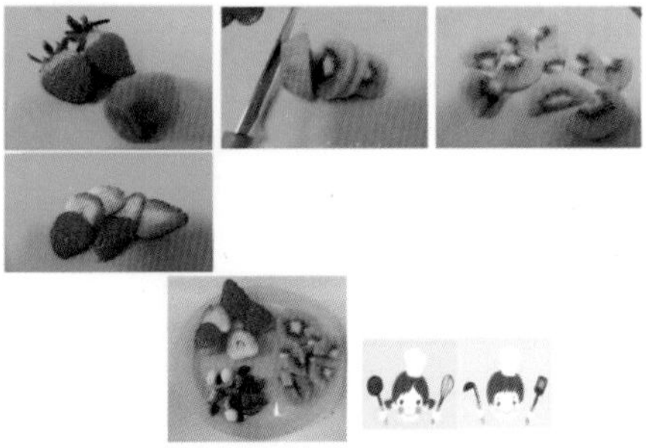

3. 동그란 빵에 생크림을 발라 주기 4. 숟가락을 이용해서 꼼꼼하게 생크림 바르기  	5. 생크림을 바른 케이크 위에 토핑 올리기 6. 과일과 견과류로 예쁘게 꾸며서 케이크 완성하기 짠 ＞0＜!   

확장활동	• 식사 후 간식시간에 케이크를 먹으며 생일축하 놀이를 해 본다. • 가족에게 케이크를 선물하기 위해 포장상자에 담고 상자를 꾸민다.
유의 사항	• 소근육 발달이 제한적인 영아임을 감안하여 담임교사나 보조교사 등 성인이 근처에서 도움을 줄 수 있도록 하되, 영아가 스스로 해 볼 시간적 여유를 충분히 준 후에 돕는다. • 활동의 순서에 따라오지 않거나 흥미가 없는 영아에게 무리하게 강요하지 않는다. • 활동 중에 영아와 개별적으로 충분히 소통하되, 영아의 언어발달이 미숙하므로 자칫 성인이 이야기를 주도하지 않도록 주의한다.

최신 연구 ____ 2019 개정 누리과정에 기초한 놀이 중심 유아미술교육의 방향

* 정채영, 신윤승(2020). 2019 개정 누리과정에 기초한 놀이 중심 유아미술교육의 방향. **인문사회 21, 11**(5), 1539-1553.

• 놀이 중심 교육과정과 미술교육

놀이와 미술은 몇 가지 유사한 특징들을 가진다. 첫째, 미술과 놀이는 자발적이며 즐거움과 기쁨을 추구한다는 것이다. 유아들은 자신의 흥미와 관심에 대한 느낌과 생각을 그림으로 그리고, 다양한 재료로 꾸미거나 구성하는 과정을 통해 즐겁게, 때로는 진지한 모습으로 표현해 낸다. 연령이 낮은 유아의 경우 상징적 사고의 초기 발달단계로 감각적인 경험을 표상적으로 표현하는 데 제한이 있는 시기이기 때문에 진행되는 모든 과정 자체를 즐길 수 있도록 놀이 중심의 미술 경험을 제공할 필요가 있다.

둘째, 놀이와 미술은 도출된 결과물보다는 활동 과정 그 자체를 중요시한다. 놀이와 같은 일상적인 미술 경험은 유아 삶의 자연스러운 일부분이라 할 수 있다. 유아기의 놀이를 통한 미술 경험은 특별한 주제나 소재를 통해 일부 유아에게만 적용되는 독특한 과정이 아니다. 유아에게 있어서 동적으로 신체를 움직이고 놀이하듯이 진행되는 미술 활동일수록 유아들의 놀이성 증진에 긍정적인 효과가 있다.

셋째, 놀이와 미술은 융통성을 가진다. 놀이의 진행과정상에서 행위자에 따라 놀이의 목적과 내용이 즉흥적으로 변화하는 경우가 있는데 미술도 표현과정에서 의도치 않은 결과물이 나타나거나 진행 방향이 바뀌는 경우가 생긴다. 놀이의 결과를 예견하기 어려운 것처럼 미술에서도 결과를 미리 확정하기 어렵다. 이와 같은 유사점들을 기반으로 살펴볼 때 유아의 미술활동은 폭넓은 교육적 경험을 창출할 수 있는 놀이이며 교육이다.

• 개정 누리과정에서 나타난 변화

첫째, 예술경험 영역의 목표를 보면 기존 '아름다움에 관심을 가지고 예술경험을 즐기며, 창의적으로 표현하는 능력을 기른다'에서 '능력을 기른다'는 기술은 삭제되고, '아름다움과 예술의 관심을 가지고 창의적으로 표현을 즐긴다'로 '즐긴다'는 부분을 강조하였다. 이는 미술교육이 유아에게 즐거운 과정으로 경험되어야 함을 나타내는 것이다.

둘째, 기존의 범주별 하위 내용이 없어지고 연령별 세부 내용이 연령 구분 없이 내용 부분으로 통합되었음을 알 수 있다. 이는 유아가 교사의 계획하에 연령에 따른 발달과업 달성이 아닌 유아 스스로 관심을 갖고 미술표현을 즐기고 상상하며 보다 창의적인 미술 경험에 참여하는 것에 주목하고 있음을 나타낸다.

셋째, 내용범주의 변화를 살펴보자면 먼저, 아름다움 찾아보기에서 자연과 생활에서 아름다움을 느끼고 즐기는 내용이 새롭게 추가되었다. 또한, 예술적 표현하기의 여러 세부 내용들이 창의적으로 표현하기의 '다양한 미술 재료와 도구로 자신의 생각과 느낌을 표현한다'로 간략하게 제시되었는데, 이는 유아의 경험 입장에서 자유로운 표현방식을 중시하는 것으로 재해석할 수 있다. 마지막으로, 예술 감상하기에서는 상상하고 즐기는 놀이를 통해 다문화에 대한 이해와 전통예술에 관심을 갖고 친숙해지도록 하였다. 기존 연령별 누리과정에서는 찾아볼 수 없었던 상상과 즐김이라는 표현은 놀이의 특성을 잘 나타내는 용어로 2019 개정 누리과정이 유아의 놀이를 강조하고 있음을 보여 주는 근거를 제공한다.

• 유아미술교육에서의 적용과 실제

기존의 미술활동계획안이 계획-실행-평가-계획으로 이어지던 교사 주도적 활동이었다면, 개정 누리과정에 따른 미술활동 계획안은 놀이 흐름을 따라 실행된 미술경험, 교사의 관찰과 지원 기록을 바탕으로 작성되어야 한다.

기존 계획안 내용	활동명, 생활주제, 활동 영역, 대상연령, 활동목표, 누리과정 관련 요소, 활동자료, 활동방법(도입-전개-마무리), 활동 시 유의점, 활동평가, 확장활동

⬇

개정 계획안 내용	활동주제, 대상연령, 활동장소, 놀이 배경, 놀이 의미 읽기, 공간, 자료, 활동, 놀이 과정, 상호작용, 다음 예상 관심과 놀이, 놀이지원 계획/평가

실습

파스타 공작

활동목표	• 건파스파의 모양과 성질을 활용하여 동물 등 다양한 작품을 구성한다. • 입체와 평면 구성을 이해한다.
준비물	다양한 모양의 파스타, 마카로니, 비닐장갑, A4 색지, 가위, 글루건, 목공본드, 테이프, 컬러솜, 접착 눈알, 수채화 물감, 붓, 신문지, 크레파스, 색연필 등
활동방법	1. 다양한 파스타 면과 종이, 글루건을 준비한다. 2. 파스타 면을 세로로 놓고 접착 눈알을 붙여 머리를 만든다. 3. 글루건이나 목공본드로 면을 이어 나간다(목공본드는 마르는 데 시간이 걸리므로 주의할 것). 4. 이어 붙인 파스타 면을 수채화 물감 등으로 꾸민다. * 도화지 위에 평면으로 붙여 꾸밀 수도 있다.
작품 예시	1. 뱀 만들기 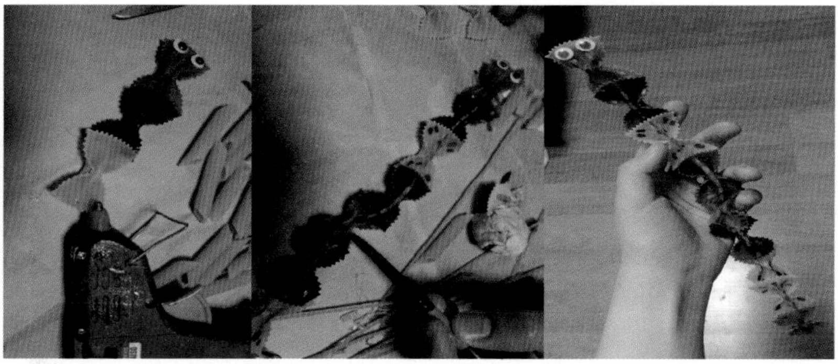 2. 부엉이 만들기 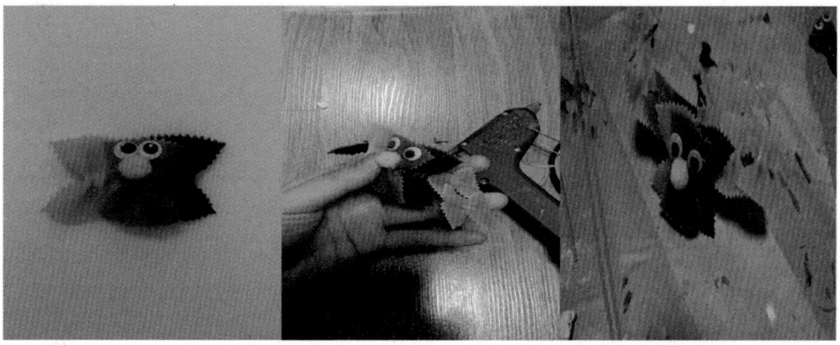

3. 고슴도치 만들기

4. 거북이 만들기

5. 공작 만들기

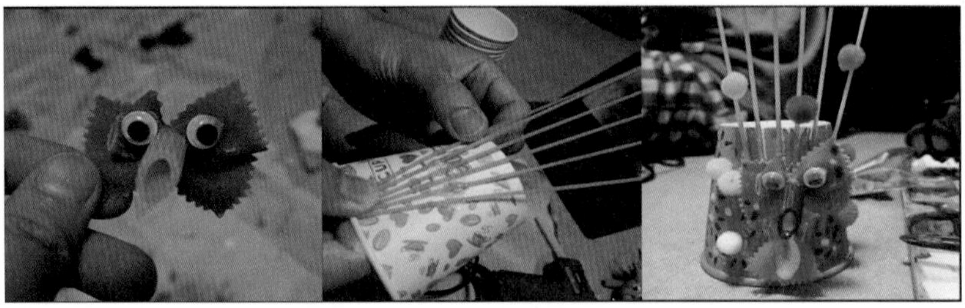

〈참고자료〉

(남아미술연구소) 남자아이들이 미술시간을 싫어하는 이유

1. 후천적 이유 https://www.youtube.com/watch?v=R1Jsji-GfL8
• 경쟁심이 높은 남자아이들이 다른 친구에 비해 실력이 떨어져서 스트레스를 받는 경우(반편성 변경), 자기주도성이 높은 아이가 교사의 지도에 반발하는 경우(주제를 정해 주는 대신 재료를 제시), 인정받고 싶은 욕구가 높은 경우(결과가 아닌 과정을 칭찬)에 대해 이야기한다.
2. 선천적 이유 https://www.youtube.com/watch?v=NP5PDiVu6Dg
• 인지능력과 표현능력 간의 차이로 인해, 난화기를 충분히 거치지 못하는 경우에는 정해진 답이 없는 그림, 형태를 인지할 수 없는 대상(바람, 파도 등)에 대해 표현하게 하여 인위적으로 난화기를 경험하도록 유도할 수 있다.

(EBS 세계의 교육현장) 창의력을 키우는 프랑스 미술교육

미술: https://www.youtube.com/watch?v=RglfvJzKMVE
낙서 1: https://www.youtube.com/watch?v=SM3Wkm6etRc
낙서 2: https://youtu.be/j1F2-r913KQ
낙서 3: https://www.youtube.com/watch?v=bWOR9_GIl6Q
낙서 4: https://www.youtube.com/watch?v=znCApV_v4Kw

참고문헌

교육부, 보건복지부(2019). **2019 개정 누리과정 해설서**. 세종: 교육부, 보건복지부.
보건복지부(2020). **제4차 어린이집 표준보육과정 해설서**. 세종: 보건복지부 · 육아정책연구소.
정채영, 신윤승(2020). 2019 개정 누리과정에 기초한 놀이중심 유아미술교육의 방향. **인문사회 21**, 11(5), 1539-1553.

Chapter 06

아동미술교사와 지도

1. 아동미술교사의 자질

교사의 자질은 사회·문화적인 맥락과 교육적 관점의 변화에 따라 달라지며 교사 개인의 교육철학이나 연구하는 접근 방법에 따라서도 달라지기 때문에 한마디로 표준화하여 정의하기는 매우 어렵다. 그러나 일반적으로 교사의 자질이란 '교사가 갖추어야 할 영속적인 개인적 특성 및 교직적 태도'를 의미한다(곽영우 외, 1997).

아동미술교육은 다양한 발달 영역과 밀접하게 관련되어 있을 뿐만 아니라 아동 각자의 감정이나 정서를 표출하며 개성과 창의성을 이끌어 내고 표현하기 때문에 아동의 전인적인 발달에 영향을 미친다. 따라서 아동미술을 지도하는 교사는 인내심, 따뜻한 성품, 사랑, 양육, 참을성과 같은 인간적 자질 외에 전문적 지식, 아동과의 상호작용 기술, 직업윤리, 올바른 교육관과 같은 일반적으로 교사들이 갖추어야 하는 자질은 물론, 그 바탕 위에 미술교과의 특성에 따른 전문적인 역량을 지니고 있어야 한다.

아동미술교사의 자질을 구체적으로 살펴보면 다음과 같다.

1) 아동미술교사의 일반적 자질

Kaufman은 아동미술교사가 갖추어야 할 일반적인 자질에 대해 다음과 같이 제시하였다(이규선 외, 2019).

첫째, 미술교사는 아동의 능력과 잠재력을 주의 깊게 파악하고 깨우쳐 주는 눈을 가져야 한다.

둘째, 미술교사는 아동들이 재빨리 반응하고 배우고 창조할 수 있는 적절한 분위기를 마련할 수 있는 감화력이 있어야 한다.

셋째, 미술교사는 모든 인간관계에 대해 예민해야 한다.

넷째, 미술교사는 날카로운 통찰로 이끄는 적절한 지식과 폭넓은 이해가 있어야 한다.

2) 아동미술교사의 개인적 자질

개인적 자질이란 교사가 발달적으로 가지고 있는 특성을 의미한다. 바르(Barr, 1958)는 바람직한 교사의 성격적 특성을 기량의 풍부성, 지성, 정서적 안정성, 배려성, 쾌활성, 객관성, 추진력, 지배력, 매력, 품위, 협동성, 신뢰성 등으로 제시하였다. 더불어 아동을 지도하는 교사는 근본적으로 아동과 인간을 사랑하는 온정적 성품과 성실성, 정서적 안정감, 긍정적 사고, 원만한 인간관계를 유지하는 능력이 있어야 할 것이다.

특별히 아동미술교사는 아동의 자유로운 표현 욕구를 자연스럽게 발휘할 수 있도록 허용하는 인내심, 아동의 흥미와 관심에 따라 유동적으로 수업을 진행할 수 있는 융통성, 아동의 다양하고 독창적인 표현 욕구를 수용할 수 있는 개방성, 아동이 창의적으로 미술표현을 할 수 있도록 이끌어 줄 수 있는 창의성을 지닌 신체적 · 정신적으로 건강한 사람이어야 한다.

3) 아동미술교사의 전문적 자질

전문적 자질은 교사로서 필요한 전문적 지식과 기능, 적성으로부터 오는 능력, 과업을 성취하기 위한 능력 등을 의미한다(권기욱, 2005). 즉, 아동에 대한 이해, 교과의 내용 및 특성, 가르치는 방법 등과 관련된 것이다. 아동미술교사의 전문적 자질을 살펴보면 다음과 같다.

(1) 아동에 대한 지식

- 미술을 지도하는 교사는 아동의 일반적인 발달단계와 더불어 미술표현의 발달단계에 대한 전문적인 지식을 습득하고 각 아동의 발달단계에 맞는 지도를 할 수 있는 자질이 필요하다.
- 아동의 신체발달, 언어발달, 인지발달은 미술표현의 발달과 함께 미술활동에서 통합적으로 나타나기 때문에 교사는 아동의 발달 상황을 지속적으로 관찰하고 평가해야 한다.
- 아동의 일반적인 발달단계의 이해를 바탕으로 아동의 흥미와 관심에 알맞은 주제, 재료, 참고작품 등을 안내할 수 있는 능력이 있어야 한다.
- 아동의 발달단계에는 개인차가 있음을 인식하고 개별 아동의 발달단계를 고려하여 지도해야 하며, 보편적인 발달단계에 미치지 못하는 아동에 대해서 더욱 관심을 가지고 살펴보고 발달 자극을 배제하거나 지나치게 간섭하는 일이 없도록 해야 한다.
- 미술교사는 다양한 방법으로 평면 및 입체표현활동을 할 수 있는 기회를 제공하여

아동이 전인적인 발달을 이루어 가도록 도움을 주어야 한다.

(2) 미술교과의 특성에 대한 지식

- 미술시간은 아동이 자신의 감정, 느낌, 생각 등을 미술매체를 통해 표현하는 활동 시간이다. 그러므로 미술교사는 아동에게 풍부하고 생동감 있는 사전 경험을 제공하고 아동이 자신의 마음을 자유롭고 편안하게 표현할 수 있는 환경과 미술활동을 촉진시킬 수 있는 개방적인 환경을 조성할 수 있어야 한다.
- 미술교사는 아동이 삶 속에서 주변 환경을 탐색하고 시각적으로 표현하며 작품을 이해하고 감상할 수 있는 능력을 길러 주어야 한다. 그러므로 미술교사는 폭넓은 지식과 미학적 식견을 갖추고 예술의 요소와 원리에 대한 이해를 바탕으로 일상생활 속에서 미적으로 사고할 수 있는 능력과 심미감을 지니고 있어야 한다.
- 미술활동을 통해 아동은 다양한 감각적 자극을 경험하면서 감각을 통해 사고하고 통합할 수 있는 기회를 갖게 된다. 따라서 미술교사는 아동이 창작품을 만드는 과정 속에서 미술적 요소들을 접하고 감각을 발달시키며 정서를 표현하고 자신의 전체를 향해 성장할 수 있도록 이끌어 줄 수 있어야 한다.
- 미술활동은 아동이 여러 가지 주제를 다양한 재료와 도구를 사용하며 표현하는 활동으로 이루어진다. 그러므로 미술교사는 아동의 발달단계에 따라 아동 스스로 다양한 재료와 도구 사용, 표현 방법을 이해하고 실행할 수 있도록 지도할 수 있는 능력이 있어야 한다. 따라서 교사는 회화, 조소, 공예, 디자인 등 미술의 전 영역의 다양한 표현 방법과 재료 등을 알고 이를 직접 표현할 수 있는 능력이 필요하다.
- 다양한 미술활동은 아동 자신만의 개성을 발휘하고 독창성과 창의성을 향상시킬 수 있는 기회를 제공한다. 미술교사는 아동 개개인의 창작품을 존중하고 긍정적인 칭찬과 격려, 공감하는 태도로 아동이 마음껏 창조성을 발휘할 수 있도록 해야 한다. 그러므로 교사 스스로도 창조적 사고와 열정을 가지고 창의적인 교사가 될 수 있도록 항상 노력해야 한다.
- 미술활동을 통해 아동은 자신의 작품 결과물에 대해 미술을 언어로 구체화할 수 있는 기술이나 타인의 작품을 감상하고 상호적으로 토론하고 탐구할 수 있는 능력을 키우게 된다. 그러므로 미술교사는 스스로 예술적 감각을 키우고 풍부한 경험을 통해 창작품의 의미와 가치를 이해할 수 있는 능력이 있어야 한다. 또한 다양한 예술품 감상을 통해 작품의 특징을 명확하게 언어로 표현하고 분석하는 능력, 토

론하고 평가할 수 있는 능력을 키워야 한다.

- 언어표현이 미숙한 아동에게 미술표현은 의사소통의 도구가 되기도 한다. 미술활동을 창작하는 것으로 끝내는 것이 아니라 의사소통 가능한 형태로 전환하는 것은 미술교사의 주요한 일 가운데 하나이다(김선아, 2005). 미술교사는 자신의 지식과 생각을 표현하는 것뿐만 아니라 배려와 관심을 가지고 미술을 매개로 아동을 충분히 이해하며 의사소통을 할 수 있는 능력을 갖추어야 한다. 교사가 가르치는 일은 상호적인 것이므로 미술을 통해 아동과 반응하며 교사도 함께 변화하고 성장해 가야 한다.

(3) 교수방법에 대한 지식

- 교사는 교과 내용에 대한 폭넓은 이해를 바탕으로 타당하고 명확한 학습목표를 인식하고 설정할 수 있는 능력이 있어야 한다. 또한 그에 따라 체계적인 미술활동 프로그램을 기획할 수 있어야 한다.
- 교사는 학습목표 달성을 위한 미술교육의 방법론을 개발하여 아동발달과 흥미에 맞는 다양한 교수법과 교수전략으로 미술활동을 전개하고 수행할 수 있는 능력이 있어야 한다.
- 미술수업은 '탐색', '표현', '감상'의 세 영역이 적절하게 균형을 이루고 진행되어야 한다. 표현을 수업목표로 둔다고 표현 결과에만 치중하는 것이 아니라 전체의 흐름과 작업 과정 또한 존중되어야 한다. 아동이 미술활동의 전 과정을 통해 예술적 감수성과 심미감을 기를 수 있도록 도움을 주어야 한다.
- 교사는 합리적이고 적절한 평가활동을 통한 교수 · 학습 과정의 확인 및 개선 능력이 있어야 한다(이규선 외, 2019). 미술수업에서 평가는 매우 어려우며 그 평가에 따라 아동에게 미치는 영향이 매우 크기 때문에 미술교사는 직접적인 평가는 되도록 피하고 결과보다는 과정에 대해서 긍정적이고 공정하게 평가할 수 있는 전문성이 필요하다.

2. 아동미술교사의 역할

아른하임(Arnheim, 1969)이 지적한 것처럼 미술교사는 아동들에게 시각적으로 사고하는 방법을 가르침으로써 '추상적 사고를 위한 수단'을 발전시킬 책임을 가지고 있다. 그러므로 미술수업은 상상력의 씨앗이 자라는 토양이다. 미술교육의 목표는 아동들이 자연, 사물, 사람과의 상호작용 속에서 획득한 생각과 감정을 자발적이고 창의적으로 구체적인 시각화를 통해 표현할 수 있도록 도움을 주어 더욱 발전적인 인간 육성을 이루는 것이다. 미술교과는 교사가 가지고 있는 교육관이나 교육철학, 교수매체의 소개법이나 교수방법 등에 따라 교육의 질이 상당한 차이를 나타낼 수 있다. 따라서 교육실천의 주체자로 존재하는 미술교사는 가르치기 위한 특별한 기능과 기술이 있어야 하며, 미술교육은 다른 어떤 교과보다도 교사의 역할이 강조되고 있다(최남정, 2008). 아동미술교사가 갖추어야 할 구체적인 역할을 살펴보면 다음과 같다.

1) 진단자로서의 역할

교사는 각각의 아동이 발달단계에 차이가 있음을 인식하고 개별 아동의 발달수준을 진단할 수 있어야 한다. 교사는 아동의 개인차를 이해하고 미술활동에서 보이는 흥미도, 관심도, 적성, 정서 상태 등을 진단하며 미술활동에 관심을 가질 수 있도록 도움을 주어야 한다.

2) 계획자로서의 역할

교사는 다양한 방법의 미술활동을 체계적이고 효율적으로 제공하기 위해 교육과정을 사전에 철저하게 계획해야 한다. 아동의 발달수준과 흥미를 고려하여 적절한 활동주제를 선정하고 아동 스스로 흥미와 관심을 가지고 주도적으로 미술활동에 참여할 수 있도록 교육내용, 방법 등을 계획하여 효과적인 교육을 수행해야 한다.

3) 모델 시범자로서의 역할

교사는 아동에게 미술활동에 대한 자신감과 열의, 미술 재료와 도구의 사용, 미술활동 과정에 대한 시범자로서 모델을 제시할 수 있어야 한다(이정욱 외, 2014).

(1) 자신감과 열의

교사가 자신감을 가지고 열정적인 모습으로 수업을 진행할 때 아동들은 미술활동에 더욱 흥미를 가지고 즐겁게 참여할 수 있게 된다. 교사의 열의는 아동에게 쉽게 전달되기 때문에 교사가 의무적이거나 성의 없이 미술활동을 지도할 때 미술활동에 대한 아동의 흥미를 떨어뜨릴 수 있다. 또한 교사는 아동의 미술활동 결과물보다는 과정에 중점을 두고 활동 과정 자체를 즐기며 만족감을 얻게 함으로써 자신감을 획득할 수 있도록 도움을 주어야 한다.

(2) 미술 재료와 도구

교사는 미술활동을 전개해 나가는 과정에서 요구되는 다양한 재료의 선택과 도구 사용 방법을 아동이 이해하도록 안내하는 시범자로서의 역할을 해야 한다. 아동은 교사의 시범을 보고 자신의 작품을 표현하기 위해서 어떤 재료와 도구를 사용해야 하는지를 배우고 즐겁게 활동에 참여하게 되기 때문에 미술 재료나 도구를 다루는 교사를 보는 것은 아동에게 매우 중요하다. 더불어 교사는 아동의 발달수준에 적합한 재료와 도구를 구비하고 접근이 용이하도록 환경을 구성하여 아동이 손쉽게 재료를 탐색하고 미술활동의 효율성을 높일 수 있도록 해야 한다.

(3) 미술작업 과정

코스터(Koster, 2001)는 시범자로서의 교사는 아동에게 완성된 결과물을 모델링하게 하는 것이 아니라 표현하는 과정을 보여 주는 것이 중요하다고 했다. 미술활동에 대한 새로운 기법이나 기술에 대한 시범을 보여야 할 경우 아동이 재료를 탐색하거나 표현을 시작하려는 단계에서는 매우 신중해야 한다. 교사는 아동의 작업 진행 과정을 면밀히 관찰하고 아동이 필요로 하는 기법이나 기술에 대한 과정의 부분을 보여 주고 아동이 자신만의 방법을 찾아 작업을 진행하고 창의성을 잃지 않도록 도움을 주어야 한다.

4) 동기 유발자로서의 역할

교사의 적절한 동기부여는 아동에게 다음과 같은 영향을 준다. 첫째, 사물을 자세히 보도록 유도하고, 둘째, 과거의 경험을 생각나게 하며, 셋째, 감정을 이입하게 하고 넷째, 조형 요소와 원리를 고려하게 하며, 다섯째, 미술적 요소를 깊이 있게 생각하게 하고, 여섯째, 감정이나 환상, 상상을 자극하게 하며, 일곱째, 미술 재료를 창의적으로 사용하고 실험할 수 있게 한다(Heberholz & Hanson, 1995). 그러므로 교사는 미술활동을 시작하기 전 초기 단계에서 아동의 미술적 감흥을 불러일으키고 자발적으로 즐겁게 활동에 참여하고 싶은 마음이 들도록 적절하게 동기부여를 해야 한다.

아동은 다양한 미술 재료에 대한 이야기를 듣고 보면서 호기심이 자극되기도 하고 자신이 경험했던 여러 가지 사건, 인물, 장소, 느낌, 환상 등을 떠올리며 시각적 표현 욕구가 생기고 미술활동에 대한 동기가 유발되기도 한다. 아동 스스로 내적 동기가 활성화되었을 때 창작 의욕이 높아지고 미술활동에 대한 의미가 부여되며 창의적인 작품을 만들어 내게 되므로 교사는 아동의 내적 동기를 자극할 수 있어야 한다.

5) 촉진자로서의 역할

교사는 계획한 미술활동 프로그램에 따라 필요한 재료와 적합한 환경을 제공하고 아동이 흥미를 가지고 주도적이고 자율적으로 창작활동에 몰두할 수 있도록 활동 촉진자의 역할을 해야 한다. 교사는 언어뿐만 아니라 비언어적인 행동과 표정, 눈빛 등으로 아동에게 지지적인 응원의 메시지를 보내며 아동의 언어에 귀 기울여 경청하는 자세로 반응하며 상호 교류해야 한다. 이러한 교사의 태도는 아동의 학습 의욕을 자극하고 창조성을 발휘하여 적극적으로 미술활동에 참여할 수 있도록 할 뿐만 아니라 작품의 제작 과정과 결과물을 통해 성취감을 느낄 수 있도록 도움을 준다. 미술활동에 소극적인 아동의 경우에도 발달수준을 고려하여 아동이 스스로 다룰 수 있는 새로운 재료를 제시한다거나 흥미를 느낄 수 있는 주제를 제시하는 등 활동을 촉진할 수 있는 다양한 방법을 연구하여 적극적으로 미술활동에 참여할 수 있도록 유도해야 한다.

6) 평가 및 기록자로서의 역할

교사가 미술수업에서 마지막으로 해야 할 역할은 평가와 기록이다. 미술교과의 평가는 미술과 미술교육이 가지고 있는 특성으로 인해 일반적으로 다른 교과의 평가와는 다른 특징을 가지고 있다. 미술이 정서적이고 예측 불가하고 주관적이라는 특징은 객관적인 평가를 어렵게 만든다. 그러나 평가는 교육활동에 대한 가치 판단을 위해 수행하는 과정이며, 아동들에게 도움을 주기 위해 설계되는 교육적인 도구이기 때문에 그 목적에 맞게 이루어져야 한다.

미술교육에서 평가의 목적은 전인적인 인격 형성을 위하여 미술교육의 전반적인 활동이 바람직하게 이루어졌는지의 가치를 판단하고, 그 결과를 통해 미술교육과 관련된 모든 활동을 개선하여 교육의 질을 높이는 데 있다(이규선 외, 2019). 또한 미술교과의 평가는 미술학습과 수행의 전체 과정을 통하여 아동이 가지고 있는 역량을 얼마만큼 발휘하고 발전할 가능성이 있는가를 확인하는 데 목적이 있다. 미술에서 평가가 이루어지는 부분은 활동을 통해 아동이 보여 주는 모든 과정과 태도와 사고를 포함한 학습의 전체 과정이 중요하며, 노력과 성실이라는 측면과 문제 해결의 관점에서는 결과도 역시 중요함을 인식하고 평가에 반영해야 한다(임정기 외, 2010).

결과적으로 교사는 학습평가를 통해 교육 목표의 성취 정도, 교육의 효과와 미비한 점 등을 판정할 수 있다. 또한 평가는 아동들의 학습 성취도를 점검하고 앞으로의 학습지도에 대한 자료를 얻기 위한 활동이다. 이러한 과정을 통해 교사는 교육 프로그램을 질적으로 개선하고 더 나은 교육 프로그램을 선택할 수 있게 된다.

교사가 각 아동에 대한 정확한 평가를 하기 위해서는 아동과의 적극적인 상호 교류를 통해 아동의 생각이나 감정을 면밀히 살피고 이를 이해할 수 있어야 한다. 이를 위해 교사는 아동의 활동 과정이나 작품 결과물을 사진이나 영상으로 남기고, 그에 따른 교사의 생각이나 해석을 기록해 두어야 한다. 더불어 교사는 전시회를 기획하여 아동의 작품이나 활동과정을 학부모나 다른 교사들, 또래의 친구들에게 소개할 수 있는 기회를 마련하고 아동이 미술활동에 대한 기대를 가지고 즐거운 학습시간이 될 수 있도록 노력해야 한다. 전시회는 부모의 관심과 참여를 이끌어 내는 수단이 되기도 하며, 아동에게는 미술활동에 대한 자신감과 성취감을 증진시킬 수 있는 기회가 되기도 한다.

3. 아동미술 교수 · 학습의 원리와 방법

1) 아동미술 교수 · 학습의 원리

교사는 체계적이며 효과적으로 학습의 목표를 이루고 성공적인 미술활동 시간을 만들기 위해 다양한 교수법을 적용할 수 있다. 다양한 교수법의 적용은 아동이 미술활동의 내용을 흥미롭고 자연스럽게 학습하도록 도와주며 아동의 성장과 발달을 돕는다. 학습목표를 달성하기 위해서는 교수 · 학습의 기본 원리를 적절하고 가치 있게 적용하는 것이 중요하다. 교사가 확고한 교육 원리를 바탕으로 아동을 지도할 때 더욱 긍정적이고 발전적인 아동 교육의 기반을 정립할 수 있다. 미술교육에서 중요시되는 교수 · 학습의 원리를 살펴보면 다음과 같다.

(1) 창조성의 원리

미술교육은 창조적인 의식을 가진 인간 육성이라는 의미를 우선적으로 강조해야 하며, 그것에 부합하는 활동이 이루어져야 한다. 그러기 위해서는 아동이 마음껏 창조적 활동을 펼칠 수 있는 미술교육의 원리가 적용되어야 한다. 즉, 다양하고 폭넓은 매체를 활용하거나 새로운 미술표현의 기법을 개발하여 아동의 잠재적 창의성을 발휘할 수 있도록 해야 한다.

다양한 표현 기법을 활용한 창의적 미술활동

●그림 6-1● **창조적 미술활동**

(2) 개별성의 원리

아동은 각각 그 발달수준이나 관심, 흥미가 다르므로 미술표현이 달라질 수 있다. 미술활동의 중요한 목표 가운데 하나인 개성의 신장과 발달이라는 측면을 고려할 때 미술교사는 아동의 개인 능력을 세밀하게 파악하여 교육계획을 수립할 필요성이 있다. 교사는 개별 아동에 따라 적절하게 활동목표와 내용을 선정하고 아동이 이룰 수 있는 학습속도에 맞게 다양한 난이도를 구성하여 교수 · 학습 방법을 제시하고 적용하는 융통성이 있어야 한다. 특히, 다문화가정 아동의 경우 개인의 문화적 독특성을 인정하고 적절한 교수 · 학습을 지원한다거나 장애 아동에게 필요한 차원의 교수 · 학습법을 파악하여 지원하는 것은 필수적이다. 교사는 아동의 특성이나 기능 정도를 파악하여 개인차를 고려한 개별화된 내용으로 학습을 지도하고 전개함으로써 학습의 효과를 극대화할 수 있다.

(3) 개방성의 원리

미술교사는 아동이 다양한 시각적 표현을 할 수 있도록 방향을 제시하고 지도할 수 있는 방법에 관하여 잘 알고 있어야 한다. 또한 교사는 어느 한 유형에 집착하지 말고 각 활동주제와 학습목표에 가장 잘 접근시킬 수 있는 새롭고 다양한 지도방법을 창안하여 지도하겠다는 개방적 자세가 필요하다. 그러므로 아동이 선택하는 주제, 재료, 표현 방법에 대해서도 개방적인 자세로 수용하여 아동으로 하여금 자유로운 미적 체험을 경험할 수 있도록 해야 한다.

(4) 자발성의 원리

미술활동은 특히 타율에 의한 것보다는 아동 스스로 흥미를 느끼고 능동적으로 참여할 때 그 효과가 커진다. 강압적이고 획일적이며 통제된 교수방법에 의해서는 아동의 자유로운 생각과 표현을 끌어내기 어렵다. 아동의 성장 발달은 아동의 내적 욕구인 스스로 이루고자 하는 자발성에 의해 고무되기 때문에 교사는 아동이 흥미 있고 관심 있는 것을 토대로 하여 미술활동을 지속할 수 있도록 환경을 제공하고 지원해야 한다.

(5) 흥미의 원리

교육과정의 첫 단계는 아동이 미술활동에 흥미를 가지고 참여할 수 있게 하는 것으로 교사는 학습목적 또는 내용에 대한 적절한 동기 유발을 할 수 있어야 한다. 아동이 미술활동에 적극적으로 몰입할 수 있도록 유도하는 동기 유발은 아동의 창의적 활동의 근저가 되며, 긍정적 행동을 효과적으로 이끄는 원동력이 된다. 미술활동의 주제나 내용이 아동의 관심 밖이거나 활동수준이 자기 발달수준보다 높으면 흥미가 일어나지 않고 몰입할 수 없게 된다. 그러므로 교사는 여러 활동을 단편적으로 경험하게 하기보다는 아동이 흥미를 보이는 활동을 반복하여 아동 스스로 깊이 있게 생각하고 알아갈 수 있도록 활동의 환경과 시간을 제공해야 한다.

(6) 놀이의 원리

2020년부터 시행되는 개정 누리과정은 교육과정이 '놀이 중심'으로 개편되는 것을 핵심으로 하고 있다. 이번 개정은 놀이와 학습은 서로 연계되어 있으며 놀이를 통해 아동에게 의미 있는 배움이 일어난다는 '놀이 중심 교육'을 강조하고 있다(교육부 홈페이지, 2019). 미술놀이는 아동이 또래와 재료를 나누고 함께 활동을 하며 사회적 존재로 성장할 수 있도록 돕고 재료를 탐색하고 표현하며 다양한 지식, 기술, 태도를 습득할 수 있는 기회를 제공한다.

그러므로 아동미술교사는 교육목표와 내용에 따라 미술을 매개로 놀이에 적용할 수 있는 환경을 마련하고 다양한 활동 자료를 제시해야 한다. 교사의 철저한 계획 아래 아동이 주도적이고 자발적으로 참여하는 놀이 중심 미술활동이 편성되고 운영된다면 아동은 놀이를 통해 더 잘 배울 수 있게 되며 즐거움 속에서 자율성과 창의성을 기를 수 있게 될 것이다.

다양한 매체를 활용한 미술놀이 활동

●그림 6-2● **놀이 중심 미술활동**

(7) 경험의 원리

아동은 성인에 비해서 추상적으로 개념화하는 힘이 미숙하기 때문에 실생활에서 직접 겪은 다양한 경험을 토대로 한 구체적인 학습이 더욱 효과적이다. 아동의 경험은 미술활동의 기틀이 되어 내용으로 표현되며 내용이 풍부하면 표현의 형식도 다양성을 갖게 된다. 그러므로 교사는 아동에게 경험의 폭을 넓혀 주고 직접 몸으로 체험하는 기회를 제공하여 경험을 바탕으로 한 미술표현을 할 수 있도록 도움을 주어야 한다. 더불어 교사는 아동의 주변에서 일어나는 상황, 사건이나 일상의 경험을 다양한 미술매체를 사용하여 시각적으로 표현하는 방법에 대한 탐구의식을 일깨워 주어 활동을 적극적으로 전개할 수 있도록 자극해야 한다.

(8) 통합의 원리

아동은 발달 특성상 분절된 내용보다 통합하는 과정을 통해 더 쉽고 즐겁게 배우게 되므로, 미술활동을 다른 분야의 학습과 연결시키는 것이 통합의 원리이다. 발달 시기적으로 언어적 표현이 미숙한 아동은 미술표현을 통해 자신의 생각이나 느낌을 시각적으로 표현하고 의사소통을 하며 자신의 개념이나 지식들을 구체화한다. 즉, 미술활동은 아동의 신체, 언어, 인지, 정서, 사회성 발달 등 아동의 전인적인 발달을 도와주는 가장 중요한 학습도구가 될 수 있다(이소은 외, 2020). 따라서 아동을 대상으로 한 미술교육은 다양한 학습 영역의 내용을 하나의 활동 중심으로 통합하거나 하나의 주제를 중심으로 통합하여 지도하면 학습 효과를 높일 수 있다. 교사는 미술교육의 활동 내용 구성이나 학습 전개에서 아동에게 일상생활과 연계된 다양한 영역의 통합된 경험을 제공하여 아동이 지적 · 정서적 · 사회적으로 골고루 조화롭게 발달할 수 있도록 도움을 주어야 한다.

2) 아동미술의 교수 · 학습 방법

교사는 미술교육의 목적과 목표에 따라 교육내용을 구성하고 아동의 발달에 적합한 교수방법을 적용해야 한다. 교육의 목적은 시대의 필요에 따라 변화하고 발전하여 그 목적을 달성하기 위한 교수방법 또한 다양하게 변화하고 있다. 또한 교육현장에서는 교사의 미술교육의 관점과 목적에 따라 교수방법이 달라지기도 하고 학습 상황에 따라 교수방법을 통합적으로 운영하기도 하므로 그 경계를 뚜렷하게 구분하기는 모호한 부분이 있다. 미술수업은 특정한 교수전략에 편중되기보다는 학습 상황에 따른 다양한 교수전략을 세우고 아동들의 흥미와 관심 그리고 참여를 고려하여 적용해야 한다. 그러므로 교사는 다양한 교수방법을 이해하고 있어야 하며, 각 활동 상황과 개별 아동의 발달에 맞게 적절하게 사용할 수 있어야 한다.

미술 교수 · 학습 방법은 각 영역과 매체에 따라 매우 다양하게 접목이 가능하다. 그러나 교사가 어떠한 교수방법을 사용하던 공통적으로 고려해야 할 부분이 존재한다. 즉, 미술에 있어 '어떻게 그릴 것인가?', '어떻게 만들 것인가?', '어떻게 볼 것인가?', '어떻게 생각하는가?', '어떻게 느낄 것인가?' 등에는 아동 개인의 의도나 상징, 기호, 가치관 등이 작용한다. 그러므로 모든 미술수업은 아동들에게 미적 체험을 통해 발상을 돕고 사고를 자극해야 한다. 또한 자극된 사고를 확장하여 새롭게 볼 수 있게 하고 자기 생각을 표현하도록 할 뿐만 아니라 이에 대한 서로의 관점을 이야기하는 감상활동이 더불어 행해져야 한다. 즉, 미적 체험, 표현, 감상체계의 구조화가 요구되고 이를 뒷받침해 주는 교수 · 학습 방법이 다양하게 제시되어야 한다(김혜숙, 2009).

다양한 미술교육의 교수방법 중 학습 주도성에 따른 교수방법에 대하여 살펴보면 다음과 같다.

(1) 교사 주도적 미술 교수 · 학습 방법

① 교사 주도적 학습 방법

교사가 주도하는 아동미술 지도는 교사의 시범과 구조화된 연습으로 아동들이 반드시 알아야 할 지식, 기술, 방법, 과정 등에 대한 이해를 돕고 궁극적으로 아동들이 독립적인 연습을 통해 창의적이고 다양한 표현으로 발전할 수 있도록 도움을 주는 교수방법을 말한다(전종탁, 2008). 이 교수법은 짧은 시간에 크고 작은 규모 모두의 수업에서 가장 많은 양의 학습 자료를 다룰 수 있다는 것이 장점이다. 교사 주도적 미술 교수 · 학습의 강의법 및 시범과 문답법의 내용은 다음과 같다.

◆ 강의법

교사 주도적 학습 방법은 교사가 직접 주도적으로 학습을 이끌어 가는 교수방법으로 교사가 활동의 주제나 작업 방법을 구체적으로 가르쳐 주는 것이다. 이 방법은 다른 교수법과 병행하지 않고 단독으로 오래 사용할 경우 아동의 사고 및 표현을 획일화시키거나 아동과의 의사소통이나 상호작용에 극히 제한적일 수 있다. 그러므로 교사 주도형 교수방법을 사용할 경우는 교사는 철저한 준비를 통해 구조화된 시범과 자료를 제시할 수 있어야 하며, 문답법을 병행하여 단순한 전달과 주입식, 수동적 학습으로 진행되지 않도록 주의해야 한다(임정기 외, 2010). 또한 미술수업에서 교사 주도형 교수방법을 사용할 때 슬라이드, 컴퓨터, 비디오 영상 등 아동의 호기심을 자극하는 다양한 교수매체를 효과적으로 활용하여 아동이 학습의 원리와 과정에 대해 더 잘 이해하고 흥미를 느낄 수 있도록 해야 한다.

◆ 시범

교사 주도적 학습방법에서는 교사의 시범을 통해 미술표현의 과정을 단계적으로 세분화하여 설명할 수 있기 때문에 새로운 재료나 도구를 사용하게 될 때나 복잡한 표현 과정을 익혀야 할 때 효과적으로 사용할 수 있다. 필요에 따라 교사가 표현 방법에 대해 단계별로 시범을 보여 주는 동안 아동은 이것을 따라 하거나 연습할 기회를 가질 수 있게 되므로 기법을 쉽게 이해하고 활용하게 되며 표현능력을 향상시킬 수 있게 된다.

◆ 문답법

질문법 혹은 발문법이라고도 하며 이를 효과적으로 사용하면 아동에게 자기 의견을 발표할 수 있는 기회를 줄 수 있고 학습동기와 참여를 이끌어 수업을 원활하게 진행할 수 있게 된다. 교사는 다양한 질의응답, 피드백 과정을 통해서 아동의 특별한 능력이나 흥미를 파악할 수 있으며, 아동은 교사와의 상호작용을 통해 새로운 지식을 습득하고 그 지식을 바탕으로 호기심을 가지고 새로운 표현을 시도할 수 있는 용기를 가지게 된다.

교사가 질문을 시도할 때는 아동의 개인차에 따라 아동이 이해할 수 있는 수준으로 명료하고 정확하게 해야 하며, 적절한 질문의 양과 유형을 고려해야 한다. 또한 교사가 질문을 한 후에는 아동이 스스로 생각하고 자신의 의견을 이야기할 수 있도록 충분한 시간을 주고 기다려 줄 수 있어야 한다.

② 부분적 교사 주도 학습방법

교사 주도적 미술활동에서 교사가 모든 것을 결정하고 수업을 이끌어 간다면 아동의 자율성을 저해하게 되고, 교사의 지시에 의한 단순한 모방활동만을 강조하는 실패를 겪을 수 있다. 그러므로 아동이 흥미와 의욕을 가지고 활동에 참여할 수 있도록 선택의 여지를 남겨두고 교사가 어느 부분을 교사 주도적으로 지도해야 할 것인가에 대한 고민을 해야 한다.

미술활동에서 교사는 다음과 같은 요소를 선택하여 주도적으로 지도할 수 있다.

◆ 주제 중심의 교사 주도적 학습방법

교사가 미리 활동의 주제를 제시해 주고 아동이 그 주제에 따라 발상을 할 수 있도록 한 후 표현활동을 하기 위한 기법을 아동이 선택할 수 있도록 허용하여 선택의 폭을 넓혀 줄 수 있다.

- 교사는 아동이 일상생활 속에서 경험할 수 있거나 흥미와 관심을 유발할 수 있는 주제를 선정한다.
- 교사는 선정된 주제에 대해 아동이 그 개념을 확장해 나갈 수 있도록 구체적 자료를 준비하고 미술활동을 안내한다.
- 교사는 동일한 주제일지라도 개별 아동의 경험에 따라 각각 다양하게 표현될 수 있도록 지도한다.

플레이콘, 아이클레이를 사용한 활동

크레파스, 색종이를 사용한 활동

'내 얼굴'을 주제로 제시한 활동

●그림 6-3● **주제 중심의 다양한 표현**

◆ 재료 중심의 교사 주도적 학습방법

교사가 미술활동을 위한 재료를 미리 정해 주고 정해진 재료를 사용하여 표현할 수 있도록 하는 방법으로 아동이 자유롭게 표현의 주제를 선택할 수 있도록 허용하는 것이다.

- 교사는 재료의 사용방법이나 특징, 사용했을 때의 효과 및 느낌 등에 대해 아동이 이해할 수 있도록 구체적으로 설명하고 시범을 보여서 아동이 재료에 대한 호기심을 보이고 자발적으로 표현의 욕구가 생기도록 지도한다.
- 교사는 아동의 발달수준을 고려하여 아동이 쉽게 다룰 수 있고 즐거움을 느낄 수 있는 재료를 선택하여 아동이 재료를 다루는 기술을 익히고 다양하게 활용하여 표현능력을 향상시킬 수 있도록 지도한다.
- 교사는 재료 다루기 시범을 아동이 함께 따라 할 수 있는 기회를 주어 재료에 대한 탐색을 할 수 있도록 하고, 반복 훈련을 통해 다양한 재료를 이용한 자유로운 창의적 미술표현이 가능하도록 지도한다.

점토와 물감을 사용한 활동   점토와 자연물을 사용한 활동   점토만 사용한 활동

점토를 재료로 제시한 활동

●그림 6-4● **재료 중심의 다양한 표현**

◆ 기법 중심의 교사 주도적 학습방법

교사가 제시한 기법에 따라 미술활동이 진행되며 아동이 주제와 재료를 선택할 수 있도록 허용하는 것이다.

- 교사는 먼저 다양한 미술표현의 기법과 표현 방법을 알고 있어야 하며, 교사 스스로 능숙하게 기법을 시연할 수 있는 실력을 갖추고 지도해야 한다.
- 교사는 아동이 표현하고자 하는 미술활동 주제에 따라 아동이 시도하고자 하는 표현 기법의 효과나 느낌을 적절하게 사용하고 있는지 점검하고 그 특징을 이해할 수 있도록 지도해야 한다.
- 교사는 아동이 원하는 기법을 실행하고자 할 때 어려워하거나 미숙한 부분에 대해서 적절한 해결 방법을 제시하여 자신의 작품에 대해 만족감을 가질 수 있도록 지도한다.

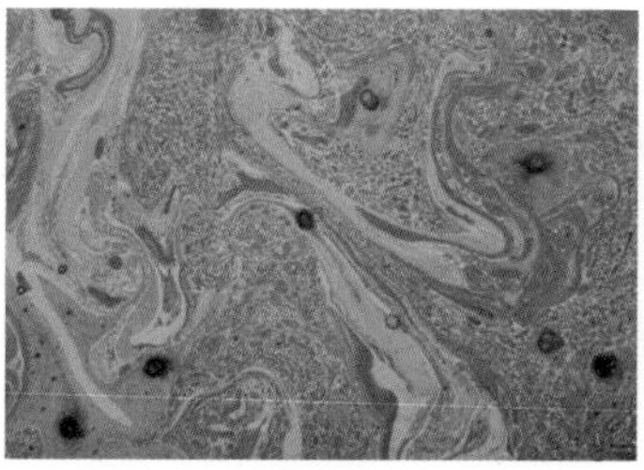

마블링

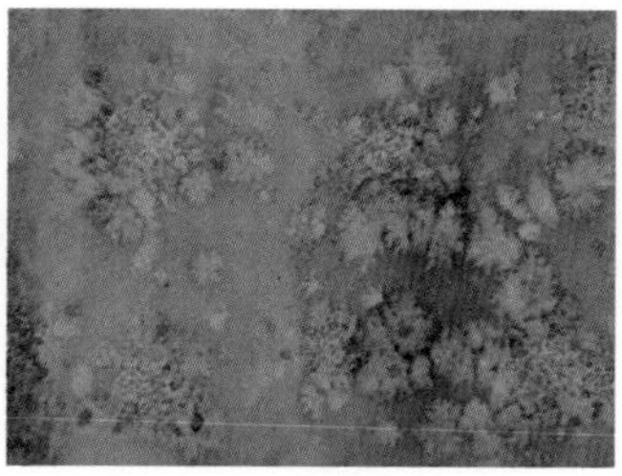

소금 뿌리기

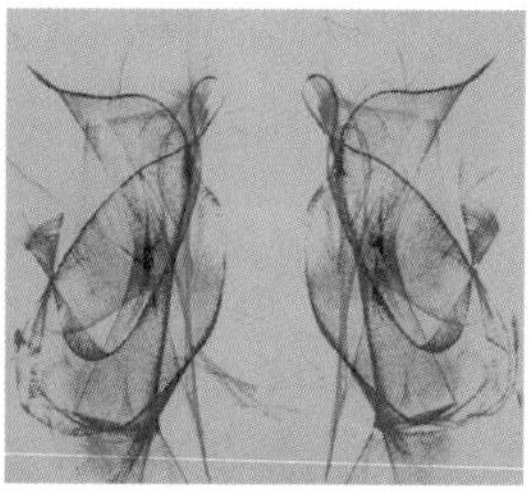

실그림

우연의 효과를 이용한 기법을 제시한 활동

●그림 6-5● 기법 중심의 다양한 표현

표 6-1 직접교수법의 장점과 단점

장점	단점
• 다수의 아동에게 집단적 공통적 경험을 효과적으로 제공할 수 있다. • 많은 아동에게 한정된 시간 내에 학습의 이해를 돕거나 동기 유발을 시키는 데 효과적이다. • 객관적인 미술의 원리나 기법, 재료 사용의 방법 등을 이해시키는 데는 효과적이다. • 평가 단계에서 다수의 아동에게 감상을 통한 간접 경험의 기회를 제공하기가 용이하다.	• 교사의 개인적인 능력과 기술에 대한 의존도가 높다. • 교육의 질과 깊이에서 심도 있는 활동이 어렵다. • 고정 관념에 의한 개념화나 획일성을 조장할 수 있다. • 아동의 개인적인 능력이 무시되거나 개성 파악이 어렵다. • 개별 아동의 발달수준을 고려한 학습이 어렵고 각 아동의 학습내용 이해 정도를 파악하기 어렵다.

(2) 아동 주도적 미술 교수·학습 방법

아동 주도적 미술 교수·학습 방법은 아동이 스스로 주변 환경의 요소들을 선택하고 재구성하는 과정을 통해 아동을 더 적극적이고 능동적인 활동의 주체자로 이끌어 갈 수 있다. 더불어 아동들은 자유로운 탐색을 하는 과정에서 서로 의견을 나누고 협력하면서 끊임없이 다양한 표현과 방법을 시도해 볼 수 있기 때문에 아동의 상상력과 창의력 확장에 큰 영향을 미친다(Lind, 2005). 미술활동을 매개로 아동들은 주변 세계를 발견하고 소통하며 자신만의 지식을 구성하고 자신이 어떻게 생각하고 느끼는가를 다양하게 표현할 수 있기 때문에 아동 주도적 미술 교수·학습의 기회는 매우 중요하다.

아동 주도적 미술 교수·학습 방법 중 탐구학습법, 창의적 문제해결법(시네틱스), 프로젝트 접근법에 대하여 알아보면 다음과 같다.

① 탐구학습법

탐구학습법은 비구조적인 접근 중 하나로 아동이 미술활동의 모든 것을 스스로 선택하여 자신만의 창조적인 작품을 표현하는 것이다. 미술활동은 정해진 규칙에 의해 이루어지는 것이 아니라 자신만의 창조적인 작품으로 표현하기까지 스스로 미적인 가치를 발견하고 실행하며 수많은 판단 과정을 거쳐 이루어진다. 이 과정에서 아동은 자신의 의도와 관련된 문제를 발견하고 이를 해결하기 위한 방법을 찾으려고 한다. 그러므로 미술활동에서 자신의 표현 의도에 부합되는 방법을 찾기 위해서는 목적이 분명한 탐구활동이 필수적이다(김연희, 2011).

미술활동을 통해 아동들은 예술적 경험을 하며 내적으로 판단하고, 표현활동을 위한 사고 과정을 거치게 된다. 미술활동에서 이루어지는 탐구학습은 아동이 인식하고, 사고하고, 확장된 경험을 나타내는 표현 수단이 된다(이안근, 2018). 따라서 미술표현 활동은 사고과정을 거쳐 재료를 경험하고 자신만의 방법을 찾아가는 과정이며, 문제를 해결하기 위해서는 끊임없는 탐구과정을 필요로 한다.

결론적으로 탐구적 미술 교수・학습법은 아동 스스로 질문을 통해 문제를 발견하고, 가설을 세우고, 대상을 새로운 관점으로 바라보고, 미적인 가치를 탐구하여 예술적 경험과 창의적 사고를 가능하게 한다. 그러므로 아동들이 자신의 정보를 발견하고 적용하는 방법과 스스로 생각하는 방법을 배우게 되는 장점을 가지고 있다. 반면에 자신의 생각을 표현하는 것이 어려운 아동에게는 오히려 부정적인 영향을 줄 수 있고, 교사의 역할이 축소되어 소극적인 교사가 될 수 있으므로 주의하여 적용해야 한다.

② 시네틱스(창의적 문제해결법)

시네틱스(Synectics)는 고든(Gordon, 1961)에 의해 개발된 창의적 발상법으로 '서로 관련 없는 요소들 간의 결합'을 의미한다. 문제해결의 과정에서 창의적인 아이디어를 생성하여 새로운 것을 창안할 수 있게 하는 방법이다.

시네틱스는 자유로운 탐구과정에서 유추, 변칙, 사건 변화시키기, 개념화, 암호, 은유, 신화, 모순, 연기, 말장난 같은 것을 이용한다(임정기 외, 2010). 그러므로 시네틱스 기법의 핵심적인 사고방식은 '유추(analogy)'의 사고를 활성화시키는 데 있다. 브라운(Brown, 1989)은 유추를 활용한 학습이 아동들의 지식 획득에 결정적인 요인이라고 설명한다. 아동은 만 1, 2세도 유추를 통한 추론이 가능하며(Goswami, 2001; Koslowski & Masnick, 2002) 만 3, 4세가 되면 언어표현의 발달과 지식의 증가로 실제로 경험하지 않아도 시공을 초월하여 상상력과 호기심을 발휘하게 된다. 그러므로 이 시기를 대상으로 미술적 언어를 통한 유추 추론 능력을 향상시킴으로써 창의성 교육이 가능하다(이윤옥, 2008).

시네틱스 교수 · 학습 방법을 활용한 미술활동에서 무엇보다 중요한 것은 아동의 내적인 잠재적 표현 욕구를 유발시켜 흥미를 가지고 아동 스스로 미술활동 자체를 즐기며 적극적으로 참여하도록 하는 것이다. 시네틱스 미술 교수 · 학습 방법의 장점은 아동이 미술활동을 통해 창의적인 문제 해결을 위한 동기 유발과 유추적 사고를 가능하게 하며, 창의적 아이디어 발상과 상상을 시각적으로 표현하는 과정에서 미술 표현력의 향상을 도울 수 있다는 것이다(차현정, 2016).

③ 프로젝트 접근법

프로젝트 접근법에서 프로젝트란 '한 명 또는 그 이상의 아동이 이행하는 특정 주제에 대한 깊이 있는 탐구'(Katz & Chard, 2000)로 아동이 흥미를 느끼는 주제를 자유롭게 선택하고 그 주제에 대하여 능동적으로 탐색하고 조사, 토의, 표현하는 과정을 핵심으로 하는 학습활동이다. 프로젝트 활동은 듀이(J. Dewey)의 진보주의 교육철학에 기초한 것으로서 '경험'을 중요시한다(전민아 외, 2017). 아동은 경험을 통해 각양각색의 요구와 도전을 받게 된다. 그러므로 일상에서 일어나는 자연스러운 상황과 관계 속에서 아동이 느끼는 다양한 개인적인 경험과 함께 학습이 이루어지도록 해야 한다. 또한 작품의 결과보다는 제작 과정에 초점을 두어 통합적으로 학습이 이루어질 수 있도록 해야 한다(임정기 외, 2010). 이러한 과정은 아동이 정보를 조직하고 적용하며 책임감을 가지고 학습하고 그 의미들을 이해할 수 있도록 돕는다.

프로젝트 접근법의 교수 · 학습 방법에서 프로젝트의 실행 과정은 크게 시작 단계(1단계), 전개 단계(2단계), 완성 및 마무리 단계(3단계)로 구분된다. 첫째, 시작 단계(1단계)는 주제를 설정하고, 아동이 주제에 대하여 얼마나 알고 있는지, 주제와 관련된 경험이 있는지에 대한 파악이 이루어진다. 아동의 경험표현은 미술활동을 포함하여 다양한 영역으로 이루어질 수 있다. 주제가 명료해지면 브레인스토밍을 통한 주제망을 구성하고 질문 목록을 작성함으로써 아동은 주변 사물을 보다 자세히 관찰하고 탐구할 수 있는 동기가 부여된다. 둘째, 전개 단계(2단계)에서는 1단계에서 작성한 질문 목록을 중심으로 특정 목표를 수행하기 위한 조사와 탐구활동이 이어진다. 이러한 전개활동은 여러 가지 실물자원을 통해서 이루어지거나 도서 자료, 현장견학, 또는 전문가와의 만남을 통해 행해지게 된다. 셋째, 완성 및 마무리 단계(3단계)에서는 프로젝트 과정 중 나온 학습 결과를 가지고 전시회나 발표회를 마련하여 다른 사람들에게 보여 주고 설명하며 의견을 교환하는 일이 이루어진다. 전시회 및 발표회를 준비하고 마무리하는 가운데 아동은 그동안 진행해 온 프로젝트를 정리하고 평가하며 다양한 정보를 내면화하게 될 뿐만 아니라 다양한 각도에서 결과물을 바라보고 재창조해 보는 기회도 가지게 된다.

프로젝트 접근 교수·학습 방법의 각 단계별 전개 과정과 구조적 특성은 〈표 6-2〉와 같다.

표 6-2 프로젝트 접근법의 구조적 특성

프로젝트 접근법의 구조적 특성			
활동 / 단계	1단계: 프로젝트의 시작	2단계: 프로젝트의 전개	3단계: 프로젝트의 마무리
토의	• 주제에 대한 이전 경험과 현재의 지식을 상호 공유하기	• 현장 활동과 면담을 위한 준비 • 현장 활동 검토 • 2차적 자원으로부터의 학습	• 프로젝트 전 과정을 주변 사람들과 나누기 위한 준비 • 프로젝트의 검토와 평가
현장 활동	• 주제와 관련된 경험에 대해 부모와 함께 이야기 나누기	• 조사를 위해 현장으로 나가기 • 교실이나 현장에서 전문가와의 면담	• 외부 사람의 눈을 통한 프로젝트 평가
표현	• 이전 경험과 현재 지식을 교사나 친구들과 상호 공유하기 위하여 그리기, 쓰기, 극화놀이 등의 활동	• 간단한 현장 스케치와 노트 • 새롭게 학습한 것을 그리기, 쓰기, 수 다이어그램, 지도 작성하기 등으로 표현	• 관심을 가진 다른 사람들에게 프로젝트에 대해 설명하기 위하여 활동의 모든 과정을 요약, 정리
조사	• 현재 지식에 기초하여 질문 만들기	• 초기에 작성된 질문에 대한 조사 • 현장 활동과 책을 통한 연구 • 보다 발전되고 심화된 질문 제기	• 새로운 질문거리에 대해 고찰
전시	• 주제에 대하여 개인적으로 표현한 것을 함께 보며 생각이나 지식을 상호 공유하기	• 새로운 경험과 지식에 대해 표현한 것 상호 공유하기 • 프로젝트 활동에 대한 계속적인 보고	• 프로젝트 전 과정을 통해 이루어진 학습 요약

출처: Chard, 1995, 지옥정 역, **프로젝트 접근법: 교사를 위한 실행지침서**, p. 106.

(3) 교사 · 아동 상호 주도적 미술 교수 · 학습 방법

교육은 교사와 아동이 상호작용을 하는 중에 이루어진다고 볼 수 있다. 수업에서 교사의 상호작용은 아동의 학습을 향한 것이 되어야 하고, 아동은 자신의 학습을 자기주도적으로 추구하는 것이어야 한다. 교사 · 아동 상호 주도적 미술 교수 · 학습 방법은 교사가 아동과 토의하거나 대화하는 과정을 거치면서 아동의 의견을 존중하고 활동을 지지해 주는 상호작용을 통해 서로가 주도적으로 미술활동에 임하는 교수방법이다.

교사 · 아동 상호 주도적 미술 교수 · 학습 방법에서 중요한 것은 교사가 아동의 창의성 증진을 위해 어떻게 교육적 질문을 하고, 아동은 그 질문에 대해 자율적으로 탐구할 수 있는가의 문제가 관건이다. 그러므로 교사는 대화법이나 토의법 등을 통해서 아동 개인의 학습목적과 학습의 맥락을 이해하고 아동의 수준이나 사고과정에 따라 다양한 유형의 질문을 통해 상호작용이 일어나야 한다.

① 대화법

주로 소크라테스식 대화를 이용하여 아동의 생각이나 느낌을 묻거나 가치판단을 내리도록 하는 교수방법이다. 교사는 소크라테스식 질문과 대화법을 통해 아동 스스로 추론하고 해석을 유추할 수 있도록 하여 자신과 연관된 다양한 표현을 통해 미적인 탐구 계기를 이끌 수 있어야 한다.

② 토의법

토의법은 아동과 함께 미술활동의 아이디어나 정보를 나누는 과정에서 활용할 수 있다. 토의는 아동 중심으로 이끌어야 하지만 교사는 토의의 쟁점을 잘 파악하고 철저하게 계획하고 준비된 상태에서 진행되어야 한다. 특별히 토의 과정은 협동 작업 활동을 실시할 때 아동이 자신의 생각을 정리하고 친구들과 서로 의견을 교환하며 함께 미술활동을 전개하도록 하기 때문에 유용하게 활동할 수 있다.

③ 교육적 질문법

대화법이나 토의법에서 사용하는 교사의 교육적 질문은 그 가치가 실현될 수 있어야 하며, 또한 지식으로 활용될 수 있는 잠재성을 가져야 한다. 또한 교사의 질문을 통해 아동이 스스로 탐구적 과정을 이끌 수 있어야 한다. 교육적으로 좋은 질문은 아동의 참여를 확대시켜 사고와 이해를 이끌 수 있어야 하며, 상호작용을 자극할 수 있어야 하고, 충분한 시간을 가지고 아동이 깊이 있게 생각할 수 있는 소수의 질문이 바람직하다. 또한 교사는 분명하고, 목적적이고, 계열적이고, 목표성취에 도움이 될 수 있는 질문을 해야 하며, 아동의 다양한 질문 유형을 알고 그 질문 수준과 조화를 이룰 수 있도록 반응해야 한다. 더불어 교사는 아동을 존중하며 수업 참여가 소극적인 아동들도 참여할 수 있는 질문과 격려를 동반하는 질문을 해야 함을 기억해야 한다(박라미, 2013; 조현, 2011).

미술교육에서 교육적 질문의 접근 방향을 듀이의 탐구유형(Dewey, 1934)을 근거로 연관 지어 살펴보고, '나와 친구'를 주제로 한 미술표현 활동에서의 교사 질문과 제안을 예로 보면 〈표 6-3〉과 같다.

표 6-3　4가지 탐구유형에 따른 미술 교육적 질문의 접근

구분	유형	미술 교육적 질문의 접근 이해
1	연관 혹은 관여	• 아동이 자발적으로 미적인 문제를 발견하는 것으로부터 그 작용으로 자발적 태도를 이끄는 질문 • 아동 각각의 자기 경험과 학습 상황으로 연관될 수 있는 질문
2	추론, 기의	• 자기학습에 따르는 복잡한 관계들을 식별하고 가늠하는 것에 기초하는 복합적인 추론을 돕는 질문 • 학습의 문제적 상황에 대하여 다양한 관계망으로 얽힌 의미들을 연관된 맥락으로 추론하고 해석을 유추해 낼 수 있도록 돕는 질문
3	함축, 상징 의미들의 관계	• 자기 미술학습에서 이루어지는 탐구과정에 나타난 다양한 요소와 관련한 이해들을 통일하기 위한 집약과 상징적인 의미로 도출할 수 있도록 돕는 질문 • 아동의 성취하고자 하는 의도를 스스로 함축하고, 상징화하는 본질적인 탐구의 맥락을 감식하고 독려하는 질문
4	조화, 본질적인 존재론에 대한 상징과 의미들의 관계	• 아동이 자신의 학습의도를 위하여 무엇을 탐구하고 이해하였는지, 새로 발견하고 이해하고 알게 된 것은 무엇인지 등을 총체적으로 알 수 있도록 하는 질문 • 아동이 문제 상황을 재구성하고 적용할 수 있도록 돕는 질문

주제: 나와 친구에 대해 알고 마음을 표현하며 즐겁게 생활하기

구분	탐구적 논리 유형	교육적 질문을 위한 접근의 예
체험활동	* 연관 혹은 관여 친구와 학습자 자신을 관련하여 관계 지각할 수 있도록 도우며, 친구와 자신을 구체적으로 연관하여 동기화할 수 있는 질문	• 나는 누구와 함께 학교(유치원)생활을 할까요? • 친구는 언제 나를 가장 좋아하나요? • 나를 어떻게 소개할 수 있을까요?
표현활동	* 추론, 기의 자신이 친구에게 해 줄 수 있는 표현을 위하여 자신과 친구와의 복잡한 관계들을 이야기 나누어 그 추론을 도와 학습자가 표현할 것을 계획하고, 이해하고 표현할 수 있는 질문	• 친구에게 무엇을 만들어 주면 좋을까요? 친구와 서로 이야기 나누어 보세요. • 친구가 원하는 것에 대하여 이해하였나요? • 무엇을 주제로 만들 것인지 계획을 세워 볼까요? • 친구가 좋아하는 것에 가장 중점을 두고 표현하는 것은 무엇인가요? 등
감상활동	* 연관 혹은 관여 * 함축, 상징적 의미들의 관계 자신과 친구와의 관계적인 활동(토의, 표현 등)을 통하여 친구와 나의 관계 이해를 함축하여 우정을 이해할 수 있는 질문	• 친구에게 만들어 줄 때 힘들었던 것과 즐거웠던 것은 무엇인가요? • 친구가 좋아한 것은 무엇이었나요? 친구는 그것을 왜? 좋아했을까요? • 나와 친구의 소중한 마음이 담긴 작품을 감상하면서 우정에 대해 이야기해 봅시다(제안).
평가 스스로 하기	* 조화, 본질적인 존재론 대한 상징과 의미들의관계 * 연관 혹은 관여 활동을 비추어 친구와 자신의 관계를 보다 합리적으로 이해할 수 있는 질문이 필요하며, 또한 각 학습자의 탐구과정을 통해 이해하게 된 새로운 이해(친구와 자신과의 관계), 즉 재구성으로 나아갈 수 있도록 돕는 질문	• 나와 친구에 대하여 알게 된 것은 무엇인가요? • 친구를 사랑하는 마음을 표현한 것은 친구에게 어떤 느낌을 주었나요? • 사랑하는 마음을 친구들은 어떻게 표현하였나요? 나와 다른 점은 무엇인가요?

출처: 박라미(2016). 교육적 질문으로써 자문과 창의적 사고와의 관계를 통한 미술 교육적 질문소고. 미술교육 논총, 30(2), pp. 229-230.

최신 연구 ____ 미래사회 대비 '좋은 미술교사'

* 김혜경, 윤지숙(2018). 미래사회 대비 '좋은 미술교사'(Exploring the Meaning of a Good Art Teacher for Future). **한국교원교육연구**, 35(1), 369-387.

OECD의 '교육 2030'은 미래사회에서 교육이 변화무쌍하고, 불확실하며, 복잡하고, 모호한 특성을 가진다고 예측한다. 김혜경과 윤지숙(2018)은 환경의 변화에 따라 학교의 역할, 교수 · 학습 방법과 형식, 학습자와 교사의 역할이 모두 크게 변화할 것이라고 보고 시대적 변화와 요구에 부응하여 미래사회를 대비하는 '좋은 미술교사'의 의미와 역할을 탐색하였다.

미래사회에서는 단순 암기와 정보를 통해 얻을 수 있는 지식이 아닌 문제해결력과 창의적 사고를 바탕으로 한 접근이 강조될 것이다. 이에 따라 미적 가치와 감성적 가치, 상상력이 중시되기 때문에 미술교과의 역할이 중요하다. 또한 지식의 의미와 지식 습득을 위한 방법이 변화될 때 그 촉매제 역할을 하는 교사의 핵심적 역할을 중시하였다. 그동안 미술교과에서 강조되어 왔던 '무엇을'이라는 기능적 측면의 관심은 '어떻게'라는 삶에 적용하기 위한 역량을 강조하는 방향으로 선회되어야 하고, 교사는 더 정교한 전문성을 필요로 한다. 지식 전달자가 아닌 조력자가 되어야 한다는 것이다. 미래사회의 '좋은 미술교사'가 가져야 할 세 가지 요소는 다음과 같다.

첫째, 미술교사는 미적 체험을 바탕으로 학생의 삶의 역량을 길러 주기 위한 토대를 제공해야 한다. 결과보다는 과정을 중시하고, 측정을 위한 평가가 아닌 도달을 위한 평가의 개념을 강조하며, 미적 체험을 강조하고, 삶과 연관된 주제 중심의 수업을 강조해야 한다.

둘째, 인간적인 감성을 향유하고 학생 스스로 성찰하기 위한 수업을 설계하여야 한다. 이는 미래사회가 미술교과에 요구하는 인간적이며 보다 감성적인 인간 육성을 위한 교육 목적을 온전히 이끌어 내기 위하여 필요하다.

셋째, 개방된 마음으로 창의성과 상상력을 함양하기 위하여 지역 자원과 협력적 관계를 구축하여야 한다. 미래사회의 교육적 방향은 사회가 필요로 하는 인재를 육성하는 것이므로 사회문화적 변화를 반영한 수업이 이루어져야 한다. 학습자 개개인을 고려하는 개별성의 의미 접근을 통해 교육의 본질적 힘을 회복하고 현장에서 이를 실현하며 인간다움을 회복시킬 수 있는 힘을 지닌 '좋은 미술교사'가 되어야 한다.

실습

수채화 기법: 물감 번지기와 소금 뿌리기

활동목표	• 물감의 번지는 효과를 관찰하고 소금의 속성을 이해한다. • 작품활동 과정이나 결과물을 통해 이미지를 떠올리며 상상력을 키운다.
준비물	도화지 혹은 와트만지, 물감, 수채화 붓, 평 붓(넓적한 붓), 다양한 소금
활동방법	1. 평 붓을 사용하여 적당량의 물을 도화지 전체에 칠해 준다. 2. 좋아하는 색깔의 물감을 팔레트에 풀어서 붓으로 도화지 위에 자유롭게 칠해 주거나 물감 떨어뜨리기를 해 본다. 3. 물감의 색이 물과 함께 섞이며 번져 가는 모습을 관찰한다. 4. 도화지에 물기가 있을 때 여러 가지 굵기의 소금을 뿌려 본다.
활동 지도를 위한 팁	• 도화지는 너무 얇은 것을 사용할 경우 물에 젖어서 찢어질 수 있으므로 되도록 두께가 있는 도화지를 사용한다. 수채화 전용 와트만지를 사용하면 화지의 질감이 있어서 더 다양한 느낌을 볼 수 있다. • 수분을 흡수하는 소금의 삼투압 성질이 도화지 위의 수분을 흡수하여 독특한 무늬를 형성하는 원리를 이해하도록 한다. • 소금 알갱이는 크기에 따라 수분의 흡수 정도가 다르므로 굵기가 다른 다양한 소금을 준비하여 작품의 느낌과 변화를 비교해 본다. • 활동 후 자신의 작품활동 과정이나 결과물에서 느껴지는 것을 발표하고 다른 친구들은 어떤 이미지가 떠오르는지 이야기를 나누어 본다.
작품 예시	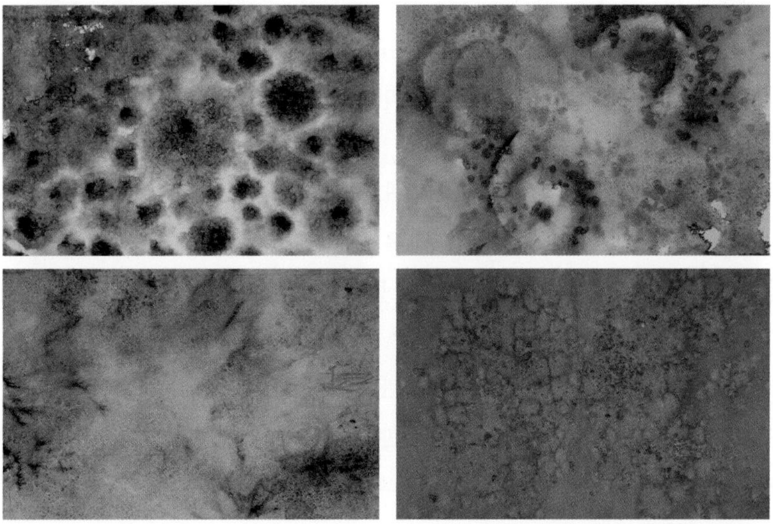

참고문헌

곽영우, 권상혁, 신동철, 최성락, 하상일, 황의일(1997). **예비 교원을 위한 교사론**. 서울: 교육과학사.

권기욱(2005). **유아교사론**. 서울: 문음사.

김선아(2005). 미술교육에 있어서 전문성의 의미-교사의 시각을 중심으로-. **미술교육논총**, 19(2), 227-246.

김연희(2011). 질적 사고와 창의성: 예술교육을 위한 새로운 개념. **한국미학예술학회지**, 33, 309-343.

김혜경, 윤지숙(2018). 미래사회 대비 좋은 미술교사. **한국교원교육연구**, 35(1), 369-387.

김혜숙(2009). 초등미술수업의 학습상황 교수 학습방법 교육과정 실행의 상호 관계성에 대한 논의. **한국교육대학교 미술교육학회**, Vol. 26, 49-80.

박라미(2013). 자기교육으로서 삶을 향한 미술교육 소고. **조형교육**, 48, 129-148.

박라미(2016). 교육적 질문으로써 자문과 창의적 사고와의 관계를 통한 미술 교육적 질문 소고. **미술교육논총**, 30(2), 205-240.

이규선, 김동영, 류재만, 전성수, 최윤재, 권준범, 김정선, 손지현, 류지영, 강병직, 김정효, 이지연, 강주희, 최명숙, 고홍규, 이은적(2019). **미술교육학(4판)**. 경기: 교육과학사.

이소은, 권기남(2020). **아동미술교육(3판)**. 경기: 양서원.

이안근(2018). 유아 미술교육의 탐구적 접근에 관한 연구. **커뮤니케이션 디자인학연구**, 62, 245-258.

이윤옥(2008). 동화의 시각적 이미지를 활용한 주제접근의 창의적 문제해결 수업모형. **유아교육연구**, 12(2), 215-236.

이정욱, 임수진(2014). **탐색표현 감상의 통합적 유아미술교육(개정판)**. 서울: 정민사.

임정기, 정옥희, 최수영, 홀기태(2010). **미술 교수학습 패러다임 변화와 실천을 위한 이론과 방법**. 경기: 교육과학사.

전민아, 조부경(2017). 유치원에서의「벽화」프로젝트 활동이 유아의 그리기표상능력과 친사회적 행동에 미치는 영향. **한국유아교육연구**, 19(3), 61-88.

전종탁(2008). 직접교수법을 통한 인체 동세 표현지도에 관한 연구. **미술교육연구논총**, 23, 247-271.

조현(2011). 미술교과의 교육적 가치에 관한 고찰. **조형교육**, 39, 243-264.

지옥정(2005). **프로젝트 학습 공동체를 통한 프로젝트 접근법의 유아교육현장 적용**. 서울: 창지사.

차현정(2016). 시네틱스 기법을 활용한 그리기 활동이 유아의 미술 표현력에 미치는 영향. **한국유아교육연구**, 18(1), 51-81.

최남정(2008). 심미적 미술교육을 위한 미술교사 역할에 대한 사례 연구. **생태유아교육연구**, 7(2), 83-103.

Arnheim, R. (1969). *Visual thinking.* Berkeley, CA: University of California Press.

Barr, A. (1958). Characteristics of Successful Teachers. *The Phi Delta Kappan, 39*(6), 282-284.

Brown, A. L. (1989). *Analogical learning and transfer: What develops. Similarity and analogical reasoning* (pp. 369-412). Cambridge, NY: Cambridge University Press.

Chard, S. C. (1995). **프로젝트 접근법: 교사를 위한 실행지침서**(지옥정 역). 서울: 창지사.

Dewey, J. (1934). *Art as experience.* New york Minton, Balch Company.

Gordon, W. J. J. (1961). *Synectics: The development of creative capacity.* New York, NY: Harper

Goswami, U. (2001). Analogical reasoning in children. *The analogical mind: Perspectives From Cognitive Science,* 437-470.

Herberholz, B., & Hanson, L. (1995). *Early childhood art* (5th ed.). Dubuque, IA: Wm. C. Brown.

Katz, L. G., & Chard, S. C. (2000). *Engaging Children's Minds: the Project Approach* (2nd ed.). Stamford, CO: Ablex Publishing Corporation.

Kolowski, B., & Masnick, A. (2002). The development of causal reasoning, In U. Goswami (Ed.), *Blackwell handbook of childhood cognitive development* (pp. 257-281). Malden, MA: Blackwell Publishing Company.

Koster, J. B. (2001). *Growing artists: Teaching art to young children.* Albany, NY: Delmar Publishers Inc.

Lind, K. (2005). *Exploring science in early childhood: A developmental approach.* Wadsworth Publishing Company.

교육부 홈페이지(2019) https://www.moe.go.kr

Chapter 07

아동미술교육의 환경 구성

1. 아동미술 재료의 종류와 특성
2. 아동미술교육을 위한 설비와 환경

1. 아동미술 재료의 종류와 특성

1) 아동미술 재료의 개념

아동은 미술 재료를 통해 호기심과 표현 욕구를 탐색하고 풍부한 상상력으로 재구성하는 경험을 하게 된다. 미술 재료(material)란 예술의 물리적 원료를 의미하고, 넓은 뜻으로는 창조과정의 결과에 있어서 예술적인 여러 형상을 산출해 낼 수 있는 소재이며, 좁은 뜻으로는 표현 제재이다(세계미술 용어사전, 1999). 즉, 아동은 미술 재료를 물리적 도구로 사용하면서 자신의 느낌과 생각을 작품으로 표현한다. 아동은 미술 재료를 탐색하는 과정을 통해 '무엇을 어떻게 표현하고 만들 것인지', '특정 도구는 어떠한 기능을 하는지'를 탐색하고 사고하는 과정에서 창의성이 발현되어(김은심, 김정희, 손미애, 유지안, 2019) 자신만의 독특한 표현 방법을 찾게 된다.

미술 재료에 대하여 학자들은 '미술 재료는 매우 다양하고 시각적, 촉각적인 특성이 있어 재료의 사용에 따라 작품 완성에 영향을 미칠 수 있다'(Eisner, 1972), '아동은 대상에 관하여 객관적이고 사실적으로 묘사하지 않고 자신의 경험이나 사용 가능한 재료에 의존하여 작품을 표현한다'(Arnheim, 1974), '교사가 아동이 미술 재료를 통하여 발견한 표현을 이해하지 못하면 수업 외의 의미 없는 행동을 한 것으로 간주한다'(서민주, 임부연, 2014)라고 정의하였다. 예를 들어, 아동이 '물통에서 물감을 사용 후 붓을 씻으면서 발견하는 혼색과 색의 번짐', '목탄이나 숯을 문질러 봄으로써 발견하는 부드러움과 번짐', '찰흙을 물에 넣어 주물러 보고 변화하는 과정', '종이를 구기고 찢고 날려 보는 과정'을 교사가 무의미한 과정으로 간주한다면 아동이 의미 없는 행동을 한 것이라고 할 수 있다. 이렇듯 미술교육에서 미술 재료를 탐색하고 표현해 보는 것은 아동에게 감각적인 통합교육을 경험할 수 있도록 한다. 그렇기 때문에 교사는 다양하고 풍부한 미술 재료를 아동에게 제공하며 창의적인 경험을 할 수 있는 기회를 제공해야 한다.

교사가 아동의 미술 재료를 선택할 때 고려할 점은 다음과 같다.

첫째, 교사는 다양한 미술 재료를 선택하여 다양한 방법으로 접근할 수 있도록 제시한다. 교사는 미술 재료를 통해 아동이 보고, 듣고, 냄새 맡고, 만지고, 느끼는 등의 오감을 자극할 수 있도록 다양한 질감과 형태를 지닌 재료를 제공해야 한다. 특히, 미술 활동에서 제공되는 재료는 새로운 것일수록 아동의 호기심과 표현 욕구를 자극하며 풍부한 상상력을 불러일으킬 수 있다. 그러나 새로운 재료만으로 계속 활동을 한다면 아동은 재료에 대한 충분한 탐색과 이해가 부족해지고 아동의 의도를 적절히 표현하기 어려울 것이다. 따라서 교사는 미술 재료가 아동의 발달, 흥미, 요구에 적합한지, 미술 활동의 목표와 내용에 부합하는지 등을 고려하여 새로운 것과 익숙한 것을 균형 있게 제공함으로써 아동의 표현을 도와야 한다.

둘째, 교사는 아동이 미술 재료를 선택 시 자율적이며 능동적으로 탐색할 수 있도록 재료를 제시한다. 교사는 아동이 표현하고자 하는 주제 표현에 적합한 재료를 제시하며, 재활용품을 사용할 경우 재활용품에 대한 사전 지식이 있어야 한다.

셋째, 교사는 아동이 다양한 미술 재료로 창의적인 표현 기법을 사용할 수 있도록 '재료의 제시', '참고 작품' 등의 시청각 자료 및 각종 실제 작품을 제시하여 동기 유발과 충분한 구상이 이루어지도록 한다. 동기 유발 방법으로는 아동의 상상력을 자극할 수 있는 그림책이나 이야기 등을 활용한다(이정은, 2006). 또한 참고 작품의 선택은 익숙해진 재료와 기법을 포함하여 현대 미술에서 새롭게 연구되고 있는 재료와 기법도 함께 제시한다.

넷째, 영아에게는 미술 재료의 선정에 있어 무해성이 특히 중요하다. 영아는 뭐든 입으로 탐색하는 경향이 있고, 조작능력도 미숙하다. 따라서 교사는 영아를 위한 미술 재료 선정 시 '조작이 어려워 좌절감을 줄 수 있는 재료', '발달단계에 부적합한 재료'는 피하고 '조작이 쉬운 재료로 시작하여 점차 복잡한 재료', '안전성이 확인된 재료'로 선정하여 제시한다.

2) 아동미술 재료의 종류 및 특징

미술활동을 위한 미술 재료는 각 발달단계에 따라 '감각표현을 위한 미술 재료', '평면표현을 위한 미술 재료', '입체표현을 위한 미술 재료'로 구분할 수 있다(〈표 7-1〉 참고).

표 7-1 발달단계별 미술 재료 종류와 활동 예시

분류	영아기	유아기	초등 저학년
감각 표현 미술 재료	• 각종 질감이 느껴지는 생활용품(수세미, 각종 곡식판, 각종 섬유, 특색 있는 지류 등) • 신체의 촉각을 자극하는 물감류(물감 스프레이, 보디 페인팅, 여러 가지 색의 과일 음료, 찰흙 밟기 등)	• 특수 지류(골판지, 셀로판지, 다공지, 주름지 등)를 이용한 붙이기와 사포지에 그리기 • 비눗방울 물감놀이 • 찰흙판, 모래판을 이용한 긁어 표현하기 • 우연 현상을 이용한 표현놀이(데칼코마니, 마블링, 자석 그림 등)	• 감각으로 느낀 것을 조합하거나 유추 연상 표현하기(철 수세미를 이용한 다양한 모양 변형 꾀하기, 여러 지류를 이용한 지판화, 먹물 적신 타월을 이용한 한지 덮어 두드려 표현하기, 색지를 동일한 패턴으로 접어 나열 조합하기 등)
평면 표현 미술 재료	• 크레파스, 굵은 붓을 이용하여 벽에 그리기, 사인펜, 색연필, 찍어 표현하는 채소, 적신 찰흙 분필, 물감을 타서 얼린 얼음, 채소즙 만들어 그리기 등	• 퍼프, 콘테, 볼펜, 매직류, 분필, 즙을 이용한 그리기, 채소, 칫솔 또는 다양한 특성과 크기의 붓으로 그리기, 6B와 8B 연필로 그리기 등	• 수채화 색연필, 파스텔, 다양한 긁기 표현으로 스크래치, 콜라주로 표현하기, 유성잉크와 펜, 면봉으로 표현하기 등
입체 표현 미술 재료	• 찰흙, 고무찰흙, 밀가루 반죽 등	• 다양한 도형을 이용한 활동(여러 지류를 접어 표현하기, 각종 채소를 끼워 표현하기) • 재활용품 활용하기, 협동작품으로 입체 활동하기 등	• 다양한 선재 구성과 면 구성으로 꾸미기, 간단한 목공 용구 사용과 못 박기(공예 망치 이용), 재활용품 만들기, 자연물과 재활용품을 이용한 입체 협동활동 등

* 일단 재료와 도구가 소개되면 상위 단계에서 계속 사용될 수 있다.
출처: 박라미(2004).

〈표 7-1〉에 제시한 재료 구분을 바탕으로 본 교재에서는 미술활동에 필요한 재료들을 크게 기본 표현 재료와 채색 재료 및 도구, 자연물 재료, 재활용품 재료로 구분하여 제시하고자 한다. 그리고 아동이 미술 재료에 대한 동기 유발과 관심을 가질 수 있도록 미술 재료를 활용하여 표현된 그림책을 제시하였다.

(1) 기본 표현 재료

① 종이류

종이는 미술활동에서 대표적으로 많이 사용되는 기본적인 재료이다. 종이류는 가공하기, 자르기, 접기, 접착하기 등의 성질을 가지고 있고 질감과 두께에 따라 다양하게 표현할 수 있다. 그래서 종이류를 활용한 미술활동은 아동에게 흥미 유발과 다양한 창의적인 활동을 할 수 있게 한다([그림 7-1] 참조). 그렇기 때문에 교사는 아동에게 적합한 종이를 제공해야 아동은 미술에 대한 즐거움과 성취감을 느낄 수 있다.

종이류에 대해 구체적으로 살펴보면 다음과 같다.

- 색지와 색종이는 다양한 색이 있는 대표적인 종이로 단면과 양면으로 다양한 크기의 접기, 오리기, 붙이기, 꾸미기가 가능하다.
- 마분지는 두꺼운 도화지로 앞면은 하얀색이고 뒷면은 회색으로 되어 있으며, 앞면은 미끈거리는 느낌이 있어서 상자 만들기, 책표지 만들기에 활용된다.
- 켄트지는 가장 많이 사용하는 도화지로 그림을 그릴 때 이용하며, 스케치북이 포함된다.
- 머메이드지는 고운 물결 패턴으로 표면에 은은한 물결 느낌으로 되어 있으며, 겉표지나 카드 제작에 활용된다.
- 주름지는 종이에 주름을 넣어 신축성 있게 늘리거나 잡아당길 수 있으며, 포장이나 커튼, 인형 옷 꾸미기에 활용된다.
- 화선지는 흡수성이 좋아 붓글씨를 쓰거나 번지기를 표현할 때 활용된다.
- 파인애플지는 파인애플 껍질 같은 울퉁불퉁하고 독특한 엠보싱 무늬가 있어 질감 표현을 할 때 활용하면 좋다. 단, 본래의 질감을 느끼기 위해서는 시트지를 싸지 않는 것이 좋다.
- 구김지는 표면이 구겨진 듯한 독특한 무늬와 질감을 지닌 종이로 포장이나 입체적인 종이공예, 환경 구성에 활용된다.
- 타공지는 일정 간격 구멍이 뚫어져 있어 조명, 상자, 트리, 방향제 만들기에 활용된다.
- 크라프트지는 대표적인 색은 갈색으로 표면이 거치며 종이의 재질이 강하여 포장, 쇼핑백, 택, 명함, 커버 만들기에 활용된다.
- 골판지는 종이에 골이 파여 직선이나 물결 모양의 무늬가 있으며, 골이 안으로 말리는 특성이 있어 입체 모양을 표현하거나, 다른 재료와 함께 혼합하여 활용한다.
- 거울지는 거울 효과를 낼 수 있는 반사지로 거울 만들기나, 교실 벽면에 거울 대신 활용한다.
- 셀로판지는 얇은 필름으로 여러 가지 색깔의 비닐로 되어 있으며, 여러 개를 서로

겹쳐 색 놀이, 안경 만들기에 활용된다.

- 사포지는 모래 알갱이가 붙어 있는 까칠까칠한 종이로 거친 사포와 고운 사포가 있으며, 밤을 표현하거나 거친 느낌을 표현할 때 활용한다.
- 한지는 닥나무 껍질 등의 섬유를 원료로 만든 것으로 촉감이 부드러우며, 통풍성이 강하다. 또한 다양한 색상이 있고 물의 흡수가 빨라 물풀을 주로 사용하며 손으로 찢어서 붙일 수 있어서 탈 꾸미기, 등 만들기, 필통 만들기 등에 활용된다. 작품 완성 후 목공풀이나 광택제를 사용하면 더 단단해지고 윤이 나서 오래 보관이 가능하다.
- 하드보드지는 종이를 여러 장 겹쳐 놓은 합지류로 두꺼운 도화지(마분지)와 비슷하나 그 자체가 더 단단하고 강하여 상자, 책 표지, 모형, 액자 등에 활용된다.
- 미농지(트레싱지)는 투명도가 높고 표면에 긁힘이 적어 쉽게 지우고 다시 그릴 수 있으며 반투명 종이로 뒷면이 비친다. 설계 제도나 다른 그림을 따라 그릴 때 활용된다.
- 습자지는 일반 종이와 다르게 매우 얇고 부드럽고 가벼우며, 흡수성이 강하여 물에 닿으면 번지면서 색이 빠진다. 포장이나 꽃 만들기 등에 활용된다.

한지로 부채 만들기

색종이 접기로 액자 만들기

사포에 밤 표현하기

●그림 7-1● **종이류를 활용한 미술활동**

종이류 재료활동 시 주의 사항은 다음과 같다.

- 교사는 아동의 다양한 미술표현을 위하여 사각 형태의 종이 이외에도 동그라미, 세모 등의 여러 형태의 종이와 기하학적 모양을 다양하게 제공해야 한다(류재만, 1996). 특히, 다양한 형태의 종이를 한번에 제공하기보다는 각 형태의 특성과 친숙성을 고려하여 점차 종류를 늘려 제공(김정, 조정숙, 2001)하는 것이 좋다.
- 교사는 아동이 사용하고 남은 종이를 보관할 수 있는 바구니를 제공해야 한다. 이

는 아동이 바구니에 사용하고 남은 종이를 다양한 크기, 색깔, 두께, 무게, 질감, 광택 등으로 분류하면서 아동이 사용한 종이의 특성을 탐색하고 창의적인 표현을 할 수 있도록 다양한 종이를 제공하기 위해서이다.

- 교사는 아동의 미술활동에 적합한 크기의 종이를 제공해야 한다. 어린 아동의 경우 종이의 크기가 커야 하므로(양경희, 2008), 적어도 16절지 또는 8절지를 제공하는 것이 적합하다([그림 7-2] 참조). 실내 바닥이나 벽에 4절지나 2절 전지를 붙여 주는 것도 바람직하다.

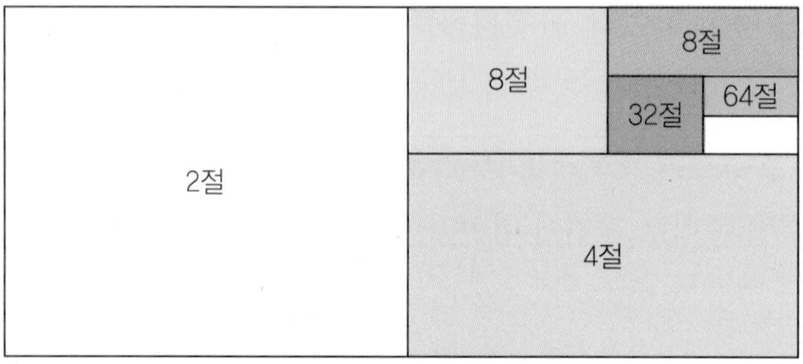

●그림 7-2● **종이 사이즈(절수)**
* 4×6 전지(1,091×788mm 기준)

종이 재료를 활용한 그림책들은 다음과 같다(〈표 7-2〉 참조).

표 7-2 종이 재료를 활용한 그림책

〈하늘을 나는 배, 제퍼〉	〈태양으로 날아간 화살〉	〈마법사 압둘 가사지의 정원〉	〈종이아빠〉

② 점토

점토는 아동의 오감을 통합적으로 자극시킬 수 있어 미술활동에서 선호하는 재료 중 하나이다. 그리고 평면 재료에서 느낄 수 없는 질감과 촉감을 가지고 있어 감각적인 경험을 할 수 있게 하고, 입체감과 유연감을 통해 입체적 조형활동의 즐거움을 느끼게 해 준다([그림 7-3] 참조). 또한 자연의 본질과 가장 가까운 재료로 주무르고, 밀고, 뭉치고, 굴리면서 아동의 긴장감을 해소시켜 주며, 비정형화된 재료의 활동을 통하여 정서적 안정감을 경험할 수 있게 한다(조윤경, 2005).

미술활동에서 가장 많이 사용되는 점토류는 찰흙, 지점토, 컬러점토, 폴리머 점토, 유토, 고무찰흙 등이 일반적이다. 이러한 점토의 특성을 살펴보면, 첫째, 찰흙은 사용 후 마르기 전에 밀봉 상태로 보관하면 장시간 사용이 가능하다. 찰흙으로 만든 작품은 그늘에서 말려야 하며, 물감은 작품이 완전히 마른 뒤에 칠해야 한다. 단, 쓰고 남은 찰흙은 습기를 보충하여 랩으로 밀봉하여 보관하고, 이미 굳은 찰흙은 물을 뿌려 질퍽한 상태로 만든 후에 다시 사용할 수 있다.

둘째, 지점토는 종이찰흙이라고 불리는데, 신문지나 헌 종이를 잘게 찢어서 물에 적신 후 풀을 섞어 만든 점토로 공예작품 만들기에 활용된다. 지점토는 일단 굳으면 쉽게 부서지지 않는 특성을 가지고 있어 굳은 다음 수채화 물감, 포스터물감, 아크릴 물감 등 다양한 물감으로 색칠하여 표현할 수 있다.

셋째, 컬러점토는 공기에 노출되어도 쉽게 굳지 않고 여러 가지 색의 점토를 혼합해서 사용할 수 있고, 아동들이 쉽게 접할 수 있도록 폴리머 점토(아이클레이), 고무찰흙, 유토 등의 여러 가지 재질로 제공된다. 특히, 유토는 기름기 있는 찰흙으로 스톱모션 애니메이션에 쓰이는 컬러찰흙으로 세밀하게 만들 수 있고, 잘 굳지 않아 재사용이 가능하다.

점토를 활용한 미술활동을 할 때 영아의 경우 모든 걸 입으로 먼저 확인하기 때문에 〈표 7-3〉과 같이 밀가루, 땅콩버터, 식빵, 전분을 이용하여 점토를 만들어 사용할 수 있다. 영아는 발달 순서에 따라서 안전성을 고려한 밀가루 점토로 시작하여 점차 찰흙,

석고로 손 만들기

컬러점토 꾸미기

점토와 컬러점토 만들기

●그림 7-3● **점토류를 활용한 미술활동**

지점토, 컬러점토를 제공하는 것이 좋다. 단, 밀가루, 땅콩버터, 식빵, 전분과 같은 식재료로 만든 점토는 시간이 지나면 부패하므로 밀봉하여 냉장고에 보관하고 일정 기간 동안 사용한 후에는 폐기하도록 한다.

표 7-3 영유아 점토 재료의 분류 및 특징

점토 종류	제작 방법	특징
밀가루 점토	밀가루에 물, 소금, 과일 주스나 채소즙을 섞어 반죽한다.	밀가루 반죽은 매우 부드럽고 탄력이 좋으며, 채소나 과일즙을 섞어 후각이나 시각을 함께 자극할 수 있다.
땅콩 버터 점토	땅콩버터에 전지분유 가루를 섞어 반죽한다. 점토의 끈기는 꿀이나 물엿을 이용하여 조절한다.	일반적인 찰흙과 비슷한 촉감을 제공할 수 있으며, 어린 영아들에게도 제공이 가능하다. 또한 땅콩버터의 종류에 따라 입자가 있는 경우와 없는 경우 각각 다른 촉감을 경험할 수 있다.
식빵 점토	식빵에 레몬즙이나 물을 섞어 반죽한다.	식빵점토는 그 촉감이 거칠고 점성이 약한 반면, 테두리 부분은 탄력성이 있다.
전분 점토	전분을 뜨거운 물로 익반죽한다. 색을 내고 싶을 때는 식용 색소를 사용할 수 있다.	전분점토는 밀가루와는 다르게 미끈한 촉감과 반투명성을 지니므로 영아들이 밀가루와는 또 다른 촉감을 경험할 수 있다.

출처: 조윤경(2005).

점토 재료활동 시 주의 사항은 다음과 같다.

- 교사는 점토 작업을 할 때 아동이 두 손에서 조작이 가능한 크기로 점토를 제공해야 한다(이현아, 2006). 점토의 특성상 잘 마르기 때문에 점토가 마를 경우 활동이 진행되기 어렵고 아동이 만들기의 성취감을 느끼지 못할 수도 있기 때문이다.
- 교사는 점토 작업 시 아동이 자유롭게 주무르고, 뭉치고, 부시면서 아동의 생각과 감정을 표현할 수 있도록 유도해야 한다.
- 교사는 점토 사용 시 주의할 점을 아동들과 먼저 살펴보아야 한다. 영아의 경우 먹을 수 있고, 유아의 경우는 뭉쳐서 던지며 장난을 치면 사고가 발생할 수 있다는 것을 지도해야 한다.
- 교사는 점토 작업 시 책상에 비닐을 깔아 주고, 점토가 옷에 묻을 수 있으므로 미술용 앞치마와 팔토시를 준비해야 한다.

점토 재료를 활용한 그림책들은 다음과 같다(〈표 7-4〉 참조).

표 7-4 **점토 재료를 활용한 그림책**

〈콧구멍을 후비면〉	〈주무르고 늘리고〉	〈나무는 참 좋다!〉

(2) 채색 재료 및 도구

로웬펠드는 영유아가 근육을 통제하여 스스로 손에 무언가를 쥘 수 있는 난화기(2~4세)가 되면 목적 없이 손에 잡히는 대로 끼적이며 그 흔적을 남기다가, 전도식기와 도식기(4~9세)가 되면 물감과 붓, 크레파스, 찰흙 등을 접하게 되고 그에 대한 관심을 나타내기 시작한다고 하였다. 이렇듯 아동은 미술활동을 위해 채색 재료와 도구에 관심을 가지고 다루어 봄으로써 활동작품에 대한 만족감과 즐거움을 느끼게 된다([그림 7-4] 참조).

연필로 끼적이기　　크레파스로 끼적이기　　명화 따라 그리기

●그림 7-4● **발달에 따른 미술활동**

① 채색 재료

채색 재료는 아동이 본 것, 느낀 것, 생각한 것 등의 경험에 대해 종이에 무엇인가를 그리기로 표현할 수 있도록 도와주는 중요한 매개체이다(황이재, 홍순옥, 안영혜, 2014).

아동은 채색 재료를 이용하여 자신이 생각한 이미지를 쉽게 표현할 수 있고 다양한 색상을 이용함으로써 감정을 더 구체적으로 표현할 수 있다([그림 7-5], [그림 7-6] 참조).

아동이 가장 쉽게 접할 수 있고 미술활동에서 많이 사용하는 채색 재료는 크레파스, 색연필, 연필이다.

첫째, 크레파스는 아동이 자신의 감정을 다양한 색으로 표현하고 부드럽게 그릴 수 있으며, 넓은 면을 쉽게 색칠할 수 있어 주로 선호하는 재료이다. 크레파스를 처음 사용하는 아동에게는 5~7가지 색을 제공하고 점차 색상 수를 늘려 가는 것이 좋다. 특히, 영아의 경우는 입으로 탐색할 수 있기 때문에 '무독성', '손으로 잡기 편한 크기', '잘 부러지지 않는 것'을 제공하는 것이 좋다.

둘째, 색연필은 손에 잘 묻지 않고 색이 번지지 않으며 크레파스에 비해 선이 가늘게 표현되기 때문에 기관에서 쉽게 사용하고 선호한다. 또한 물과 결합되면 수채화 물감처럼 번지는 수채 색연필도 있다.

셋째, 연필은 미술활동에서 기본적인 재료로 스케치를 할 때 사용하거나 연필만(드로잉)을 이용하여 표현할 때 많이 사용하며, 지우개로 지울 수 있다는 것이 장점이다. 연필은 연필심의 표시에 따라 용도가 달라지는데 그림을 그릴 때는 B, 2B 연필을 주로 사용한다.

크레파스 이용하여 스크래치　　색연필로 색칠하기　　연필(목탄)로 공 표현하기

●그림 7-5● **크레파스, 색연필, 연필을 활용한 미술활동**

그 밖에 채색 재료는 사인펜, 파스텔, 물감 등이 있다. 사인펜은 다양한 재료에 그리기를 할 수 있으며, 색이 선명하고 가늘게 표현을 할 수 있어 아동들이 선호하는 재료이다. 사인펜은 수성 사인펜과 유성 사인펜으로 구분되며 수성 사인펜은 물이 닿으면 번지는 성질을 가지고 있고, 유성 사인펜은 휘발성으로 날아가는 성질이 있어 사용할 때 뚜껑을 꼭 닫도록 지도해야 한다.

파스텔은 손이나 휴지, 솜 등으로 문질러 부드럽고, 가벼운 느낌을 표현할 때 사용한다. 파스텔의 특성상 가루가 묻어나기 때문에 아동이 힘을 주어 만지거나 색칠하지 않도록 하고 지도하고, 파스텔로 그림을 그린 후 픽서를 뿌려서 보관한다.

물감은 수채화 물감과 포스터물감이 있다. 이외에 아크릴 물감, 마블링 물감, 염색 물감, 유화 물감 등이 있으며, 활동에 따라 다양한 물감의 경험을 제공할 수 있다. 물감을 제공할 때는 기본 색상을 먼저 준비하고 충분히 탐색한 후 다양한 색을 제공한다. 영아의 경우는 물감을 사용할 때 옷에 묻어도 잘 지워지는 물감 또는 도트 물감을 활용한다. 도트 물감은 영아가 쉽게 찍기를 하면서 물감을 활용한 미술활동을 할 수 있으며, 영아가 쉽게 잡아서 사용할 수 있게 플라스틱 약병 통을 이용하여 만들어 활동할 수 있다. 도트 물감 만드는 방법은 아래와 같다(〈표 7-5〉 참조).

채색 재료를 제공할 때 교사는 크레파스와 색연필, 연필을 아동이 개별적 혹은 공동으로 편하게 사용할 수 있도록 작은 바구니, 우유팩 등의 용기에 담아 제공하며 아동이 다양한 채색 재료를 접할 수 있도록 준비해 주어야 한다([그림 7-7] 참조).

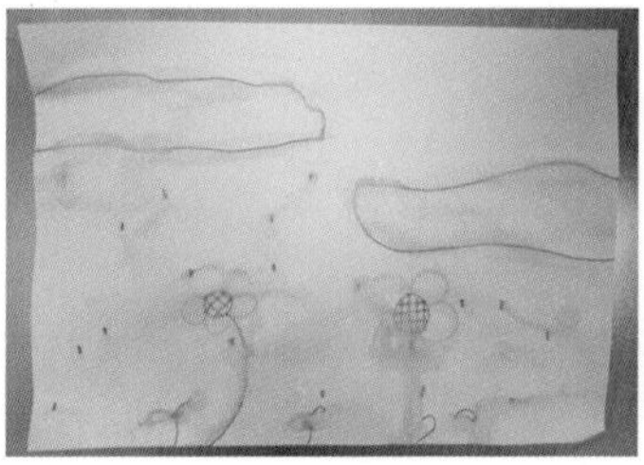
사인펜 번지기

물감 찍어 꾸미기

물감 그리기

●그림 7-6● **사인펜과 물감을 활용한 미술활동**

표 7-5 도트 물감 만들기

	도트 물감은 통을 사용하여 영아가 쉽게 물감 찍기를 할 수 있는 것으로 플라스틱 약병에 물감을 넣어 활동할 수 있다. * 도트 물감 만들기 –도트 물감은 다 쓴 물풀 통(약통)에 물을 섞은 물감을 넣어서 만들거나, 물풀 1/3 정도에 물감 2/3을 채워서 만들 수 있다.

●그림 7-7● **바구니에 채색 재료를 제시한 미술환경**

② 오리기 & 접착 도구

도구는 미술활동에서 재료 다음으로 중요한 요소 중의 하나이다. 미술활동에서 도구의 역할은 아동이 재료의 형이나 색에 의해 이미지를 얻고 창의적으로 재료를 표현할 수 있도록 하여 작품이 완성되게 하는 것이다(박주영, 2001). 아동은 오리기와 접착 도구를 이용하여 미술활동의 완성도를 높일 수 있다([그림 7-8] 참조). 따라서 교사는 아동이 사용하는 재료의 특성에 적합한 도구를 제공해야 하며, 보관 시 바구니에 정리하여 아동이 쉽게 사용할 수 있도록 해야 한다([그림 7-9] 참조).

오리기 도구에는 대표적으로 가위가 있다. 아동이 섬세하게 조작할 수 있을 정도로 소근육이 발달하고, 눈과 손의 협응력도 높아져야 오리기 도구를 사용하는 활동이 가능하다. 가위는 끝이 날카롭기 때문에 아동에게 가위를 제공하기 전에는 충분한 연습이 필요하다. 따라서 교사는 아동에게 가위 사용 시 주의 사항에 대해 반드시 지도해야 한다. 또한 아동용 가위는 끝이 날카롭지 않고 뭉툭한 것으로 제공하고, 보관 시에는 가위 꽂이에 넣어 보관해야 한다.

미술활동에서의 마무리는 접착 도구의 사용이라고 할 수 있다. 접착 도구는 재료의 특성에 따라 사용하는 종류가 달라진다. 그렇기 때문에 교사는 아동이 작품을 표현하고 완성할 수 있도록 재료와 적합한 접착 도구를 제공해야 한다.

접착 도구는 풀, 테이프, 본드 등이 있는데 풀은 종이류를 붙이거나 고장할 때 사용하며 고체풀(딱풀)과 물풀, 녹말풀, 밀가루풀, 반짝이풀 등이 있다. 풀을 사용할 때 소근육 발달이 부족하여 힘 조절이 안 되기 때문에 물풀을 먼저 사용하고 고체풀을 추후에 사용하는 것이 좋다. 또한, 영아의 경우는 녹말풀을 사용하여 풀의 특성을 먼저 알아보는 것도 좋다. 테이프는 대부분 비닐 제질로 되어 있으며 표면이 매끄럽고 코팅된 종이류,

두꺼운 종이류를 고정할 때 사용한다. 테이프는 투명테이프, 종이테이프, 양면테이프 등으로 사용하는 용도에 적합한 것을 사용하는 것이 좋다. 본드는 평면표현이 아닌 입체표현을 할 때 많이 사용하는 도구로 고정력이 강하여 입체 재료를 고정할 때 사용하며 풀과 테이프로 고정이 되지 않는 재료에 사용한다. 본드는 미술 재료의 특성에 따라 목공용 본드, 금속용 본드, 우드록 본드, 스프레이 접착제, 순간접착제 등이 있다. 또한 스프레이 접착제(픽서)는 파스텔, 연필, 크레파스 등과 같이 작품이 지워질 수 있을 경우 표현작품을 고정할 때 사용한다. 단, 픽서를 사용할 경우 교사는 개방된 곳에서 아동과 마스크를 쓰고 사용해야 하며, 교사가 함께 동행하여 사용할 수 있도록 지도해야 한다.

오리고 붙이기　　딱풀로 붙이기　　목공본드로 붙이기

●그림 7-8● **오리기와 붙이기 미술활동**

●그림 7-9● **바구니에 오리기와 접착 도구를 제시한 미술환경**

채색 재료와 도구를 활용한 그림책들은 다음과 같다(〈표 7-6〉 참조).

표 7-6 다양한 채색 재료와 도구를 활용한 그림책

〈달려〉	〈빨강: 크레용의 이야기〉	〈까만 크레파스〉	〈우리는 벌거숭이 화가〉

〈톡〉	〈물의 여행〉	〈마티스의 정원〉	〈눈 오는 날〉

(3) 자연물 재료

자연물은 아동의 오감을 자극하고 아동이 직접 경험하고 조작할 수 있는 재료로, 아동에게 가장 좋은 교육적 경험을 제공해 준다. 특히, 자연에서의 다양한 경험은 아동의 적응 행동과 감각운동 발달, 심미감과 의사소통 기술 발달, 인지발달에 많은 도움을 준다(Wilson, 1995). 그리고 조형의 일반적인 특성인 점, 선, 면, 명암, 양감, 질감, 색채를 모두 가지고 있어 아동이 창의적인 표현을 할 수 있다(함근아, 2017). 이렇듯 자연은 계속적인 계절 변화를 통하여 끊임없이 새로운 자연물을 만들어 내고 아동에게 다양한 미술 재료를 제공한다. 즉, 자연물을 활용한 미술활동은 아동에게 자연의 순환성을 알려 주고, 환경친화적 태도를 형성하도록 도와준다(서민정, 박성혜, 김정주, 2009). 또한 교사에게는 아동의 미술활동 재료를 준비하는 시간을 단축시킬 수도 있는데(유경숙, 2014) 이는 자연물이 [그림 7-10]처럼 주변에서 쉽게 구할 수 있는 재료이기 때문이다.

계절 나뭇잎

돌, 솔방울, 나뭇가지

●그림 7-10● **자연물 재료 수집**

교사는 자연물을 보관할 때 씨앗류, 곡식류, 열매류, 나뭇가지, 갈대, 나뭇잎, 솔방울, 조약돌, 견과류, 조개껍질, 흙, 모래 등을 투명 용기나 바구니에 종류별로 분류하여 라벨링을 한 후 제시해야 한다. 그리고 자연물에 대해 '아동이 흥미를 가질 수 있는가?', '아동이 주변에서 쉽게 접할 수 있는가?', '아동이 안전하게 수집하고 다룰 수 있는가?', '미술활동에 효과적으로 사용할 수 있는가?'를 고려(손혜경, 손은경, 2016)하여 자연물을 준비해야 한다. 특히, 최근 유아교육기관에서는 우리 주변에서 쉽게 찾을 수 있는 자연물[돌멩이, 곡식, 씨앗, 나뭇잎, 꽃, 솔방울, 나무껍질(나뭇조각)], 달걀껍질, 짚, 갈대, 열매, 채소, 나뭇가지, 조개껍데기 등을 활용하여 아동이 다양한 입체활동이나 콜라주를 경험할 수 있게 제공한다([그림 7-11] 참조).

나뭇가지, 솔방울 꾸미기

곡식, 돌, 나뭇가지 꾸미기

달걀껍질, 솔방울, 솔잎 꾸미기

●그림 7-11● **자연물을 활용한 미술활동**

자연물 재료를 활용한 그림책들은 다음과 같다(〈표 7-7〉 참조).

표 7-7 자연물 재료를 활용한 그림책

〈악어 엄마〉	〈뻐꾸기 엄마〉	〈숲속 재봉사〉	〈숲속 재봉사의 꽃잎 드레스〉

(4) 재활용품 재료

재활용품 재료는 주변에서 쉽게 구할 수 있는 빈 종이상자, 우유팩, 신문지, 플라스틱 용기(음료수 통) 등으로 다루기 쉽고, 간단하게 가공할 수 있는 재료들이다. 이러한 재료는 아동이 창의적인 시각으로 작품을 구성하고 설계하며 기존의 형태가 아닌 새로운 사고의 전환을 시도할 수 있게 한다(도유미, 2005). 또한 재활용품을 이용한 미술활동은 새로운 재료의 발견으로 아동에게는 새로운 표현을 통한 미술의 한계를 넓힐 수 있는 가능성을 제시해 주고 내면의 기쁨과 새로운 창작 의욕을 준다(조희경, 2006)([그림 7-12] 참조). 반면 재활용품을 많이 제시하면 아동이 선택하여 사용하기 어렵고 오히려 표현하는 데 장애로 작용될 수 있으므로 교사는 아동이 예측 가능하게 유사한 종류별로 재활용품을 구분하여 정리한 다음 제공하는 것이 좋다([그림 7-13] 참조).

재활용품 재료 활동 시 주의 사항은, 첫째, 주변에서 쉽게 구할 수 있는 재료 위주로 모아 두거나, 가정통신문을 통하여 가정과 연계를 하여 필요한 재활용품을 제공 받도록 도움을 청한다. 둘째, 교사는 잡지나 신문지를 받침종이로 사용할 경우 낱장으로 구분해 놓아야 한다. 또한, 교육적으로 바람직하지 않은 그림이 있는 것은 미리 제거해 놓아야 한다(양경희, 2008). 셋째, 음료수 통이나 화장품 용기, 우유팩과 같이 내용물이 있던 재활용품은 미리 세척하여 햇빛에 말려 두어야 한다.

빨대 꾸미기　　스타킹과 천으로 꾸미기　　분유통 꾸미기

●그림 7-12● **재활용품 재료를 활용한 미술활동**

●그림 7-13● **재활용품 종류별로 바구니에 분류하여 제시**

① 신문지, 전단지, 잡지류

신문지와 전단지, 그리고 잡지류는 활자와 사진을 접할 수 있는 종이 재활용품으로 자르거나 접고, 찢거나 붙이는 다양한 표현 방법이 가능하다. 활자와 사진은 부분이나 전체를 이용하여 새로운 화면을 표현하는 데 활용할 수 있다. 이것은 슈비터스의 작품에 나타난 콜라주 기법에서 확인할 수 있다([그림 7-14] 참조). 문자 패턴의 종이를 콜라주에 활용함으로써 아동이 글자의 모양에 관심을 갖게 할 수 있다.

슈비터스 〈Mz 94. Grünfleck〉(1920)

●그림 7-14● **다양한 종이를 활용한 콜라주 표현**

② 우유팩

우유팩은 다 마신 우유팩을 재활용하여 사용하는 것으로 사각기둥 형태를 그대로 보존한 상태에서 표현할 수 있고, 사각 기둥을 분해, 해체하여 전혀 다른 형태로도 표현이 가능하다. 또한 형태를 단독 또는 여러 개를 접착시켜 연결된 표현을 할 수도 있다. 우유팩은 그 자체가 내수성에 강해서 물에 직접 닿는 배나 물 로켓 등의 표현이 가능하다.

③ 종이상자

종이상자는 물건 포장 용도로 사용한 후 재활용한다. 종이상자는 형태적인 면에서 부피가 있어 조형적 특징을 살려 입체적인 표현에 사용할 수 있으며, 우유팩과 유사한 구조를 가지고 있어 상자 원래의 형태를 그대로 활용하거나 형태를 분해, 해체 또는 여러 개를 연결하여 전혀 다른 형태의 표현도 할 수 있다.

④ 종이컵과 휴지심

종이컵과 휴지심은 우리 생활에서 가장 많이 사용하고 쉽게 구할 수 있는 것으로 재활용품 중 가장 많이 사용하는 미술 재료이다. 특히, 휴지심은 헌 신문지나 잡지 등에서 재생된 마분지가 주성분으로 휴지심을 미술 재료로 사용했을 경우 휴지심의 원통 구조를 효과적으로 살려 표현할 수 있다.

⑤ 플라스틱 용기

플라스틱 용기는 우리 주변에서 쉽게 구할 수 있는 재활용품으로 음료수통, 화장품 용기, 포장음식 용기, 약통 등이 있고, 다양한 모양을 가지고 있어 아동이 자신의 생각을 다양하게 표현할 수 있다. 그리고 종이상자보다 내구성이 좋아 오래 유지되며 작품을 단단하게 표현할 때 사용하면 좋다.

그 밖의 재활용품의 종류는 〈표 7-8〉과 같다.

표 7-8 재활용품 종류

상자류	과자상자, 신발상자, 선물상자, 약품상자, 큰 박스
원통형	쿠킹포일 속대, 화장지 속대, 과자 담은 콩, 빈 깡통, 분유통
스티로폼	음식 담은 스티로폼, 스티로폼 상자, 포장용 스티로폼
플라스틱	화장품 용기, 요쿠르트 통, 젤리 통, 약통, 아이스크림 숟가락, 병뚜껑, 플라스틱 용기, 음식 담는 용기
의류	헌 옷, 자투리 옷감, 스타킹, 양말, 장갑
종이	우유팩, 자투리 종이, 벽지 샘플 책, 신문, 잡지, 계란 판, 봉투(편지, 서류), 종이컵
기타	아이스크림 막대, 나무젓가락, 음식 재료, 단추, 빨대

재활용품 재료를 활용한 그림책들은 다음과 같다(〈표 7-9〉 참조).

표 7-9 재활용품을 활용한 그림책

〈바람은 놀라워!〉	〈내가 미안해!〉

2. 아동미술교육을 위한 설비와 환경

미술활동을 위한 공간은 아동이 자유롭게 탐색하며 창의적으로 표현하고 감상하는 데 불편함이 없도록 구성되어야 한다. 또한 공간이 효과적으로 운영되기 위해서는 물리적 환경이 잘 구비되어야 한다. 이에 프로스트(Frost, 1992)는 교실 흥미 영역을 조용하고 건조한 곳/활동적이고 건조한 곳/조용하고 물이 있는 곳/활동적이고 물이 있는 곳의 네 공간으로 구분하여, 이 중 제3지역인 '조용하고 물이 있는 곳'을 미술 영역([그림 7-15])으로 배치하는 것이 바람직하다고 하였고, 헤리퍼드와 샬(Hereford & Schall, 1991)은 통행의 흐름, 청소의 용이성, 바닥소재, 물, 조명, 잡음 수준, 공간의 크기, 심미성 등이 고려된 곳을 미술 영역으로 배치해야 된다고 하였다(Hendrick, 1994).

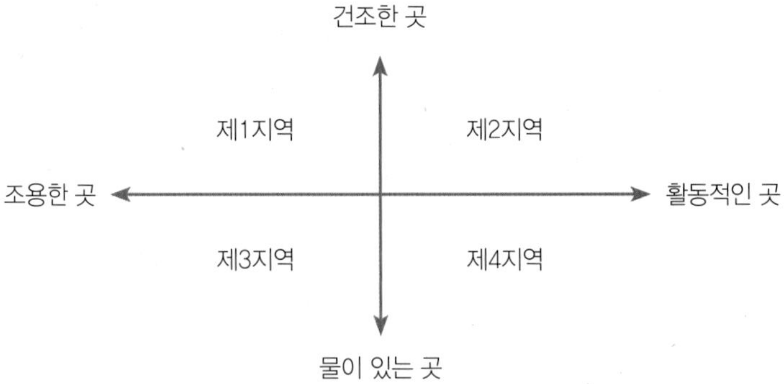

●그림 7-15● **Frost(1992)의 교실 공간 구성 기준**

미술교육을 위한 공간 구성에 대해 국가수준 교육과정에서 살펴보면, 0~1세의 경우 영아를 위한 미술 공간은 감각 및 탐색 영역에서 이루어지며 구체적인 미술 재료를 제시하지 않는다. 다만 영아의 소근육 발달을 위하여 벽면에는 끼적이기 판을 제공하여 영아가 끼적이기를 할 수 있도록 한다. 2세의 경우 교실 내 미술 영역이 독립적으로 처음 구비되는 연령으로 미술활동에 흥미를 가질 수 있도록 다양한 미술 재료를 제공하는 것이 중요하다. 3~5세의 경우 미술표현과 감상이 활발히 일어나는 시기로 미술표현 기법과 재료를 탐구할 수 있도록 다양한 종류의 재료를 제공하며, 작품 전시와 감상을 위한 공간도 함께 제공한다.

1) 탐색을 위한 공간

아동의 창조적인 미술활동은 주변 환경 및 재료에 대한 이해와 탐구가 선행될 때 가능하다. 즉, 오감을 자극하도록 다양한 질감과 형태를 지닌 미술 재료를 제공해야 하고, 그 외에도 디지털카메라, 라이트테이블 등을 지원하여 아동이 미술 재료에 대한 다양한 탐색을 해 볼 수 있는 기회를 제공해야 한다. 또한 미술 재료를 탐색할 공간은 별도로 마련된 공간을 제공하기보다는 교실을 비롯한 기관의 모든 실내외 환경을 탐색을 위한 공간으로 활용하는 것이 바람직하다.

2) 작업활동을 위한 공간

작업활동 공간은 아동의 자발적인 참여가 빈번히 일어나는 곳으로 개별적인 미술활동과 협동적인 미술활동이 충분히 이루어질 수 있는 공간을 제공해야 한다. 그리고 교사는 아동이 시간 내에 완성하지 못한 작품을 보관할 수 있도록 바구니를 제공해 주어 아동이 스스로 활동 시간을 조절할 수 있도록 해야 한다.

첫째, 미술작업을 하기 위한 공간은 먼저 정적이고 햇빛이 잘 들거나 조명이 밝은 곳으로 배치해 준다. 이는 미술의 기본 요소인 '색'을 충분히 느끼고 경험하기 위해서는 빛이 매우 중요하기 때문에 가급적이면 자연채광이 충분한 곳에 공간을 배치하는 것이 좋고, 여건상 자연채광이 충분하지 않은 환경이라면 조명을 적절히 사용하되 인공조명에 의한 그림자가 생기지 않도록 주의한다.

둘째, 미술작업을 할 때는 물을 많이 사용하게 되므로 물이 있는 곳과 가깝게 배치한다. 미술작업은 물을 많이 사용하고 물감이나 풀을 사용하여 손이 더럽혀질 수 있으므로 수도시설이나 화장실이 가까운 곳에 배치한다. 또한 물이나 물감을 자주 쓰기 때문에 바닥이 미끄럽지 않도록 해야 하며, 바닥과 책상 위에 비닐을 깔아 주어 쉽게 닦을 수 있도록 마른 수건과 걸레, 휴지 등을 함께 준비해 주어야 한다.

셋째, 미술작업 공간은 아동들이 빈번하게 다니는 통로가 아니라 교실의 주된 동선에서 벗어나 있어야 한다. 즉, 물을 많이 사용하는 미술활동의 특성상 통로에 배치할 경우 여러 가지 안전사고가 발생할 수 있기 때문이다.

넷째, 미술작업 공간은 아동의 발달수준과 흥미를 고려하여 미술 재료와 도구를 쉽게 사용할 수 있도록 배치해야 한다([그림 7-16] 참조). 또한 미술 재료의 사용법과 유의

●그림 7-16● **작업활동을 위한 공간**

사항은 항상 제시하도록 한다.

3) 작품 전시를 위한 공간

작품 전시를 통하여 아동은 자신의 노력이 소중하게 다루어지고 있음을 인식하고 자신과 다른 사람의 작품을 관찰, 이해, 평가할 수 있으며 교사는 아동에 대해 더 잘 이해할 수 있는 기회이기도 하다. 작품 전시는 평면작품과 입체작품을 모두 전시할 수 있는 공간이어야 하며, 천장, 복도, 현관 입구, 창문 등과 같이 다양한 공간에서 전시가 이루어져야 한다([그림 7-17] 참조). 작품 전시 공간은 아동이 완성한 미술작품을 말리거나 보관할 수 있는 장소와 완성된 작품을 전시할 수 있는 게시판이나 전시대 등이 제공되어야 한다.

아동의 작품을 전시할 때 교사는, 첫째, 아동이 보고 즐길 수 있는 눈높이에 전시하여 아동들이 서로의 작품에 대해 관찰하고 감상할 수 있도록 전시한다. 둘째, 작품의 결과만 제시하는 것이 아니라 과정도 함께 제시해 주어야 한다. 과정을 제시하기 어려울 경우 과정에 따른 사진을 찍어 함께 제시해 주는 것도 좋다. 셋째, 아동이 완성한 작품의 특성이 더 돋보일 수 있는 배경이나 환경판을 제시해 준다. 넷째, 교사가 좋아하는 작품만을 전시하는 것이 아니라 모든 아동의 작품을 동시에 전시해야 하고, 작품 전시가 어려울 경우 조로 나누어서 돌아가며 전시를 해야 한다. 또한 실외공간에 작품을 전시할 경우에는 날씨에 따라 작품에 손상되지 않도록 유의하며 작품에 대한 설명판과 함께 전시하여 다른 사람들의 작품 감상을 돕는다.

●그림 7-17● **작품 전시를 위한 공간(현관 입구, 선반, 복도)**

4) 실외 작업을 위한 공간

실외에서의 미술활동은 아동들에게 해방감을 준다. 아동은 실외에서 흔히 볼 수 있는 재료를 이용하여 돌 위에 그림 그리기, 물감 흘려 벽화 꾸미기 등의 활동을 할 수 있다. 또한 교사는 실외 작업 공간에서 핑거 페인팅, 점토 놀이, 물감으로 그림 그리기 등을 할 수 있는 미술 재료(이젤, 종이, 물감, 다양한 굵기의 붓, 그리기 도구, 목공 도구, 비닐옷, 종이상자, 나무 박스, 점토류, 밀가루 반죽, 톱밥, 나무젓가락, 빨대, 고무밴드, 스티로폼, 모루, 스펀지, 수수깡, 자연물 등)를 구비해 놓으며 친구와 함께 작업할 수 있는 공동 작업 공간도 제공한다. 그리고 실외에서 미술활동을 진행할 때에는 실내공간에서 진행하기 어려운 활동이나 실외공간을 꾸미는 활동도 계획할 수 있으며, 작품을 전시하는 공간으로도 활용할 수도 있다.

최신 연구 ____ 자연 재료를 활용한 아동미술 방법

* 서민정, 박성혜, 김정주(2009). 자연물을 활용한 미술활동이 유아 그림표현력과 환경친화적 태도에 미치는 효과. **한국영유아보육학**, 58, 167-187.
* 함근아(2017). 자연 재료를 활용한 유아미술교육 프로그램이 정서지능에 미치는 영향연구: 전도식기 유아를 중심으로. **아동미술교육**, 16, 1-20.

자연 재료를 활용한 미술활동은 기존의 재료를 활용하여 새로운 것을 만들 수 있게 해 주는 최상의 미술 재료라고 할 수 있다. 그리고 자연에 대한 경험은 유아에게 '보는 눈'과 '미적 인식' 발달에 도움을 주고(안연경, 2008), 유아의 정서 지능과 조형활동에 긍정적인 영향을 미치며(함근아, 2017), 미술 표현력 향상에 효과적(서민정, 박성혜, 김정주, 2009)이라는 연구결과가 나타났다. 본 연구들에서는 자연 재료를 활용한 미술활동 방법 3단계(서민정 외, 2009)와 자연 재료를 활용한 미술 프로그램(함근아, 2017)을 제시하였다.

먼저, 자연 재료를 활용한 미술활동 방법 3단계는(서민정 외, 2009), 첫째, 자연물 탐색하기로 시각적 동기 유발을 위한 단계로 미술활동을 위한 재료를 탐색해 보는 시간을 갖게 하여 이전에 경험한 자연 재료의 느낌, 형태, 색에 대한 이미지 외에도 자연 재료를 깊게 탐색해 보는 시간을 갖게 하고 자연 재료를 활용하여 자신의 작품 내용을 구체적으로 구상할 수 있게 한다. 둘째, 주제에 대한 경험 나누기로 언어적 동기를 유발하는 단계이다. 이때는 대집단의 이야기 나누기를 통하여 표상할 주제에 대해 경험을 공유하며, 자신이 생각한 주제 내용 외에도 주제에 대한 타인의 경험을 공유할 수 있다. 셋째, 자연물을 활용한 미술하기로 운동감각적 동기를 유발하는 구체적인 미술활동을 실시하는 단계이다. 이때는 4~5명이 한 팀으로 실시하며 교사 편안한 분위기에서 상호작용하며 자연물을 충분히 사용하면서 활동을 진행한다.

함근아(2017)는 총 18회기를 통하여 다양한 자연 재료를 활용한 유아미술 프로그램을 제시해 주었다(〈표 7-10〉 참조). 위와 같이 자연 재료를 활용한 미술 방법을 활용해 본다면 아동에게는 자연 재료를 활용한 미술활동에 대한 동기 유발과 자연친화적인 미술활동을 제공할 수 있으리라 기대해 본다.

표 7-10 자연 재료를 활용한 미술 프로그램 구성

회기	자연 재료를 활용한 미술 프로그램 활동명	활동 내용
1회기	주제: 나만의 배 만들기 준비물: 소나무 껍질, 나무줄기, 나뭇잎, 조각도, 칼	소나무 껍질을 조각도를 이용해 배 모양으로 만들고 나무줄기와 나뭇잎을 이용해 배를 만들어 띄운다.
2회기	주제: 밤송이로 고슴도치 만들기 준비물: 밤송이, 밤나무 잎, 가위, 간이 역할극을 위한 도구	나뭇잎과 밤송이의 특징을 이용해 고슴도치를 표현한다.
3회기	주제: 나뭇잎 위에 표정 나타내기 준비물: 여러 가지 색의 감잎, 가위, 거울, 가늘고 딱딱한 식물 줄기	감잎을 오리거나 덧붙여 여러 가지 표정을 나타내 본다.
4회기	주제: 감나무 꽃목걸이 만들기 준비물: 감나무 꽃, 바늘, 실	감나무 꽃을 실에 꿰어 목걸이를 만든다.
5회기	주제: 돌멩이로 시계 만들기 준비물: 돌멩이, 고무찰흙, 아크릴 물감, 지점토, 나뭇가지	둥글고 넓적한 돌멩이와 지점토를 이용하여 시계를 만들어 본다.
6회기	주제: 밤과 솔잎으로 사람 만들기 준비물: 본을 만들 종이, 밤, 솔잎, 글루건	종이로 된 본 위에 밤과 솔잎을 붙여 사람을 꾸며 본다.
7회기	주제: 당근으로 표현하기 준비물: 당근(또는 당면이 둥근 채소), 칼, 책받침이나 종이, 글루건	크고 작은 둥근 원(당근)을 이용해 여러 가지 형태를 표현해 본다.
8회기	주제: 열매로 그림 그리기 준비물: 종이, 연필, 포도	포도를 손가락으로 문질러 나오는 색으로 포도를 표현해 본다.
9회기	주제: 열매로 조형물 만들기 준비물: 꽃사과 열매, 이쑤시개	꽃사과 열매를 이쑤시개로 꽂아 잎을 배열하고 두드려 천 양면에 물을 들인다.
10회기	주제: 봉숭아 물들이기 준비물: 봉숭아 잎, 꽃, 손수건, 신문지, 숟가락, 다리미	손수건 위에 봉숭아 꽃과 잎을 배열하고 두드려 천 양면에 물을 들인다.
11회기	주제: 해바라기 꽃에 사자 얼굴 그리기 준비물: 붓, 물감, 사자 사진	사자를 닮은 해바라기 위에 매직이나 아크릴 물감 같은 도구를 이용해 여러 표정을 그려 본다.
12회기	주제: 채소로 얼굴 표현하기 준비물: 당근, 양파, 상추 등 다양한 채소, 〈사계〉 작품, 종이, 연필, 지우개	'주세페 아르침볼도(Giuseppe Arcimboldo)'의 〈사계〉처럼 채소를 이용해 얼굴을 표현해 본다.
13회기	주제: 가을나무 만들기 준비물: 찰흙, 나뭇가지, 나뭇잎, 책받침	나뭇가지와 나뭇잎을 이용하여 가을나무를 표현해 본다.

14회기	주제: 모빌 만들기	시금치 즙을 이용해 한지를 염색해 실에 꿰어 모빌을 만든다.
	준비물: 시금치, 절구, 절굿공이, 그릇, 흰 한지, 실, 아세톤	
15회기	주제: 해바라기 꽃물로 그림 그리기	해바라기 꽃잎과 잎사귀, 숯을 문질러 얻을 수 있는 색으로 그림을 그려 표현한다.
	준비물: 해바라기 꽃, 초록색 잎, 숯, 종이, 도화지, 앞치마	
16회기	주제: 열매판화	오디를 종이 위에 나열해 형태를 만들고 그 위에 종이를 덮어 판화를 찍어 본다.
	준비물: 종이, 연필, 지우개, 오디	
17회기	주제: 나뭇잎에 그림그리기	나뭇잎 위에 크레파스나 유성매직 등을 이용해 그림을 그려 본다.
	준비물: 커다란 나뭇잎, 유성매직, 크레파스	
18회기	주제: 조개껍질로 표현하기	모래 위에 조개껍질을 이용하여 여러 가지 형태를 표현해 본다.
	준비물: 조개껍질, 돌멩이 등 바라에서 볼 수 있는 것, 카메라	

출처: 함근아(2017). 자연 재료를 활용한 유아미술교육 프로그램이 정서지능에 미치는 영향연구: 전도식기 유아를 중심으로. **아동미술교육**, 16, 1-20.

실습

재활용품과 자연물로 소품 만들기

활동목표	• 재활용품과 자연물을 준비하면서 활동물에 대해 알아본다. • 재활용품을 활용한 작품활동 과정에서 어떻게 표현할지 생각하며 창의력을 키운다.
준비물	솔방울, 돌, 집에서 버려지는 다양한 재활용품, 글루건
활동방법	1. 재활용을 활용한 활동을 하기 전에 아동들과 주의해야 할 점에 대해 이야기 나눈다. 2. 준비해 온 재활용품을 이용하여 무엇을 만들지 이야기해 본다. 3. 활동에 필요한 재료를 미술 쟁반에 올려놓는다. 4. 글루건을 이용할 때는 교사의 도움을 받을 수 있도록 한다. 5. 재활용품을 이용하여 자유롭게 만들기를 하도록 한다.
활동지도를 위한 팁	• 재활용품 수집을 위해 활동하기 1주 전에는 가정통신문에 재활용을 원으로 보내 달라는 안내문을 작성하여 보내야 한다. 교사는 추가적으로 재활용품을 충분히 준비해 두어야 한다. • 음식물이 담겨 있던 재활용품은 원에서 다시 한번 확인하여 세척하도록 한다. 예를 들어, 요쿠르트병, 우유팩은 세척해 왔어도 냄새가 날 경우 물로 씻어서 다시 말려서 사용해야 된다. • 재활용품 활동을 하기 전에 아동들과 주의해야 할 점에 대해 이야기 나누기한다. • 재활용품을 이용하여 만든 소품에 대한 활동과정과 결과물에 대한 발표를 하고 다른 아동들과 이야기를 나누어 본다.
작품 예시	   

참고문헌

김은심, 김정희, 손미애, 유지안(2019). **유아미술교육**. 서울: 학지사.

김정, 조정숙(2001). **유아미술교육**. 서울: 한국방송통신대학교 출판부.

도유미(2005). 재활용품을 이용한 초등 입체표현 지도방안. 전주교육대학교 대학원 석사학위논문.

류재만(1996). 유아 미술활동의 표현 재료와 용구 사용에 관한 연구. **사향미술교육논총, 4**, 245-264.

박라미(2004). 미술교육에서 아동미술 재료 인식변화의 필요성. **아동미술교육, 3**, 17-34.

박주영(2001). 아동발달단계에 따른 표현 재료 및 도구의 적절성에 관한 연구-초등학교 판화 영역을 중심으로-. **미술교육연구논총, 12**(1), 131-155.

서민정, 박성혜, 김정주(2009). 자연물을 활용한 미술활동이 유아 그림표현력과 환경친화적 태도에 미치는 효과. **한국영유아보육학, 58**, 167-187.

서민주, 임부연(2014). 유아 미술활동에서 조형매체를 통한 소통의 의미 탐구. **미술교육논총, 28**, 31-57.

손혜경, 손은경(2016). 유아를 위한 자연물 미술교육프로그램 개발 및 적용효과. **한국콘텐츠학회 논문지, 16**(10), 108-129.

안연경(2008). 산책활동에 기초한 미술활동이 유아의 미술표현에 미치는 영향. **교원교육, 24**(2), 137-152.

양경희(2008). **새로운 개념에 기초한 아동미술교육: 통합적 접근**. 서울: 학지사.

월간 미술 엮음(1999). **세계미술 용어사전**. 서울: 월간미술.

유경숙(2014). 경기지역 유치원의 유아미술활동 실태 및 교사 인식. **아동교육, 23**(1), 5-27.

이정은(2006). 창의적인 미술활동을 위한 재료의 탐색과 교사지침에 관한 연구. **일러스트레이션 포럼, 13**, 189-204.

이현아(2006). 미술 자아개념 척도 개발에 관한 연구. **미술교육논총, 20**(2), 347-381.

조윤경(2005). 영아미술교육에서의 촉감 재료활용에 대한 연구. **아동미술교육, 4**, 91-105.

조희경(2006). 재활용 재료를 이용한 미술치료가 저소득층 아동의 자기 효능감에 미치는 효과. 대구대학교 재활과학대학원 석사학위논문.

함근아(2017). 자연 재료를 활용한 유아미술교육 프로그램이 정서지능에 미치는 영향연구: 전도식기 유아를 중심으로. **아동미술교육, 16**, 1-20.

황이재, 홍순옥, 안영혜(2014). 환상동화를 통한 그림 그리기 활동이 유아의 창의성 및 정서지능에 미치는 효과. **어린이문학교육연구, 15**(4), 267-292.

Arnheim, R. (1974). *Art and Visual Perception-A Psychology of the Creative Eye*. CA: University of California Press.

Eisner, E. W. (1972). *Education Artistic Vision*. New York: McMillan publishing Co., Inc.

Frost, J. L. (1992). *Play and Playscapes*. Albany, NY: Delmar Publishers.

Hendrick, J. (1994). *Total learning: Developmental curriculum for young children* (4th ed.). Macmillan. Upper Saddle River, NJ: Prentice Hall.

Hereford, N. J., & Schall, J. (Eds.). (1991). *Dramatic play: A Practical Guide for Teaching Young Children(Learning Through Play)*. New York, NY: Scholastic Inc.

Wilson, R. A. (1995). Nature and Young Children: A Natural Connection. *Young children*, *50*(6), 4-11.

참고도서

- 하늘을 나는 배, 제퍼/크리스 반 알스버그(글 · 그림), 김서정(옮김)/웅진주니어
- 태양으로 날아간 화살/제럴드 맥더멋(글 · 그림), 김명숙(옮김)/시공주니어
- 마법사 압둘 가사지의 정원/크리스 반 알스버그(글 · 그림), 정회성(옮김)/비룡소
- 종이아빠/이지은(글 · 그림)/웅진주니어
- 콧구멍을 후비면/사이토 타카코(글 · 그림), 안미연(옮김)/애플비
- 주무르고 늘리고/요시타케 신스케(글 · 그림), 유문조(옮김)/스콜라
- 나무는 참 좋다!/바바라 레이드(글 · 그림), 서소영(옮김)/키즈엠
- 달려/이혜리(글 · 그림), 정병규(엮음)/ 보림
- 빨강: 크레용의 이야기/마이클 홀(글 · 그림), 김하늬(옮김)/봄봄 출판사
- 까만 크레파스/나카야 미와(글 · 그림), 김난주(옮김)/웅진주니어
- 우리는 벌거숭이 화가/문승연(글), 이수지(그림)/길벗어린이
- 톡/언주(글 · 그림)/한림출판사
- 물의 여행/송혜승(글 · 그림)/논장
- 마티스의 정원/사만사 프리드만(글), 크리스티나 아모데어(그림), 지혜연(옮김)/ 주니어RHK
- 눈 오는 날/ 에즈라 잭 키츠(글 · 그림), 김소희(옮김)/비룡소
- 악어 엄마/조은수(글), 안태형(그림)/풀빛
- 뻐꾸기 엄마/이형진(글 · 그림)/느림보
- 숲속 재봉사/최향랑(글 · 그림)/창비
- 숲속 재봉사의 꽃잎 드레스/최향랑(글 · 그림)/창비
- 바람은 놀라워!/다니엘 김, 벤자민 김, 리아 임, 지아 리(글 · 그림)/인테그럴
- 내가 미안해!/크리스티앙 볼츠(글 · 그림), 이경혜(옮김)/한울림 어린이

Chapter 08

아동미술의 활동과 방법

1. 탐색활동: 아름다움 찾아보기
2. 표현활동: 창의적으로 표현하기
3. 감상활동: 예술 감상하기

이 장에서는 2019년 7월 발표되어 2020년 3월부터 적용된 2019년 개정 누리과정의 5가지 영역 중 예술경험을 바탕으로 아동미술의 활동과 방법을 제시하고자 한다. 예술경험은 아름다움 찾아보기, 창의적으로 표현하기, 예술 감상하기의 총 3가지 내용범주로 나뉘어 각각의 내용을 제시하고 있다. 여기에서는 아름다움 찾아보기를 탐색활동으로, 창의적으로 표현하기를 표현활동으로, 예술 감상하기를 감상활동으로 정의하여 각각의 목표와 내용 및 지도방법에 대해 알아보고자 한다.

1. 탐색활동: 아름다움 찾아보기

1) 탐색활동의 목표와 내용

목표 자연과 생활 및 예술에서 아름다움을 느낀다.

내용 • 자연과 생활에서 아름다움을 느끼고 즐긴다.
• 예술적 요소에 관심을 갖고 찾아본다.

탐색활동이란 감각적 · 직접적 경험을 통해 주변의 예술적 요소를 찾고 느끼며, 다양한 자료와 도구들을 탐색하는 것을 의미한다. 아동은 자연과 생활 및 예술에서 접하게 되는 다양한 미술적 요소에 대해 주의를 기울이고 반응하면서 아름다움을 느끼고 즐길 수 있도록 성장해야 한다. 따라서 탐색활동에서는 자신의 주변 속 아름다움을 만들어 내는 미술적 요소들이 갖는 특징들을 발견하고 탐색하는 능력을 기르기 위한 내용을 담고 있다. 2019년 개정 누리과정 예술경험 영역에서는 자연과 생활 및 예술에서 아름다움을 느낀다는 목표를 가지고, 자연 및 예술의 모든 영역을 아울러 음악, 움직임 및 춤, 미술의 요소를 자유롭게 탐색하도록 하는 내용을 다룬다. 이를 통해 아동이 자신의 주변 환경 속에 잠재된 아름다움을 발견하고, 적극적으로 탐색하는 태도를 형성하며, 예술표현 및 감상능력을 발달시키는 데 중점을 둔다. 일반적으로 예술적 요소란 선, 모양, 색, 질감, 공간 등으로 정의될 수 있는데, 일상생활과 주변 환경에서도 쉽게 찾아볼 수 있다. 아동이 인식하는 이러한 요소들은 미적 인식을 높여 주고 아름다움에 대한 심미적 태도를 증진시킬 수 있는 중요한 역할을 할 것이다. 따라서 교사는 아동에게 주변 환경을 효과적으로 탐색할 수 있도록 미술의 요소 및 원리를 이해하고 이와 관련된 발문을 할 수 있어야 할 것이다(교육인적자원부, 2005).

(1) 미술의 요소

점, 선, 면, 색 등의 요소들은 미술의 형태를 완성시키는 기본적인 단위이기 때문에, 아동과 교사가 모두 인지해야 할 필요가 있다. 아름다운 예술작품을 감상하고 다양한 미술활동을 통해서 아동은 이러한 요소들과 자연스럽고 쉽게 가까워질 수 있는 기회를 갖게 될 것이다. 더 나아가 자신의 주변 환경 속에서 미술의 기본적인 요소들을 발견하고 새로운 시각으로 바라볼 수 있다면, 아동은 삶 속에서 더욱더 풍부하고 의미 있는 미적 경험을 하게 될 것이다. 조형 요소, 미적 요소, 예술적 요소라고도 불리는 미술의 요소에 대한 구체적인 내용을 살펴보면 다음과 같다.

① 점

점은 작고 동그란 형태를 가지고 있으며, 조형예술의 가장 기본이 되는 단위이다. 모든 형태의 근원이자 출발점은 점에서부터 시작된다. 점 그 자체로는 방향이나 면적을 가지고 있지 않지만, 점의 개수, 점의 크기, 점의 배열 등을 다르게 함으로써 방향성과 움직임, 공간감 등의 다양한 느낌을 표현할 수 있다. 점들 사이의 간격이 좁다면 선처럼 보일 수 있고, 속도감과 방향성을 느낄 수 있다. 반면, 점들 사이의 간격이 넓다면 느린 느낌을 줄 수 있다. 또한 점의 크기가 점점 커질수록 면처럼 보일 수도 있다.

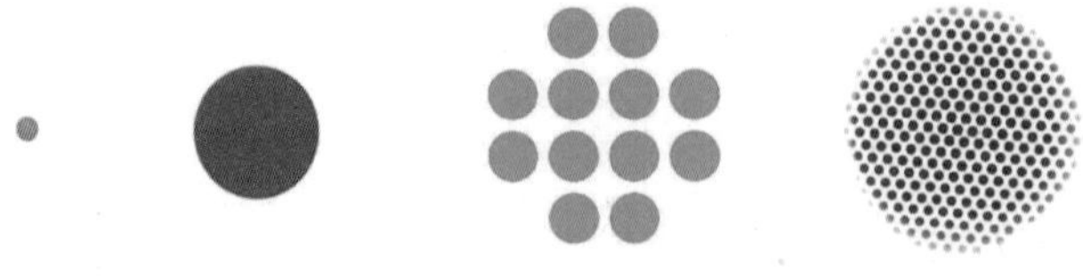

●그림 8-1● **다양한 점의 종류**

② 선

선은 수많은 점들을 연결한 것으로 무수한 점들의 집합이다. 점과 점을 어떻게 연결하느냐에 따라서 직선이나 꼬불꼬불한 곡선이 되어 리듬감, 움직임 등을 느낄 수 있으며, 선의 굵기를 통해서도 가는 선, 굵은 선 등 다양한 선의 형태가 존재하게 된다. 선의 방향에 따라서도 다양한 감정을 일으키는데, 눈을 위아래로 움직이게 하는 수직선은 힘이나 성장 등의 감정, 수평선은 눈을 천천히 움직이게 함으로써 안정, 균형, 고요한 느낌, 대각선은 에너지, 불균형, 긴장 등의 감정을 이야기한다. 따라서 작품을 만들 때 선의 모양, 굵기, 방향 등으로 다양한 느낌과 감정을 전달하며 그림을 완성할 수 있다.

●그림 8-2● **다양한 선의 종류**

③ 면

면은 수많은 선들이 쌓여서 이루어지는 표면이다. 어떤 선들이 만나는지에 따라 평면과 곡면 등의 다양한 모습을 갖게 된다. 평면은 두 개의 수평선과 두 개의 수직선이 이루는 사각형을 의미하고, 곡면은 평평하지 않고 굽은 선이 만나 이루는 모양을 의미한다. 면 자체는 면적을 가진 2차원의 평면을 의미하지만, 면과 면이 만나면 3차원의 입체적인 형태를 가지면서 양감, 부피감을 가지게 된다.

●그림 8-3● **다양한 면의 종류**

④ 형, 형태

형은 우리가 눈으로 지각할 수 있는 점 · 선 · 면으로 구성된 2차원적인 평면 상태의 사물의 생김새 또는 외형을 의미한다. 형태는 형과는 조금 다른 의미를 지니는데, 3차원 입체 상태의 모양으로서 좀 더 넓은 의미를 내포하고 있다. 즉, 동그라미, 세모, 네모 등과 같은 평면적인 형과, 구와 원기둥 등의 입체적인 형태가 있는 것이다. 이렇게 우리에게 익숙하고 기하학적인 형과 형태도 있지만, 나무, 꽃 등과 같은 불규칙적이고 구별하기 어려운 자연의 형태도 있을 수 있다.

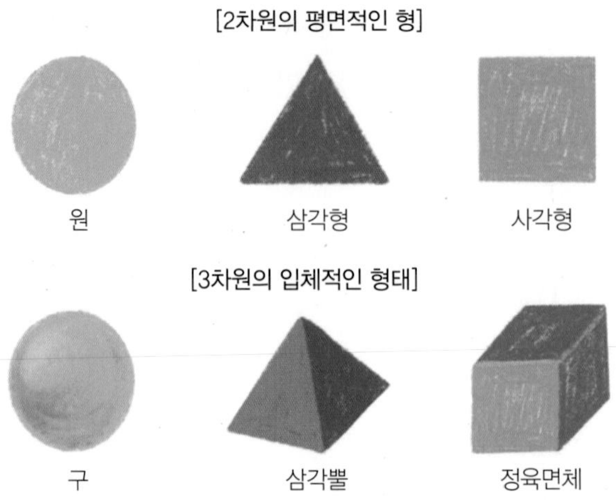

●그림 8-4● **형/형태의 종류**

⑤ 색

색은 이 세상에 존재하는 모든 물체가 가지고 있는 고유한 것으로서, 물체가 빛을 흡수하거나 반사하는 양과 시간, 주변 환경의 색깔 등 여러 가지 요소에 의해서 서로 다른 색을 본다고 느낄 수도 있다. 일반적으로는 무채색과 유채색으로 구분되는데, 흰색, 회색, 검정색 등과 같이 색상이나 채도가 없는 색을 무채색이라고 하고, 그 외의 색은 유채색이라고 한다. 유채색 중에 다른 색을 섞어서 만들 수 없는 빨간색, 노란색, 파란색

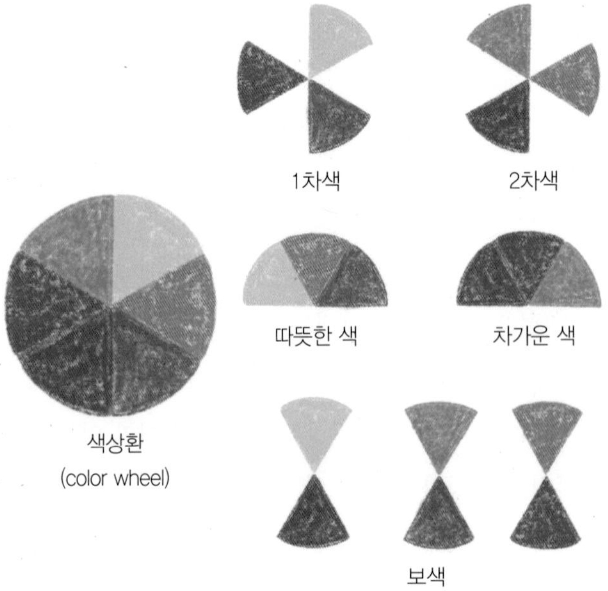

●그림 8-5● **색상환(Color Wheel)**

과 같은 색을 일차색(primary colors)이라고 하고, 두 가지 색이 섞여 만들어진 주황색, 초록색, 보라색은 이차색(secondary colors)이라고 한다. 또한 서로 혼합하면 무채색이 되는 두 색을 보색(complementary colors)이라고 한다(교육인적자원부, 2005).

⑥ 질감

질감은 작품의 표면을 직접 손으로 만졌을 때의 느낌인 '촉각적 질감'과 만지지 않아도 눈으로 보이고 느껴지는 '시각적 질감'을 함께 의미한다. 미술 재료 자체가 가지고 있는 고유의 질감이 있을 수도 있고, 작가가 의도적으로 질감을 표현해 낼 수도 있다. 이러한 질감은 미술 용어로는 '마티에르(matière)'라고 불리기도 한다. 거칠거나 부드러운 표면을 표현하기 위해 작가는 다양한 미술 재료나 기법을 사용할 수 있다. 예를 들면, 우리에게 너무나도 익숙한 빈센트 반 고흐(Vincent van Gogh)의 〈아를의 별이 빛나는 밤에〉(1889)는 캔버스에 거친 붓 터치로 유화를 두껍게 덧칠하는 방식으로 입체감 있는 질감을 표현하였다. 물감을 덧칠하는 방법 이외에도 나뭇잎, 실, 인쇄물, 모래 등 다양한 재료를 붙여 구성하는 콜라주(collage) 방식으로 질감을 만들어 낼 수도 있다. 작품의 질감은 실제로 보았을 때는 쉽게 이해될 수 있지만, 인쇄된 종이 속 작품에서는 질감을 느끼기가 쉽지 않다는 단점이 있다.

⑦ 공간

공간은 면과 면 사이의 높이 · 넓이 · 깊이를 가지고 있는 곳을 의미한다. 대부분의 공간은 무언가로 채워져 있지만, 비어 있는 공간일 수도 있다. 작가는 작품 속 공간감을 표현하기 위해 다양한 방법들을 사용한다. 대표적으로는 앞에 있는 대상을 더 크고 선명하고 뚜렷하게 그리는 반면, 멀리 있는 대상은 작고 희미하게 표현하여 원근감을 줄 수 있다. 또한 대상들을 겹쳐지게 그려 마치 대상들이 붙어 있는 것처럼 입체감을 줄 수도 있다. 공간을 어떻게 구성하느냐에 따라 공간에 대한 착시가 만들어질 수 있다.

⑧ 양감

무게나 부피, 덩어리를 의미하는 양감은 물체가 가지고 있는 부피감, 무게감, 입체적인 느낌을 의미한다. 만약 작품의 부피가 크거나, 두께가 두껍고, 무거워 보인다면, 양감을 더 쉽게 느낄 수 있다. 하지만 양감은 작품 속에 표현된 대상을 보고 감각적으로 느끼는 것이기 때문에 실제와는 다를 수도 있다. 작가는 양감을 효과적으로 전달하기 위해서 명암을 표현하거나 형태에 굴곡을 주어 풍만한 부피감을 줄 수도 있다.

⑨ 명암

명암은 빛에 따라서 물체의 표면에 생기는 밝고 어두움을 의미한다. 빛이 물체에 강하게 비치는 부분은 가장 밝고, 빛이 비춰지지 않는 부분은 어둡게 표현된다. 또한 빛의 방향에 따라서도 밝음과 어두움의 위치가 달라지게 된다. 물체에는 그림자가 생기고, 그림자의 모양 또한 달라진다. 이렇게 명암을 통해서 물체의 입체적인 대비, 균형, 형태, 공간감 등을 현실적으로 표현해 낼 수 있다(이순형, 김도연, 2015). 단순한 평면에 밝은 부분과 어두운 부분의 사실적인 명암 표현을 더하여 부피와 무게감을 갖는 3차원의 형태로도 변화시킬 수 있다.

●그림 8-6● **구의 명암 표현**

(2) 미술의 원리

미술의 원리란 각각의 미술의 요소들이 단순히 작품 속에서 표현되는 것으로 끝나는 것이 아니라, 작품 속에서 서로 어우러지고 상호작용하며 나타나는 원리를 의미한다. 미술의 원리에 대한 구체적인 내용을 살펴보면 다음과 같다.

① 균형

균형이란 어느 쪽으로도 기울어지지 않고 안정적이고 균형감 있게 미술의 요소들이 배열된 것을 의미한다. 작품 속 균형을 잡기 위해서는 대상들의 크기나 위치, 배열 등이 고려되어야 하고, 명암이나 색깔 등을 통해서도 전체적인 균형감을 맞출 수 있다. 일반적으로 균형에는 작품의 양쪽이 똑같거나 거의 같은 대칭, 작품이 정확한 대칭이 아니지만 균형이 어느 정도 이루어진 비대칭, 단일한 중심을 가진 원형 디자인의 방사적 균형으로 총 3가지 유형이 있을 수 있다(교육인적자원부, 2005).

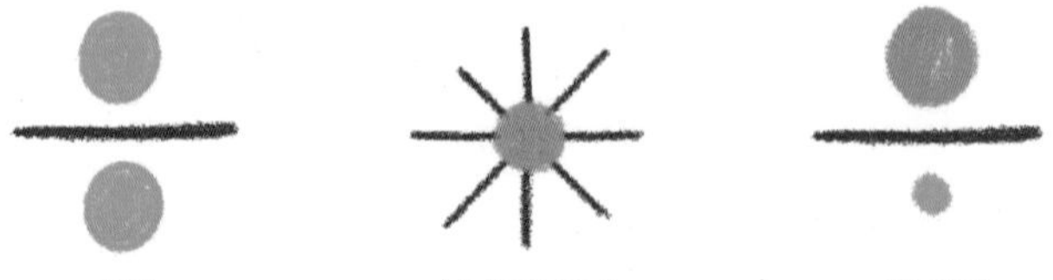

●그림 8-7● **균형의 종류**

균형에 관한 발문의 예

Q. 그림 속 위, 아래, 오른쪽, 왼쪽에는 어떤 그림들이 있니?

Q. 어느 한 부분에 집중적으로 모여 있는 것처럼 느껴지니?

Q. 만약 이 부분이 더 크게 또는 작게 그려졌다면 어땠을 것 같니?

② 강조

강조는 어떤 한 특정 부분이나 대상을 다른 어느 것보다 돋보이게 만드는 것이다. 작품을 볼 때 가장 먼저 보게 되는 부분이라고도 할 수 있는 강조된 부분으로 시선을 집중시키고 흥미를 유발하는 효과를 불러일으킨다. 명암을 확실하게 줌으로써 원하는 부분을 강조할 수 있고, 크기, 배치 방법, 색깔 대비, 독특한 질감이나 패턴 등의 다양한 방법을 사용하기도 한다. 자신이 전달하고자 하는 메시지나 주제를 효과적으로 전달하기 위하여 강조를 사용한다.

강조에 대한 발문의 예

Q. 그림을 처음 봤을 때 가장 먼저 보이는 것은 무엇이니? 왜 그것이 가장 먼저 보였을까?

Q. 그림 속에서 가장 크게 그려진 것은 무엇이니?

Q. 작가가 이 그림 속에서 가장 중요하게 생각한 것은 무엇일까?

Q. 그림 속에서 가장 눈에 띄는 부분은 어디니? 왜 그곳이 가장 눈에 띌까?

③ 운동

운동은 움직임이라고도 하며, 활동감의 표현을 의미한다. 미술작품에서는 표현하고자 하는 대상의 움직이는 모습이나 움직임이 격렬한 동적인 모습을 표현할 수 있다. 이렇게 움직임을 느끼게 하는 표현 효과를 동세라고 한다. 운동은 크게 사람 또는 표현 대상의 신체적 움직임, 표현 그 자체에 따른 움직임, 미술작품 자체의 물리적 움직임의 총 3가지로 분류할 수 있다. 사람 또는 표현 대상의 움직임은 사람이나 동물이 실제로 움직이고 있는 모습을 표현하는 방법이다. 표현 그 자체에 따른 움직임은 점 · 선 · 면 · 형 · 색깔 등의 배열이나 구성 등에 따라 표현 자체가 움직이는 착시 현상을 주는 움직임이다. 마지막으로 미술작품 자체의 물리적 움직임은 모빌(mobile)같이 바람에 의해서 물리적인 움직임을 갖게 되는 것을 의미한다.

Q 운동에 대한 발문의 예

Q. 그림 속에 이 사람 또는 사물은 움직이고 있을까? 왜 그렇게 생각하니?

Q. (그림 속 사람 또는 사물이) 이렇게 움직일 때는 어떤 소리가 날까? 그 소리를 그림으로 그려 볼까?

Q. 이 동작을 직접 몸으로 표현해 볼까?

④ 통일

통일이란 각각의 미술의 요소들이 서로 차이를 가지고 대립하지만 전체적으로는 조화된 느낌을 주면서 어울리는 것을 의미한다. 작품 속 통일감이 부족하면 미술작품이 아름답지 못하고 혼돈되게 보일 수 있는 반면, 너무 지나치게 조화로운 작품이라면 자칫 지루하거나 단조롭게 느껴질 수 있다(교육인적자원부, 2005).

Q 조화에 대한 발문의 예

Q. 그림 속에는 어떤 것들이 있니? 그것들이 서로 잘 어울리게 그려졌다고 생각하니?

Q. 어울리지 않는 것처럼 느껴지는 부분이 있다면 그 이유는 무엇일까?

⑤ 변화

미적 요소의 과도한 통일감은 자칫 미술작품을 재미없고 단조롭게 느끼게 할 수 있기에, 어떠한 규칙을 따르기보다는 새로운 변화를 주어 창의적이고 생동감 있는 느낌을 줄 수 있다. 하지만 자칫 미적 요소들에 너무 많은 변화를 주었을 경우, 미술작품이 어수선하고 혼란스러운 느낌을 줄 수 있기 때문에 통일감을 주면서 적당한 변화를 주는 것이 중요하다.

Q 변화에 대한 발문의 예

Q. 그림 속에 어떤 부분들이 특별하게 느껴졌니? 왜 그렇게 생각하니?

Q. 그림 속 한 부분을 바꿀 수 있다면 어떻게 바꾸고 싶니? 이유는 무엇이니?

⑥ 반복/리듬

형태나 색과 같은 미적 요소들이 일정하게 되풀이 되는 것이 반복이다. 이렇게 일정하게 반복되는 미적 요소들은 미술작품이 전체적으로 유사하게 보여서 통일감을 느낄 수 있게 한다. 하지만 너무 같은 이미지가 반복되어 있다면 너무 단조롭게 느껴질 수 있어서 주의해야 한다. 또한 이렇게 반복되는 형태 속에서 규칙적이거나 불규칙적인 리듬감 또한 느낄 수 있다. 리듬이란 운동감을 느낄 수 있게 하는 원리 중 하나로서, 어떠한 미적 요소가 규칙적으로 반복되면서 생긴다.

Q 반복/리듬에 대한 발문의 예

Q. 그림 속에 계속해서 반복되어 표현되는 부분이 있니?

Q. 반복된 부분은 어떤 느낌을 주는 것 같니?

⑦ 비례

비례는 부분과 부분, 부분과 전체 사이의 크기에 대한 관계를 의미한다. 어떤 대상의 상대적인 크기의 차이에서 형성되는 미술의 원리이다. 예를 들어서, 사람의 얼굴과 몸통, 팔과 다리의 크기 또는 길이가 잘 맞으면 비례가 잘 맞아 아름답다고 느낀다. 고대로부터 가장 아름답고 균형 잡힌 비례로 여겨지는 약 1:1.618의 비율은 우리에게 황금비율로 알려져 있다. 이렇게 인간이 인식하기에 가장 이상적이라고 생각하는 비율을 사용하여 그리스의 건축이나 조각상 등이 만들어지기 시작했다. 이처럼 미술작품의 안정감을 위해 비례를 활용할 수 있다.

Q 비례에 대한 발문의 예

Q. 그림 속 이 대상은 비례가 잘 맞다고 생각하니? 그렇지 않다면 왜 그렇게 보일까?

⑧ 대비

대비는 서로 반대되는 성격의 미적 요소들이 서로 대립되어 나타나는 효과이다. 따뜻한 색과 차가운 색의 대비, 곡선과 직선의 대비, 부드러운 질감과 거친 질감 등 서로 반대되는 요소가 미술작품 속에 함께 표현되어 시각적으로 강한 효과를 불러온다. 같은 느낌의 색과 선, 형태가 반복되어 표현될 때보다 이렇게 서로 대비되는 요소를 활용하면 원하는 대상을 더욱 강조하거나 선명하게 표현할 수 있다.

Q 대비에 대한 발문의 예

Q. 그림 속에 서로 상반되어 보이는 부분이 있니?

Q. 이렇게 상반되는 색깔을 같이 쓰니까 그림 속 대상이 어떻게 보이니?

2) 탐색활동의 지도방법

(1) 미술적 요소에 대한 관심과 이해

- 자연과 사물을 직접 보고 만지는 등의 경험을 통하여 미술적 요소에 관심을 갖고 발견할 수 있도록 한다.
- 자연과 사물에서 발견한 미적인 요소들을 좀 더 자유롭게 실험하고 비교하며 조합해 보도록 한다.
- 연령이 높아질수록 한 가지 미술적 요소의 다양함을 더욱 깊이 탐색할 수 있도록 한다. 예를 들어, 색을 탐색할 경우, 다양한 색에서 아름다움을 느끼고, 노란색의 다양함에서 느껴지는 차이와 아름다움을 느끼도록 한다. 공간을 탐색할 경우에는 주위 환경이나 조형물 등에서 사물이나 인물이 놓인 상하, 좌우, 원근, 여백 등의 공간감을 탐색할 수 있도록 한다.

(2) 교사의 역할

- 자연과 사물에 깃들어 있는 미술적 아름다움을 발견하기 위해서는 교사가 먼저 미술적 요소에 대해 이해해야 한다.
- 교사는 아동과 상호작용할 때 다양한 느낌과 반응을 인정하고 존중하도록 한다.

3) 탐색활동 중심의 미술활동 계획안

어린이집의 연간보육계획안의 순서에 따라 복지부에서 제시하고 있는 4세 누리과정에 기초한 어린이집 프로그램은 총 15개의 연간주제와 52개의 소주제로 구성되어 있다. 〈표 8-1〉에서처럼, 보건복지부와 교육과학기술부에서 함께 개발한 12개의 주제에 보건복지부에서 3개의 주제(가을과 열매, 겨울과 놀이, 형님이 되어요)를 추가로 개발하여 총 15개의 연간주제가 제시되어 있다. 이처럼 누리과정에서 제시된 연간주제와 소주제를 바탕으로 교사들이 미술 프로그램을 계획하고 지도하는 데 도움이 되고자 탐색활동, 표현활동, 감상활동 중심의 미술활동 계획안을 구성하였다.

표 8-1 4세 누리과정에 기초한 어린이집의 연간주제 및 소주제

<table>
<tr><th>월</th><th>연간주제</th><th colspan="3">소주제</th></tr>
<tr><td rowspan="4">3월</td><td rowspan="4">어린이집과 친구</td><td colspan="3">어린이집의 환경</td></tr>
<tr><td colspan="3">어린이집에서의 하루</td></tr>
<tr><td colspan="3">어린이집에서 만난 친구</td></tr>
<tr><td colspan="3">함께 만드는 어린이집</td></tr>
<tr><td rowspan="3">4월</td><td rowspan="3">봄</td><td>봄의 변화</td><td rowspan="3">동식물과 자연</td><td>동물과 우리의 생활</td></tr>
<tr><td rowspan="2">봄의 풍경</td><td>식물과 우리의 생활</td></tr>
<tr><td>자연과 더불어 사는 우리</td></tr>
<tr><td rowspan="4">5월</td><td rowspan="4">나와 가족</td><td colspan="3">나의 몸과 마음</td></tr>
<tr><td colspan="3">소중한 나</td></tr>
<tr><td colspan="3">소중한 가족</td></tr>
<tr><td colspan="3">가족의 생활과 문화</td></tr>
<tr><td rowspan="3">6월</td><td rowspan="3">우리 동네</td><td>우리 동네 모습,
우리 동네 생활</td><td rowspan="3">건강과 안전</td><td>즐거운 운동과 휴식,
깨끗한 나와 환경</td></tr>
<tr><td>우리 동네 사람들</td><td>맛있는 음식과 영양</td></tr>
<tr><td>우리 동네 전통과 문화</td><td>안전한 놀이와 생활</td></tr>
<tr><td rowspan="4">7월</td><td rowspan="4">여름</td><td rowspan="2">여름의 날씨와 물놀이</td><td rowspan="4">교통기관</td><td>여러 가지 육상 교통기관</td></tr>
<tr><td>고마운 육상 교통기관</td></tr>
<tr><td rowspan="2">여름 풍경</td><td>항공/해상 교통기관</td></tr>
<tr><td>즐거운 교통생활</td></tr>
<tr><td rowspan="3">8월</td><td rowspan="3">우리나라</td><td colspan="3">우리나라 사람들의 생활</td></tr>
<tr><td colspan="3">우리나라의 놀이와 예술</td></tr>
<tr><td colspan="3">우리나라의 역사, 우리나라의 자랑거리</td></tr>
<tr><td rowspan="3">9월</td><td rowspan="3">세계 여러 나라</td><td colspan="3">세계 여러 나라 사람들의 생활</td></tr>
<tr><td colspan="3">세계 여러 나라의 문화유산</td></tr>
<tr><td colspan="3">세계 여러 나라와의 교류, 세계의 자연과 사회현상</td></tr>
<tr><td rowspan="5">10월</td><td rowspan="5">가을과 열매</td><td colspan="3">가을 풍경</td></tr>
<tr><td colspan="3">가을의 변화</td></tr>
<tr><td colspan="3">풍성한 가을</td></tr>
<tr><td colspan="3">추석과 놀이</td></tr>
<tr><td colspan="3">가을 나들이</td></tr>
</table>

11월	환경과 생활	물과 우리 생활
		돌 · 흙과 우리 생활
		바람 · 공기와 우리 생활
		빛 · 소리와 우리 생활
12월	겨울과 놀이	겨울 날씨
		겨울 풍경
		감사와 사랑을 나눠요
		건강한 겨울나기
		신나는 겨울놀이
1월	생활도구	다양한 생활도구
		생활도구를 움직이는 힘
		생활도구로서의 미디어, 미래의 생활도구
2월	형님이 되어요	많이 컸어요
		동생들에게 알려 주어요
		형님이 될 준비를 해요
		즐거웠던 우리 반

<table>
<tr><th colspan="4">탐색활동 중심 미술활동 계획안 1</th></tr>
<tr><td>활동명</td><td colspan="3">스르륵 색이 번져요</td></tr>
<tr><td>활동연령</td><td colspan="3">만 3~5세</td></tr>
<tr><td>누리과정
생활주제</td><td>환경과 생활</td><td>소주제</td><td>물과 우리 생활</td></tr>
<tr><td>활동목표</td><td colspan="3">• 티슈페이퍼(습자지)의 성질을 이해한다.
• 티슈페이퍼를 사용하여 자연스럽게 색의 번짐, 섞임, 조화를 느껴 본다.</td></tr>
<tr><td>준비물</td><td colspan="3">티슈페이퍼, 가위, 물뿌리개 또는 붓, 스케치북, 물, 휴지 등</td></tr>
<tr><td>교수자료</td><td colspan="3">에릭 칼(Eric Carle)과 레오 리오니(Leo Lionni)의 그림책

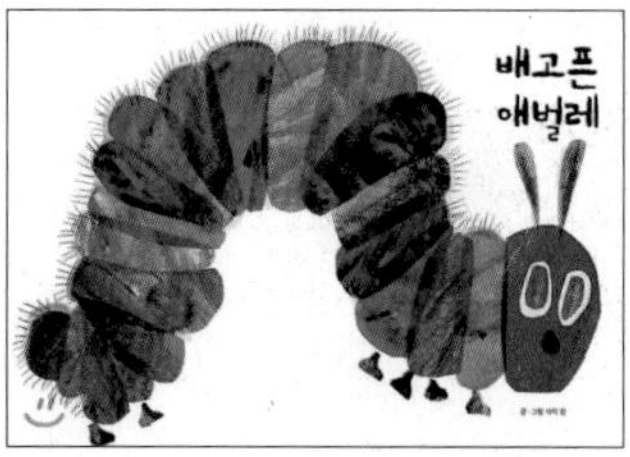

</td></tr>
<tr><td>활동방법</td><td colspan="3">1. 가위로 색색의 티슈페이퍼를 원하는 모양으로 잘라 준다.
2. 배경이 될 종이 또는 캔버스를 물뿌리개를 사용하여 물을 뿌려 놓거나, 붓을 사용하여 촉촉하게 적셔 준다.
3. 적셔진 종이 또는 캔버스 위에 티슈페이퍼를 자유롭게 배치해 본다. 두 장을 겹쳐서 올려 두어도 좋다.
4. 티슈페이퍼는 시간이 오래 지날수록 색이 진하게 빠지기 때문에, 10분 이상 말리는 것이 좋다.
5. 어느 정도 시간이 지난 뒤 티슈페이퍼를 한 장씩 떼어내면서 종이에 물들은 티슈페이퍼의 색과 형태를 관찰한다.
6. 두 장을 겹쳐서 둔 곳의 색은 어떻게 되었는지, 물의 양에 따라 색과 그 형태는 어떻게 다르게 나타났는지 이야기해 본다.</td></tr>
<tr><td>유의점</td><td colspan="3">• 종이가 물로 너무 흥건해지지 않도록 조심한다.
• 모든 티슈페이퍼가 색이 빠지는 것은 아니니 교사는 수업 전에 꼭 미리 색이 잘 빠지는지 확인해 본다.
• 종이가 마른 부분에서는 색이 빠지지 않으니 충분히 종이가 적셔질 수 있도록 한다.</td></tr>
<tr><td>확장활동</td><td colspan="3">• 이렇게 완성된 티슈페이퍼 작품은 자신만의 색과 패턴을 가진 종이가 된다.
• 완성된 자신만의 종이를 원하는 모양으로 잘라서 다시 한번 새로운 작품을 만들어 볼 수 있다.</td></tr>
<tr><td>활동사진</td><td colspan="3"> </td></tr>
</table>

<table>
<tr><th colspan="4">탐색활동 중심 미술활동 계획안 2</th></tr>
<tr><td>활동명</td><td colspan="3">나만의 벽화를 만들어요</td></tr>
<tr><td>활동연령</td><td colspan="3">만 3~5세</td></tr>
<tr><td>누리과정 생활주제</td><td>어린이집과 친구</td><td>소주제</td><td>어린이집의 환경</td></tr>
<tr><td>활동목표</td><td colspan="3">• 앙리 마티스의 종이 오리기 기술인 '컷-아웃' 기법을 이해한다.
• 종이를 잘랐을 때 남는 부분인 '음형(negative shapes)'에 대해 이해한다.
• 소근육을 조절하여 종이를 오리고 붙여 본다.</td></tr>
<tr><td>준비물</td><td colspan="3">종이, 아크릴 물감, 붓, 물통, 가위, 리무버블 테이프 등</td></tr>
<tr><td>교수자료</td><td colspan="3">앙리 마티스(Henry Matisse)의 작품 사진들 및 작업 사진들
  </td></tr>
<tr><td>활동방법</td><td colspan="3">1. 색종이 또는 직접 종이에 물감을 칠하여 자신만의 종이를 만들어 사용한다.
2. 바닷속, 공원, 숲속 등의 한 가지 장소를 머릿속으로 상상해 보고, 어떤 것들을 그려서 자를 것인지 생각해 본다.
3. 색종이 위에 밑그림을 그린다. 연령이 높은 아이들은 밑그림 없이 자유롭게 모양을 자를 수 있게 한다.
4. 가위로 색종이 또는 직접 만든 종이를 여러 가지 선 또는 모양으로 잘라 준다.
5. 그 장소에서 볼 수 있는 다양한 것들을 여러 가지 색깔의 종이를 잘라 만들고, 종이의 남은 부분도 모두 모은다.
6. 모양이 잘려 나간 종이의 모습은 어떤지 관찰해 본다.
7. 종이에 잘라둔 모양들과 남은 종이들을 모두 사용해서 풀과 테이프로 색도화지에 붙여 조화로운 구성이 될 수 있도록 한다.</td></tr>
<tr><td>유의점</td><td colspan="3">• 가위질을 어려워하는 아동들에게 작은 크기의 종이를 제공한다.
• 종이를 움직여서 보다 쉽게 자르는 연습을 할 수 있도록 한다.
• 정확한 모양이 아니더라도 단순화된 모양으로 자를 수 있도록 돕는다.</td></tr>
<tr><td>확장활동</td><td colspan="3">• 3~4명의 아동들이 모여 소집단을 이룬 뒤, 다 같이 협동해서 교실의 벽화로 꾸며 본다.
• 각자가 맡은 부분과 그림 등에 대해 먼저 이야기 나누고 정하여 분쟁이 없이 함께 만드는 작품의 즐거움을 느낄 수 있도록 지도한다.</td></tr>
<tr><td>활동사진</td><td colspan="3">  </td></tr>
</table>

탐색활동 중심 미술활동 계획안 3			
활동명	내 몸이 이렇게 움직여요		
활동연령	만 4~5세		
누리과정 생활주제	나와 가족	소주제	나의 몸과 마음
활동목표	• 사람의 몸을 관찰하고, 움직임에 대해 이해한다. • 자코메티의 작품을 감상하고, 직접 사람의 몸과 움직임을 형상화해 본다.		
준비물	쿠킹포일, 가위, 매직펜, 종이, 연필 또는 색연필, 찰흙		
교수자료	알베르토 자코메티(Alberto Giacometti)의 작품 사진들 또는 관절인형 –〈손가락으로 가리키는 남자〉(1947), 〈걷는 사람 1〉(1961), 〈도시 광장〉(1948) 		
활동방법	1. 자코메티의 작품 사진들을 보며, 사람들의 몸 움직임 모습을 관찰한다. 2. 관절인형을 사용해서 관절을 꺾어보며 다양한 자세를 관찰해 보고 자세를 직접 따라 해 본다. 3. 모루 2개를 사용하여 사람의 형태를 잡아 본다. 모루 1개로는 얼굴과 팔 부분을, 나머지 모루는 몸과 다리 부분을 만들어 준다. 4. 쿠킹포일을 돌돌 말아 작은 동그라미를 만들어 머리 부분에 넣어 준다. 5. 다리 부분부터 쿠킹포일을 사용해서 감아 올라간다. 6. 모루 부분이 전체적으로 쿠킹포일로 감아질 수 있도록 꼼꼼히 확인해 가며 완성한다. 7. 원하는 몸의 형태와 자세를 자유롭게 변형해 보면서 잡아 준다.		
유의점	• 몸의 비율이 잘 맞을 수 있도록 교사가 유의한다. • 꼼꼼하게 쿠킹포일을 감지 못해서 속 안의 모루 부분이 튀어나올 수 있으니 주의한다.		
확장활동	• 자신이 좋아하는 스포츠나 어떤 동작의 움직임을 단계별로 관찰하여 사진을 찍은 뒤, 자신이 만든 작품으로 그 형태를 똑같이 만들어 본다. • 나란히 놓아 비교하면서 신체의 변화를 느낄 수 있는 작품을 만든다.		
활동사진	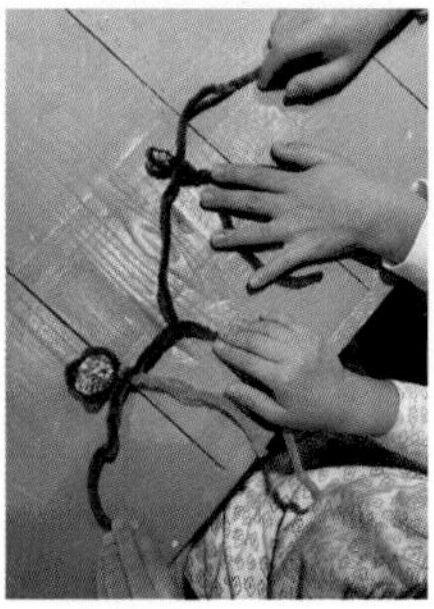  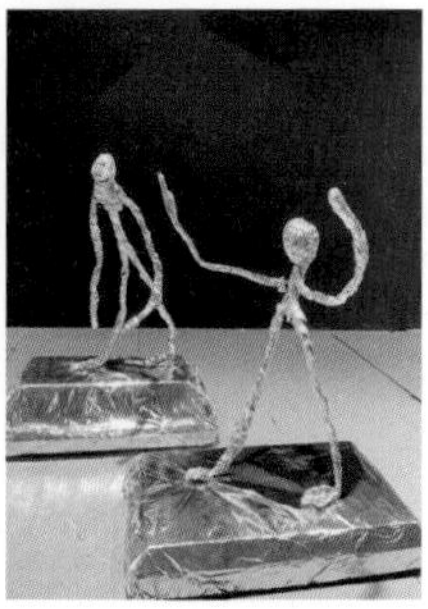		

탐색활동 중심 미술활동 계획안 4			
활동명	아슬아슬 균형을 맞춰요		
활동연령	만 4~5세		
누리과정 생활주제	생활도구	소주제	생활도구를 움직이는 힘
활동목표	• 알렉산더 칼더의 움직이는 조각인 모빌을 감상하고, '키네틱 아트'를 이해한다. • 크리스마스트리를 모빌로 만들어 보면서 균형감에 대해 알아본다.		
준비물	철사 또는 옷걸이, 실, 모루, 철사, 훌펀치, 색지, 도화지, 색연필, 사인펜, 가위, 여러 가지 꾸미기 재료 등		
교수자료	알렉산더 칼더(Alexander Calder)의 모빌 작품 사진들 –〈Sea Scape〉(1947), 〈Steel Fish〉(1934), 〈Fish〉(1944)		
활동방법	1. 8절 또는 4절의 초록색 색지가 가득 차게 큰 원을 그려 자른다. 2. 큰 원을 바깥 부분부터 나선형으로 동그랗게 오려 잘라 나간다. 3. 종이 맨 끝부분에 훌펀치로 구멍을 뚫어 크리스마스트리 부분을 완성한다. 4. 크리스마스트리에 달고 싶은 그림들이 무엇인지 생각해 보는 시간을 갖는다. 5. 모빌에 달고 싶은 그림을 색지에 자유롭게 그리고 꾸며 준 뒤, 잘라 준다. 6. 그림 윗부분에 구멍을 뚫어 준다. 7. 구멍에 실이나 철사, 모루 등 원하는 재료를 사용해서 달아 준다. 8. 너무 한쪽으로 치우치지 않도록 중심을 잘 잡으면서 꾸며 준다.		
유의점	• 나선형으로 잘라 나아갈 때, 종이가 끊기지 않도록 가위질에 주의한다. • 그림을 자를 때 모양 그대로 자르는 아동들이 많아 구멍 뚫을 때 그림이 잘리는 경우가 많으니, 구멍의 부분까지 고려해서 자를 수 있도록 지도한다. • 매달고 싶은 그림의 크기가 너무 크거나 서로 차이 나지 않도록 한다.		
확장활동	• 모빌을 원하는 곳에 달아 준 뒤, 모빌의 움직임을 관찰하고 그림으로 표현한다.		
활동사진	  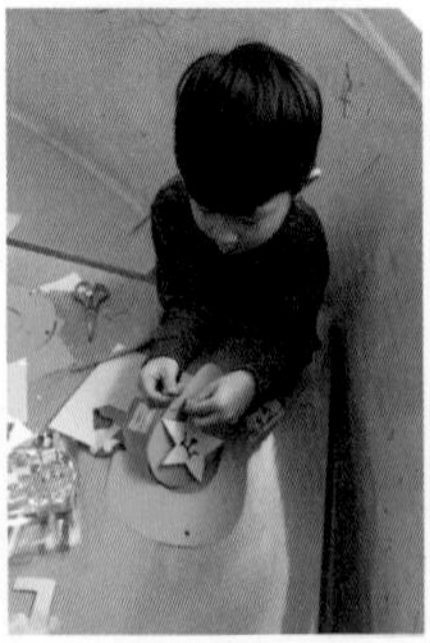 		

2. 표현활동: 창의적으로 표현하기

1) 표현활동의 목표와 내용

목표 예술을 통해 창의적으로 표현하는 과정을 즐긴다.

내용
- 노래를 즐겨 부른다.
- 신체, 사물, 악기로 간단한 소리와 리듬을 만들어 본다.
- 신체나 도구를 활용하여 움직임과 춤으로 자유롭게 표현한다.
- 다양한 미술 재료와 도구로 자신의 생각과 느낌을 표현한다.
- 극놀이로 경험이나 이야기를 표현한다.

표현이란 의견이나 감정 따위를 나타내는 것(아동미술용어사전, 2012)으로 미술활동을 통해서 아동은 자신의 경험, 생각, 느낌 등을 자유롭고 창의적인 방법으로 표현할 수 있다. 미술교육을 구성하는 가장 주된 활동이라고도 볼 수 있는 표현활동은 단순히 작품을 창조해 내는 것이 아니라 풍부한 탐색활동과 이후의 감상활동이 조화롭게 이루어질 때 더욱 그 의미가 깊어진다. 개정 누리과정에서 제시하고 있는 '창의적으로 표현하기'는 예술을 통해 창의적으로 표현하는 과정을 즐긴다는 목표를 가지고 다음과 같은 내용을 담고 있다. 아동이 노래를 즐겨 부르고, 신체, 사물, 악기로 간단한 소리와 리듬을 만들어 볼 수 있도록 제시한다. 또한 자신의 신체, 다양한 미술 재료, 도구로 자신의 생각과 느낌을 표현하고, 극놀이로 경험이나 이야기를 표현하도록 하는 내용을 다룬다. 아동 스스로가 나타내고자 하는 바를 마음껏 펼칠 수 있을 때 잠재된 창의성과 표현력이 발휘되므로, 교사는 풍부한 재료를 제공하며, 편안하고 허용적인 환경을 제공하는 것이 중요하다.

2) 표현활동의 지도방법

(1) 다양한 재료를 활용한 미술 경험

- 미술활동에 필요한 재료와 도구에 관심을 가지고 다양하게 사용하도록 하기 위해 여러 가지 재료와 도구를 비치하여 호기심을 유발하고 자유롭게 탐색하며 사용해

볼 수 있도록 한다.

- 어린 연령의 경우, 평면적인 재료, 입체 구성을 위한 재료, 소근육을 발달시킬 수 있는 재료와 도구를 일상적으로 제공해 주어 아동이 언제든 자신이 원하는 바를 표현하도록 한다. 높은 연령의 경우 다양한 미술 재료와 도구를 활용하여 자신만의 새로운 방법으로 탐색하고 사용해 볼 수 있도록 격려하며 생활 주변의 모든 사물들이 미술활동의 재료가 될 수 있음을 알려 줌으로써 아동에게 창의적 표현의 기회를 제공한다.
- 어린 연령 아동에게는 일반적인 재료와 함께 나무껍질, 돌, 조개껍질 등 다양한 형태와 재질의 재료에 그림을 그리거나 색칠을 하고 질감을 느끼며 비교할 수 있는 활동을 제공한다. 높은 연령의 아동에게는 일반적인 재료와 표현 방법 이외에도 다양한 재료를 이용하여 찢기, 오리기, 붙이기, 모자이크, 판화 등의 새로운 표현 방식의 변화를 경험할 수 있도록 한다.
- 찰흙, 점토, 철사, 구슬, 돌, 실, 단추 등의 다양한 입체적 자료를 사용한 입체미술 활동과 직조 짜기, 염색하기, 자연물 공예, 빨대, 철사 등을 활용한 공예, 골판지 공예 등 다양한 방법과 재료를 활용한 만들기와 꾸미기를 경험하도록 한다.

(2) 또래 친구들과 함께하는 협동적인 미술활동

- 또래와 함께 공동으로 꾸며 보는 경험을 제공하여 자신의 생각과 느낌을 나누고 협동하면서 활동에 적극적으로 참여하도록 한다.
- 또래와의 공유된 목표를 가지고 협의하여 미술작품을 완성해 가는 과정에 참여하며, 결과물에 대해 성취감을 느끼고 즐길 수 있도록 한다. 집단의 크기는 2~3명의 소집단에서 더 큰 집단으로 확장해 가는 등 다양한 집단활동으로 구성한다.

(3) 음악, 움직임과 춤, 극놀이를 미술과 통합하는 활동

- 아동은 음악, 움직임과 춤, 미술, 극놀이를 통합적으로 경험하게 될 때 자신의 경험을 조직적이고 종합적으로 표현할 수 있게 되며, 더욱 풍부한 표현력을 가질 수 있게 된다. 또한 이러한 경험이 일상적으로 반복되면서 아동은 예술활동 전반에 대해 지속적으로 흥미를 가지고 창의적 표현 과정을 즐기게 된다.
- 음악, 움직임과 춤, 미술, 극놀이 등의 각 표현활동을 한 가지 예술 영역 내에서의 통합, 두 가지 이상의 예술 영역 간의 통합, 감상과 표현활동의 통합으로 경험하도

록 한다. 초기에는 한 가지 예술 영역 내에서의 통합으로 시작하여 점차 두 가지 이상의 예술 영역이 통합된 활동을 제공한다.

- 음악, 움직임과 춤, 미술, 극놀이 등의 통합활동은 개념이나 생활주제 안에서 이루어지도록 한다.
- 다양한 예술활동에 참여하며 표현과정을 즐기고, 통합적 경험을 통해 자신의 생각과 느낌 등을 창의적으로 표현하도록 한다.
- 주제 전개 시 다양한 예술활동들이 음률 영역, 미술 영역, 역할놀이 영역, 쌓기놀이 영역 등의 여러 흥미 영역과 다양한 형태의 대 · 소집단 활동, 개별활동으로 통합되어 전개될 수 있도록 한다.

(4) 교사의 역할

- 결과보다는 과정을 중요시하고 한 가지 방법으로 활동하는 것보다 자유롭고 다양한 방법으로 참여하는 것을 인정하여 개별적 표현을 격려하는 분위기를 조성한다.
- 아동의 표현과정을 세심히 관찰하여 활동이 더욱 구체화될 수 있도록 적절한 도움을 준다.
- 미술활동에 어려움을 보이거나 꺼리는 아동은 억지로 참여하도록 하기보다는 동기 유발을 통해 표현할 수 있도록 이끌어 준다. 동기 유발을 위한 방법으로는 이야기 들려주기, 경험과 생활에 대해 이야기 나누기, 여러 가지 소재를 끌어내기 위해 질문하기 등이 있다.
- 작품을 접기보다는 말아 주기, 콜라주가 마를 때까지 기다려 주기, 자신만의 작품을 자유롭게 전시할 수 있는 공간 제공하기, 전시하고 싶지 않은 작품은 억지로 전시하지 않기 등 아동의 미술작품을 소중하게 다루고 생각을 존중하도록 한다.
- 붓, 가위, 롤러, 스테이플러, 펀치, 점토놀이 도구 등의 미술활동에 필요한 도구를 제시할 때는 반드시 올바른 사용법을 자세히 알려 주어 안전하게 사용하도록 한다.
- 교사는 아동이 자발적으로 새로운 표현 방법을 발견하고 시도할 수 있도록 적극적인 상호작용을 통해 격려한다. 이를 위해 아동이 흥미 있어 하는 활동에 충분한 시간을 제공하며 관찰을 통해 어떻게 다른 활동으로 통합시켜 나가는 것이 효과적인지에 대한 교사의 적절한 전략과 개입이 필요하다.
- 음악, 움직임과 춤, 미술, 극놀이 등의 예술 영역을 골고루 균형 있게 전개하여, 교사의 선호에 따라 특정 영역에 편중된 예술경험이 이루어지지 않도록 주의한다.

3) 표현활동 중심의 미술활동 계획안

표현활동 중심 미술활동 계획안 1			
활동명	여러 가지 얼굴이 보여요		
활동연령	만 3~5세		
누리과정 생활주제	어린이집과 친구	소주제	어린이집에서 만난 친구
활동목표	• 친구 또는 가족의 외형적 특징에 관심을 갖고 관찰한다. • 초상화에 대해 이해하고 그려 본다.		
준비물	크라프트지, 흰 도화지, 가위, 풀, 색연필, 사인펜 등		
교수자료	파블로 피카소(Pablo Picasso)의 큐비즘 작품 사진들 -〈우는 여인〉(1937), 〈거울 앞 소녀〉(1932), 〈꿈〉(1932), 〈마리 테레즈의 초상〉(1937)		
활동방법	1. 친구 또는 가족들에게 모델이 되어 달라고 부탁한다. 2. 모델의 얼굴, 눈, 코, 입, 귀, 머리카락 등이 정면에서 자세하게 관찰한다. 3. 모델의 옆모습을 다시 한번 관찰해 본다. 4. 크라프트지 또는 흰 도화지에 정면에서 보이는 눈, 코, 입, 귀, 머리카락 등을 그린다. 5. 측면에서 보이는 눈, 코, 입, 귀, 머리카락 등을 그린다. 6. 완성된 눈, 코, 입, 머리, 귀 등을 모두 가위로 잘라 준다. 7. 초상화에 사용할 원하는 부분만을 골라 본다. 8. 얼굴이 될 크라프트지 위에 올려놓고 골라 둔 이목구비 조각을 재미있게 배치해 본다. 9. 풀을 사용하여 크라프트지 얼굴 위에 붙여 준다. 10. 네모난 크라프트지 얼굴을 원하는 모양으로 잘라 줄 수 있다. 11. 얼굴을 색칠하여 완성한다.		
유의점	• 옆 모습을 그리는 것을 어려워할 수 있기 때문에, 거울을 준비해서 자신의 얼굴도 관찰해 가면서 그릴 수 있도록 할 수 있다.		
확장활동	여러 가지 각도의 얼굴이 모두 합쳐진 새로운 초상화를 액자를 넣어 준다.		
활동 사진	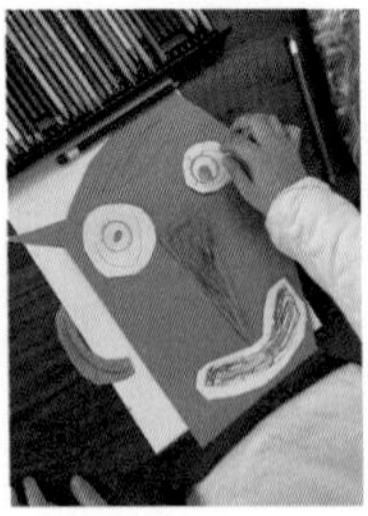  		

<table>
<tr><th colspan="4">표현활동 중심 미술활동 계획안 2</th></tr>
<tr><td>활동명</td><td colspan="3">쉿! 음악을 느껴 볼까요</td></tr>
<tr><td>활동연령</td><td colspan="3">만 3~5세</td></tr>
<tr><td>누리과정 생활주제</td><td>세계 여러 나라</td><td>소주제</td><td>세계 여러 나라의 문화유산</td></tr>
<tr><td>활동목표</td><td colspan="3">• 그림을 보면서 음악을 느끼거나, 음악을 들으면서 색을 느낄 수 있도록 한다.
• 칸딘스키의 작품을 감상하며 작품 속 다양한 미술적 요소를 탐색한다.
• 음악을 그림으로 표현할 수 있다.</td></tr>
<tr><td>준비물</td><td colspan="3">종이, 마커, 파스텔, 물감, 붓, 물통, 신문지, 크레파스 또는 색연필 등</td></tr>
<tr><td>교수자료</td><td colspan="3">칸딘스키(Wassily Kandinsky)의 작품 사진들, 다양한 종류의 음악(클래식, 힙합, 자연의 소리 등)
  </td></tr>
<tr><td>활동방법</td><td colspan="3">1. 눈을 감고 클래식 음악을 감상하는 시간을 갖는다.
2. 칸딘스키의 그림을 소개하고 칸딘스키가 음악에서 색을 느낀 경험에 대해 설명한다.
3. 칸딘스키처럼 방금 들은 클래식 음악에서 어떤 색깔이 생각났고, 또 어떤 느낌이 들었는지 이야기 나누어 본다.
4. 자신이 원하는 그리기 재료를 사용하여 방금 들은 음악을 선으로 표현해 본다.
5. 음악을 다시 한번 들어 본 뒤, 느껴지는 감정을 그림으로 계속해서 표현해 보고, 채색을 한다.
6. 완성한 작품을 친구들에게 보여 주고 자신의 그림과는 어떻게 다른지 이야기해 본다. 같은 음악을 듣고 어떻게 다르게 표현했는지, 왜 이렇게 표현했는지 이야기해 본다.</td></tr>
<tr><td>유의점</td><td colspan="3">• 음악을 집중해서 들을 수 있도록 유의한다. 중간중간 교사가 소리가 큰지, 작은지, 비트가 빠른지, 느린지 질문을 할 수도 있다.
• 아동들은 음악과 상관없이 자기가 그리고 싶은 것을 그리고 싶어 할 수 있기 때문에 칸딘스키처럼 선과 형의 모양으로만 표현해 볼 수 있게 유도한다.</td></tr>
<tr><td>확장활동</td><td colspan="3">• 클래식 음악 외에도 다른 장르의 음악으로 여러 장 빠르게 그 느낌을 표현해 본다.
• 음악에 따라 어떻게 그림의 느낌이 달라지는지 관찰한다.</td></tr>
<tr><td>활동사진</td><td colspan="3">  </td></tr>
</table>

표현활동 중심 미술활동 계획안 3			
활동명	내 작품을 입을 수 있어요		
활동연령	만 3~5세		
누리과정 생활주제	환경과 생활	소주제	빛 · 소리와 우리 생활
활동목표	• 닉 케이브의 작품을 감상하고 '입을 수 있는 작품'에 대해 알아본다. • 여러 가지 재활용 재료를 사용해서 직접 입을 수 있는 작품을 완성한다.		
준비물	가위, 풀, 테이프, 하드보드지, 실, 끈, 고무줄, 여러 가지 재활용품, 콩 등		
교수자료	닉 케이브(Nick Cave)의 작품 사진들 -〈Soundsuit〉(2010), 〈Soundsuit〉(2019) 등 사운드수트 시리즈		
활동방법	1. 여러 가지 소리를 낼 수 있는 재료를 준비하고, 어떤 소리를 만들어 낼 수 있는지 탐색하는 시간을 갖는다. 2. 재활용 택배 상자를 잘라서 아이들이 입을 수 있게 만들어 준다. 목과 팔이 들어갈 수 있도록 구멍을 내어 잘라 준다. 3. 준비해 둔 여러 가지 재료를 사용해서 박스를 꾸며 준다. 4. 작은 요거트 통이나 조개 등에 콩을 집어넣고, 숟가락이나 나무젓가락 등을 중간에 붙여 막대기 역할을 할 수 있게 글루건으로 붙여 준다. 흔들면 소리가 나는 악기가 된다. 신문지와 색지를 길쭉하게 손으로 찢어 상자 아랫부분에 붙여 주면 장식적인 효과를 주면서 움직일 때 소리가 날 수 있다. 5. 이 밖에도 다양한 재료로 상자를 꾸며 주고, 소리가 날 수 있도록 자유롭게 꾸며 준다.		
유의점	• 너무 한꺼번에 많은 재료를 사용해서 작품이 복잡해지지 않도록 유의한다. • 아동들은 있는 재료들을 모두 쓰고 싶어 하기 때문에, 미리 계획을 해서 스케치도 하고, 어떤 재료를 쓸지 정한 뒤, 만들어 볼 수 있도록 지도한다.		
확장활동	• 가면에 맞추어 헤어피스, 조끼, 치마, 장갑 등 추가적으로 어떤 것을 만들고 싶은지 생각하고 만들어 본다. • 또한 만든 작품을 입고 춤을 추며 어떻게 움직이면 어떤 소리가 나는지 즐겁게 놀아 본다.		
활동사진	  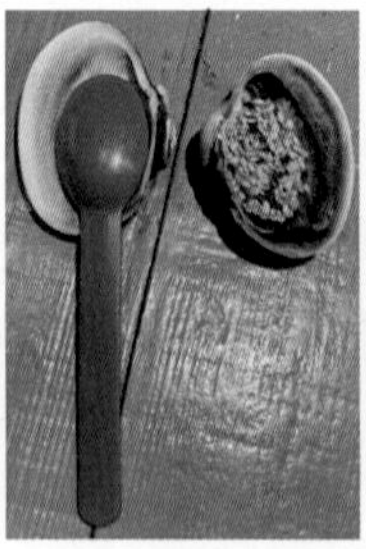 		

<table>
<tr><th colspan="4">표현활동 중심 미술활동 계획안 4</th></tr>
<tr><td>활동명</td><td colspan="3">물감을 뿌려 보아요</td></tr>
<tr><td>활동연령</td><td colspan="3">만 3~5세</td></tr>
<tr><td>누리과정
생활주제</td><td>건강과 안전</td><td>소주제</td><td>즐거운 운동과 휴식, 깨끗한 나와 환경</td></tr>
<tr><td>활동목표</td><td colspan="3">• 잭슨 폴록의 작품을 감상하고 ‘액션 페인팅’에 대해 알아본다.
• 자신의 신체 움직임에 따른 다양한 표현방식을 살펴본다.</td></tr>
<tr><td>준비물</td><td colspan="3">4절 이상의 흰 도화지, 다양한 사이즈의 붓, 물통, 물감, 휴지 등</td></tr>
<tr><td>교수자료</td><td colspan="3">잭슨 폴록(Jackson Pollock)의 작품 사진들
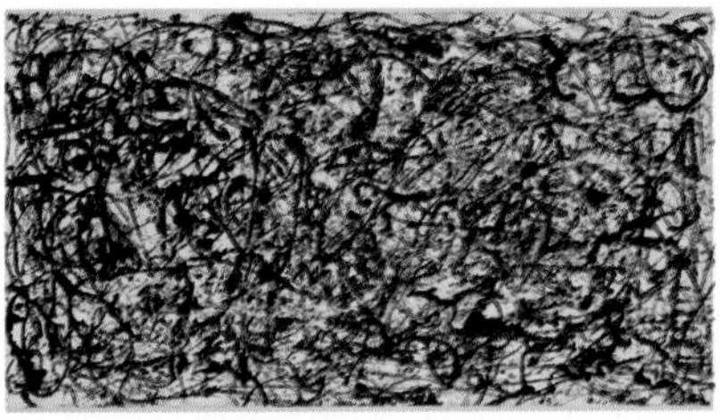 </td></tr>
<tr><td>활동방법</td><td colspan="3">1. 4절 이상의 흰 도화지를 바닥에 깔아 둔다.
2. 아동이 원하는 색깔의 물감을 고를 수 있도록 한다.
3. 교사는 아동이 선택한 물감에 물을 섞어 준비해 준다.
4. 다양한 크기의 붓을 제공한 뒤, 스스로 붓에 물감을 묻혀 종이 위에 뿌리고, 떨어뜨리고, 흘려 보면서 그림을 그릴 수 있게 한다.
5. 자신이 어떤 선을 만들었는지, 물감은 어떤 형태로 떨어졌는지, 색깔은 어떻게 섞였는지 관찰해 보도록 한다.</td></tr>
<tr><td>유의점</td><td colspan="3">• 물감에 물을 너무 많이 섞지는 않게 주의한다.
• 물이 너무 많으면 금방 종이가 축축해지고 색감도 뚜렷해지지 않아 그 형태를 알아보기가 어려울 수 있다.</td></tr>
<tr><td>확장활동</td><td colspan="3">• 한 번의 활동으로 끝내는 것이 아니라, 여러 번의 활동으로 나누어 물감이 마를 수 있는 시간을 갖는다.
• 물감이 마른 뒤에 그 느낌이 어떻게 달라졌는지 이야기해 보고, 계속해서 그 위에 물감을 떨어뜨려 완성도를 높인다.</td></tr>
<tr><td>활동사진</td><td colspan="3"> 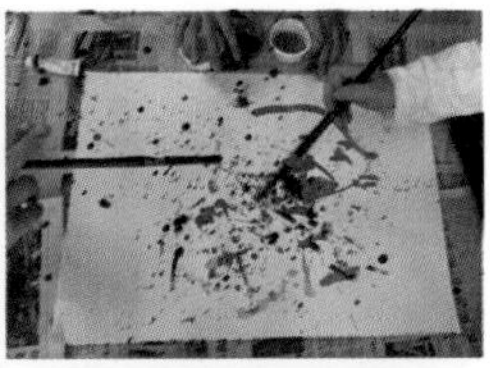
 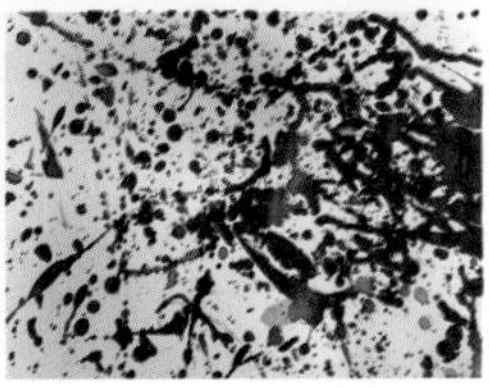</td></tr>
</table>

3. 감상활동: 예술 감상하기

1) 감상활동의 목표와 내용

목표 다양한 예술표현을 존중한다.

내용
- 다양한 예술을 감상하며 상상하기를 즐긴다.
- 서로 다른 예술표현을 존중한다.
- 우리나라 전통 예술에 관심을 갖고 친숙해진다.

감상이란 예술품이나 자신 또는 또래의 작품 속에서 아름다움을 인식하고 이해하는 것을 말한다(이영자, 이기숙, 이정욱, 2000). 다양한 예술표현을 존중하는 태도를 갖는다는 목표를 가지고, 다음과 같은 내용을 제시하고 있다. 자신과 다른 사람의 작품, 그리고 우리나라 전통예술을 포함하여 다양한 종류의 예술을 감상하며, 상상하기를 즐길 수 있도록 한다. 이러한 작품들에서 사용된 예술표현을 존중할 줄 알며, 우리나라 전통예술에도 관심을 갖고 친숙해지는 경험을 제공해야 한다. 아동의 주변에서 친근하게 접할 수 있는 자연이나 사물, 예술작품을 비롯하여 다양한 문화의 작품들을 감상하고, 관심을 가질 수 있어야 한다. 감상활동의 목표는 순수 미술작품만이 아닌 주변에서 접할 수 있는 다양한 시각 정보를 해석하고 판단할 수 있는 능력을 기르는 것도 포함한다. 시각적 사고능력(visual thinking ability)에 의하여 시각 정보를 비판 · 이해하는 능력을 육성하고, 자신의 언어로 표현할 수 있는 능력을 기르는 것에 목적을 두어야 할 것이다(한국조형교육학회, 2016). 더 나아가 아동이 다양한 감상활동을 통해 예술적 심미안을 발달시키고, 창의적 사고로 표현할 수 있는 문화인으로 성장하는 데 있다.

(1) 감상활동의 방법

미술을 감상하는 방법에 어떤 정해진 방법이 있는 것은 아니다. 하지만 아동의 발달단계 및 감상 내용에 따라 보다 효율적으로 적용할 수 있는 방법이 있을 수 있기 때문에 어떤 지도방법이 적합한지를 교사가 먼저 결정하는 것이 바람직할 것이다(이소은, 권기남, 2017). 가장 체계적이고 단계적으로 감상활동을 지도하는 교수법으로 평가되는 펠드만(Feldman, 1970)의 서술, 분석, 해석, 판단의 4단계 미술감상법이 있다.

(2) Feldman(1970)의 미술감상법

표 8-2 Feldman(1970)의 미술감상법

단계	정의	교사의 상호작용
서술	• 작품을 자세히 살펴보도록 한 후, 작품 속에서 보이는 것들을 그대로 모두 나열하고 자유롭게 생각을 얘기하는 도입 단계	–이건 무엇을 그린 그림이니? –작품 속에 어떤 것들이 있는지 모두 이야기해 보자.
분석	• 작품 속에 나타나는 미술 요소, 재료, 원리 등에 집중하여 관찰하고 분석해 보는 단계 • 어떤 부분이 두드러져서 강조된 것 같은지, 어떤 부분이 조화롭지 못한 것 같은지 꼼꼼하게 분석하는 단계	미술의 원리 및 요소 –어떤 색깔들이 보이니? –가장 밝은 부분과 가장 어두운 부분은 어디일까? –선의 모습을 찾아보자. –이건 만져 보면 어떤 느낌이 들까? –가장 가깝게 보이는 것과 가장 멀리 보이는 것은 어떤 것이니? 작품 내용 –작품 속에 누가 있니? –이 사람은 누구인 것 같니? 어떤 생각을 하고 있을까? 무슨 이야기를 하고 있는 것 같니? –여기서는 어떤 소리가 날 것 같아? 한번 소리 내어 볼까? 우리도 똑같이 한번 몸으로 표현해 볼까?
해석	• 작품 속에 나타나는 작가의 의도나 메시지, 인상 등에 대해 이야기하는 단계 • 전체적인 작품의 의미를 발견하고 이해하도록 하는 가치전환적인 과정	–작가는 왜 이런 그림을 그렸을까? 무슨 이야기를 하고 싶었던 걸까? –작품의 제목을 한번 만들어 볼까? –이 그림을 보면 어떤 느낌이 드니?
판단	• 이전에 논의되었던 점들에 기반을 두어 아동 스스로 결론을 내리는 단계 • 작품에 대한 개인적인 판단을 내릴 수 있으며, 자신의 세계와 미술을 관련지어 미술에 대한 이해를 돕는 과정	–이 작품이 마음에 드니? –너희가 작가라면 어떤 부분이 가장 마음에 들고 어떤 부분을 고치고 싶니? –이번에는 너희들이 작품을 만든다면 어떻게 만들고 싶니? 어떤 재료가 필요할까?

2) 감상활동의 지도방법

(1) 직접 다양한 예술작품을 볼 수 있는 기회

- 아동이 일상생활에서 다양한 음악, 움직임과 춤, 미술작품, 극놀이 등을 자연스럽게 접할 수 있는 기회와 환경을 제공한다.
- 일상생활과 관련된 주제에서부터 점차 다양하고 상징적인 표현까지도 감상할 수 있도록 지도한다. 이러한 경험에 대한 아동의 관심을 지원하고 느낌을 서로 소통하고 공유할 수 있는 기회를 제공하는 것이 중요하다.
- 다양한 예술작품을 보고 느낀 점에 대해 토의하기, 미술관이나 전시회를 관람하기, 지역사회 내 예술가 초대하기, 명화 퍼즐을 통해 전체와 부분 등의 관계 알기, 예술적 요소에 따라 작품의 특징을 찾아보고 반응하기, 실제 작품 관람과 전시를 통해 작품에 대한 소중함 느끼기, 자신과 또래의 예술작품 발표회와 전시회 하기, 예술작품을 재구성하고 변형시켜 보기, 그림 동화책에서 미술적 특성을 찾아보기 등 다양한 방법으로 예술을 감상하고 듣고 보는 즐거운 경험을 제공한다.
- 지역사회와 연계하여 현장학습이나 예술가의 작업실을 방문해 볼 수 있다.
- 예술작품을 직접 가서 보고, 느끼는 경험을 할 수 없을 경우에는 파워포인트나 책자, 동영상, 오디오 등 작품의 특성을 잘 살리고 질 높은 감상이 가능한 매체를 선택하도록 한다.

(2) 전통예술에 대한 관심

- 아동이 우리나라의 전통예술에 관심을 가지도록 우리나라의 전통 미술작품, 악기, 또는 전통 무용 사진 등을 교실에 배치하고 관련된 이야기를 들려준다. 전통 미술, 춤, 음악 등을 감상할 수 있도록 계절이나 주제에 따라 지역사회 내 민속 박물관, 고궁 또는 공연을 방문하고 관람하는 기회를 제공한다.
- 역할놀이 영역에 의식주와 관련된 전통 물건(한복, 족부인, 고무신, 댕기, 키, 요강, 화선지, 붓, 벼루, 부채, 밥상, 숟가락, 젓가락, 유기그릇 등의 실물 또는 모조품)들을 배치하고, 전통놀이(제기, 투호, 윷놀이, 장기, 팽이, 칠교놀이, 고누 등)를 통해 전통예술에 관심을 가지고 친숙해지도록 한다.
- 옛 물건 등을 경험하도록 하는 과정에서 단순히 박물관을 둘러보는 경험이 되지 않도록 하고, 역동적 체험활동을 통해 관심을 가지고 친숙해질 수 있도록 한다.

(3) 다른 사람의 예술표현 존중

- 아동이 또래나 다른 사람과 예술표현의 차이가 있음을 알고, 각자의 개성과 예술표현을 존중하여 소중하게 생각하고 다루도록 한다.
- 교사는 가치판단적 표현을 지양하며, 아동의 자발적인 표현을 긍정적으로 격려함으로써 다른 사람의 예술작품에 대하여 소중히 여기는 자세를 보여 준다.

(4) 교사의 역할

- 교사는 생활주제와 관련되고 유아의 발달 특성에 적합하면서 아동의 선호도를 고려한 감상 작품을 선정한다.
- 예술작품에 대한 묘사, 분석, 이야기를 끌어낼 수 있도록 질문을 한다. 색, 형태, 선, 공간 등의 미술 요소와 관련된 발문을 기초로 감상하며 즐기게 한다.
- 가정에서 가져온 예술작품을 전시하거나 주말에 경험한 공연의 팸플릿 등의 자료를 아동이 직접 소개하고 느낀 점을 또래와 이야기 나눈다.

3) 감상활동 중심의 미술활동 계획안

감상활동 중심 미술활동 계획안 1			
활동명	콕콕콕 점을 찍어요		
활동연령	만 4~5세		
누리과정 생활주제	여름	소주제	여름 풍경
활동목표	• 야요이 쿠사마의 명화를 감상하고, 점묘법을 이해한다. • 새로운 표현 기법을 활용하여 작품을 완성할 수 있다.		
준비물	크기가 큰 종이, 다양한 사이즈의 붓, 면봉, 물통, 물감, 휴지 등		
교수자료	야오이 쿠사마(Yayoi Kusama)의 작품 사진들 –〈버섯들〉(1995), 〈호박〉(2005)		
활동방법	1. 야요이 쿠사마의 '호박'과 '버섯'을 감상한다. 2. 그림을 그리기 어려워하는 친구들이 있다면 종이에 크게 호박을 그리는 방법을 설명해 준다. 호박의 꼭지 부분부터 시작해서 아랫부분에 호박의 몸통 부분을 1개씩 그려 나간다. 3. 완성한 호박 그림을 가위로 자른다. 4. 배경이 될 다른 종이에 호박을 붙인다. 5. 면봉에 물감을 묻혀 콕콕 찍어 본다. 6. 야요이 쿠사마의 호박 그림의 배경처럼 면봉으로 선을 그려서 채워 준다.		
유의점	• 아이들은 사물을 종이에 가득 차도록 그리는 것을 어려워하기 때문에, 호박을 너무 작게 그리지 않도록 유의하여 지도한다. • 물감에 물을 너무 많이 섞지는 않게 주의한다. 물이 너무 많으면 금방 종이가 축축해지고 색감도 뚜렷해지지 않아 그 형태를 알아보기가 어려울 수 있다.		
확장활동	• 쉽게 닳고, 일정한 두께로만 찍히는 면봉에 익숙해졌다면, 다양한 사이즈의 붓을 사용해서 점을 찍어 본다. • 누르는 힘, 붓의 사이즈 등의 따라서 예민하게 달라지는 차이점을 느껴 본다.		
활동사진	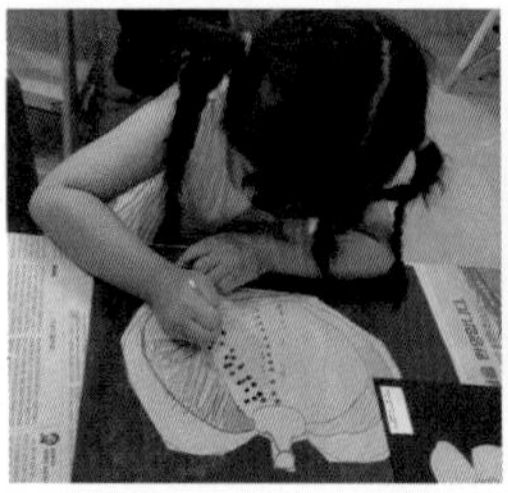 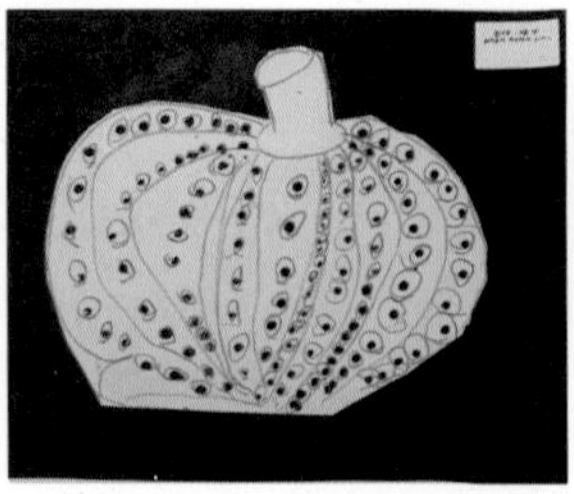 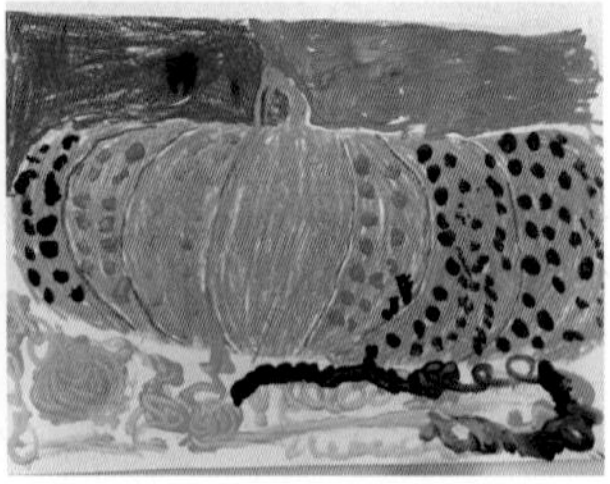		

<table>
<tr><th colspan="4">감상활동 중심 미술활동 계획안 2</th></tr>
<tr><td>활동명</td><td colspan="3">푸른빛의 청화백자</td></tr>
<tr><td>활동연령</td><td colspan="3">만 4~5세</td></tr>
<tr><td>누리과정 생활주제</td><td>우리나라</td><td>소주제</td><td>우리나라의 역사,
우리나라의 자랑거리</td></tr>
<tr><td>활동목표</td><td colspan="3">• 주변 풍경과 자연물에 관심을 가지고, 꽃에 관심을 가진다.
• 우리나라 청화백자와 사군자에 대해 알아보고, 문양과 특징을 관찰하여 직접 그려 본다.</td></tr>
<tr><td>준비물</td><td colspan="3">화선지, 파란색 물감 또는 색연필, 크레파스, 두꺼운 도화지, 붓 등</td></tr>
<tr><td>교수자료</td><td colspan="3">청화백자 사진 또는 사군자 작품 사진
  </td></tr>
<tr><td>활동방법</td><td colspan="3">1. 교사는 화선지를 백자 모양으로 잘라 준비해 둔다.
2. 청화백자와 사군자를 관찰하고 어떤 꽃과 곤충, 자연물이 그려져 있는지 관찰한다. 무엇을 그릴 것인지 결정한다.
3. 준비된 백자 모양의 화선지 위에 붓펜을 사용해서 밑그림을 그려 준다.
4. 파란색 물감 또는 색연필, 크레파스 (주로 파랑색) 등을 사용해서 칠해 준다.
5. 완성된 청화백자를 코팅한다.
6. 코팅한 청화백자 뒤에 두꺼운 도화지를 동글게 말아 붙여 준다.
7. 나뭇가지 또는 예쁜 꽃을 꽂아 나만의 청화백자를 완성한다.</td></tr>
<tr><td>유의점</td><td colspan="3">• 붓펜이 낯선 아동들에게 힘 조절에 따른 선 모양에 대해 설명하고, 직접 붓펜을 사용해서 그림을 그리며 친숙해질 수 있는 시간을 준다.</td></tr>
<tr><td>확장활동</td><td colspan="3">• 모란꽃이나 대나무 등 사군자에 나오는 꽃을 직접 색지에 그리거나 만들어서 꽂아 완성도 높은 청화백자 화병을 완성한다.</td></tr>
<tr><td>활동사진</td><td colspan="3">  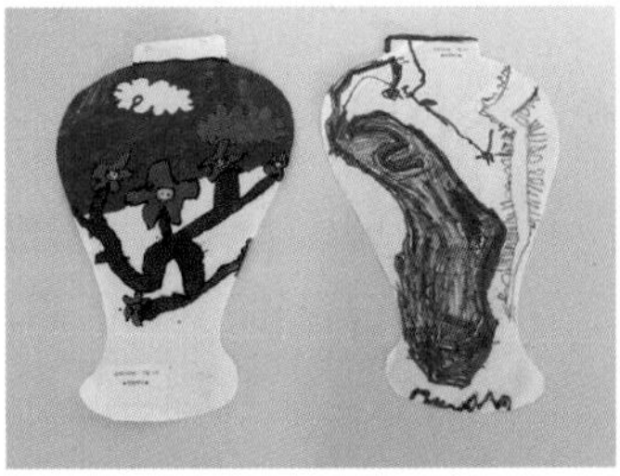</td></tr>
</table>

<table>
<tr><th colspan="4">감상활동 중심 미술활동 계획안 3</th></tr>
<tr><td>활동명</td><td colspan="3">슥슥 열심히 문질러 보아요</td></tr>
<tr><td>활동연령</td><td colspan="3">만 3~만 5세</td></tr>
<tr><td>누리과정 생활주제</td><td>가을과 열매</td><td>소주제</td><td>풍성한 가을</td></tr>
<tr><td>활동목표</td><td colspan="3">• 프로타주 기법에 대해 알아보고, 이해한다.
• 주변에서 쉽게 볼 수 있는 자연물의 생김새, 질감에 관심을 가지고 탐색한다.</td></tr>
<tr><td>준비물</td><td colspan="3">주변에서 구할 수 있는 자연물, 종이, 크레용이나 크레파스 등</td></tr>
<tr><td>교수자료</td><td colspan="3">막스 에른스트(Max Ernst)의 작품 사진들
–〈The Fugitive〉(1926), 〈Teenage Lightning〉(1926), 〈Fields of Honor, flood, seismic plants〉(1926)</td></tr>
<tr><td>활동방법</td><td colspan="3">1. 여러 가지 모양의 나뭇잎, 동전, 골판지, 실 등 주변에서 관찰할 수 있는 자연물 등을 모은 뒤, 자세히 관찰한다.
2. 자신이 원하는 자연물 등을 고른 뒤, 종이 아래에 위치한다.
3. 다양한 그리기 재료(연필, 색연필, 크레파스, 펜 등)을 이용해서 자연물의 모양이 나타날 수 있도록 색칠한다.
4. 실제 자연물의 모습과 프로타주 기법으로 나타난 모습이 어떻게 다른지 비교해 보고 이야기 나눈다.</td></tr>
<tr><td>유의점</td><td colspan="3">• 교사는 되도록 얇은 두께의 종이를 선택하여 제공하고, 유아는 색칠을 꼼꼼하게 할 수 있도록 지도한다.
• 크레파스나 크레용을 눕혀서 문지르면 유아가 더 쉽고 빠르게 색칠을 할 수 있다.</td></tr>
<tr><td>확장활동</td><td colspan="3">• 아동이 직접 관심 있는 자연물을 수집하거나, 밖에 나가 바위나 나무 등에 직접 종이를 대어 다시 한번 해 볼 수 있도록 한다.</td></tr>
<tr><td>활동사진</td><td colspan="3">  </td></tr>
</table>

감상활동 중심 미술활동 계획안 4			
활동명	동그라미 사과와 오렌지		
활동연령	만 3~5세		
누리과정 생활주제	동식물과 자연	소주제	자연과 더불어 사는 우리
활동목표	• 폴 세잔의 〈사과와 오렌지〉를 감상하고, 정물화에 대해 이해한다. • 평소 자주 먹는 과일을 자세하게 탐색하고 특징을 표현한다.		
준비물	과일이나 꽃, 주전자 등의 사물, 종이, 그리기 재료 등		
교수자료	폴 세잔(Paul Cézanne)의 작품 사진들  		
활동방법	1. 자신이 좋아하는 과일은 무엇이고, 생김새는 어떠한지 자유롭게 이야기한다. 2. 폴 세잔의 정물화 작품을 소개하고, 사과에 얽힌 이야기를 나눈다. 3. 교사는 책상 위에 준비한 과일들과 꽃, 주전자 등의 사물을 올려 두고 유아가 세심히 관찰할 수 있는 기회를 제공한다. 4. 직접 종이 위에 관찰한 정물들을 그려 보고, 채색한다.		
유의점	• 자신이 아는 대로 그리는 것이 아닌, 사물을 자세히 관찰한 뒤, 본 것을 그릴 수 있도록 한다. • 사물을 너무 작게 그리거나, 너무 크게 그리지 않도록 유의한다.		
확장활동	• 폴 세잔은 모든 사물을 기하학적인 형태로 단순화시켜서 그림을 그렸다는 점을 설명한 뒤, 사과 또는 다른 사물들이 가지고 있는 가장 기본적인 형태가 무엇인지 관찰해 볼 수 있도록 지도한다. • 만약 가능하다면 사과에서 가장 밝은 부분은 어디이고, 어두운 부분은 어디인지 빛에 관한 개념을 설명하여, 채색하면서 빛의 차이를 표현해 보도록 한다.		
활동사진	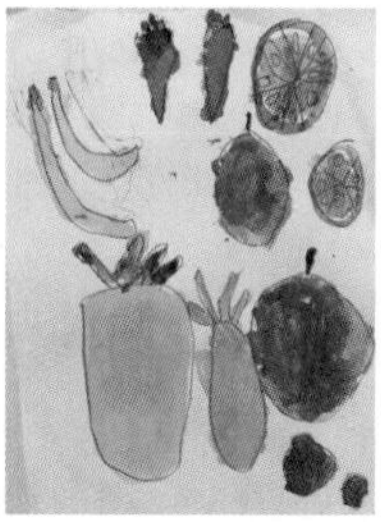  		

최신 연구 ____ 현재 누리과정 미술활동 내용에서 가장 강조되고 있는 내용은 무엇일까

* 이정현, 이순복(2019). 4세 누리과정 교사용 지도서의 미술의 요소 및 원리와 심미적 태도를 중심으로 한 미술활동 분석. **교육논총, 39**(4), 309-334.

이정현, 이순복(2019)은 '4세 누리과정 교사용 지도서'에 제시된 활동 중 168개의 미술활동을 분석하여 미술의 요소 및 원리, 심미적 태도가 어떻게 구성되어 있는지 살펴보았다. 결과를 통해서 현재 누리과정이 제시하는 예술경험 활동에서는 아동들에게 어떤 내용을 강조하고 있는지에 대해 보다 세밀하게 알 수 있었고, 문제점 또한 발견할 수 있었다.

- 미술의 요소를 분석한 결과, 명암과 음영 < 점 < 공간 < 구도 < 선 < 질감 < 양감 < 면 < 색채 < 형태 순으로 나타났다. 특히, 명암/음영과 형태의 편차가 큰 것은 미술활동에서 미술의 요소가 균형적이지 않게 구성되어 있음을 의미한다. 색과 형태가 가장 두드러지는 이유는 아동이 연령이 증가하면서 도식의 분화와 통합을 거쳐 고차원적인 수준으로 발달하고(Piaget & Inhelder, 1956), 시지각의 발달로 색이나 형태를 표상하는 능력도 향상된다는(Arnheim, 1976) 선행연구 결과와도 일치한다.
- 미술의 원리를 분석한 결과, 패턴 < 변화 < 통일성 < 움직임 < 리듬/반복 < 균형 < 비례 < 강조 순으로 나타났다. 이는 아동의 미술의 원리에 대한 활동과 교육의 내용이 보다 골고루 제공되어야 할 필요성이 있다는 점을 시사한다.
- '4세 누리과정 교사용 지도서'의 미술활동에서 심미적 태도(미술사, 미학, 미술비평, 작품 제작)를 분석한 결과, 미학이나 미술사에 비해 작품 제작에 대한 내용이 많이 나타났다. 이는 이 연구에서 나온 표현활동, 탐색활동, 감상활동 중 '표현활동: 예술적 표현하기' 내용이 가장 많이 나타난다는 결과와도 연결된다. 이와 같은 결과는 현재 유아교육 미술활동에서 여전히 결과물을 나타내는 표현활동이 강조되고 있으며, 감상보다는 표현이나 '완성'을 위한 목적으로 수업이 진행되고 있다는 것이다. 물론 완성작도 중요하겠지만, 아동의 심미감을 발달시키기 위해서는 많은 미술작품을 감상하고 비평해 보는 경험 또한 많이 주어져야 할 것이다.

실습

그림책 표현 기법으로서의 콜라주

활동목표	• 티슈페이퍼의 성질을 이해한다. • 콜라주 기법을 통하여 창의적으로 표현해 볼 수 있다.
준비물	티슈페이퍼, 물, 물통, 물풀, 스케치북, 가위, 붓 등
활동방법	1. 에릭 칼의 그림책 〈배고픈 애벌레〉를 소개하며, 어떻게 콜라주 기법이 사용되었는지 이야기 나누어 본다. 2. 물풀에 물을 섞어 묽게 희석시킨다[세탁 후에 물을먹일 때 쓰는 액체 전분(liquid starch)을 사용하면 편리하다.]. 3. 티슈페이퍼를 원하는 모양으로 잘라 한 장씩 물풀을 사용해서 붙여 준다. 4. 조각의 아래에 있는 도화지와 종잇조각 위에 풀로 붓질을 한다. 5. 티슈페이퍼를 조각조각 겹쳐서 붙여 완성한다. 6. 종잇조각이 겹쳐진 부분의 색 변화를 살펴본다.
활동지도를 위한 팁	• 아동이 물풀을 만들 때 물을 조금만 넣어 너무 묽어지지 않도록 주의한다. • 물풀을 사용할 때는 너무 많이 바르지 않고, 티슈페이퍼 조각에 소량만 바르도록 알려 준다.
작품 예시	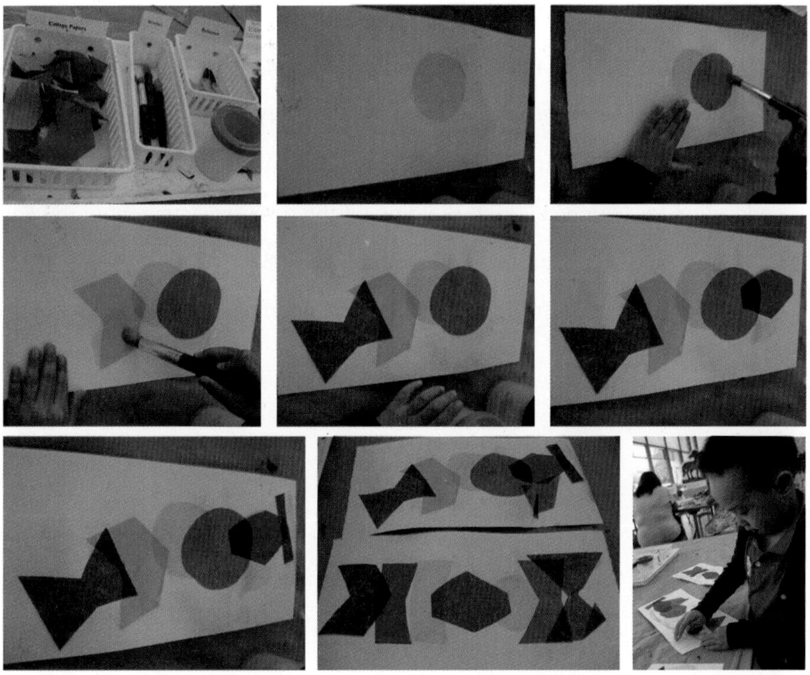

참고문헌

교육부, 보건복지부(2019). **2019 개정 누리과정 해설서**. 세종: 교육부, 보건복지부.

교육인적자원부(2005). **유아를 위한 명화감상 활동자료**. 서울: 교육인적자원부.

박현일(2012). **아동미술용어 사전**. 서울: 이담북스.

보건복지부(2013). **4세 누리과정에 기초한 어린이집 프로그램**. 서울: 보건복지부.

보건복지부, 교육과학기술부(2013). **4세 누리과정 교사용 지침서**. 서울: 보건복지부, 교육과학기술부.

이소은, 권기남(2017). **아동미술**. 경기: 양서원.

이순형, 김도연(2015). **유아미술 감상 프로그램**. 서울: 정민사.

이영자, 이기숙, 이정욱(2000). **유아 교수 · 학습 방법**. 서울: 창지사.

이정현, 이순복(2019). 4세 누리과정 교사용지도서의 미술의 요소 및 원리와 심미적 태도를 중심으로 한 미술활동 분석. **교육논총, 39**(4), 309-334.

한국조형교육학회(2016). **미술교육의 기초**. 경기: 교육과학사.

Arnheim, R. (1976). *Art and Visual Perception*. 김춘일 역(1995). **미술과 시지각**. 서울: 미진사.

Feldman, E. B. (1970). *Becoming human through art: Aesthetic experience in the school*. Englewood Cliffs, NJ: Prentice Hall.

Margulies, E., & Frisch, C. (2018). *Art making with MoMA: 20 activities for kids inspired by artists at the Museum of Modern Art*. New York, NY: Museum of Modern Art.

McClure, M., Tarr, P., Thompson, C. M., & Eckhoff, A. (2017). Defining quality in visual art education for young children: Building on the position statement of the Early Childhood Art Educators. *Arts Education Policy Review, 118*(3), 154-163.

Piaget, J., & Inhelder, B. (1956). *The child's conception of space*. London: Routledge & Kegan Paul.

Chapter 09

융합으로서의 아동미술교육

2019 개정 누리과정과 2020 제4차 표준보육과정에서는 기존의 영역별 활동에 대한 분류에 얽매이지 않는 영역통합적 활동에 대해 강조하고 있다(제5장의 영역통합적 활동 참조)(교육부, 보건복지부, 2019; 보건복지부, 2020). 아동의 미술활동은 단순히 미술 영역의 행동에 국한되는 것이 아니라 다양한 영역의 행동을 포함하는 대표적인 영역통합적 활동이다.

예를 들어, 반죽놀이를 하고 있는 아동을 생각해 보자. 먼저 이 아동은 눈과 손의 협응, 소근육 조작이라는 신체운동 · 건강 영역의 행동을 하고 있다. 동시에 아동은 반죽이라는 재료의 특성을 이해하고 누르거나 주무르는 조작을 통해 원하는 모양으로 만들어 가는 자연탐구 영역의 행동을 한다. 자신이 의도하는 동물을 표현하기 위해 원하는 색깔을 고르고, 각 부위에 맞는 모양으로 만드는 행동은 예술경험 영역의 행동이며, 그 과정에서 정확한 모양을 알기 위해 책을 참고하거나, 작품에 대해 다른 사람에게 설명하는 의사소통 영역의 행동과, 또래에게 물건을 빌리거나 도움을 청하는 등의 사회관계 영역의 행동이 나타난다. 이처럼 아동의 미술활동은 다양한 영역과 관련되어 나타나며, 이러한 생각은 아동미술교육을 단순히 미술전문가의 양성을 위한 것이 아닌, 인간의 전인적 발달의 수단으로 이해하는 미술교육철학적 관점과 일치한다.

코메니우스(J. A. Comenius), 루소(J. J. Rousseau), 페스탈로치(J. H. Pestalozzi) 등 많은 학자들이 영유아의 감각을 통한 교육을 강조해 왔다. 영유아기는 구체물을 통해 배우는 시기로, 영유아가 자신의 눈에 보이고 손에 만져지는 대상을 감각을 통해 직접 느낄 때 학습의 효과가 가장 뛰어나다(하정연 외, 2017). 유아는 성인에 비해 언어적인 구사력이나 표현력이 부족하기 때문에, 비언어적 표현으로써 미술이 주는 의미가 더욱 크다(Koster, 2009). 프뢰벨(F. W. A. Fröbel)은 영유아를 위한 교구인 은물을 만들어, 공, 정육면체, 원통, 찰흙, 종이 등을 통해 영유아가 놀이활동을 통해 자연스럽게 우주의 조화, 다양성, 상호 관련성 등을 배울 수 있도록 하였다(이순형 외, 2005). 형태와 색이 눈에 보이는 그림, 냄새 맡고 만져 볼 수 있는 조형물을 통한 학습은 아동의 흥미를 높여 적극적인 참여를 이끌어 낼 뿐 아니라, 인지하고 재연하는 능력에도 영향을 미쳐 학습효율을 높인다. 미술활동은 영유아기에 이루어지는 여러 가지 인지활동들, 즉 수학 · 과학적 개념학습이나 언어/사고능력 발달을 촉진할 수 있는 효과적인 매개체가 되며, 또래와 함께 활동하는 경험을 통해 사회성 발달에도 도움을 줄 수 있다(지성애, 2014). 무엇보다 유아는 부분을 경험하여 전체를 학습하기보다 전체를 경험하는 동안 부분적 학습이 일어나는 존재이기 때문에, 통합적 학습의 효과성이 더욱 크다(NAEYC, 1991; Schirrmacher, 2006).

●그림 9-1● **반죽놀이를 하고 있는 아동의 모습**

1. 아동미술교육과 수학

1) 아동을 위한 수학교육의 내용

경력이 적은 신입교사들이 범하는 실수 중 하나는, 수학교육의 내용을 수 세기와 연산에 한정하여 이해한다는 것이다. "몇 개일까?", "거기에 이만큼을 더하면 몇 개가 될까?"와 같은 직접적 숫자 연산에 관한 질문은, 진행되는 놀이와 이야기의 맥락을 파괴할 뿐 아니라 아동의 논리적 사고 흐름에도 부정적 영향을 미칠 수 있다. 수학교육의

교사는 아동의 수학적 사고를 돕기 위해 단순히 "해바라기가 몇 개 있니?"라는 질문으로 끝내는 것이 아니라, "그 해바라기가 어떤 모양이니? 왜 그렇게 보일까?"라는 도형과 공간 개념, 패턴 등에 대한 생각으로 확장시킬 수 있다.

빈센트 반 고흐
〈해바라기〉

●그림 9-2● **그림 속의 수학적 요소 찾기**

내용은 수 연산 외에도 다양하므로, 비율과 비교, 공간개념, 패턴과 같이 미술작품 안에서 자연스럽게 드러나고, 아동의 사고를 확장할 수 있는 주제를 다루는 편이 좋다.

〈표 9-1〉은 2020년 제4차 표준보육과정(2019 개정 누리과정)에 나타나는 수학 관련 요소를 보여 준다. 표에 나타나듯, 영유아를 위한 개정 누리과정은 물체의 수량, 물체의 모양과 주변 공간, 위치, 방향, 길이, 무게의 비교, 규칙성, 물체의 구별과 분류 등을 포함하고 있다.

표 9-1 표준보육과정(누리과정)에 포함된 수학 관련 요소

영역	자연탐구		
내용범주	내용		
	만 0~1세	만 2세	만 3~5세
생활 속에서 탐구하기	• 물체의 수량에 관심을 가진다. • 주변 공간과 모양을 탐색한다. • 규칙성을 경험한다.	• 물체의 수량에 관심을 가진다. • 주변 공간과 모양을 탐색한다. • 규칙성에 관심을 가진다. • 주변 사물을 같고 다름에 따라 구별한다.	• 물체를 세어 수량을 알아본다. • 물체의 위치와 방향, 모양을 알고 구별한다. • 일상에서 길이, 무게 등의 속성을 비교한다. • 주변에서 반복되는 규칙을 찾는다. • 일상에서 모든 자료를 기준에 따라 분류한다.

〈표 9-1〉에서 알 수 있듯이, 영유아를 위한 수학교육은 물체의 수량, 모양과 주변 공간, 위치, 방향, 길이, 무게의 비교, 규칙성, 구별과 분류 등의 다양한 내용을 포함한다. 아동이 물체의 모양을 보고 평면/입체도형으로 범주화시켜 인식하는 것, 예를 들어 사과는 둥근 모양이라고 인식하는 것은 원과 구의 개념을 이해하는 과정과 연관된다. 또한 여러 개의 사과를 그림 속에 적절한 구도로 배치하는 것은 수학적 개념 중 위치와 비율 개념에 관련되며, 보는 각도에 따라 서로 다른 형태나 색감, 크기로 표현된다는 것을 이해하는 것은 위치와 방향에 대한 이해와 관련된다. 교사는 이러한 수학교육의 내용 요소를 이해하고 이러한 내용을 자연스럽게 활동에 반영하되, 아동의 미술활동의 흐름을 끊지 않도록 주의해야 한다.

2) 아동미술교육에서 나타나는 수학적 요소

- **영아** 도장 찍기 활동: 세밀한 표현이 어려운 영아를 대상으로 한 도장 찍기 활동은 기본 도형에 대한 이해, 반복되는 모양에 대한 패턴 인식(규칙성), 여백 위의 도형 배치에 관한 공간과 비율 개념 등을 익히게 할 수 있다.

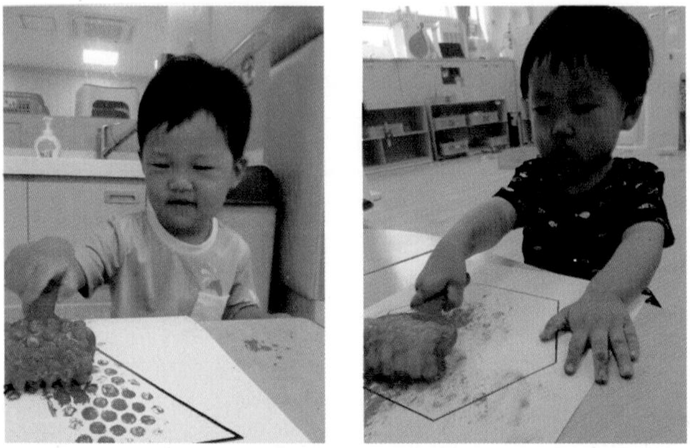

●그림 9-3● **에어캡 도장 찍기: 아동은 앞뒤로 롤러를 밀면서 동일한 모양이 나타나는 규칙성을 이해하고, 채색된 부분과 여백이라는 공간에 대한 개념을 이해할 수 있다.**

- **유아** 주어진 모양을 활용해 그림 그리기: 동그라미, 세모, 네모 등 기본 도형이 그려진 종이를 제공하고, 유아가 스스로 그 도형을 활용하여 원하는 대상을 표현하게 하는 활동은 유아의 도형에 대한 인식을 높일 뿐 아니라, 창의력과 표현력 발달에도 도움을 줄 수 있다.

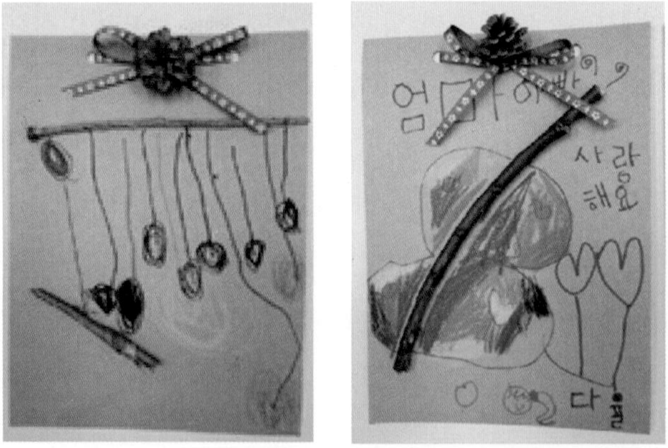

●그림 9-4● **자연물의 형태를 활용한 그림 그리기(나뭇가지 초대장): 아동은 자연물의 형태를 창의적으로 발전시키며 도형에 대한 감각을 키울 수 있다.**

2. 아동미술교육과 과학

1) 아동을 위한 과학교육의 내용

과학 영역은 미술활동과 가장 쉽게 연관되는 분야 중 하나이다. 야외활동 이후 자연물을 활용한 꾸미기 활동이나, 다양한 미술 재료의 탐색활동에서 과학적 요소가 활용된다. 이 외에도 동물과 식물 같은 주변의 생명체에 대한 인식은 아동의 예술적 표현의 기반이 된다. 인지주의 이론가들은 아동이 보고 있는 대상 그대로를 그리는 것이 아니라, 자신이 이해하고 기억한 내용을 작품에 재연한다고 주장하였다. 이 때문에 영유아의 인지적 발달에 따라 미술표현의 향상이 나타난다(Piaget & Inhelder, 1969). 영유아의 인물에 대한 이해가 깊어질수록, 인물화의 세부 항목에 대한 표현이 더해지고 현실성이 증가한다는 굿이너프의 연구결과(Goodenough, 1926) 역시, 대상에 대한 개념적 이해가 미술표현의 발달을 유도한다는 사실을 알려 준다.

레지오 에밀리아의 프로젝트에서는 주제가 시작된 초기 단계에 1차 표상 작품을 그리고, 진행 단계에 따라 2차 표상, 3차 표상을 시행한다. 예를 들어, 나뭇가지에 대한 1차 표상에서 아동들은 단순히 나무의 큰 기둥에 붙어 있는 잔가지로써 나뭇가지를 표현했다. 그러나 2차, 3차 표상으로 가면서 나뭇가지의 다양한 형태를 표현하거나 나뭇가지가 실생활에서 사용되는 상황에 대해 표현하는 등 보다 구체적이고 생활 중심적인 작품을 만들어 냈다. 아동의 작품에서 나타나는 이러한 변화는 대상에 대한 과학적 탐구과정이 미술활동에 자연스럽게 녹아들어 나타남을 보여 준다.

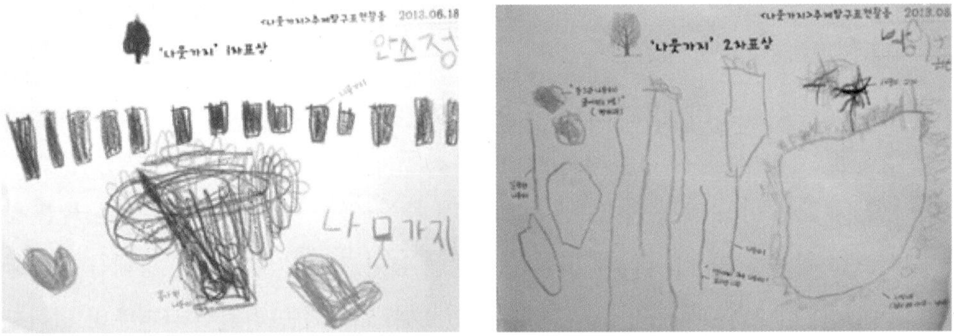

1차 표상
바닥에 떨어진 나뭇가지

2차 표상
동그란 나뭇가지, 먹을 수 있는 나뭇가지, 새둥지의 나뭇가지

●그림 9-5● **프로젝트 활동의 1차 표상과 2차 표상: 반복된 표상활동을 통해, 특정 대상에 대한 아동의 이해도가 향상되는 변화의 과정이 드러난다.**

〈표 9-2〉는 2020년 제4차 표준보육과정(2019 개정 누리과정)에 나타나는 과학 관련 요소를 보여 준다. 표에 나타나듯, 영유아를 위한 개정 누리과정은 사물과 자연에 대한 호기심, 탐색, 감각적 체험, 도구와 기계, 동식물, 계절, 날씨, 생명과 자연환경 등에 대한 내용을 포함하고 있다.

표 9-2 표준보육과정(누리과정)에 포함된 과학 관련 요소

영역	자연탐구		
내용범주	내용		
	만 0~1세	만 2세	만 3~5세
탐구과정 즐기기	• 주변 세계와 자연에 대해 호기심을 가진다. • 사물과 자연 탐색하기를 즐긴다.	• 주변 세계와 자연에 대해 호기심을 가진다. • 사물과 자연을 반복하여 탐색하기를 즐긴다.	• 주변 세계와 자연에 대해 지속적으로 호기심을 가진다. • 궁금한 것을 탐구하는 과정에 즐겁게 참여한다. • 탐구과정에서 서로 다른 생각에 관심을 가진다.
생활 속에서 탐구하기	• 친숙한 물체를 감각으로 탐색한다.	• 친숙한 물체의 특성과 변화를 감각으로 탐색한다. • 생활 도구에 관심을 가진다.	• 물체의 특성과 변화를 여러 가지 방법으로 탐색한다. • 도구와 기계에 대해 관심을 가진다.
자연과 더불어 살기	• 주변의 동식물에 관심을 가진다. • 날씨의 변화를 감각으로 느낀다.	• 주변의 동식물에 관심을 가진다. • 날씨와 계절의 변화를 감각으로 느낀다.	• 주변의 동식물에 관심을 가진다. • 생명과 자연환경을 소중히 여긴다. • 날씨와 계절의 변화를 생활과 관련짓는다.

2) 아동미술교육에서 나타나는 과학적 요소

• **영아** 같은 색깔 찾기: 일상생활에서 쉽게 볼 수 있는 여러 가지 색깔의 사물을 찾아보는 활동을 통해, 색상에 대한 감수성을 높이고 사물의 다양한 형태를 이해할 수 있다. 실내외에 상관없이 시행할 수 있으며, 교사의 인위적인 사전준비 없이도 주변 사물을 이용해 활동할 수 있다는 점에서 일상생활과의 연계성이 높다.

●그림 9-6● 야외에서 색상환에 맞는 자연물 찾기: 기억 속의 물체가 아닌, 실제 물체의 색깔을 색상환과 맞춰 보는 경험을 통해 아동의 기억을 더욱 생동감 있게 하며, 원하는 색깔의 대상을 탐색하는 과정에서 주변 사물을 주의 깊게 살피는 태도를 길러 준다.

• 유아 세밀화 그리기: 세부적인 탐색과 관찰은 사물에 대한 인지수준을 높이고, 정교하고 정확한 표현을 가능하게 한다. 아동이 평소 자주 보던 사물을 세밀화로 표현하는 과정에서, 평소 발견하지 못했던 새로운 점을 발견하고 사물의 특성에 대해 더욱 잘 이해할 수 있다.

●그림 9-7● 세밀화 그리기(자기 방 그리기, 사슴 그리기): 세밀화 그리기는 평소 자주 이루어지는 창의성 중심 활동과 달리, 아동에게 보다 기술적이고 정확한 표현력을 요구한다. 다만 아동이 흥미 있는 대상을 주제로 하므로, 다소 지루할 수 있는 표현기술 습득을 위한 연습에 재미를 더할 수 있다.

3. 아동미술교육과 언어

1) 아동을 위한 언어교육의 내용

초기 학자들은 읽기와 쓰기가 불가능한 영유아기에는 문해발달이 이루어지지 않는다고 보았다. 그러나 최근에는 기호와 상징에 대한 이해를 읽기의 초기 단계로, 끼적이기(scribbling)를 쓰기의 초기 단계로 받아들이게 되었고, 이에 따라 이른 영아기부터 적극적인 문해환경 조성에 관심을 갖게 되었다. 동일한 논리로서 미술발달에서도 영아기에 나타나는 끼적이기를 '난화기 단계'로 인정하고, 다양한 재료를 사용하여 자유로운 탐색과 표현을 시도하도록 권장한다. 이 시기의 교사는 영유아가 미술기술의 습득이나 전형적인 표현발달에 신경 쓰지 않고, 마음껏 창의적인 시도를 할 수 있도록 지원한다.

또한, 아동의 미술활동은 언어적 표현능력이 부족한 영유아기에 중요한 비언어적 표

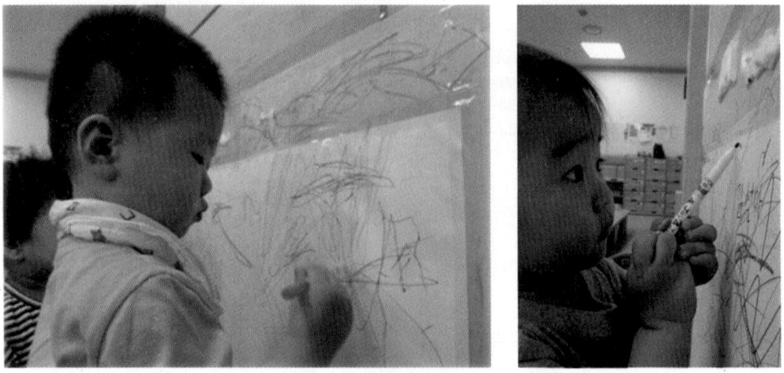

●그림 9-8● 영아의 끼적이기 활동

●그림 9-9● 영유아의 그림에 적힌 교사의 메모

현수단으로써의 기능이 강조된다. 아동이 고르는 크레파스의 색깔, 선의 움직임, 지면의 활용, 재료의 취급 등은 모두 그들의 생각이나 감정, 지식 등을 반영한다. 미술활동을 통해 아동이 자유롭게 자신을 표현하면, 교사는 아동과의 상호작용을 통해 그 내용을 언어적으로도 이끌어 내고자 한다. "이건 뭐야?", "밖이 왜 깜깜했어?"와 같이 질문을 던지기도 하고, "동생이랑 같이 가서 좋았구나.", "펭귄을 보러 갔구나."처럼 언어적 표현이 서툰 영유아의 짤막한 답변을 보완하여 완성된 문장으로 다시 한번 말해 주기도 한다. 이런 언어적 상호작용을 통해 아동의 말하기와 듣기가 향상되며, 자연스럽게 다른 사람과의 대화기술이 발달하게 된다.

〈표 9-3〉은 2020년 제4차 표준보육과정(2019 개정 누리과정)에 나타나는 언어 관련 요소를 보여 준다. 표에 나타나듯, 영유아를 위한 개정 누리과정은 듣기, 말하기, 생각/요구/느낌 표현하기, 그림과 상징에 대한 관심 갖기, 끼적이기, 책과 이야기에 대해 관심을 갖고 상상하기 등을 포함하고 있다.

표 9-3 표준보육과정(누리과정)에 포함된 언어 관련 요소

영역	의사소통		
내용범주	내용		
	만 0~1세	만 2세	만 3~5세
듣기와 말하기	• 상대방의 이야기를 들으면서 말소리를 낸다. • 표정, 몸짓, 말소리로 의사를 표현한다.	• 상대방의 이야기를 듣고 말한다. • 표정, 몸짓, 단어로 의사를 표현한다. • 자신의 요구와 느낌을 말한다.	• 말이나 이야기를 관심 있게 듣는다. • 자신의 경험, 느낌, 생각을 말한다. • 상황에 적절한 단어를 사용하여 말한다. • 상대방이 하는 이야기를 듣고 관련해서 말한다.
읽기와 쓰기에 관심 가지기	• 주변의 그림과 상징에 관심을 가진다. • 끼적이기에 관심을 가진다.	• 주변의 그림과 상징, 글자에 관심을 가진다. • 끼적이며 표현하기를 즐긴다.	• 말과 글의 관계에 관심을 가진다. • 주변의 상징, 글자 등의 읽기에 관심을 가진다. • 자신의 생각을 글자와 비슷한 형태로 표현한다.
책과 이야기 즐기기	• 책에 관심을 가진다. • 이야기에 관심을 가진다.	• 책에 관심을 가지고 상상한다. • 말놀이와 이야기에 재미를 느낀다.	• 책에 관심을 가지고 상상하기를 즐긴다. • 동화, 동시에서 말의 재미를 느낀다. • 말놀이와 이야기 짓기를 즐긴다.

2) 아동미술교육에서 나타나는 언어적 요소

- **영아** 케이크 만들기: 케이크 만들기는 영아가 좋아하는 활동이지만 준비과정과 비용으로 인해 쉽게 하기 어렵다. 스프레이 형태의 생크림이나 셰이빙 크림은 비교적 쉽게 구할 수 있으므로 식용 색소(일반 물감도 가능)를 섞어 흥미로운 활동을 할 수 있다. 활동 전후에 영아가 충분히 재료를 탐색하며 놀이할 시간을 확보해 둔다. 교사는 탐색과 표현과정에서 영아가 느끼는 바를 말로 표현할 수 있도록 격려한다.

●그림 9-10● **색깔을 넣은 쉐이빙 크림으로 케이크 만들기: 여러 가지 색을 낸 크림으로 영아들의 흥미를 끌고 촉감을 말로 표현하게 한다.**

- **유아** 주말 지낸 이야기: 주말 지낸 이야기는 일상생활의 친숙한 이야기이지만, 나 외의 다른 사람들이 모르는(내가 가장 잘 아는) 정보라는 점에서 유아에게 매력적인 주제이다. 익숙한 대상을 그림으로 표현하기 때문에 부담이 적으나, 매주 같은 방식으로 하기보다는 다양한 면재와 쓰기도구를 제공함으로써 활동에 다양성을 부여한다. 시간의 흐름을 말 대신 그림으로 표현할 수 있도록 만화의 분할 장면처럼 몇 개의 칸을 제공하여 시퀀스(sequence)를 표현해 보게 하는 것도 좋다.
아동은 주말에 있었던 여러 가지 일들을 한 장의 그림으로 표현하기 위해 머릿속에서 이야기를 정리하고, 압축하며, 재구성한다. 이 과정에서 아동은 자연스럽게 언어를 이용하여 사고한다. 또한, 그려진 그림을 다른 사람에게 설명하면서 다른 사람과의 의사소통 능력이 발달하게 된다.

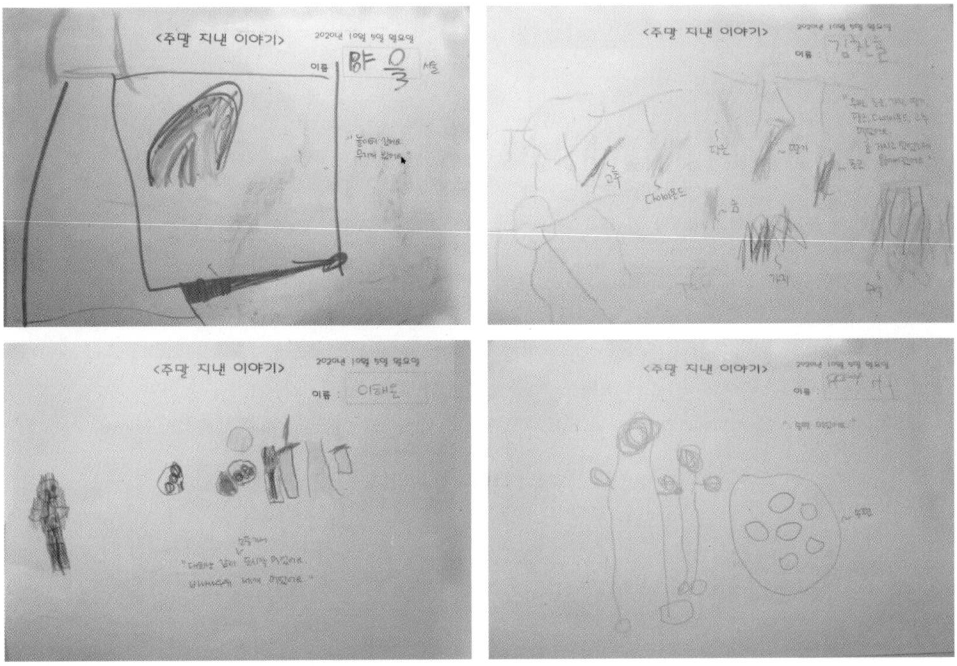

●그림 9-11● **주말 지낸 이야기**

4. 아동미술교육과 음악

1) 아동을 위한 음악교육의 내용

인간은 자신을 표현하기 위해 예술을 사용한다. '창의적으로 표현하기' 내용범주 안에는 음악, 미술, 춤 등의 표현방식이 제안되지만, 이러한 표현방식은 서로 배타적인 것이 아니다. 그림과 조형이 모두 미술적 표현의 한 가지 방식이듯, 노래와 연주, 그림, 조형, 율동이나 연기 역시 감정을 표현하는 한 가지 갈래이다. 교사는 아동이 미술활동을 통해 자신을 표현하거나, 다른 사람을 이해하는 법을 배울 수 있도록 지원한다.

미술과 음악을 표현방식의 서로 다른 방식으로 이해할 때, 음악의 3요소인 리듬(rhythm), 가락(melody), 화성(harmony)이 미술활동에서도 나타남을 알 수 있다. 미술표현의 주요 요소인 패턴(pattern), 움직임(movement), 통일과 변화(unity and variety)를 통해, 아동은 자연스럽게 음악적 표현의 요소들을 받아들일 수 있게 된다.

8분의 6박자 악보의 박자와 셈여림
출처: https://cest-lavie.tistory.com/158

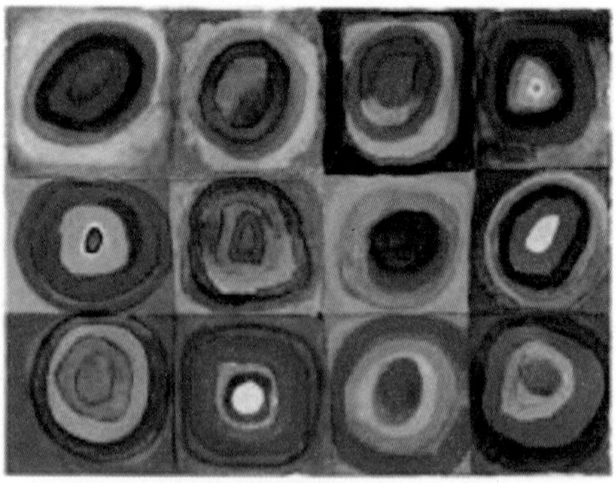

바실리 칸딘스키
〈동심원이 있는 정사각형〉(1913)

●그림 9-12● **악보와 그림에서 나타나는 통일과 변화**

〈표 9-4〉는 2020년 제4차 표준보육과정(2019 개정 누리과정)에 나타나는 음악 관련 요소를 보여 준다. 표에 나타나듯, 영유아를 위한 개정 누리과정은 소리, 노래, 악기 연주, 움직임과 춤, 감상 등을 포함하고 있다.

표 9-4 표준보육과정(누리과정)에 포함된 음악 관련 요소

영역	예술경험		
내용범주	내용		
	만 0~1세	만 2세	만 3~5세
창의적으로 표현하기	• 소리와 리듬, 노래로 표현한다.	• 익숙한 노래와 리듬을 표현한다. • 움직임과 춤으로 자유롭게 표현한다.	• 노래를 즐겨 부른다. • 신체, 사물, 악기로 간단한 소리와 리듬을 만들어 본다. • 신체나 도구를 활용하여 움직임과 춤으로 자유롭게 표현한다.
예술 감상하기			• 다양한 예술을 감상하며 상상하기를 즐긴다. • 서로 다른 예술표현을 존중한다. • 우리나라 전통예술에 관심을 갖고 친숙해진다.

2) 아동미술교육에서 나타나는 음악적 요소

• **영아** 소리가 그리는 그림(종이를 감은 통 속에 물감 묻힌 구슬 넣어서 흔들기): 아동을 대상으로 한 공감각적 활동(소리를 그려 보자. 어떤 냄새인지 말로 표현해 보자. 기분을 몸으로 표현해 보자.)은 어린 영아에게는 받아들이기 어려운 개념일 수 있다. 소리가 움직임의 궤적으로 나타나는 이 활동은, 공감각적 활동의 초보적인 단계로 아동에게 공감각적 표현을 위한 단서를 제공할 수 있다.
영아에게 "이 소리를 그림으로 표현해 보자."라고 말하기보다는, "이 소리가 날 때 구슬이 이런 그림을 그렸어."라고 설명한다면 아동이 공감각적인 활동에 대한 이해를 하는 데에 도움이 될 것이다.

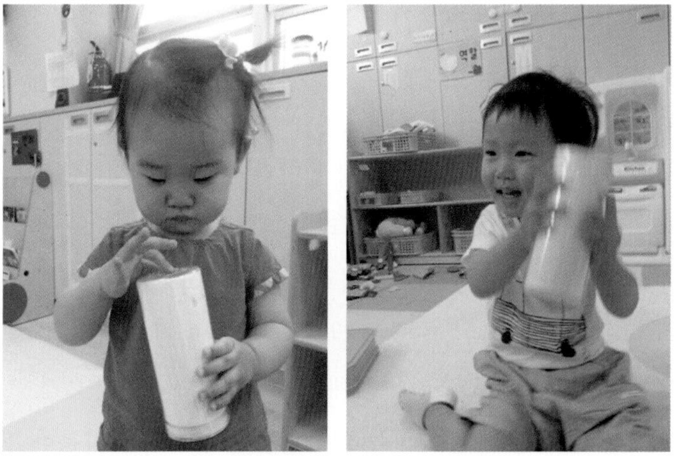

●그림 9-13● **소리가 그리는 그림**

• **유아** 미술작품에 맞는 배경음악 고르기: 학급 유아들이 소집단, 혹은 대집단으로 만든 미술작품을 전시하면서 배경음악으로 어울리는 노래나 소리는 무엇일지 이야기를 나눈다. 흔히 듣는 동요나 클래식뿐 아니라, 자연의 소리, 혹은 유아들이 직접 녹음한 소리 등을 활용하여 창의성을 이끌어 낼 수 있으며, 2~3가지를 선정하여 날짜를 돌아가며 음악을 틀고 서로 감상을 이야기해 본다.
박물관이나 전시관 견학에서 아동들과 배경음악을 들었던 경험을 이야기하고, 우리가 만든 작품을 전시할 때는 어떤 배경음악이 나오면 좋을지 함께 결정해 본다.

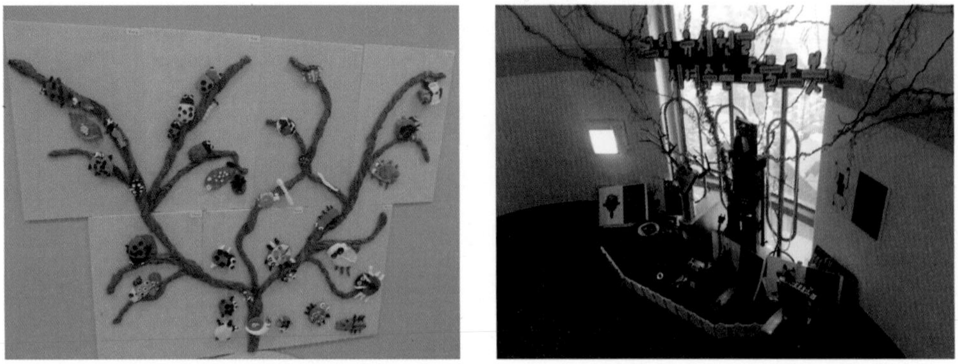

●그림 9-14● 아동의 협동작품 전시에 알맞은 소리 고르기(자연의 소리, 인공적인 소리)

5. 아동미술교육과 체육

1) 아동을 위한 체육교육의 내용

미술활동에서 사용되는 그리기, 만들기, 꾸미기 등의 표현방식은 아동에게 감각적 경험을 제공하고 소근육 발달을 돕는다. 그리기 재료를 단단히 잡고, 원하는 세기와 방향으로 손을 움직이며, 조그마한 재료를 자르거나 붙이고, 연결하는 행동은 아동이 세밀한 조작능력을 사용하게 한다. 특히, 스티커 떼기, 붙이기와 가위질, 풀칠 등은 아동이 자발적으로 반복적인 소근육 훈련을 하게 유도한다.

미술활동에 대한 오해 중 다른 하나는 미술활동이 정적이고 차분한 활동이라는 것이다. 야외활동의 영역 구분에서도 그늘이 있는 휴식 영역, 정적인 영역이나 작업 영역 등이 미술활동을 위한 공간으로 이용되곤 한다. 그러나 야외에서의 미술활동은 아동의 대소근육을 모두 활용할 수 있으며, 교사는 규모가 큰 작품이나 협동작품을 통해 실내에서 하지 못했던 역동적인 활동을 시도할 수 있다.

〈표 9-5〉는 2020년 제4차 표준보육과정(2019 개정 누리과정)에 나타나는 체육 관련 요소를 보여 준다. 표에 나타나듯, 영유아를 위한 개정 누리과정은 감각적 경험, 신체 탐색, 대소근육의 조절 등을 포함하고 있다.

●그림 9-15● **야외에서 할 수 있는 역동적인 미술활동**

표 9-5 표준보육과정(누리과정)에 포함된 체육 관련 요소

<table>
<tr><th>영역</th><th colspan="3">예술경험</th></tr>
<tr><th rowspan="2">내용범주</th><th colspan="3">내용</th></tr>
<tr><th>만 0~1세</th><th>만 2세</th><th>만 3~5세</th></tr>
<tr><td>감각과 신체 인식하기</td><td>• 감각으로 주변을 탐색한다.
• 신체를 탐색한다.</td><td>• 감각능력을 활용한다.
• 신체를 인식하고 움직인다.</td><td rowspan="2">• (신체를 인식하고 움직인다.)
• 신체 움직임을 조설한다.</td></tr>
<tr><td>신체활동 즐기기</td><td>• 대소근육을 조절한다.</td><td>• 대소근육을 조절한다.</td></tr>
</table>

2) 아동미술교육에서 나타나는 체육적 요소

- **영아** 발바닥 그림 그리기: 그림은 손으로 그린다는 선입견에서 벗어나, 신체의 여러 부위를 사용해 그림을 그려 보는 경험은 영아에게 감각적 쾌감과 성취감을 제공하며 창의성 발달에도 도움이 된다. 또한 친구들과 함께 공간을 사용하고 작품을 위해 협동하는 과정에서 사회성을 기를 수 있다.

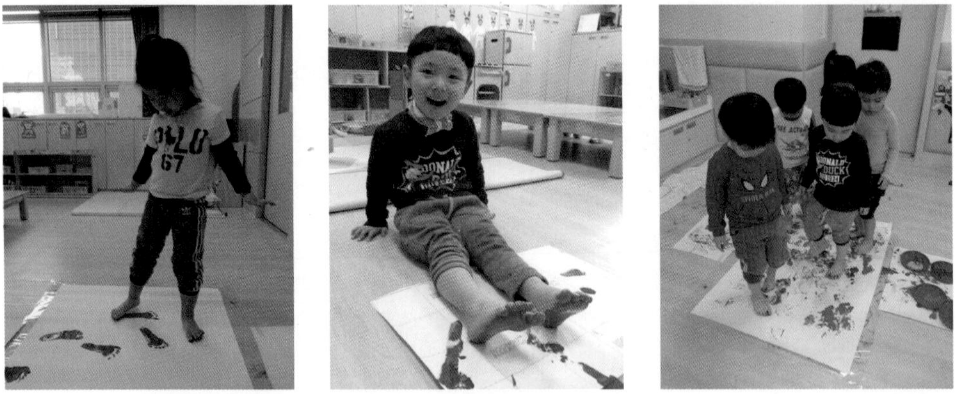

●그림 9-16● **발바닥 그림 그리기**

- **유아** 종이접기: 종이접기는 재료가 간단하지만, 유아의 인지적 능력, 집중력, 정교한 소근육 조절능력 등이 필요한 활동이다. 교사는 미리 종이접기 순서를 단계별로 표현한 안내판을 만들어 놓아 유아가 보면서 따라 활동할 수 있도록 하고, 활동 후에는 유아가 자유놀이시간에 스스로 활동할 수 있도록 미술 영역에 비치한다.

●그림 9-17● **카네이션 접기**

통합적 미술교육 프로그램

<table>
<tr><td colspan="4">주제탐구 표현활동(프로젝트 접근법에 해당)의 예시: 무당벌레</td></tr>
<tr><td>대상 연령</td><td>만 3~4세 혼합연령</td><td>시행 일시</td><td>20○○년 5월~6월</td></tr>
<tr><td>단계</td><td colspan="3">활동 내용</td></tr>
<tr><td>이전 경험 나누기
(미술+언어)</td><td colspan="3">• 무당벌레를 본 적이 있나요? 언제, 어디서, 어떻게 보았나요?
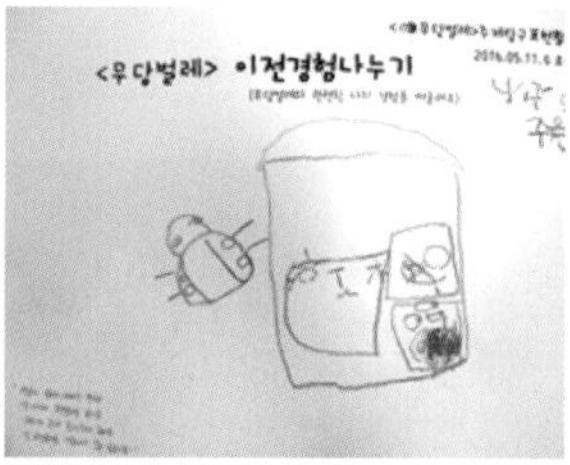

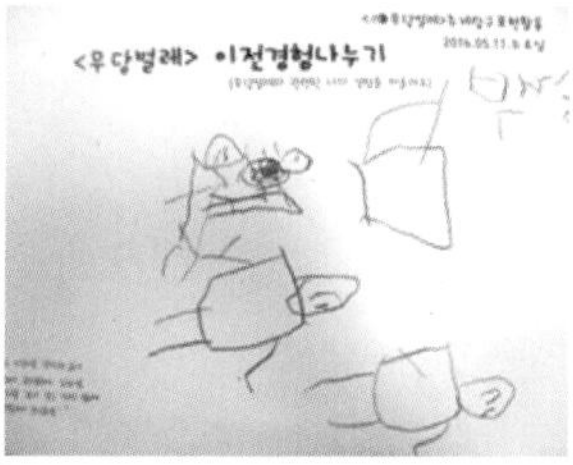

교사는 아이의 자유로운 표현을 인정하고, 표현하고자 하는 바를 그림 옆에 메모해 준다.</td></tr>
<tr><td>생각 모으기
(미술+언어+과학)</td><td colspan="3">• 무당벌레 하면 무엇이 떠오르나요?
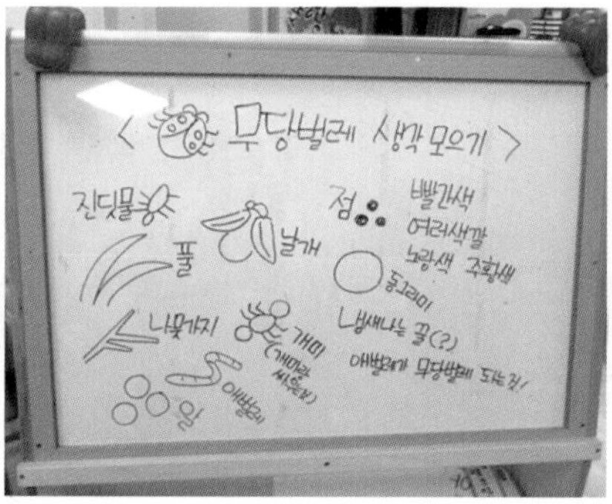

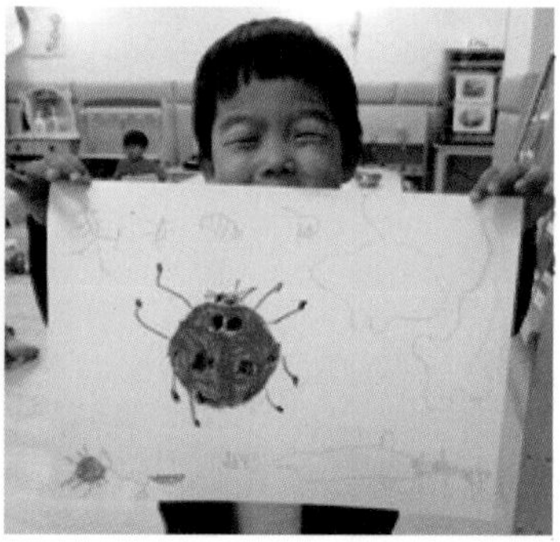
교사는 글자 이해가 부족한 유아들을 위해 그림과 글씨를 동시에 표기하고, 주요 개념들을 유아가 자신의 그림으로 표현해 보도록 한다.</td></tr>
</table>

유목화 (미술+수학)	• 같은 단어로 묶이는 친구들을 찾아보아요. 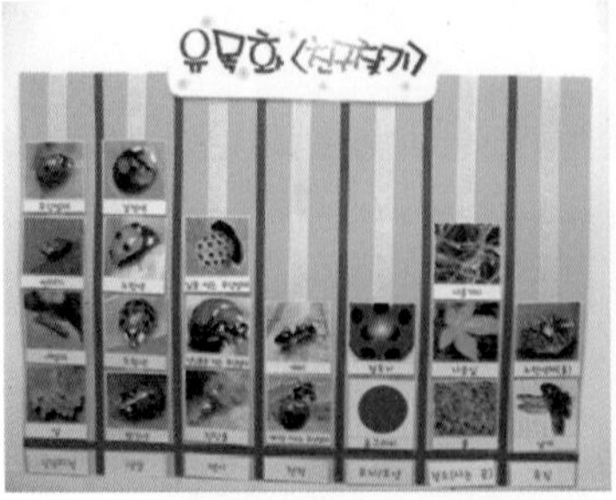  교사는 사진을 이용하여 아동이 같은 색깔, 형태, 혹은 유사한 개념으로 묶이는 대상들을 분류해 보도록 한다.
주제망 그리기 (미술+과학)	• 무당벌레에 관한 주요 개념을 정리해 보아요.  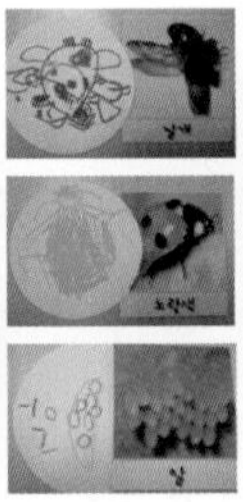  교사는 아동에게 실제 사진을 제공하여, 세밀화로 표현해 보도록 한다.
1차 표상 (미술+언어)	• 우리가 알고 있던 무당벌레는 어떤 모습일까?   유아가 기존에 가지고 있던 개념에 대한 이미지를 표현해 본다.
연계활동 1 (소근육 활동-가위질하기)	• 무당벌레는 어떻게 자라날까? 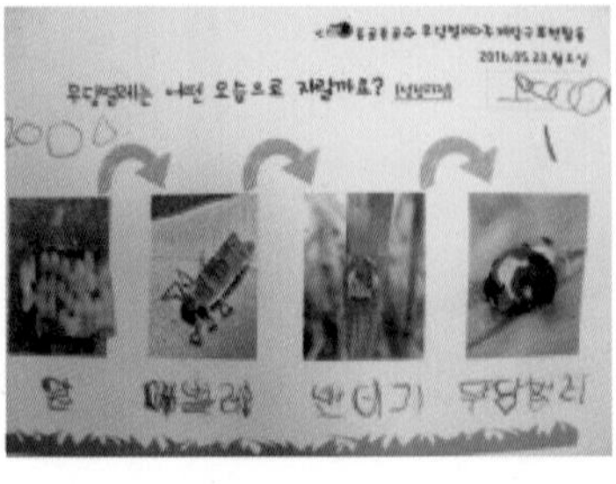  교사가 성장과정에 대한 사진을 무작위로 섞어서 출력해 준 후, 유아가 직접 가위로 잘라 순서대로 붙이고, 그림으로 표현하거나 글자로 써 본다.

연계활동 2 (소근육 활동 – 클레이아트)	• 무당벌레의 알은 어떻게 생겼을까?  무당벌레의 알을 표현하기 위해 클레이를 이용해 만들기 활동을 진행한다.
연계활동 3 (소근육 활동 – 종이접기)	• 무당벌레가 거미줄에 걸렸어요.  종이접기로 무당벌레를 만들고, 나무젓가락과 실로 거미줄에 걸린 무당벌레를 입체적으로 표현한다.
연계활동 4 (대근육 활동)	• 거미줄을 빠져나온 무당벌레  유아들과 함께 무당벌레와 거미 가면을 꾸민다. 교실에 카세트테이프의 심으로 거미줄을 만들고 그 안에서 탈출하는 놀이로 연계한다.
연계활동 5 (이야기 나누기 + 소근육 활동)	• 무당벌레에게 점무늬가 사라지면 어떻게 할까? 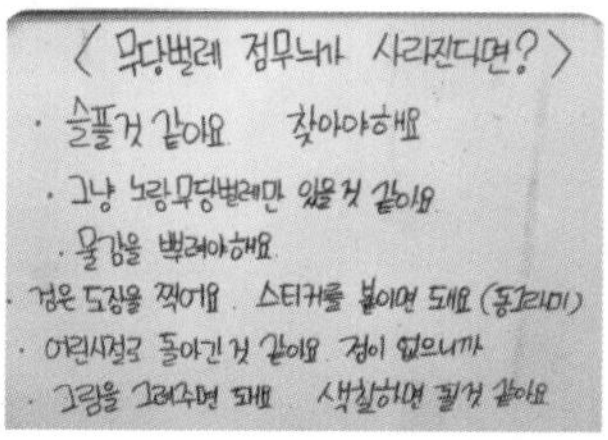 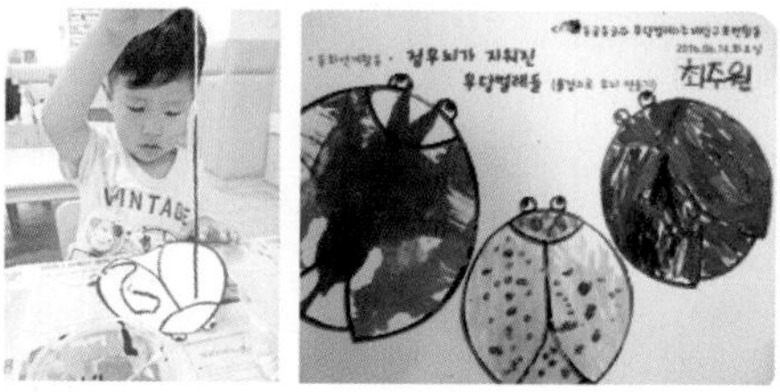 유아들과 민무늬 무당벌레에 대한 이야기를 나누고, 여러 가지 색깔의 물감과 면봉, 털실을 이용하여 무늬를 그려 본다.

연계활동 6 (가정연계+ 발표하기)	• 우리 가족이 꾸민 무당벌레는 어떤가요?   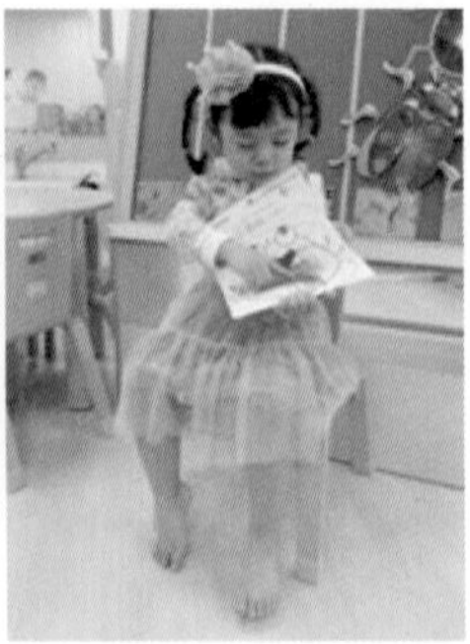 가족과 함께 하는 활동으로 시행하고, 아동이 직접 작품을 발표하는 시간을 갖는다.
2차 표상 (미술+언어)	• 우리가 새롭게 알게 된 무당벌레는 어떤 모습일까? 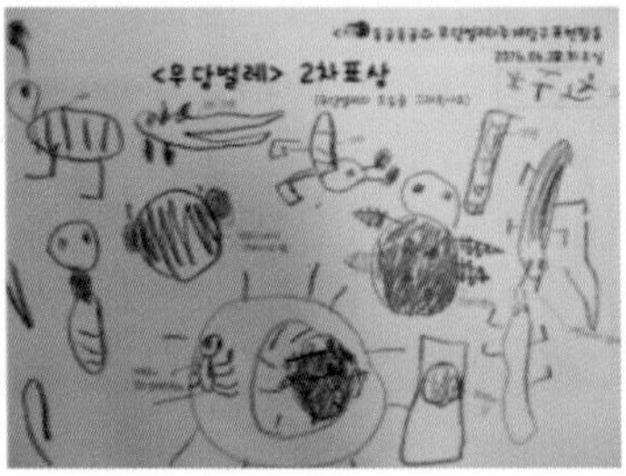 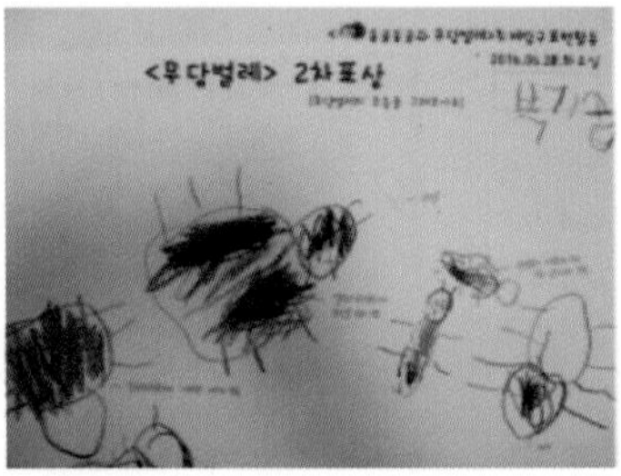 유아가 새롭게 알게 된 개념에 대한 이미지를 표현한다.
종결 행사	• 무당벌레 나무     가족을 초대하여 함께 무당벌레로 협동작품을 만든다.

최신 연구 ____ 통합 미술교육 프로그램의 효과에 관한 메타분석

* 최미정, 정정희, 윤미승(2017). 통합 미술교육 프로그램의 효과에 관한 메타분석[1]: 유아의 창의성에 미치는 효과를 중심으로. **어린이문학연구**, 18(1), 379-402.

★ 통합 미술교육 프로그램은 창의성 발달에 효과적인가?

- 이 연구에서는 통합 미술교육 프로그램을 활동 중심 통합과 교과 중심 통합으로 나누어 살펴보았으며, 두 가지 통합 프로그램 모두 일단 미술교육 프로그램에 비해 창의성 발달에 유의하게 큰 효과를 나타냈다. 다만 집단별로도 유의한 차이가 있었는데, 활동 중심으로 통합한 미술교육 프로그램이 교과 중심으로 통합한 미술교육 프로그램보다 효과가 컸다. 즉, 두 집단 모두 창의성 증진에 긍정적인 효과를 미치지만, 활동 중심으로 통합하였을 때가 교과 중심으로 통합하였을 때보다 창의성 증진에 더 효과적이었다.
- 활동 중심 통합 미술교육 프로그램의 효과가 큰 것은 이야기 나누기, 자연체험, 산책 등과 같은 '활동'이, 인지적 요소의 향상을 중심으로 이루어지는 '교과'보다 유아들의 자율성이 더 많이 나타나고, 덜 구조화되어 있기 때문이다. 실제로 자연체험과 산책활동 중에는 유아들이 자유롭게 자연적 요소를 탐색하거나 감상할 수 있고, 스스로의 선택에 의해 다양한 확장활동이나 응용활동이 가능하다. 이야기 나누기 시간에도 자신의 생각과 느낌, 의견을 자유롭게 표출할 수 있다. 이처럼 덜 구조화된 상황은 유아들에게 도전의식을 제공하여 자유롭고 창의적으로 사고할 정신적인 기회를 마련해 준다. 즉, 두뇌의 가소성이 큰 유아기에는 보다 개방적이고 자유로운 분위기에서 활동할 때 교육적 효과가 더 크게 나타날 수 있다. 이처럼 교과 중심 프로그램에 비해 덜 구조화된 활동 중심 프로그램을 실시할 때 유아들의 자율성과 선택권이 더욱 다양하고 많은 빈도로 나타날 수 있다는 가능성이 활동 중심 미술 프로그램이 교과 중심 미술 프로그램보다 더 큰 효과크기를 보인 결과를 설명할 수 있다. 그러나 교과 중심의 통합 미술교육 프로그램 역시 기존의 미술 프로그램보다는 효과가 더 있는 것도 간과해서는 안 되는 중요한 부분이다.

1) 메타분석이란 동일한 주제에 대한 기존 연구에서 도출된 결과를 통계적 방법을 통해 체계적으로 분석하는 것을 의미한다. 연구자가 실제로 관심이 있는 관련 분야의 연구들에 대해 체계적인 분석을 통해 연구 분야의 동향과 흐름을 살펴볼 수 있게 하는 데 도움을 준다. 또한 일치되지 않는 개별 연구결과들을 비교분석하여 결과의 이질성에 원인이 되는 요인들을 규명하고, 서로 다른 조건과 특징을 가진 결과들 속에서 타당한 결론을 도출해 내기 위해 사용한다.

실습

전단지 NIE

활동목표	• 대표적 환경 인쇄물인 전단지를 활용하여 콜라주를 꾸민다. • 오린 재료를 활용하여 통일감 있게 얼굴을 꾸밀 수 있다.
준비물	마트 전단지, 가위, 풀, 크게 확대한 본인 사진(혹은 밑그림을 그릴 수 있는 필기도구), 도화지나 스케치북
활동방법	1. 주세페 아르침볼도라는 작가와 그의 작품에 대한 설명을 듣는다. 2. 작품을 본 본인의 느낌을 소개한 후, 아동과 함께 활동한다면 어떤 그림이 적절할지 함께 선정하고 그 이유를 이야기해 본다. 3. 종이에 사진을 붙이거나, 혹은 간단히 밑그림을 그린다. 4. 마트 전단지를 잘라 붙여 작품을 완성한다. 5. 그림을 구성하고 세부 사진들을 고려하여 작품 이름을 붙인다.
작품 예시	 주세페 아르침볼도 〈사계: 봄〉(1573)  주세페 아르침볼도 〈사계: 여름〉(1573)  주세페 아르침볼도 〈사계: 겨울〉(1573)  주세페 아르침볼도 〈루돌프 2세의 초상화〉(1590)  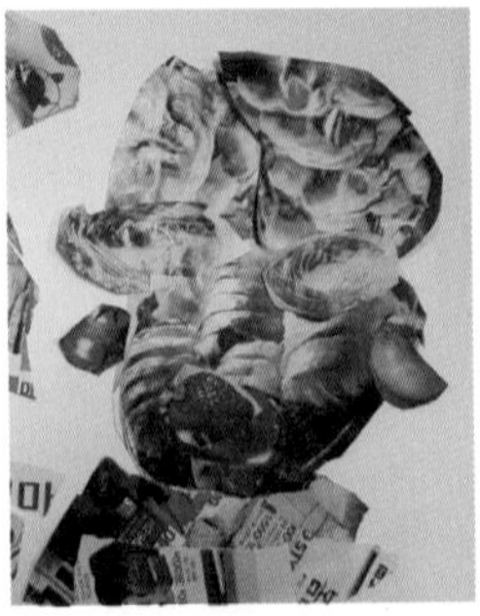

교육부(2015). **개정 초중등학교 교육과정 총론**. 세종: 교육부.

교육부, 보건복지부(2019). **개정 누리과정**. 세종: 교육부, 보건복지부.

보건복지부(2020). **제4차 표준보육과정**. 세종: 보건복지부.

이순형, 이성옥, 이완정, 권혜진, 황혜신, 이혜승, 이영미, 정윤주, 성미영, 권기남(2005). **영유아 보육 · 교육 프로그램의 이해**. 서울: 학지사.

지성애(2014). 과학과 융합한 유아 미술교육에 대한 교사의 인식 분석. **유아교육학논집, 18**(6), 31-55.

최미정, 정정희, 윤미승(2017). 통합 미술교육 프로그램의 효과에 관한 메타분석 1: 유아의 창의성에 미치는 효과를 중심으로. **어린이문학연구, 18**(1), 379-402.

하정연, 노진형, 전재선, 황현숙, 허우정(2017). **영유아프로그램 개발**. 경기: 양서원.

Goodenough, F. L. (1926). *Measurement of Intelligence by Drawing.* NY: Hargourt Brace.

Koster, J. B. (2009). *Growing artists: Teaching art to young childen* (4th ed.). NY: Thomson Delmar Learning.

NAEYC (1991). Guidelines for approprate curriculum content and assessment in programs serving children ages 3 through 8. *Young Children, 46*(3), 21-38.

Piaget, J., & Inhelder, B. (1969). *The Psychology of the Child.* NY: Basic Books.

Schirrmacher, R. (2006). *Art and creative development for young children.* N.Y.: Delman Publisher. Inc.

Chapter 10

아동미술 평가

1. 아동미술 평가의 특성
2. 아동미술 평가의 방법
3. 미술영재아의 선별과 교육

1. 아동미술 평가의 특성

아동미술 평가는 미술활동 결과보다 미술활동 과정에 중점을 두는 것을 기본으로 하며, 미술활동 과정과 아동의 감상능력, 창의력, 표현력, 관찰력 및 미적 감각, 학습태도가 얼마나 변화되고 있는지를 살펴보는 것이다. 또한 미술활동에서 설정한 학습목표의 적절성과 성취수준이 아동의 발달단계에 맞게 이루어지는지를 파악하는 것이다. 이러한 아동미술 평가는 아동 개개인의 미술발달 수준과 성향을 이해하고, 미술교육계획에 반영하기 위하여 필요하다.

아동미술에 대한 평가는 전반적으로 탐색활동, 표현활동, 감상활동으로 구성된다. 먼저, 탐색활동은 '아동이 재료의 특성을 발견하고 살펴보는가?', '재료를 다루는 방법을 아는가?', '다양한 소재를 활용하는가?' 등의 내용, 표현활동은 '아동이 자신의 의지대로 모양을 그리거나 만드는가?', '색을 감정에 따라 사용하는가?', '무엇을 만들었는지 알아볼 수 있는가?' 등이 포함된다. 마지막으로, 감상활동은 '아동이 작품 결과물에 대해 관심이 있는가?', '자신의 작품이나 다른 사람의 작품을 보고 자신의 생각과 느낌을 말하는가?', '자신의 작품 주제와 표현 방법에 대해서 설명할 수 있는가?' 등의 내용이 포함된다. 그렇기 때문에 교사는 미술활동을 마친 후 아동들이 다른 아동의 작품을 함께 감상하고, 작품에 대해 이야기를 나누는 시간을 갖게 한다. 또한 교사는 아동에게 미술활동 평가를 할 때 아동의 미술작품에 대한 상상력, 창의력, 색상, 선, 형태와 같은 조형적인 요소들에 대해서 칭찬해 주며, 작품에 대해 '좋다', '나쁘다'로 평가하거나 다른 아동의 작품과 비교하여 평가해서는 안 된다. 따라서 교사는 미술활동에 대한 평가의 목적을 충분히 인식하고 공정성과 객관성을 유지하기 위한 다양한 방법을 통하여 아동미술 평가를 실시해야 한다.

2. 아동미술 평가의 방법

아동미술 평가는 미술활동에 참여하는 아동에 대한 평가뿐만 아니라 미술활동을 계획, 지도 및 환경을 구성하는 교사에 대한 평가도 함께 이루어진다(백중렬, 2013). 효과적인 평가를 하기 위해서 아동은 개별평가와 집단평가로, 교사는 교사의 자질과 교수방법 및 환경에 대한 평가로 구분하여 이루어지는 것이 필요하다.

1) 아동평가

(1) 개별평가

개별평가는 아동이 작업하는 동안 교사가 각 아동의 활동과정을 관찰하여 개별적으로 평가하는 방법으로, 매번 미술활동이 일어날 때마다 개별적으로 아동과 상호작용을 통하여 실시한다. 그러나 영아의 경우 작품에 대해 이야기하기 어렵기 때문에 미술활동 과정을 사진으로 촬영하여 과정별로 평가를 한다([그림 10-1] 참조). 따라서 교사는 개별평가를 통하여 아동의 자신감이나 민감성, 이해도 등이 점차 신장되는지를 확인해야 하며, 다양한 매체를 활용하고 창의적으로 표현할 수 있도록 아동을 지지해 주며, 표현활동 과정에서 아동의 사고 확장이 이루어지도록 적절한 상호작용을 통해 격려와 관심을 표현하여 아동이 작품활동에 몰입할 수 있도록 해야 한다(박화윤, 2003).

작품 발표하기

영아의 경우 활동과정을 촬영하여 평가

●그림 10-1● **미술 개인활동 평가**

(2) 집단평가

집단평가는 미술활동을 마무리한 후 동그랗게 앉거나 친구들 앞에 나서서 자신의 작품을 소개하는 것으로 대·소집단으로 평가가 이루어진다. 대집단 평가는 개인 활동 작품을 또래들 앞에서 발표하거나 협동활동 작품에 대한 발표를 하는 것이며, 소집단 평가는 아동의 개별적인 미술활동을 교사 또는 그룹 친구들 앞에서 발표를 하는 것이다. 따라서 아동은 집단평가를 통하여 타인의 견해를 받아들이고, 토의 능력 및 발표력을 기를 수 있는 좋은 기회를 갖게 되며, 미술표현 방법에 대한 다양성을 알아볼 수 있다([그림 10-2] 참조).

교사는 집단평가 시 아동의 발달수준을 염두에 두고 평가해야 한다. 미술활동에 대해 단정적인 질문을 하기보다는 아동의 노력을 인정해 주고 적절한 재료의 선택 및 사용방법, 작업에 대한 관심 및 열정, 성취만족도를 기준으로 모든 아동이 긍정적인 평가를 받을 수 있도록 해야 한다. 그리고 협동작품의 경우 작품 설명에 대해 모든 아동이 한 번씩 발표할 수 있도록 순서를 정하고, 작품에서 자신의 역할을 발표해 볼 수 있도록 기회를 제공해야 한다. 또한 작품을 만드는 과정을 사진으로 촬영하여 추후 협동작품 옆에 과정 샷을 전시해 주는 것도 아동에게는 자신의 활동을 스스로 평가할 수 있는 좋은 기회를 제공하는 것이다.

공룡 박물관 포스터 제작

협동으로 나비 꾸미기

개미가 지나가는 길

●그림 10-2● **집단 미술활동**

(3) 관찰기록법

관찰은 아동을 이해하고 평가하기 위해서 실시하는 가장 기초적인 기록방법 중의 하나이다. 교사는 미술활동이 진행되는 동안 아동의 어떠한 행동을 관찰할 것인지에 대한 명확한 목적을 설정하고, 아동이 나타내는 언어적 · 비언어적 반응까지도 주의 깊게 관찰하고 기록해야 한다. 즉, 교사는 아동이 미술활동에 참여하면서 표현하는 탐색, 표현, 감상의 과정에서 나타내는 모든 반응을 구체적으로 살펴보고(백중열, 2013), 주제에 대한 아동의 심리적인 반응, 미술활동에 대한 작업태도, 미술 재료 사용능력 등을 관찰하여 기록한다.

관찰기록에 대한 정보는 아동의 미술능력에 대한 발달 및 성장을 촉진하기 위한 교육계획 수립, 미술활동 지도, 교수전략 평가 시 활용되며, 관찰 결과를 활용하기 위해서는 반복적인 관찰기록을 실시하는 것이 효과적이다. 특히, 관찰기록 시 교사는 아동이 관찰을 당하고 있다는 것을 인지하지 못하게 최소한의 장치(카메라)를 이용하여 미술활동 과정을 동영상으로 촬영하거나 사진으로 과정 기록을 남긴 후 평가하는 것이 필요하다. 이는 아동이 관찰당하고 있다는 것을 인식하는 동시에 관찰자한테 바르게 보이기 위해서 노력함으로써 아동의 미술활동에 영향을 미치기 때문이다.

다음은 'Nurturing Early Learners: Aesthetics and Creative Expression'에서 제시한 미술활동 관찰기록에 대한 예시이다(〈표 10-1〉 참조).

표 10-1 관찰기록 양식의 예

관찰 상황
아동들은 옷감에서 본 무늬에 대한 아이디어를 표현하기 위해 크레용과 색연필을 선택한다. 교사는 아동들이 종이에 자신의 생각을 표현하는 과정에서 미적 요소(선, 모양, 색 등)를 사용하도록 격려한다.
교사의 일화기록
• ○○에게 다른 색을 더해서 그리는 것을 제안하자 ○○은 빨간 크레용만 사용하고 싶다고 대답한다. • ○○은 그림의 다른 부분에도 빨간색을 사용해 음영을 다르게 표현하려고 시도한다. • ○○은 다른 색을 사용하는 데 관심을 나타내지 않는다.
해석
• ○○은 빨간색에 대한 선호를 가지고 있으며 빨간색으로 된 사물에 관심이 있다. • 다양한 현실 세계를 표상하도록 돕기 위해 다른 색에 대한 탐색을 격려할 필요가 있다.

교사가 해야 할 것
• 여러 색의 블록으로 빌딩 구성하기, 다양한 색의 종이 탐색하기, 다양한 색종이로 콜라주하기 등 여러 색을 흥미 있고 매력적으로 사용하는 활동을 제공한다. • ○○이 주변 환경의 여러 사물과 색을 관찰할 기회를 제공하고, 주변 사물의 색과 색상 카드를 연결할 기회를 제공한다. • 모네의 '워터 릴리, 핑크'와 같이 여러 색을 사용한 작품을 아동에게 소개하고, 예술가가 색채를 다양하게 사용하여 그림을 매력적으로 만드는 방법에 대해 이야기 나눈다.
기록
• 교사는 작품과 관찰기록에 기초하여 ○○의 변화를 기록한다. • 빨간색에 대한 ○○의 선호(여러 작품에서 드러나는), 여러 색조의 빨간색과 노란색, 오렌지색 등 다른 색을 함께 사용하여 표현한 창의성

출처: *Nurturing Early Learners: Aesthetics and Creative Expression*, p. 75.

(4) 포트폴리오 평가

포트폴리오 평가는 단순히 아동의 작품을 모은 것이 아니라 목적성을 가지고 계획하여 작품을 수집하는 것으로, 아동의 활동작품이나 사진을 수집한 작품집을 파일로 보관하여 평가하는 방법이다. 이를 통해 교사와 아동은 작품 변화 과정과 긍정적인 부분이나 보완점 등을 파악할 수 있다.

포트폴리오는 아동의 미술작품, 교사의 관찰, 미술활동 과정, 아동면담 자료, 부모면담 자료, 아동이 자신의 작품에 대해 이야기하는 언어적 상호작용의 내용 등으로 구성되어 있다(서혜정, 2017; Koster, 2001)(〈표 10-2〉 참조). 포트폴리오 작성 시 교사는 아동의 활동 사진이나 작품에 수집 날짜, 주제, 표현한 내용을 정확히 기록하며 평면 자료 외 수집하기 어려운 자료는 사진으로 촬영하여 상황, 날짜, 아동의 생각을 기록해 두고 전체적인 미술활동 과정이 필요할 경우는 동영상으로 촬영하여 수집한다.

표 10-2 포트폴리오 항목

미술작품	• 평면작품 • 입체작품	–미술작품은 결과물이 나오는 대로 수집한다. –일체작품이나 공동작품 등 보관이 어려운 작품은 사진을 찍어 놓는다. –모든 결과물에는 날짜를 기록하며 결과물이 나오게 된 맥락을 간단하게 적어 놓는다.
교사관찰	• 소요시간, 활동 종류 • 일화기록	–교사의 지속적인 관찰로 미술활동에 소요되는 시간, 미술활동의 유형을 파악한다. –미술활동 시 나타나는 아동의 행동을 일화기록을 한다.

미술활동 과정	• 도입–전개–마무리 • 상호작용 (자료, 교사, 아동)	–미술활동 진행과정은 동영상으로 촬영할 수 있다.
아동면담	• 좋아하는 미술활동 • 좋아하는 미술작품 • 좋아하는 미술자료	–아동과 면담을 통해 선호하는 미술활동, 작품, 자료 등에 대해 조사한다. –가장 마음에 드는 이유에 대해 이야기하도록 한다.
부모면담	• 가정에서의 미술활동	–부모와 면담은 특정 시간을 정하여 실시한다. –부모가 교사에게 제공하는 아동의 미술활동에 대한 정보나 의견을 기록한다.
아동의 언어적 반응	• 자신의 작품 및 과정 설명 • 자기 평가	–아동의 언어적 반응(작품 및 과정 설명, 자기 평가)은 녹음하였다가 전사해 놓는다.

출처: 서혜정(2017); Koster(2001).

포트폴리오 역할 및 필요성은 다음과 같다(Paulson, Paulson, & Meyer, 1991).

- 포트폴리오는 체계적인 기록화 작업이다. 기록화에는 아동의 활동에 대한 글뿐 아니라 그림, 사진, 영상 기록물 등도 포함하여 평가한다.
- 포트폴리오는 장기적이다. 일회적으로 수집된 자료로 아동을 평가하는 것이 아니라 시간의 흐름에 따라 성장하는 것을 살펴보기 위해서 자료를 수집하여 평가한다.
- 포트폴리오는 아동과 교사에게 자기반성의 기회를 준다. 활동과정 및 결과를 되돌아봄으로써 아동은 자신의 작업에 대해 스스로 평가할 수 있는 기회를 제공받고, 교사는 교수법과 수업 자료에 대해 반성할 기회를 가질 수 있다. 또한 수집된 자료를 통하여 교사는 아동의 발달과정을 살펴보고, 다음 수업계획 및 교수 · 학습 방법에 피드백으로 활용한다.
- 포트폴리오는 과정 중심적이다. 단순히 학습의 결과를 나타내는 것이 아니라 초기의 과정과 결과를 보여 줌으로써 아동의 발달이 어떻게 이루어졌는지 알려 준다.
- 포트폴리오는 다양성을 인정한다. 개별 아동마다 다른 형태로 구성된 포트폴리오를 통해 학습에 적용될 수 있는 다양한 접근방법을 발견하고, 교사와 아동에게 다양한 관점을 탐구할 수 있는 기회를 제공한다.

하지만 포트폴리오는 계속 수집하고 정리해야 하기 때문에 교사의 시간과 노력이 많이 필요하며, 많은 양의 자료의 기록과 보관으로 인하여 평면활동 위주의 교수 · 학습으로 치우칠 수 있다는 단점이 있다.

최근에는 스마트폰, 스캐너, 디지털카메라 등을 이용하여 전자 포트폴리오를 활용하기도 하는데(전지영, 2002) 전자 포트폴리오는 포트폴리오를 웹상에 제시하여 언제 어디서든 포트폴리오를 접하고 평가할 수 있다. 그리고 텍스트, 만들기 작품, 비디오 자료, 오디오 자료 등 다양한 형태의 자료를 수집할 수 있기 때문에 기존 포트폴리오 방식이 텍스트와 아동의 평면작품에 한정된 것을 보완할 수 있다. 또한 아동의 작품을 디지털로 저장하면 학부모, 다른 교사, 기관의 운영자들과 공유할 수 있고, 아동의 활동 결과물을 연대순으로 기록할 수 있어서 시간의 흐름에 따라 아동의 발달 상황을 관찰하거나(Barrett, 1999), 아동이 수시로 자신의 작품을 관찰하고 반성할 수 있는 기회를 제공한다는 장점을 가지고 있다.

(5) 행동목록법 평가

행동목록법은 어느 시점에서 관찰하고자 하는 특정한 특성이나 행동의 유무를 체크하는 평가법으로 관찰하고자 하는 행동의 출현 여부에 관심을 가지고 관찰하는 것이다. 이는 단위가 작은 것을 관찰하고 기록할 때, 아동의 현재 상태를 평가할 때, 혹은 시간에 따른 발달의 변화를 알고 싶을 때 적절히 사용할 수 있다. 이를 통해 아동의 미술활동이 연령과 발달수준에 적합한지, 미술 재료를 골고루 사용하고 사용법에 맞게 사용하는지에 대해 평가할 수 있다.

행동목록법은 행동목록표에 기록하는 것으로 체크리스트, 평정척도 등의 형식으로 기록되면 교육계획 및 아동의 행동평가, 기록, 부모상담 등에 활용할 수 있다. 또한 관찰시간이 절약되고 아동의 특정 행동 유무를 쉽게 판단할 수 있어 아동의 행동평가 및 수정에 용이하다(김이영 외, 2015). 그렇기 때문에 행동목록법을 활용하기 전 교사는 관찰하고자 하는 영역과 구체적인 행동목록의 세부 내용을 정하고, 아동의 특정 시점의 상태를 파악할 것인지, 시기를 거친 변화를 살펴볼 것인지에 따라 행동목록 양식의 문항을 설정할 필요가 있다.

체크리스트는 관찰자가 주어진 상황에서 평가하고자 하는 아동의 행동이나 기술의 유무를 체크하여 기록하는 방법으로 관찰하는 행동목록에 대해 교사가 특별한 훈련 없이도 관찰 아동의 행동을 '예', '아니요'로 체크할 수 있다는 장점을 가지고 있다(〈표 10-3〉 참조). 또한 반복적인 관찰 횟수에 따라 아동의 미술발달에 대한 변화를 추적할 수도 있다. 다만 미술발달에 대한 행동 단위를 조직적으로 분류하기 어렵고, 행동 빈도의 지속성이나 질적인 상호작용과 같은 다양한 정보를 제공하지 못하며, 문항 체크 부분에서 교사의 편견이 영향을 미칠 수 있다는 단점이 있다.

표 10-3 만 2세 아동의 예술경험 영역의 미술활동

대상 아동		생년 월일	년 월 일 (남, 여)
관찰자		관찰일	년 월 일
관찰시간			
기록 지침	다음의 행동이 관찰되면 '예', 관찰되지 않으면 '아니요'에 ○표시를 한다.		

관찰 항목	예	아니요
좋아하는 색깔을 고를 수 있다.		
모양 종이에 그림을 그릴 수 있다.		
풀과 테이프를 이용하여 종이를 붙일 수 있다.		
손과 발을 따라 그릴 수 있다.		
비눗방울 그림을 그릴 수 있다.		
밀가루 반죽에 동물 모양 틀을 찍을 수 있다.		
밀가루와 색깔풀로 그림을 그릴 수 있다.		
마라카스를 만들 수 있다.		

평정척도는 특정 행동의 유무뿐 아니라 특정 행동의 질적인 특성이나 출현 빈도의 정도를 가장 낮은 수준에서 가장 높은 수준의 연속성이 있는 단계로 평정함으로써 개별 아동이나 전체 아동의 현재 미술발달 상태를 정확하게 알려 준다. 평정척도는 반복적으로 실시하여 개별 아동의 미술발달상의 변화를 알 수 있고, 교사의 주관적 평가에 대한 부분을 일정한 등급 방식으로 평가함으로써 아동의 미술발달에 대해 관찰하는 속성을 동일하게 평가할 수 있다는 장점이 있다(〈표 10-4〉 참조).

단, 평정척도는 아동의 미술능력에 대하여 문항별 구체적인 행동을 제시해야 하고, 숫자로 평정을 해야 하기 때문에 아동의 미술능력을 정도와 빈도로만 표기할 수 있다는 점에서 미술활동에 대한 전후 과정을 설명하기 어렵다는 단점이 있다.

표 10-4 아동의 미술능력

대상 아동		생년월일	년 월 일 (남, 여)
관찰자		관찰일	년 월 일
관찰 시간			
관찰 장면			
기록 지침	아동이 다음의 내용을 어느 정도 이행한다고 생각하는 숫자에 ㅇ표시를 한다.		

관찰항목		평정척도				
그리기	그려진 선을 보고 따라 그리는 것을 잘하는가?	1	2	3	4	5
	여러 가지 모양의 선(수평 · 수직 · 사선)이 서로 다른지 알고 그릴 수 있는가?	1	2	3	4	5
	선의 내부를 지시에 맞게 쉽게 색칠할 수 있는가?	1	2	3	4	5
	간단한 도형을 보고 쉽게 그릴 수 있는가?	1	2	3	4	5
	시범을 보이지 않고 자유롭게 낙서할 수 있는가?	1	2	3	4	5
	연필이나 크레파스로 그리는 동작을 모방할 수 있는가?	1	2	3	4	5
	제시하는 그림을 인지하고 그릴 수 있는가?	1	2	3	4	5
	자신의 생각이나 느낌을 다양하게 그릴 수 있는가?	1	2	3	4	5
만들기와 꾸미기	주변의 재료와 도구를 활용하여 자유롭게 참여하며 만들고 꾸밀 수 있는가?	1	2	3	4	5
찰흙	(나누기) 작고 큰 것을 나눌 수 있는가?	1	2	3	4	5
	(뭉치기) 두 손으로 뭉쳐서 흙덩이로 만들 수 있는가?	1	2	3	4	5
	(두드리기) 손바닥이나 주먹으로 찰흙을 쥐고 두드려 납작하게 만들 수 있는가?	1	2	3	4	5
	(밀기) 밀대나 그 밖의 찰흙도구를 이용해 모양을 찍어 낼 수 있는가?	1	2	3	4	5
	(늘리기) 양 손가락에 힘을 주어 찰흙덩이를 늘릴 수 있는가?	1	2	3	4	5
	(무늬 찍기) 다양한 찍기 도구를 이용해 모양을 찍어 낼 수 있는가?	1	2	3	4	5
	(파내기) 커다란 찰흙덩이에 손가락이나 찰흙도구를 이용해 파낼 수 있는가?	1	2	3	4	5
	(흙줄 만들기) 두 손을 마주 보게 하여 다양한 굵기와 길이의 선을 만들 수 있는가?	1	2	3	4	5
	(구슬 만들기) 손바닥 사이에 찰흙을 놓고 굴려서 구슬을 만들 수 있는가?	1	2	3	4	5
	(사물 만들기) 두세 부분으로 된 사물을 표현할 수 있는가?	1	2	3	4	5

출처: 이윤옥(2014).

2) 교사평가

교사평가는 '교사가 아동의 미술 발달단계와 그 특성에 대한 정확한 지식을 가지고 있는가?', '아동에게 제공되는 미술에 대한 전문적 지식이 있는가?', '교사 자신의 개인적 자질이 아동의 미술교육을 담당하기에 적합한가?'를 평가해 보는 것이다. 이는 교사가 아동에게 제공하는 미술활동이 계획-전개-정리-감상 및 평가를 통해 적절하게 이루어졌는지, 아동의 흥미와 발달수준에 적합하게 환경을 구성하는지를 살펴보는 것으로 이후 미술환경 및 활동 구성에 반영하기 위해 필요하다. 또한 교사의 자기 평가는 교사 자신과 동료 교사의 수업을 체계적으로 관찰·분석·평가하여 그 결과를 피드백함으로써 자신 및 동료 교사의 성장과 향상을 위해서도 필요하다.

다음은 아동미술교육 프로그램에 대한 교사의 자기 평가 항목이다. 평가 목록은 코스터(Koster, 2001)의 교사 자질에 대한 평가와 쉬르마허와 폭스(Schirrmacher & Fox, 2002)의 프로그램 평가 내용, 이숙재 등(2002)의 평가 항목을 기초로 구성되었으며, 본 교재에서는 이승숙, 남기창(2017)의 미술활동, 교사 자질, 미술환경에 대한 평가 내용을 추가하여 재구성하였다(〈표 10-5〉 참조).

표 10-5 아동미술교육 프로그램 평가

평가 날짜				
교사 명				
교사의 자질 평가		예	아니요	비고
아동의 미술 발달단계와 아동기 미술의 특징을 이해한다.				
느낌이나 생각을 자유롭게 표현하도록 허용적인 분위기를 조성한다.				
아동과 적절하게 상호작용한다(언어적 또는 비언어적).				
교사 자신이 창의적이며 독창적이다.				
아동의 상태나 흥미 정도를 이해하려는 태도를 지녔다.				
아동의 미술교육에 대한 올바른 인식을 지니고 있다.				
교사 자신이 아동미술을 효과적으로 지도할 수 있는 능력이 있다.				
학습 지도방법을 계속 연구하고 있다.				
아동미술교육에 대한 최신 정보와 세미나에 관심을 갖고 참여하고 있다.				
미술활동 평가				
미술활동이 아동의 흥미와 발달수준에 적합하다.				

아동의 신체, 언어, 인지, 정서, 사회성, 창의성 발달을 촉진하는 미술활동이 선정되었다.			
개별 미술활동 및 집단 미술활동이 균형 있게 시행되었다.			
탐색, 표현, 감상 등 다양한 미술활동이 선정되었다.			
미술활동이 다른 교과 영역과 통합되어 시행되었다.			
생활주제와 연관된 미술활동이 선정되었다.			
지도방법 평가			
아동을 주의 깊게 관찰하며 필요한 시기에 적절히 개입한다.			
아동 각자의 흥미에 따라 활동하도록 충분한 시간을 제공한다.			
아동 스스로 탐색, 표현, 감상하도록 격려한다.			
미적 요소(색, 선, 패턴, 공간, 질감 등)의 확산적 질문을 한다.			
미술활동을 다른 영역의 활동으로 확장하도록 유도한다.			
환경 구성 평가			
다양한 미술매체 및 자료와 도구가 제공된다.			
미술활동과 관련된 각 영역에 적절한 자료가 준비된다.			
미술자료가 보충되고, 교체되면 새로운 자료가 첨가된다.			
자료가 효율적으로 비치되어 있어 아동이 손쉽게 사용할 수 있다.			
미술 영역 배치와 활동 공간이 적절하다.			
아동의 발달에 적합한 미술 재료와 도구들이 구비되어 있다.			
주제와 관련된 재료가 준비되어 있다.			
아동의 흥미를 끌 수 있는 창의적인 미술 재료가 제공되었다.			
좋은 작품을 감상할 수 있는 감상 자료가 있다.			
재료가 활용하기 편리하게 비치되어 있으며 변화 · 교체되고 있다.			
작품을 효과적으로 보관 및 전시할 수 있는 공간과 설비가 있다.			
안전하고 위생적인 미술환경이 준비되었다.			

출처: 김영애, 이형선(2017), p. 155에서 재인용 및 이승숙, 남기창(2017), pp. 122-113 추가.

3. 미술영재아의 선별과 교육

1) 미술영재교육의 개념 및 목적

미술영재는 '미술 분야에서 뛰어난 재능을 보이거나, 그 잠재력을 가지고 있다고 판단되는 사람'으로 '극히 뛰어난 재능을 보이는 영재'부터 '잠재성은 있으나 아직 그것이 온전히 계발되지 않은 영재'까지 여러 수준의 영재를 포함한다(김춘미 외, 2006). 이들은 문화적 양식에 대한 빠른 습득과 응용력, 오랜 기간을 거친 방대한 양의 작품 제작, 주제 면에서 특수한 작업 등(Pariser, 1997)과 생활 속의 다양한 경험과 개인의 미적 표현 능력 등(김선아, 2017)을 보여 주고 있다. 그렇기 때문에 그들의 작품에서는 뛰어난 화면 구성능력이 발견되며, 뛰어난 색감과 선과 형의 사용, 특정 주제와 재료에 대해 강한 집착과 다양한 선택을 통해 뛰어난 작품 제작 능력을 보여 준다(Clark & Zimmerman, 1984). 또한 그들은 그림을 그리거나 물감놀이를 즐기며, 특별히 좋아하는 색이 있으며, 퍼즐이나 기계 장난감을 분리하고 다시 끼워 맞추기를 좋아하며, 레고나 블록 쌓기 또는 모래성 쌓기와 같은 만들기를 즐기며, 꿈과 이야기를 자주 하며, 길눈이 밝고 방향감각이 뛰어나며, 동화책을 볼 때 그림에 더 많은 관심을 보이며, 그림을 그릴 때 세밀하게 그린다는 특징을 볼 수 있다(Gardner, 1992).

그렇다면 영재와 영재성은 어떤 차이가 있을까? 영재성을 지닌 아동은 다른 아동에 비해 미술표현의 과정이나 결과물에 나타나는 질적 표현이 더 풍부하고 능숙하며, 빠르게 진보해서 미술능력과 재능의 수준이 평균 단계 이상의 탁월함을 보인다(이용애, 2002). 이들은 보통 이상의 복합적 능력으로 시각적 능력, 미술활동과 관련된 과제해결에 대한 열의, 긍정적 태도, 끈기, 인내, 자신감 등과 다양한 미술 영역에서 새롭게 문제를 바라보고 독창적인 해결책을 세울 수 있는 창의력을 가지고 있다(Renzulli, 2004). 즉, 미술영재성을 알아보기 위해서는 시지각 능력, 미술과 미디어에 대한 감각, 예술적 잠재력과 가능성, 창의적 표현력, 문제해결력, 성인 작품 수준의 제작 능력, 개인적 능력과 가치 등 매우 다양한 측면(Clark & Zimmerman, 2004)에서 살펴보아야 한다. 하지만 생애주기 관점에서 아동기의 미술영재성은 일부만 드러나기 때문에 눈에 보이는 성취도보다는 잠재성을 발굴하고 계발하는 데 초점(김선아, 2017)을 두는 것이 필요하다.

미술영재교육은 미술이라는 특정 영역에서 사회 문화적인 이해를 바탕으로 아동의 사고력과 창의적인 문제해결뿐만 아니라, 아동의 잠재력을 최대한 다양한 형태의 재능으로 개발·발휘할 수 있도록 하는 교육을 의미한다. 이러한 교육을 통하여 아동은 주제에 따른 사고력·탐구력·상상력이 충족될 수 있는 미술활동, 다양한 소재와 미술 재료를 이해하고 분석하는 능력, 다양한 방법으로 응용하여 미술을 표현하는 능력, 주제에 따른 연상활동을 통해 그림을 창의적으로 표현하는 능력 등을 미술을 통해 사고 전환과 창의적 문제해결 실마리를 제공받고 개성 있는 표현으로 자신만의 생각과 상상의 세계를 표현할 수 있도록 하는 것이 미술영재교육의 목적이다.

2) 미술영재교육의 교수 · 학습 방법

(1) 미술영재교육 내용 및 지도방법

미술영재교육의 내용과 지도방법은 다음과 같다(이은숙, 2006).

첫째, 아동의 능력, 관심, 흥미, 학습양식에 따라 선택할 수 있는 내용으로 구성한다. 교사는 여러 가지 방법을 응용하여 아동이 생각하고 있는 이미지를 개성 있게 표현할 수 있도록 지도한다.

둘째, 주제 중심으로 아동에게 다양한 기회와 방법을 제공하는 내용으로 구성한다. 교사는 아동이 주제에 따른 연상활동을 통해 확산적 사고를 유발하여 창의적으로 표현할 수 있도록 지도한다.

셋째, 통합교육을 통하여 다각적인 방향으로 주제에 접근하고 사고의 폭과 고등 사고능력을 향상시킬 수 있는 내용으로 구성한다. 교사는 아동이 사물을 다양한 각도에서 관찰하고 상호 연계하여 통합적으로 표현할 수 있도록 지도한다.

넷째, 다양한 미술 영역을 통해 창의적 문제해결 능력을 향상시킬 수 있는 내용으로 구성한다. 교사는 아동이 다양한 미술 형식의 특성과 기본 원리, 표현매체의 특성을 이해하고 활용할 수 있게 하며 새로운 기법을 탐색한 후 아동만의 방법으로 표현을 할 수 있도록 지도한다.

다섯째, 박물관, 자연학습관, 미술관 등의 다양한 현장에서 직접 체험할 수 있는 내용으로 구성한다. 교사는 아동이 직접 체험을 통하여 발견, 관찰, 탐구할 수 있도록 하고, 그것을 다양한 방법으로 응용시켜 공상의 세계, 과거의 경험, 환상의 세계 등의 마음속의 생각을 그림으로 표현할 수 있도록 지도한다.

(2) 미술영재교육을 위한 교수 · 학습 방법

미술영재교육 교수 · 학습 방법은 다음과 같다(오치영, 김정미, 2006; 이은숙, 2006).

① 언어적 지능 활용수업

- 브레인스토밍 과정에서 여러 가지 생각이나 의견을 특정 규칙에 의해 체계화한 후 아트북 만들기
- 책을 읽고 난 뒤 그림카드 만들어 보기
- 동시, 동화 읽고 동시, 동화 내용을 그림으로 꾸미기
- TV 드라마나 애니메이션을 보고 다음 장면 꾸며 그려 보기

② 논리-수학적 지능 활용수업

- 사물을 모양, 색깔, 크기, 용도 등의 준거에 따라 분류한 후 미술 표현하기
- 도형을 이용한 다양한 그리기, 꾸미기, 만들기 활동하기
- 무게 중심 입체놀이 작품 만들기

③ 공간적 지능 활용수업

- 학습내용을 그림, 그래프 또는 심상으로 그리기
- 핵심, 요점, 주제, 기본 개념을 그림으로 표현하기
- 어떤 사물이나 생각을 시각적 이미지로 나타내는 그림 은유법 적용하기
- 그리기 활동 후 특정 부분을 동그랗게 오려 응용 표현하기
- 축소 및 확대하여 그리기
- 지도 그리기
- 그림자 그리기
- 양화, 음화 표현하기
- 거꾸로 그리기

④ 신체-운동적 지능 활용수업

- 신체를 이용한 미술(손바닥, 발바닥, 입술, 지문 찍기 등)
- 미술놀이(공놀이, 신문지 활용놀이 등)
- 점토조형놀이
- 전통놀이(연 만들기, 제기 만들기, 바람개비 만들기 등)

⑤ 음악적 지능 활용수업

- 학습내용이나 주제를 잘 반영해 주는 음악이나 노래 듣고 그리기(국악, 클래식, 팝, 가요 등)
- 자연의 소리 듣고 그리기(물소리, 새소리, 바람소리 등)

⑥ 대인관계 지능 활용수업

- 집단 브레인스토밍을 통한 내용과 결과를 미술활동으로 표현하기
- 만화나 영화의 내용 이야기 나누며 그리기
- 협동놀이(그룹으로 콜라주, 만들기)
- 사람-조각(people Sculpture) 만들기

⑦ 자기이해 지능 활용수업

- 그 날의 중요한 사건을 그림으로 기록하여 그 사건에 대해 느낌, 기분을 주시해 보기
- 감정 어린 순간의 모습 그려 보기
- 관찰한 후 그리기

⑧ 자연주의적 지능 활용수업

- 야외에서 꽃물감 만들어 염색하기
- 곤충 보고 그리기
- 나무 기둥에 화선지 붙여 탁본하기

3) 미술영재 판별 검사

미술영재를 판별하기 위해서는 영재의 특성에 맞는 판별 방안으로 검사를 실시해야 한다. 영재 판별을 위한 검사 도구는 형식적, 비형식적, non-test로 구분(〈표 10-6〉 참조)되어 있으며, 판별 시 하나로 고정되어 검사하기보다는 다양한 방법을 적용하여 검사하는 것을 추천한다. 즉, 미술영재성을 판별하기 위해 한 번의 실기 테스트로 아동을 평가하는 것보다 '드로잉 능력', '디자인 능력', '3차원적 표현 능력', '주제 해석 능력', '재료 사용 능력', '의사 전달 능력' 등의 다양한 능력을 판단하기 위해서 다양한 테스트를

하는 것이 바람직하다(Renzulli & Reis, 1994). 이 장에서는 다양한 미술영재 판별 검사 중 표준화되어 있는 TTCT 창의력 검사와 CDAT 검사를 살펴보고자 한다.

표 10-6 미술영재 검사 도구의 특성

검사 종류	검사 도구	특성
형식적	IQ 검사	표준화된 검사로서 대상 학생들에게 동일한 형식의 문제를 동시에 테스트하는 형식적 검사이다. 미술이란 개별적인 특수한 재능을 검사하기에는 부적합하기 때문에 거의 검사를 실시하지 않는다.
비형식적	자기 소개서	개인의 홍미와 관심, 성장과정, 가족사 등에 대한 자기 진술적인 개인 기록으로 직접적인 판단 자료의 성격보다는 보조 자료로 활용될 수 있다.
	외부 추천서	교사, 학교, 부모, 친구 등의 추천서 종류가 있으나 주로 교사와 부모의 추천서를 검사 도구로 사용하며 일정한 형식을 갖춘 추천서를 활용하는 것이 효과적이다.
	체크 리스트	교사용 체크리스트와 학생용 체크리스트가 있으며, 내용은 학생의 행동 특성, 작품에 나타나는 특성 등을 검사하는 문항으로 구성한다. 자기소개서 대신 학생의 개인적인 홍미와 관심, 자전적 기록을 체크하기 위한 내용으로 구성하여 사용하기도 한다.
	포트 폴리오	미술작품에서 나타나는 미술영재성을 검사하는 데 가장 중요한 자료로서 인터뷰 과정에서도 참고되어야 한다.
	실기 테스트	포트폴리오, 추천서, 체크리스트 등의 검사 결과를 확인하기 위한 테스트로서 학생을 종합적으로 관찰할 수 있는 검사 방법이다.
non-test	인터뷰	프로그램의 내용과 학생의 개인적인 문제를 중심으로 인터뷰하는 것이 효과적이다. 인터뷰는 학생 개인의 시각예술에 대한 집착과 표현 욕구를 검증하며 최종적으로 판별 과정이 된다.
	본인 추천서	미술영재 프로그램의 목적을 참고로 자기 추천서의 형식을 개발하여 사용하는 것이 효과적이며 인터뷰 자료로도 활용될 수 있다.

출처: 김정희(2005).

(1) TTCT 창의력 검사

TTCT(Torrance Tests of Creative Thinking) 창의력 검사는 가장 대표적인 '창의력 검사'로 유아부터 성인까지 측정이 가능하며, TTCT 언어검사와 TTCT 도형검사로 구성되었다. 우리나라는 '한국판 TTCT 표준화 창의력 검사'로 번안 개발하여 측정하고 있다([그림 10-3] 참조).

이 검사는 영역별로 시각예술 프로그램에 자주 사용되었던 판별 도구(Torrance, 1972)로 유창성, 융통성, 정교성을 측정하는 데 사용되었다. 또한 언어적 반응과 시각적인 반응을 바탕으로 측정하기 때문에 상대적으로 과거의 경험과 기술에 영향을 받지 않고 타고난 능력을 측정할 수 있다.

TTCT 검사는 표준화 검사로 개인차 변별이 용이하고, 검사 매뉴얼에 대한 신뢰-타당도와 도형검사에 대한 사전-사후 검사가 마련되어 있다. 그러나 개인의 능력을 총제적인 관점에서 평가하기 어려우며, 채점에 오랜 시간과 주관적인 평가가 이루어질 수 있고, 제한된 환경에서 창의성을 측정하다 보니 일상생활에서의 다양한 창의적 속성을 측정하지 못할 수도 있다.

TTCT 검사에 대해 살펴보면 'TTCT 언어검사'는 아동에게 호기심을 표현할 수 있는 과제를 제공하여 그 과제의 가설을 발전시킬 수 있는 가능한 상황을 언어로 표현할 수 있는지 살펴보는 것으로 질문하기, 원인 추측하기, 결과 추측하기, 작품 향상시키기, 마분지 상자의 독특한 용도, 가상해 보기로 구성되어 있다. 'TTCT 도형검사'는 불완전한 도형을 가지고 완전한 도형을 완성하게 함으로써, 여러 각도에서 제시된 자극을 인지할 수 있는지, 여러 가지 조합을 만드는 능력이 있는지를 살펴보는 것이다. 도형검사는 그림 구성하기(계란 모양의 도형을 제시하고 이것을 응용한 어떤 그림이나 물건을 완성하게 하는 것), 그림 완성하기(10개의 불완전한 그림들을 제시하고 이에 나름대로 도형이나 선을 추가하여 자신만의 그림을 완성하게 하는 것), 2개의 직선 또는 원(쌍을 이루고 있는 두 개의 직선을 30세트 제시하고 원하는 대로 선을 더 그려 넣어 어떤 물건이나 그림을 가능한 많이 완성하게 하는 것)으로 구성되어 있으며, 평가는 과제 작성과 과제에 대한 제목을 제시하는 것으로 표현한다. 〈표 10-7〉은 TTCT 단축형 검사로 미술영재 판별 검사 연구에서 활용된 것이다. 검사는 총 세 가지 과제를 통해 이루어졌다.

TTCT 검사 도구

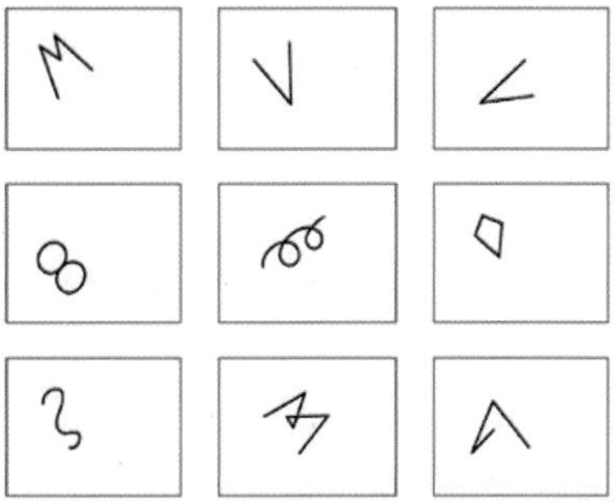

TTCT 도형검사 일부

●그림 10-3● **TTCT 검사 안내**

표 10-7 TTCT 단축형 검사 과제 설명

검사 1	폐차된 자동차의 색다른 용도들을 가능한 많이 열거하세요.

사고의 유창성은 여러 가지 많은 아이디어를 만들어 내는 능력으로 문제에 대해 가능한 한 많은 해결책을 생각해 내며, 사물에 대해서도 다양하게 경험하고 사고하는 능력을 의미한다. 정해진 시간 안에 가능한 많은 양의 아이디어가 나오는가와 관련하여 그 결과가 평범한 방법이 아니라 얼마나 다른 형태의 사고방식으로 문제를 해결하고 있는가를 측정하는 능력과 관련 있다.

평균 이하	평균	평균 이상
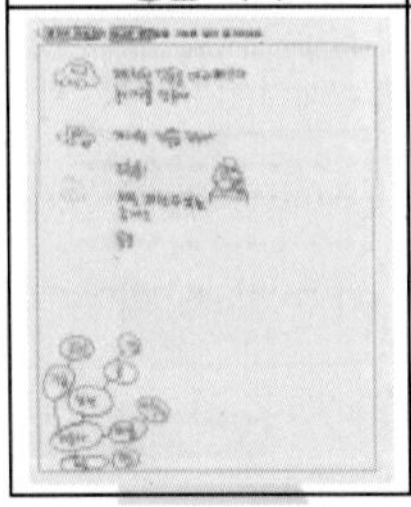	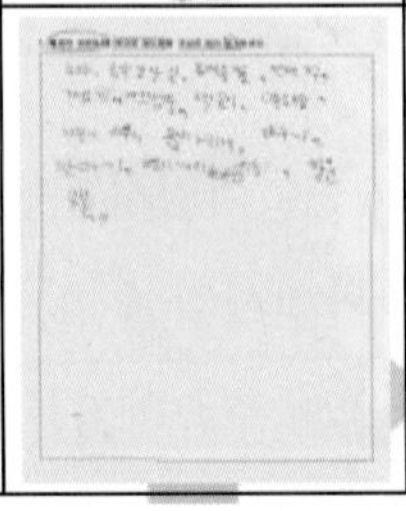	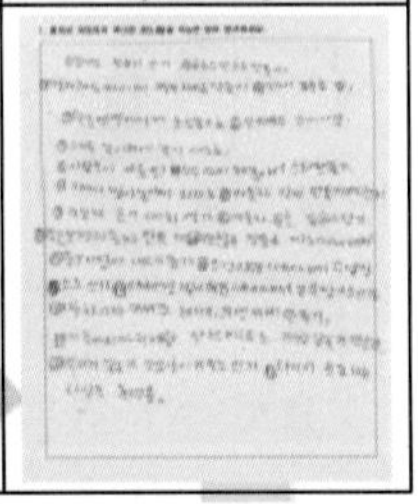

검사 2	종이 위에 인쇄된 12개의 삼각형으로 얼마나 많은 사물들을 만들어 낼 수 있는지 그려 보세요.

제시된 도형인 삼각형을 이용하여 아이디어를 발전시키고 아름답게 꾸미며, 정교하게 하는 능력을 알아보는 것이다. 삼각형을 낱개가 아닌 전체로 인식하는 사고의 전환을 통해서도 다양한 아이디어가 도출될 수 있다. 이 검사는 사고의 정교성과 관련된 것으로 한정된 게시물을 통하여 기존의 것에서 탈피하여 참신하고, 독특한 아이디어를 산출하는 능력을 알아봄으로써 창의력에 대한 검사를 하는 것이다.

평균 이하	평균	평균 이상
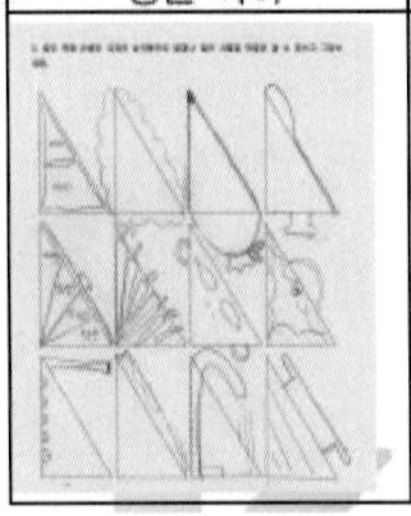		

검사 3	미리 인쇄된 4개의 사각형 안에, 제목이 있는 그림을 그리세요.

제목의 추상성으로 자신이 의도하는 바를 나타낸 검사이다. 문제 자극에 대하여 산출된 반응의 제목이 요약적이고 추상적인가를 알아보는 검사이다.

평균 이하	평균	평균 이상

출처: 김혜경, 박남정(2011). http://fpsp.or.kr/

(2) CDAT 검사

CDAT(Clark Drawing Abilities Test) 검사는 미술영재를 판별하기 위해 사용되는 드로잉 표준검사로 4개의 드로잉 과제와 양적 채점 방식으로 구성되어 있는 표준화 검사이다. 이 검사는 초등학생부터 고등학생까지 측정하며, 평균 이하의 능력을 지니고 있어 드로잉 기술의 발전이 필요한 아동과 영재아를 판별하는 데 유용한 판별도구로 사용된다.

CDAT는 네 가지 드로잉 과제를 통해 영재아를 판별하고 있다(〈표 10-8〉 참조). 검사에 대한 채점은 드로잉 기술, 독창성, 표현력, 창의적인 문제해결력으로 구성되었다. 채점은 과제에 따라 섬세한 표현을 위한 공간 활용, 선, 재질감, 무늬 사용, 움직임에 대한 형상 표현의 정확성, 배경과 인물의 적절한 어울림, 상상력과 흥미 넘치는 표현, 창의성을 통해 이야기를 전달하는 능력 등을 기준으로 '0점에서 10점까지'의 점수를 사용하여 채점한다.

표 10-8 CDAT 검사 과제 설명

과제 1	흥미로운 집을 마치 건너편 길가에서 바라보고 있는 것처럼 그려 보세요.

평균 이하와 평균, 평균 이상의 판별 근거는 세부 묘사, 시점이나 크기의 상관성에 대한 이해, 사물의 크기, 시점과 다양한 선, 모양, 재질감의 노력, 주변 환경과 다른 세부적인 것들이 포함된 정도로 판단한다.

과제 2	아주 빠르게 달리고 있는 사람을 그려 보세요.

달리고 있는 인물들에 대하여 몸의 각 부분에 대한 인식과 표현, 선과 질감 표현, 적절한 배경의 사용과 달리는 인물에 대한 묘사가 판별의 기준이 된다.

과제 3	놀이터에서 놀고 있는 여러분과 친구들을 그려 보세요.

배경과 인물 사이의 관련성, 배경의 적절한 상황 표현, 전체 구성과 다양한 선의 특징, 선, 명암의 대조, 질감의 섬세한 사용 등에 대한 표현으로 판단한다.

평균 이하	평균	평균 이상

과제 4	여러분의 상상력으로 환상적인 드로잉을 그려 보세요.

의도된 답이 없는 경우이지만 능숙한 드로잉의 완성 정도, 상상력 넘치는 내용의 사용, 흥미와 자기표현 내용에 대한 표현으로 판별된다.

평균 이하	평균	평균 이상

출처: 김혜경, 박남정(2011). https://drawingtest.org/

이 밖에 영재교육을 위한 검사 도구 및 안내를 간단하게 〈표 10-9〉에 정리해 놓았다.

표 10-9 영재교육 관련 사이트

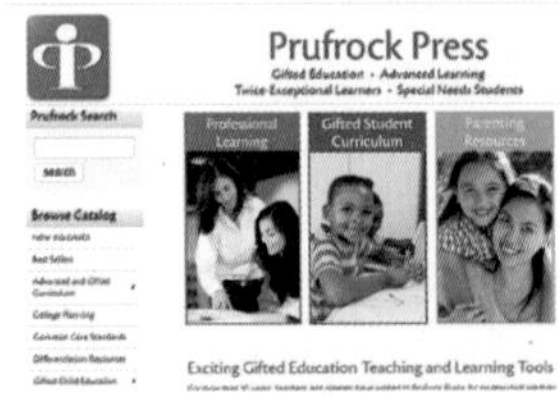	http://www.prufrock.com/ 영재교육에 관한 다양한 자료들을 살펴볼 수 있다.
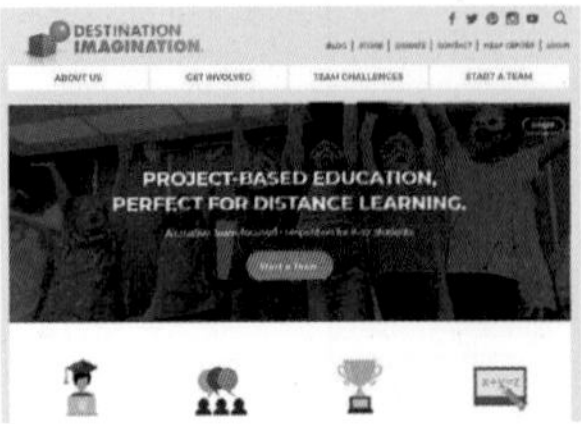	http://www.destinationimagination.org/ 팀 중심 창의적 문제해결을 통하여 생활기술을 가르치고, 상상력을 넓히기 위해 Destination ImagiNation에서 운영하는 것으로 유치원에서 성인까지 포괄하여 살펴볼 수 있다.

	http://www.gifted.uconn.edu/ U of Connecticut의 Joseph S. Renzulli가 운영하는 The National Reserch Center On the Gifted/Talented로 영재교육에 관련한 다양한 연구물 등 살펴볼 수 있다.
	http://www.creativelearning.com/ Center for Creative Learning에서 운영하는 것으로 CPS(Creative Problem Solving)를 연구하고 교육하는 기관이며 다양한 활동들을 찾아볼 수 있다.

최신 연구 ____ 미술영재교육 프로그램 기준 개발 연구

* 김선아, 강주희(2018). 미술영재교육 프로그램 기준 개발 연구. **미술교육연구논총, 53**, 191-230.

영재란 무엇인가? 선천적인 능력인가? 후천적으로 노력하면 생기는 능력인가? 그렇다면 그 능력은 어떻게 측정할 것인가? 어떠한 기준으로 교육시킬 것인가? 이 질문은 영재교육 계획 시 항상 드는 의문이다. 「영재교육진흥법」은 2000년 제정 · 공포되고, 현재는 4차 영재교육진흥종합계획이 진행되고 있다. 특히, 미술영재교육은 다른 예술 분야에 비해 영재의 개념과 교육이 포괄적인 성격을 가지고 있어(김선아, 2017) 측정하거나 교육 대상을 선정하기 어렵다. 그렇기 때문에 미술 분야가 가지고 있는 특수성을 신중하게 고려하여 프로그램을 계획해야 한다.

미술영재를 위한 프로그램은 현장에서 활용 가능하며 학습기관에서도 자율적으로 프로그램을 구성할 수 있는 국가적인 기준이 제시될 필요가 있다. 이것은 영재 아동에게 개인 및 사회 문화적 측면을 고려하여 미술영재성과 잠재력을 최대한 발현시키고 신장시킬 수 있는 학습 환경을 설계하고 운영하는 프로그램을 조직하기 위해서이다. 김선아(2017)는 미술영재교육 프로그램 기준 개발 연구에서 기존의 4가지 영역을 순차적이거나 고정적인 내용으로 구성하기보다는 현장에서 필요에 따라 선별하여 재구성할 수 있는 내용을 요소로 하여 구성할 수 있도록 국가수준의 기준을 마련했다. 기존의 4가지 요소인 '고정 핵심'을 '창작과 감상', '실행'을 '실제적 경험', '연결'을 '통합적 탐구', '정체성'을 '정체성과 전문성'의 4개의 영역으로 구분하고, 17개의 하위 내용 요소로 상세화하였다. 또한 각각의 내용은 요소를 '진입 단계의 수준 1', '심화 단계의 수준 2', '확장 단계의 수준 3'으로 연계, 심화할 수 있도록 수준별로 구체화하였다. 이는 미술영재교육 프로그램이 병행 교육과 함께 이루어질 수 있도록 기준을 제안한 것이다. 미술영재교육 프로그램 기준을 적용하여 현장의 이해와 활용성이 높아진다. 아동의 잠재된 미술능력을 발휘할 수 있게 하고, 홍미롭게 자신만의 표현을 할 수 있는 기회를 제공한다고 볼 수 있다.

하지만 미술영재교육의 활성화와 질적 제고를 위해서는 영재교육에 대한 이해와 경험을 공유할 수 있는 담당 교사의 전문성 개발이 필요하다. 이를 위해 연수, 워크숍, 협의회 등의 기회 제공이 함께 지원되어야 하며, 교육과정 평가 및 지원 시스템 구축, 프로그램 설계, 구성, 운영을 지원할 수 있는 다면적인 지원체계가 필요하다.

실습

스크래치로 불꽃놀이 표현해 보기

활동목표	• 크레파스 특성에 대해 알아본다. • 원하는 작품을 표현하기 위한 밑 작업을 생각하면서 준비한다. • 크레파스를 덧칠하여 표현할 수 있는 활동이 무엇인지 생각하며 창의력을 키운다.
준비물	도화지, 크레파스, 뾰족한 도구(핀셋, 송곳) 또는 샤프, 신문지, 픽서
활동방법	1. 그림책 〈까만 크레파스〉를 읽어 주고 이야기에 대해 이야기 나눈다. 2. 스크래치 활동 시 재료에 대한 주의 사항에 대하여 이야기 나눈다. 3. 신문지를 깔고 흰 도화지에 크레파스를 덧칠하여 칠하도록 한다. 4. 크레파스를 덧칠한 후 샤프 또는 핀셋을 이용하여 스크래치를 활용한 그림을 그리도록 한다. 5. 완성된 작품은 외부에서 픽서를 뿌려 마무리를 하도록 한다. 6. 작품을 완성한 후 완성된 작품에 대해 소개한다.
활동 지도를 위한 팁	• 크레파스를 덧칠할 때 옷에 묻을 수 있으므로 팔토시 또는 옷소매를 걷고 활동한다. • 크레파스를 덧칠할 때는 연한 색부터 어두운 색 순으로 칠하도록 하고 검정색을 마지막에 색칠하도록 한다. • 크레파스를 덧칠할 경우 바로 하면 색이 밀려 잘 칠해지지 않을 수 있으므로 색칠을 하고 도화지 윗부분의 크레파스 가루를 치우고 칠하도록 한다. • 도화지에 색칠을 다 한 후 샤프 또는 뾰족한 도구(핀셋)를 이용하여 원하는 작품을 표현하도록 한다. • 픽서를 사용 시 외부의 환기가 잘 되는 곳에서 마스크를 사용하고 교사가 함께 참석하여 뿌릴 수 있도록 한다. 영아의 경우 교사가 직접 뿌린 후 손이 닿지 않는 곳에 말리는 것이 좋다.
작품 예시	

참고문헌

김선아(2017). **미술영재교육 프로그램 기준 개발을 위한 기초연구**. 서울: 한국예술영재교육연구원.

김선아, 강주희(2018). 미술영재교육 프로그램 기준 개발 연구. **미술교육연구논총**, 53, 191-230.

김영애, 이형선(2017). **유아미술교육**. 경기: 양서원.

김이영, 김태인, 김현정, 송명숙, 이지민, 한석실(2015). **아동관찰 및 행동연구**. 경기: 정민사.

김정희(2005). 미술영재성 검사 도구에 대한 연구. **교육논총**, 25(1), 213-230.

김춘미, 한수연, 이미경, 전동호, 신기현, 조주현, 김정환(2006). **예술영재교육 발전방안 연구**. 서울: 한국예술영재교육연구원.

김혜경, 박남정(2011). 미술 영재 판별 검사 검증에 관한 연구. **교원교육**, 27(3), 1-22.

박화윤(2003). **유아를 위한 창조적 미술활동**. 서울: 정민사.

백중렬(2013). **교사를 위한 유아미술교육의 이론과 실제**. 경기: 공동체.

서혜정(2017). **유아미술교육**. 경기: 공동체.

오치영, 김정미(2006). **생각을 여는 창의적 영재미술교육**. 경기: 양서원.

이숙재, 이봉선, 김경란(2002). **유아 미술 교육**. 서울: 창지사.

이승숙, 남기창(2017). **영유아 미술교육**. 경기: 정민사.

이용애(2002). 초등학교 아동의 시각예술영재성 판별준거 개발에 관한 연구. 한국교원대학교 대학원 박사학위논문.

이윤옥(2014). **영유아 행동관찰**. 서울: 신정.

이은숙(2006). 교육목표분류학과 다중지능이론에 기초한 전도식기 아동의 영재미술교육 학습방법 및 효과분석. **아동미술교육**, 5, 23-50.

전지영(2002). 전자 포트폴리오 평가가 유아의 미술 표현에 미치는 영향. 한국교원대학교 대학원 석사학위논문.

Barrett, H. (1999). *Electronic teaching portfolios. In Society for Information Technology & Teacher Education International Conference* (pp. 1029-1034). Association for the Advancement of Computing in Education (AACE).

Clark, G., & Zimmerman, E. (1984). *Educating artistically talented students*. Syracuse, NY: Syracuse University Press.

Clark, G., & Zimmerman, E. (2004). *Teaching Talented Art Students: Principles and Practices*. 홍소영 역(2008). **미술영재교육 이론과 실제**. 서울: 미진사.

Gardner, H. (1992). *Multiple intelligences* (Vol. 5, p. 56). Minnesota Center for Arts Education.

Koster, J. B. (2001). *Growing artists, Teaching art to young children*. NY: Delmar publishers Ins.

Ministry of Education Singapore (2013). *Nurturing Early Learners: Aesthetics and Creative Expression*, p. 75, Retrieved June, 28, 2016 from http:// www.moe.gov.sg/education/preschool/resources-for-pre-school-educators.

Pariser, D.(1997). Graphic development in artistically exceptional children. *Child development in art,* 115-131.

Paulson, F. L., Paulson, P. R., & Meyer, C. A. (1991). What makes a portfolio a portfolio. *Educational leadership*, *48*(5), 60-63.

Renzulli, J. S. (2004). Introduction to identification of students for gifted and talented programs. In J. S. Renzulli, & S. M. Reis (Eds.), *Identification of students for gifted and talented programs*, pp. 23-34. Thousand Oaks: Corwin Press.

Renzulli, J. S., & Reis, S. M. (1994). Research related to the schoolwide enrichment triad Model 1. *Gifted child quarterly*, *38*(1), 7-20.

Schirrmacher, R., & Fox, J. E. (2002). *Art and creative development for young children* (7th ed.). NY: Delmar publishers Ins.

Torrance, E. P. (1972). Predictive validity of the torrance tests of creative thinking. *The Journal of creative behavior, 6*(4), 236-252.

Chapter 11

미술치료의 이해

1. 미술치료의 개념과 정의
2. 미술치료에 대한 견해
3. 미술치료에서 미술의 역할
4. 미술치료의 이론적 관점
5. 아동과 미술치료
6. 투사적 그림검사의 활용

1. 미술치료의 개념과 정의

'미술치료'라는 용어는 미국의 미술작가 울먼(Ulman)이 「미술치료 회보(Bulletin of Art Therapy)」 창간호(1961년)에서 처음으로 사용한 용어로 우리나라에서는 회화요법, 예술치료, 미술치료 등으로 번역되어 소개되고 있다. Art Therapy가 예술치료의 의미로 사용될 때는 미술, 음악, 무용, 동작, 심리극, 문학 등 창조적인 예술활동을 매개체로 사용하는 심리치료를 포함하는 광의의 개념으로 볼 수 있다. 미술치료의 의미로 본 Art Therapy는 다양한 미술매체를 사용하여 시각적 방법 또는 조형적인 방법으로 창조적 활동을 하고 표현하는 회화, 디자인, 조각, 조소, 공예 등의 미술표현을 매개체로 사용하는 심리치료라고 볼 수 있다.

'미술(Art)'과 '치료(Therapy)'라는 두 영역의 만남으로 시작된 미술치료는 심리학적 기준, 교육학적 기준, 인간학적 기준 등 여러 학문과 융합되어 발전하고 있으며(정여주, 2003), 학자들의 기준에 따라 다양하게 정의되고 있다. 먼저 울먼(Ulman, 1971)은 미술치료가 치료 상황에서 미술을 매개체로 사용하여 내면의 무의식 세계를 외부 세계인 현실세계에 작품으로 나타날 수 있도록 하는 심리치료라고 정의하였고, 루빈(Rubin, 2006)은 누군가에게 미술이 제공되는 이유와 목표가 '치료'일 때 그것이 미술치료라고 정의하였다. 그리고 와데슨(Wadeson, 2010)은 미술활동이라는 비언어적인 소통의 수단을 통해 인간의 사고, 감정 등을 표출하게 하며, 반복적으로 미술활동을 함으로써 지금까지 상실되거나 왜곡, 방어, 억제되어 있던 자기상이나 자신의 세계관을 재발견하게 되어 자기동일화, 자기실현을 이루는 과정이라고 정의하였다.

이렇듯 미술치료의 정의는 학자에 따라 다양하지만 결국 미술치료는 비지시적이며, 비언어적인 미술활동이 중심 매개체가 되어 치료과정이 진행됨을 의미한다. 따라서 미술치료는 심리이론을 기초로 다양한 미술매체를 사용하여 시각적 · 조형적 방법으로 자신의 내면세계를 자유롭게 표현하는 과정을 통해 개인의 내적 갈등을 조정하고 심리 · 정서적 문제를 해결하고자 한다. 이러한 과정 속에서 미술치료는 개인의 자아 성장을 촉진하며 통합으로 나아가도록 도움을 줌으로써 원만하고 창조적인 삶을 살아갈 수 있도록 하는 심리치료 방법이라고 할 수 있다.

2. 미술치료에 대한 견해

뉴욕에서 활동하던 미술가이자 아동미술교육자인 나움버그(Naumburg)는 미술을 심리치료적 관점과 연계하여 인식하기 시작하였다. 따라서 나움버그로부터 현대의 미술치료가 심리치료의 새로운 영역으로 자리매김하면서 학문적 토대를 갖추기 시작했다. 나움버그의 뒤를 이어 크레이머(Kramer)와 울먼(Ulman)이 각각의 견해를 가지고 미술치료를 전개하여 이들은 미술치료를 활성화하는 토대를 만든 대표적인 학자로 평가되고 있다. 미술치료를 바라보는 입장은 위의 학자로 대표되는 세가지 견해로 수용되고 있으며, 각각의 견해를 살펴보면 다음과 같다.

1) 나움버그: 치료에서의 미술(Art in Therapy)

- 미술치료(Art in therapy)의 개척자로 치료에 중점을 두는 입장
- 1940년대부터 치료양식으로서의 미술표현을 도입.
- 정신분석학 이론과 자신의 경험에 입각하여 그림을 통해 내담자의 정신질환을 치료하고자 함.

나움버그
(Margaret Naumburg, 1890~1983)

나움버그(Naumburg)는 1940년대 프로이트의 정신분석학 이론을 바탕으로 분석적이고 역동적인 미술치료 모델을 지향하고 정립하여 본격적으로 미술치료 분야를 개척한 선구적 인물로 평가 받고 있다. 나움버그는 무의식 속의 사고와 감정이 그림에 직접 표현된다고 믿으며, 1920년 뉴욕의 월든 학교에서 미술교육의 한 방법으로 자발적 그림(Spontaneous art)을 시도한 후에 그것을 미술치료의 한 모델로 개발하였다.

나움버그는 미술을 심리치료 과정의 도구로 보았으며 내담자들이 무의식의 욕망이나 꿈, 환상의 이미지를 단순히 언어만으로 표현하기보다는 내적 이미지들을 시각화하고 상징화함으로써 방어 없이 무의식의 이미지를 재현할 수 있도록 도왔다. 그는 이러

한 작업과정에서 무의식의 의식화가 이루어지고 창작을 통하여 상징을 발견하는 것이 치료적 요소라고 하였으며, 미술치료가 언어를 사용하는 것보다 검열기능을 약화하므로 효과적인 치료법이라고 주장했다.

'치료에서의 미술(Art in Therapy)'에서 치료사의 역할은 내담자가 무의식에서 표현된 상징적 이미지의 내용을 바탕으로 결과물을 해석하고, 내담자가 그림과의 대화를 통해 스스로 통찰할 수 있도록 하는 것이다.

2) 크레이머: 치료로서의 미술(Art as Therapy)

-미술작업 과정을 중시하는 입장으로 미술 창조과정 자체의 치료적 역할(Art as therapy)을 강조
-미술작품을 통해 상담자와 내담자가 교류하는 상징적 대화보다는 내담자가 창조적 미술행위 자체로써 자신의 감정이나 욕구를 표현하며 파괴적 에너지를 승화시키는 과정을 더욱 중시함.

크레이머
(Edith Kramer, 1916~2014)

화가이자 교육자인 크레이머(Kramer)는 미술치료에서 미술의 입장과 미술교육적 관점을 강조하였고, 언어의 방해를 받지 않고 행해지는 미술활동의 창조적 행위나 미술작업 과정 그 자체에 치료적 가치를 두었다.

크레이머는 주로 아동을 대상으로 미술치료를 진행하고 연구하며 자기표현과 승화 과정을 중요하게 다루었다. 아동은 창조적인 미술작업 과정을 통해서 내부 감정이나 욕구를 사실적으로 표현하게 되고, 작품에 대한 연상을 통하여 자기를 표현하며 승화 과정을 경험함으로써 자아가 성숙된다는 것이다. 작품을 만드는 과정 자체를 통해 치료가 이루어진다고 본 크레이머의 견해를 울먼(Ulman, 1961)은 '치료로서의 미술(Art as Therapy)'이라고 명명하였고, 미술치료 분야의 이론적 토대를 제공하였다.

'치료로서의 미술(Art as Therapy)'에서 치료사의 역할은 내담자가 만든 작품을 해석하는 것이 아니라 창의적 미술작업을 통해 부정적 감정이나 욕구를 통합하고 승화할 수 있도록 도와주는 것이다.

3) 울먼: 통합적 입장(치료 + 창조: Therapy and Creativity)

-미술치료에는 치료적 측면과 창조적 측면이 모두 포함되어 있음.
-내담자가 표현한 상동적이거나 강박적인 표현에 주목해야 한다고 주장.
-내적 갈등과 승화라는 개념이 통합됨.

울먼
(Elinor Ulman, 1901~1991)

정신병동의 미술교사였던 울먼(Ulman)은 미술가의 경험에서 미술치료를 하게 되었다고 볼 수 있다. 울먼은 나움버그의 치료 도구로서 미술을 사용하는 견해와 크레이머의 미술의 치료적인 효과를 강조하는 견해에 융통성을 부여하고 통합하려고 노력하였으며 두 측면의 타당성을 모두 인정했다. 그는 1961년 '미술치료'라는 용어를 소개하며 미술치료를 독립된 분야로 발달시켰고, 두 견해를 통합하여 미술과 치료 두 측면을 모두 중시했다.

울먼은 미술치료가 교육, 재활, 정신치료 등 다양한 영역에서 활용될 수 있지만 공통된 방법은 시각예술이라는 수단을 사용하여 인격의 통합을 이루도록 돕는 것이라고 했다(Ulman, 1961). 또한 미술치료는 작품의 결과를 논하는 것보다는 대상에 따라서 다양하게 표현되는 것과 예술적 성취감을 중시함으로써 치료적 측면과 창조적 측면을 모두 내포하고 있다고 보았다. 그러므로 내담자의 작품이 예술이냐 아니냐를 논하는 것보다는 대상에 따라서 상동적인 표현이나 강박적 표현도 허용되어야 한다고 하며, '미술'과 '치료'라는 각각의 단어에 의미를 부여하고 두 영역의 결합인 미술치료를 다음과 같이 정리하였다(Ulman, Kramer, & Kwiatkowska, 1977).

첫째, '치료'를 중시하는 입장에서 미술은 치료자와 내담자 사이에서 전달된 상징적 이미지의 대화이며 정신분석적 정신치료법의 도입 수단이다.

둘째, '미술'에 중점을 두는 것으로서 예술을 창조하는 행위야말로 인격을 통합하는 데 매우 적합하며 치료적이다.

3. 미술치료에서 미술의 역할

미술치료는 인간의 근본적인 사고와 감정은 무의식에서부터 일어나고 무의식의 표현은 언어보다는 이미지로 시각화될 수 있다는 생각에 기초하고 있다. 모든 개인은 자신의 내적인 갈등을 시각적인 형태로 투사할 수 있는 잠재적인 창조능력을 갖고 있다. 그러므로 미술치료는 미술이라는 매체를 사용하여 내담자 스스로 자발적으로 미술작업에 참여함으로써 상징적인 의사소통을 이루게 된다.

와데슨(Wadeson, 2010)은 미술치료에서 인간의 마음을 움직이는 데 미술이라는 매체가 얼마나 다양한 측면에서 주도적으로 관여할 수 있는지를 알려 주며, 미술이 심리치료 과정에 적용되었을 때의 장점을 다음과 같이 제시하였다.

- 첫째, 미술은 심상의 표현이다.
- 둘째, 미술은 방어를 감소시킨다.
- 셋째, 미술은 구체적인 유형의 자료를 즉시 얻을 수 있다.
- 넷째, 미술은 자료의 영속성이 있다.
- 다섯째, 미술은 공간성을 지니고 있다.
- 여섯째, 미술은 창조성이 있으며 에너지를 유발시킨다.

4. 미술치료의 이론적 관점

미술치료에서 사용되는 이론적 모델들은 매우 다양한 관점에서 출발하고 있다. 그러나 미술치료사에 따라 치료에 적용하는 이론적 관점들이 다를지라도 실제의 치료 상황에서는 상호 보완적인 관점에서 다양한 모델들이 서로 영향을 주고받으며 적용된다. 미술치료의 이론적 모델 중 치료적 미술교육 관점과 심리학 이론에서 주로 다루어지는 정신역동적, 인간 중심적, 인지행동적 관점에 근거한 미술치료를 중심으로 살펴보면 다음과 같다.

1) 치료적 미술교육 관점

미술교육과 미술치료는 미술활동을 매개체로 사용하여 인격의 성장 발달을 돕고 바람직한 인간 형성을 이루고자 한다는 점에서 공통점을 가지고 있다. 특히, 아동을 대상으로 할 때 미술치료 영역에서 교육적 관점을 간과할 수 없으며, 미술교육 중에도 치유적 속성이 발휘된다는 점은 부인할 수 없다.

치료적 미술교육(terapeutic art education)이란 로웬펠드(V. Lowenfeld)가 제안한 'art education therapy'에 그 어원을 둔 개념으로 미술 제작 과정의 치료적 장점을 인식하여 사용하는 미술교육을 의미한다(Henley, 1992). 로웬펠드는 그의 저서 『창의성과 정신적 성장(Creative and Mental Growth)』에서 창의적 표현과 정신적·정서적 성장과의 관계에 대해 강조하고, 미술교육을 통해 아동을 통합적인 발달과 성숙으로 이끌어 가야 한다고 생각하며 'art education therapy'라는 용어를 사용하였다(김향미, 2005). 허버트 리드(H. Read) 또한 『예술을 통한 교육(Education through Art)』을 통해 예술에서의 창의성에 관심을 두며 예술을 창의적인 인간 본질을 발전시키는 수단으로 보았다(정여주, 2003). 이런 관점들이 아동의 미술치료에 적용되었으며, 미술교육에서의 조형활동을 통한 심리치료적 방향이 모색되었다.

미술교육과 관련하여 크레이머는 '치료'와 '치료적'이라는 용어의 개념을 구분하였다. 그는 '치료적 미술교육'은 미술활동 과정에서의 치료적 장점들을 인식하고 이용하는 미술교육이라 정의하였으며, 이는 미술교육과 미술치료의 통합을 통해 미술의 치료적인 측면을 교육환경에 적용시키고자 하는 새로운 시도로 이어졌다(Henley, 1992).

아동에게 미술치료를 실시하는 미술치료사는 그들의 발달과정을 고려하여 미술교육의 이론이나 기법을 적용하며 미술교육의 바탕 위에 치료적 접근을 시도하는 경우가 많다. 그러나 학자들은 미술교육과 미술치료의 목적은 분명히 다르다는 것을 지적하였고, 그 차이점을 인식할 필요성이 있다고 강조한다.

미술교육과 미술치료의 차이점에 대해 루빈과 나움버그는 다음과 같이 언급하였다. 루빈은 아동의 미술치료에서는 미술교육의 요소가 들어 있으며, 여기에서는 가르치는 것이 이차적 목적이 되고 치료가 일차적 목적이 되어야 한다는 견해를 가지고 있다(Rubin, 2006). 나움버그는 이 두 경우에서 모두 미술을 이용하는 공통점이 있지만 그 목표는 전적으로 다르다고 하였다. 미술치료는 내담자의 무의식으로부터 자발적인 이미지의 표출을 장려하고 미술교육은 학생들의 미술작품을 향상시키는 계획된 의식적

과정이라고 표현했다(Naumburg, 2014).

결국, 교사가 미술교육을 할 때도 미술활동은 마음속 긴장을 풀게 하고 억압된 감정을 표현하게 하며 작품을 통해 언어로 표현할 수 없는 많은 말들을 시각화하기 때문에 미술활동 그 자체가 치료적인 힘을 내포하고 있다. 아동은 미술교육을 통해 창조적인 조형언어를 사용하여 자신의 내면세계와 주변 환경에 대한 인식을 꾸밈없이 표현해 내는 것이다. 그러므로 아동미술표현에서 드러난 특징과 상징적 의미들을 다양한 심리학적 관점에서 분석하는 것은 아동의 내면세계를 이해하기 위한 매우 중요하다.

2) 정신역동적 미술치료 관점

(1) 정신분석학적 미술치료

① 치료 목표

프로이트(Sigmund Freud, 1856~1939) 학파의 정신분석학에 이론적 근거를 둔 정신분석적 미술치료는 미술을 상징적 언어의 형태로 보고 있다. 정신분석적 치료의 목표는 자발적인 미술표현을 통해 억압된 갈등이나 무의식의 고통을 이미지로 표출하고, 그 상징적 의미를 해석하며 의식화하고 통찰로 이끄는 것이다.

② 미술치료 기법

무의식을 탐색하는 데 도움을 줄 수 있는 기법으로 자유연상 기법이나 신체의 이완을 촉진하는 감각활동 등이 주로 사용된다. 그러므로 자유화 그리기, 꿈 그리기, 어린 시절 그리기, 9칸 그림, 자극도형 그림 등을 적용할 수 있다. 또한 핑거페인팅, 난화 등 우연히 생긴 흔적들을 통해 자유연상을 유도할 수 있는 다양한 기법을 활용할 수 있다.

자유화 9칸 그림 핑거페인팅

●그림 11-1● **정신분석학적 미술치료 기법**

(2) 분석심리학적 미술치료

① 치료 목표

분석심리학적 미술치료는 융(Carl Gustav Jung, 1875~1961)의 이론에 기초를 둔 것으로 인간의 정신이 근원적으로 가지고 있는 자연적 치유과정을 강조한다. 분석심리학적 미술치료의 목표는 무의식의 창조적 기능을 자극하여 자기치유력을 회복하고 정신의 내면과 외면이 조화와 균형을 이루어 개성화 과정으로 나아가는 것이다.

② 미술치료 기법

분석심리학적 미술치료에서는 한 개인의 무의식적 내용을 투사하거나 인류의 선험적 경험이 내재된 집단무의식을 상징적으로 표현할 수 있는 기법을 강조했다. 미술치료 기법으로는 즉흥적 판타지, 능동적 상상 및 적극적 명상(active imagination)을 사용하며 꿈의 이미지, 만다라, 가면, 내면과 외면의 표현 등을 통해 무의식을 자연스럽게 알아갈 수 있는 기회를 제공한다.

꽃 만다라

가면

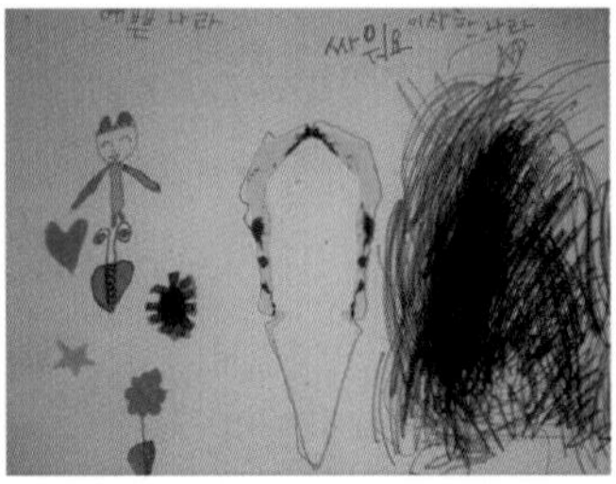

내면과 외면

●그림 11-2● **분석심리학적 미술치료 기법**

3) 인간 중심적 미술치료 관점

(1) 인간 중심 미술치료

① 치료 목표

로저스(Carl Rogers, 1902~1987)의 연구에서 비롯된 인간 중심 미술치료는 인간은 스스로 성장하고 발전할 수 있는 존재로서 자신의 삶을 능동적으로 이끌어 나갈 수 있는 자원을 지니고 있다는 견해다. 치료사는 진실성, 긍정적 존중, 공감적 태도로 한 개인을 총체적으로 보고 내담자의 성장과정을 촉진하며 인간 중심 미술치료의 기본 목표인 자아실현과 성취를 이루어 '충분히 기능하는 사람'이 되도록 도움을 주어야 한다.

② 미술치료 기법

비지시적 치료 접근을 통해 내담자가 스스로 매체를 선택하고 주제를 정하고 표현하도록 한다. 인간 중심 미술치료에서는 특별한 기법보다는 다양한 매체와 기법을 응용할 수 있으며, 내담자가 미술표현을 마음껏 할 수 있도록 긍정적이고 안전한 분위기를 제공하는 것이 중요하다. 적용할 수 있는 기법으로 내담자가 치료 환경을 지지적이고 안전하게 느낄 수 있도록 치료사가 함께 작업을 하는 수용적 돌려 그리기, 치료사의 배경 작업, 상반된 양극의 감정이나 주제를 표현하고 탐색해 보는 기법을 적용할 수 있다.

수용적 돌려 그리기 치료사의 배경 작업 상반된 감정(희망과 절망)

●그림 11-3● **인간 중심 미술치료 기법**

(2) 게슈탈트 미술치료

① 치료 목표

게슈탈트 심리치료는 펄스(Frederic 'Fritz' S. Perls, 1893~1970)에 의해 창안되었으며, 인간의 전체적 기능에 관심을 갖고 실존적인 삶을 통한 성숙한 인간을 지향한다. 게슈탈트 미술치료는 내담자가 다양한 미술매체를 사용하여 이전에는 배척하고 부정했던 자신의 모습, 자신의 과거를 인정하고 수용하도록 도움을 주는 것이다. 즉, 과거의 어려웠던 미해결 과제를 현재로 가져 와서 '지금-여기(here and now)'에서 자신의 감정을 표현하고 느끼며 자신에 대해 알아차릴 수 있도록 하여 전체성을 향해 나아가며 통합에 이르도록 하는 것이 치료의 목표이다.

② 미술치료 기법

내담자의 작품을 직접 해석하지 않고 비지시적이며 비언어적인 접근법으로 '내담자와 함께 존재하기'를 강조하거나 또는 좀 더 지시적인 접근법으로 언어적 심리치료의 부속물이나 보조 장치로 사용되는 미술치료 기법이 있다. 결국 게슈탈트 미술치료에 적용되는 다양한 미술기법은 내담자가 '지금－여기(here and now)'에서 자신에 대한 알아차림이 일어나도록 돕는 수단이다. 어린 시절의 집 그리기를 통해 자신의 모습을 탐색하고 현재 자신과 연관된 감정을 찾아가도록 하거나, 마음지도 그리기, 전경과 배경 찾기 등의 기법을 통해 현재 자신의 주 감정이 무엇인지 깨달을 수 있도록 도움을 줄 수 있다.

어린 시절 집 그리기

마음지도 그리기

전경과 배경 찾기(화가 작품 감상)

●그림 11-4● **게슈탈트 미술치료 기법**

4) 인지행동적 미술치료 관점

① 치료 목표

인지행동치료(Cognitive Behavior Therapy: CBT)는 벡(Aaron T. Beck, 1921~)에 의해 체계화되었다. 인지행동치료에서 바라보는 심리적 고통은 인지적 오류에 의한 것으로 사실에 근거하기보다는 내담자의 주관적 해석에 의해 현실의 문제를 역기능적으로 사고하고 행동하기 때문에 발생된다고 본다. 그러므로 인지행동적 미술치료의 목표는 미술표현을 통해 사고나 감정을 시각화하고 작품을 통해 내담자가 가지고 있는 비합리적인 사고와 신념을 인식하고 수정할 수 있도록 도와주는 것이다.

② 미술치료 기법

인지행동치료적 미술치료에서는 전략적이고 구조화된 인지행동치료 기법을 기반으로 하여 미술활동을 적절하게 사용함으로써 자신의 문제를 이미지로 구체화하고 인지적 기능을 강화하는 도구로 미술기법을 사용한다. 생각 쓰레기통, 내 마음속의 걸림돌, 감정파이, 감정 온도계 표현 등 다양한 방식으로 내담자가 자신의 문제해결 능력을 증진시키고 부적응적인 인지를 교정하도록 도움을 준다.

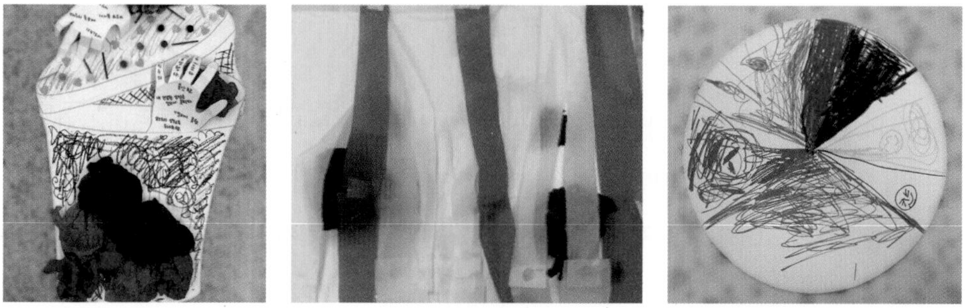

생각 쓰레기통　　　　내 마음속의 걸림돌　　　　감정파이

●그림 11-5● **인지행동적 미술치료 기법**

5. 아동과 미술치료

1) 아동미술치료의 이해

아동미술치료란 아동의 발달적 특수성을 고려한 미술활동을 바탕으로 현재의 관심사나 인지적 · 정서적 발달 정도, 무의식의 갈등 등을 다양한 심리학 이론의 관점에서 이해하고 분석하여 성장과 치유의 과정으로 이끄는 것으로 정의된다(손혜주, 최외선, 2010).

아동은 자신의 내적 상처나 정서적 불균형으로 인한 심리적 어려움이 있어도 언어로 표현하기를 어려워하거나 그 문제에 대해서 인식하기 어렵고 스스로 해결하는 능력 또한 부족한 경우가 많다. 그러므로 아동의 미술활동을 통한 자기표현은 아동이 세상을 어떻게 보고 느끼고 생각하는지를 그대로 나타내 주는 언어라고 할 수 있다.

아동미술치료는 미술이라는 안전한 방법으로 아동이 가지고 있는 내적 갈등과 걱정, 불안, 공상과 같은 다양한 요소를 표출하고 해소할 수 있도록 하여 심리적으로 불안정한 아동에게 자기 통제력과 안정감을 찾을 수 있는 기회를 준다. 또한 미술활동에 필요한 재료 선택과 작품 제작 과정을 아동 스스로 주도하게 하여 성취감을 획득할 수 있을 뿐만 아니라 창의적 경험을 통하여 내적 풍요로움과 만족감을 주며 자존감과 자율성을 향상시킨다. 또한 아동미술치료는 또래 혹은 치료사와의 관계를 통해 원활한 대인관계 기술을 익힐 수 있는 기회를 제공하여 긍정적인 사회적 관계를 형성할 수 있도록 돕는다.

2) 아동미술표현의 심리적 이해

아동의 미술작업에는 각각의 다양한 심리적 의미가 포함되어 있다. 아동미술치료에서 아동이 미술활동을 할 때 어떠한 매체를 선택하여 무엇을, 어떻게, 왜, 그렇게 표현했는지를 파악하고, 그 요소들이 갖는 심리적 의미를 평가하는 것은 매우 중요하다. 아동 작품에 대한 심리적 의미를 이해하기 위해서는 먼저 아동이 자라온 환경과 성장 히스토리를 이해하고, 그에 따른 심리발달 과정은 어떠한지를 주의 깊게 살펴보아야 한다. 또한 아동의 성격, 지능, 행동유형 등을 파악하고 미술작업 과정에서 나타나는 아동의 태도를 면밀하게 관찰해야 한다. 눈 맞춤과 시선처리, 언어적 표현과 비언어적 행동, 얼굴표정, 치료사에 대한 아동의 반응, 미술 도구와 과제에 대한 반응, 집중도, 자기개념 등의 모든 정보뿐만 아니라 진단적 문제가 있는지도 함께 고려해야 한다. 이렇듯 아동의 작품을 심리적 측면에서 이해하기 위해서는 아동의 발달적, 정서적, 대인 상호간의 관계를 포함하는 다양한 맥락을 고려하여 여러 각도에서 작품과정과 결과물을 보아야 한다. 치료사가 아동의 작업 맥락을 고려하지 않고 작품을 해석하게 되면 아동 표현이 위험한 것으로 오인되거나 잘못 해석하는 오류를 범하게 된다. 치료사는 아동이 창조적인 작업과정을 경험하는 데 가치를 두고 자신의 미술활동에 완전히 몰입하도록 허용하고 격려해 주어야 한다. 또한 치료사는 아동이 진행하는 내면 여행의 안내자로서 안전한 환경을 제공하고 그 과정을 지지해 주어야 하며, 이때 아동은 창조적인 자기표현을 통해서 스스로 성장하는 경험을 하게 된다.

3) 아동미술치료사의 자질과 역할

아동미술치료사는 아동의 자기탐색 및 통찰, 자기성장 과정을 함께하는 자로서, 치료사가 아동과 함께 하는 시간을 어떻게 보내는가에 따라 아동이 미술치료를 통해 얻을 수 있는 미술치료의 효과성에 영향을 미치므로 그 자질과 역할은 매우 중요하다.

아동미술치료사의 기본 자질과 역할을 구체적으로 알아보면 다음과 같다.

(1) 아동미술치료사의 기본 자질

- 인간에 대한 기본적인 이해와 관심, 사랑, 존중이 있어야 한다.
- 아동의 성장과정을 신뢰하고 온화함, 안정감, 성실함을 갖추어야 한다.
- 아동과 감정의 소통을 위한 공감능력이 있어야 한다.
- 아동에게 행하는 칭찬이나 격려, 지지, 통제 등은 적절한 시기에 신중하게 사용되어야 하며 일관성 있는 태도로 대할 수 있어야 한다.
- 아동의 긴장을 이완시키며 분위기를 편안하게 할 수 있는 유머감각과 아동의 수준에 맞는 적절한 의사소통 능력이 필요하다.
- 아동의 치료과정을 관찰할 수 있는 능력과 의미를 찾을 수 있는 직관력, 통찰력이 필요하다.
- 아동의 미술치료 과정 내에서 민첩성과 유연성, 융통성을 발휘할 수 있어야 한다.
- 아동에 대한 치료사의 자기편견, 선입견을 넘어서서 다양한 삶에 대해 수용하고 이해하는 유연함을 지녀야 한다.
- 아동미술치료사는 아동학, 미술치료학, 심리학, 인문학, 철학, 정신의학 등의 관련 학문에 대한 지식을 습득하는 것뿐만 아니라 자기이해를 위한 지속적인 노력과 치료 사례 연구, 임상감독 등으로 끊임없이 수련해 가는 자세가 필요하다.
- 아동미술치료사는 비밀 유지에 대한 책임과 치료에 대한 기본적인 법적 · 윤리적 태도를 이해하고 지켜야 한다.

(2) 아동미술치료사의 역할

- 아동이 미술치료를 통해 성장하도록 돕는 내면여행의 안내자이며 촉진자, 동반자의 역할을 해야 한다.
- 아동이 미술활동을 창의적이고 안전하게 실시할 수 있는 적합한 작업환경을 제공해야 한다.
- 아동이 사용할 수 있는 안전한 미술 재료를 구분하여 충분하고 다양하게 준비해야 한다.
- 재료나 주제는 아동의 발달수준에 맞아야 하며 부담을 최소화한 것으로 편안하고 쉽게 표현할 수 있는 것으로 준비해야 한다.
- 아동이 미술 재료 사용에 좌절할 경우 적절한 시기에 기술적인 지원을 할 수 있는 제3의 손의 역할이 가능해야 하며 치료사는 최소한의 개입을 해야 한다.

4) 아동미술치료의 대상과 목적

아동미술치료는 보통의 일반 아동을 포함하여 경미한 심리 · 정서적 문제로 인해 일상생활에서의 불편감을 나타내는 경우의 아동과 정신병리적인 진단을 받은 아동, 장애를 가진 아동 등 모든 대상에게 적용될 수 있다.

(1) 예방적 차원의 목적

일반 아동을 대상으로 한 미술치료의 목적은 아동이 성장하면서 사회의 구성원으로 더불어 살아가기 위해 갖추어야 할 여러 가지 요소를 배우고 자율성과 독립성을 획득해 나아가는 데 도움을 주기 위해 시행된다. 또한 아동의 자존감을 높이고 자아를 강화하여 어떠한 어려움이 생길 때 대처하고 해결해 나갈 수 있는 힘을 기르며, 더 건강하게 성장할 수 있도록 도와주는 예방적 차원의 목적으로 미술치료가 시행되기도 한다.

(2) 치료적 차원의 목적

아동 개인의 문제를 발견하여 진단하고 지연된 발달을 촉진하며 문제행동을 감소시키기 위한 목적으로 치료적 차원의 미술치료가 시행된다.

경미한 불안이나 우울, 사회적 미성숙, 분노, 폭력적 행동, 왕따 가해자 및 피해자, 학교 부적응 등의 경우뿐만 아니라 과잉행동장애(ADHD), 학습장애, 발달장애, 틱(Tic)장애, 자폐 등의 진단을 받은 아동을 대상으로 시행되는 미술치료는 아동이 미술 재료들을 기술적으로 다루고 놀이하며 표현하는 활동을 통해 자신의 상황을 스스로 인식하고 자신의 문제를 어떻게 다루어야 하는가를 알 수 있도록 도움을 준다.

장애유형은 공식적으로 사용하는 장애 진단 분류체계인 DSM-5(미국 정신의학협회에서 발행한 정신질환 진단 및 통계 편람)에 의한 진단이나 특수교육학적 관점에서 보는 장애유형을 참고할 수 있다.

5) 아동미술치료의 과정 및 치료유형

(1) 아동미술치료의 과정

보편적으로 모든 상담의 경우 치료를 시작하기 전 가장 먼저 면접 상담을 통해 아동의 정보와 현재의 이슈를 파악한다. 나이가 어린 내담 아동의 경우는 대부분 주 양육자와의 면담을 통해 보고되는 내용과 아동과의 만남을 바탕으로 초기 정보 수집이 이루어진다. 내담 아동은 필요에 따라 적합한 심리검사를 받게 되며 치료사는 아동이 겪고 있는 문제에 대해 발달적 · 상황적 · 생물학적 · 유전학적 · 의학적 요인 등으로 나누어 분석하고 치료 시 적용될 이론적 근거를 찾아 가설을 세우기도 한다. 치료사는 치료를 시작하기 전 수집된 모든 정보를 바탕으로 사례개념화를 통해 치료 계획을 세우고 치료 목표와 방향을 정하게 되며 이는 상담의 중요한 첫 과정이다.

미술치료가 시작되면 아동은 치료를 진행하는 과정에서 일반적으로 초기, 중기, 후기의 치료 단계를 거치며 성장, 발달하고 종결에 이르게 된다. 초기 단계는 치료사와의 신뢰관계를 형성하고 심리적으로 이완하며 탐색하는 시기로 다양한 미술매체에 대해 거부감 없이 흥미를 느끼고 탐색할 수 있도록 도움을 주어야 한다. 중기 단계는 다양한 미술표현을 통해 내면의 감정을 자유롭게 표출하고 발산하는 단계이다. 중기 단계에서 아동은 자신의 감정과 관련된 핵심 문제를 이해하게 되며 자신의 부정적인 감정들을 극복하는 경험을 하게 된다. 또한 이러한 과정 안에서 자신을 이해하고 조절하며 긍정적 자아상을 획득하게 된다. 후기 단계는 통합과 종결의 시기로 아동은 미술치료를 통해 이루고자 하는 목표를 달성하고 바뀐 자신의 모습을 실제의 삶에서 적용하며 희망찬 미래상을 제시하는 단계이다. 아동은 치료의 종결이 다가오면 그동안의 치료과정을 회상하며 치료의 종결에 대해 아쉬움을 나타내기도 하고 상실감을 경험하기도 한다. 그러나 아동은 미술치료를 통해 성장하고 강화된 자아를 획득함으로써 능동적으로 현실에 적응하며 앞으로 나아가는 긍정적 변화가 나타난다(김예슬 외, 2017).

(2) 아동미술치료에서의 치료유형

미술치료사는 아동의 이슈나 발달적 측면을 고려하여 어떠한 구조 안에서 치료를 진행하는 것이 내담 아동에게 가장 효율적인가에 따라 부모상담이나 아동의 의견을 존중하여 치료유형을 제시할 수 있다. 아동에게 많이 시행되는 치료유형을 소개하면 다음과 같다.

① 개인미술치료

개인미술치료는 정해진 시간에 치료사와 아동이 일대일로 만나 아동의 성격을 탐색하고 문제를 해결하고 변화를 촉진해 나아가는 과정으로 누구의 방해도 받지 않고 내면의 흐름에 따라 깊이 있는 자신과의 만남을 가능하게 한다. 그러나 개인미술치료는 비교적 오랜 치료기간이 소요되기 때문에 비용적으로 부담이 될 수 있다. 현재 정부에서는 문제행동 아동의 조기 발견과 개입으로 문제행동을 감소시키고 정서행동장애로의 발전을 막아 정상적인 성장을 지원하고자 하는 목적으로 바우처 사업인 '우리 아이 심리지원 서비스'를 진행하고 있다(정부24 홈페이지). 이 경우를 예로 보면 개인치료의 경우 월 4회 60분(일반적으로 유·아동의 경우 10분의 부모상담 포함)의 치료 시간을 진행하도록 구성되어 있으며, 1년의 지원서비스를 기본으로 하고 있고 필요할 경우 2년까지 연장되는 시스템을 갖추고 있어서 선정 기준에 따라 정부 지원을 받으며 아동의 심리치료를 진행할 수 있다.

개인미술치료에서 프로그램은 특별한 경우를 제외하고 구조화하지 않으며 치료사는 아동이 자발적으로 매체와 주제를 선택하고 창조성과 자기치유력을 발휘하여 미술활동에 몰입할 수 있도록 도움을 준다. 때문에 개인미술치료에서 치료사와 아동의 친밀한 신뢰관계는 매우 중요하며 치료사는 공감하고 지지하는 태도로 아동에게 심리적인 어머니의 역할을 수행해야 한다.

개인미술치료 장면(물감놀이)

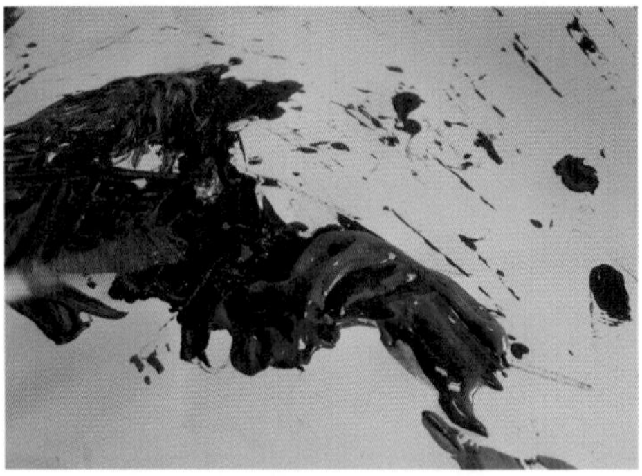

개인미술치료 작품

●그림 11-6● **개인미술치료**

② 짝미술치료

짝치료는 비슷한 정서적·행동적 문제를 보이는 아동 2명을 대상으로 치료자가 구조화된 활동을 통해 대인관계 상호작용과 의사소통 및 갈등해결을 촉진하는 치료적 형태이다(Moody, 1997). 짝치료는 사회적 기술의 결핍으로 관계의 맥락을 이해하지 못하여 어려움을 보이거나 관계상에서 협상기술이 부족한 아동들의 경우에 적용되면 효과적이다.

짝미술치료는 구조화된 프로그램으로 진행되며 아동이 복잡한 사회적 상황으로 들어가기 전 둘 간의 관계 안에서 사회적 기술을 연습하는 데 유용하다. 아동들은 미술재료를 공유하고 협동작업을 시도하는 과정에서 서로 다른 견해와 협상이 있다는 사실에 지속적으로 노출되고 직면하게 되며 이때 성공적인 조정을 위한 협상과정이 요구된다(Lyman & Selman, 1985). 아동들은 미술작업 과정에서 갈등 해결을 위해 자신들의 행동을 조절하고 타인의 생각을 이해하게 되며 관계 유지를 위해 효과적으로 협상하는 방법을 터득하게 된다. 두 아동 사이의 미술치료 경험은 어떻게 하면 또래관계를 더 좋게 형성하고 오래도록 유지할 수 있는지를 알게 하며 대인관계에서 불균형을 조절하고 긍정적 관계를 형성할 수 있도록 돕는다.

짝치료 장면(난화 그리기)

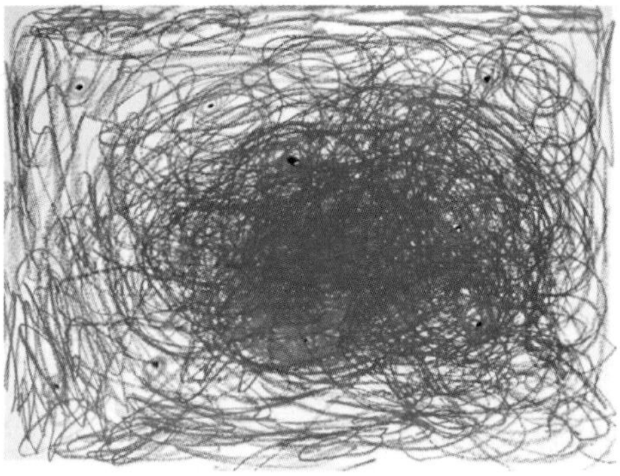

짝치료 작품

●그림 11-7● **짝미술치료**

③ 집단미술치료

집단미술치료는 예방적이고 발달적인 차원에서 공통의 목표를 가진 아동을 대상으로 창조적인 미술매체를 활용하여 진행하는 집단상담을 말한다. 집단의 구성원으로 참여한 아동은 집단구성원들과 치료사의 관계에서 서로를 신뢰하고 미술활동을 통해 자신의 감정, 문제, 갈등 등을 표현하며 역동적인 상호작용을 경험하게 된다. 집단미술치료가 진행됨에 따라 아동은 집단에 대한 정서적 결속과 함께 집단에 대한 소속감을 느끼게 되고, 자신이 만든 작품이 구성원들로 부터 긍정적인 평가를 받거나 소중히 다루어지는 경험을 통해 자신도 존중받는 느낌을 갖게 된다. 집단에 소속된 아동들은 비슷한 경험에서 나오는 타인의 이야기에 공감과 지지를 표현하며, 자신이 가지고 있는 문제가 자신만의 문제가 아니라는 위로와 응원을 나눌 수 있게 된다. 또한 아동은 집단이 함께하는 미술활동을 통해 창조적 에너지를 나누고 활력을 얻으며 타인에 대해 더 폭넓은 관심을 가지는 유연성과 사회적 기술을 획득하여 자신의 삶에 잘 적응하며 행복한 삶을 살아가게 된다.

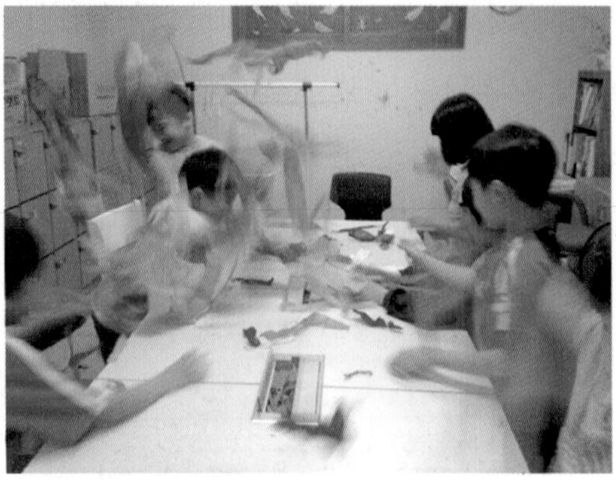

집단미술치료 장면(습자지 활동)

집단미술치료 작품

●그림 11-8● **집단미술치료**

④ 가족미술치료

아동이 보이는 심리적 문제는 부모의 양육태도나 부모와 아동과의 관계, 형제간의 관계, 환경적 요소 등 다양한 가족 간의 역동이 영향을 준다. 가족미술치료는 아동의 문제를 아동 개인의 문제만으로 보기보다는 전 가족이 서로 영향을 주고받은 것으로 보고 가족 전체를 치료 장면에 함께하도록 하는 것이다. 언어가 충분히 발달하지 않은 아동의 경우 자신의 마음을 언어화하기 어렵기 때문에 가족미술치료를 시행할 경우 치료사는 가족 내의 갈등을 미술작업 과정과 작품을 통해 쉽게 관찰할 수 있다. 그러므로 아동의 미술치료에서는 부모가 포함된 가족미술치료가 함께 이루어질 때 치료 효과가

가족미술치료 장면(돌려 그리기)

가족미술치료 작품

●그림 11-9● **가족미술치료**

큰 경우를 많이 볼 수 있다. 가족미술치료에서는 가족이 함께 표현하는 작업 이미지를 통해 각자의 입장에서 가족구성원들을 이해하고 조화를 이루게 된다. 또한 혼돈되었던 내적 갈등을 자유롭게 탐색하고 서로 믿음을 나누는 이야기가 오고 가기 때문에 가족의 관계 개선이 용이하고 긍정적인 가족역동이 오래 지속되는 장점이 있다.

6. 투사적 그림검사의 활용

1) 그림의 투사적 기능

그림에는 인간의 내적 상황과 감정, 갈등, 억압된 욕구, 충동, 환경에 대한 태도, 성격 등의 심리적인 경향을 파악할 수 있는 중요한 단서가 투사되어 표현되기 때문에 정신적 내면세계를 이해할 수 있는 수단으로써의 투사적 기능이 있다. 언어를 매개로 하는 객관적 심리진단 검사는 인간의 무의식을 표현하기에는 매우 제한적이다. 그러므로 그림을 활용한 투사적 기법의 검사는 개인의 내면세계를 나타낼 수 있는 주제를 내담자에게 제시함으로써 심리나 성격을 진단하는 것으로 객관적 심리 진단을 보완하기 위한 도구로 활용할 수 있다.

특히, 논리적인 사고력과 언어유창성이 발달하기 이전의 아동들에게 그림은 자신의 내면을 가장 솔직하게 나타내 주는 표현수단이다. 아동은 그림을 그릴 때 성인보다 방어가 적고 더 자발적으로 활동하므로 아동의 그림에는 아동 자신이 미처 인식하지 못하는 다양한 요소들이 투사되어 표현된다. 이러한 이유로 투사적 기법은 아동의 심리적 상태와 성격 특성을 평가하고 진단하는 데 있어서 유용하게 사용되어 왔으며, 이에 대한 방대한 이론적 · 경험적 연구들이 축적되었다. 그러나 아동의 그림은 아동의 인지발달이나 신체발달 수준 혹은 아동이 자라온 환경에 의해 제약을 받기도 한다. 따라서 아동의 그림을 보다 온전히 이해할 수 있기 위해서는 아동의 발달 특성에 맞추어 아동의 그림을 있는 그대로 이해하고 아동의 그림에 영향을 미칠 수 있는 여러 가지 요인들을 고려하는 태도가 필요하다(신민섭, 2010).

2) 진단적 도구로서의 미술

미술심리 진단은 그림을 비롯한 미술작업을 통해 검사받는 사람의 심리상태를 평가하는 것이다. 경우에 따라 진단이라는 용어 대신 미술심리평가, 미술치료평가 등의 명칭을 사용한다(주리애, 2015). 미술심리 진단을 아동에게 실시할 때는 아동의 문제에 대한 이해뿐 아니라 기능과 발달수준, 강점과 치료 목표, 변화과정에 대한 평가까지 포함하여 종합적으로 이해해야 한다. 또한 실시 장면에서의 언어 표현 및 태도와 행동관찰, 그림과 관련된 검사자의 탐색 질문에 대한 반응, 아동과 부모면담을 포함하여 검사자의 전문적 지식과 훈련, 임상경험이 통합적으로 연계되어 평가되어야 한다.

투사기법에 의한 그림을 해석하는 방법은 크게 인상주의적 해석과 구조주의적 해석 두 가지로 나누어 볼 수 있다. 인상주의적 해석이란 검사자가 아동의 그림을 본 후 주관적인 인상과 느낌에 근거하여 평가하는 것이며, 인상주의적 해석만으로는 그림에 대한 종합적인 이해가 부족하기 때문에 구조적인 해석이 함께 이루어져야 한다. 구조주의적 해석에서 'A이면 B다'라는 단순한 일대일의 대입을 하는 것은 매우 위험하므로 학자들의 기존 연구 자료를 근거로 그 의미와 상징성을 고려하여 평가해야 한다.

미술심리진단에 사용되는 투사기법들 중 아동의 심리평가에 유용한 기법을 위주로 소개하면 다음과 같다.

(1) 집-나무-사람 그림검사(House-Tree-Person: HTP)

집-나무-사람을 차례대로 그리며 하나의 그림이 끝날 때마다 그림에 대한 탐색 질문을 하고 다음 주제로 넘어가야 한다. 일반적으로는 첫 인물화(P1)를 그린 후 반대의 성(P2)을 그리게 하여 4장의 그림검사를 시행한다. 집-나무-사람의 세 가지 주제는 누구에게나 친숙하기 때문에 그림에 대한 부담감을 갖지 않고 쉽고 자유롭게 자신을 표현하는 데 효과적이다.

- 준비물: A4 용지 4장, 4B 연필, 지우개
- 지시문: 첫 번째 과제(H)–"집을 그려 보세요."
  (검사자는 검사 용지를 가로로 제시한다.)
  두 번째 과제(T)–"나무를 그려 보세요."
  (검사자는 검사 용지를 세로로 제시한다.)
  세 번째 과제(P1)–"사람을 그려 보세요. 만화나 막대 사람이 아닌 사람의 전체 모습을 그려 주세요."
  (검사자는 검사 용지를 세로로 제시한다.)
  네 번째 과제(P2)–"(P1과) 반대의 성(남자를 먼저 그렸다면 여자를, 여자를 먼저 그렸다면 남자를)의 사람을 그려 주세요."
  (검사자는 검사 용지를 세로로 제시한다.)

① 집 그림

집은 가족이 함께 모여서 사는 공간으로 아동에게 가장 친근한 대인관계 장소이기 때문에 집 그림을 통해 아동이 가지고 있는 가정과 가족에 대한 감정이나 생각을 파악할 수 있다. 즉, 집 그림에는 아동이 내면에 가지고 있는 가정생활, 가족관계, 가족구성원 각각에 대해 가지고 있는 표상, 생각, 그와 관련된 여러 감정, 소망들이 투사되어 나타나게 된다. 또한 집 그림을 통해 아동이 현실과 관계를 맺는 정도, 대인관계 양상, 내적 공상, 심리적 지지체계, 자아 강도와 자아 통제력 등에 대한 다양한 정보를 알 수 있다.

② 나무 그림

나무 그림은 심층적인 자기개념이 부여된 무의식적인 자아상의 표현으로 깊은 내면의 핵심 감정이 투사된다. 나무의 다양한 요소들은 아동의 성격구조, 자아 강도에 대한 주관적 느낌, 환경과의 접촉에 대한 욕구 정도, 환경에 대한 만족감, 내적 안정감 등과 관련된 상징성을 가지고 있다.

③ 사람 그림

사람 그림은 자신의 신체가 그대로 반영되는 경향이 있어서 의식적인 수준에서 자기 자신과 관련된 내용, 현실생활에서 느끼고 있는 자기 자신에 대한 태도와 감정들을 투사한다. 그림 속의 신체상에는 자신이 가지고 있는 충동이나 불안, 갈등 등을 반영하게 되며 각각의 신체 부위와 관련된 심리적인 요인들이 나타난다.

집 그림 나무 그림 사람 그림 1 사람 그림 2

관계 형성의 어려움과 공격성이 있는 아동(7세)의 HTP

●그림 11-10● **HTP**

(2) 동적 집-나무-사람 그림검사(Kinetic House-Tree-Person: KHTP)

KHTP는 한 장의 용지에 HTP를 그리게 하는 것으로 각 요소의 상징적 해석은 HTP와 유사하나 아동이 어떤 주제를 먼저 그리고 나중에 그리는지를 살펴보아야 한다. 그림을 그린 순서는 아동에게 특별한 의미가 있음을 시사하기 때문에 그 중요도를 파악하고 그림 전체의 유기적인 관계를 주의 깊게 보아야 한다.

- 준비물: A4 용지 1장, 4B 연필, 지우개
- 지시문: "집과 나무, 그리고 어떤 행동을 하고 있는 사람을 그려 보세요."
  (검사자는 검사 용지를 가로로 제시한다.)

불안정한 환경으로 정서적 혼란을 경험하고 있는 아동(8세)의 KHTP

내적 고립감을 경험하고 위축된 아동(7세)의 KHTP

●그림 11-11● **KHTP**

(3) 동적 가족화(Kinetic Family Drawing: KFD)

동적 가족화는 자신을 포함하여 무언가를 하고 있는 가족의 모습을 한 장의 종이에 그리는 것으로 인물들의 움직이는 모습을 통해 가족의 생활 장면이 그대로 표현된다. 그림에 표현된 가족의 활동 내용은 아동이 가족에 대해서 받아들이고 있는 주관적이고 심리적인 느낌으로 가족구성원들에 대한 내적인 상이 시각적으로 표현되는 것이다. 동적 가족화에서는 가족 간에 상호작용이 어떻게 이루어지고 있으며, 가족구성원들 사이에 형성되어 있는 힘의 분포나 친밀감, 단절감과 같은 가족의 전체적인 역동이 어떻게 일어나고 있는지, 가족 내의 역할 유형은 어떠한지 등을 볼 수 있다. 아동이 동적 가족화를 통해서 표현하는 가족의 모습에는 부모와의 관계, 형제와의 관계, 가족관계 안에서 아동이 느끼는 자신이 위치, 가족구성원에 대한 감정 등을 반영하기 때문에 아동과 가족에 대한 풍부한 정보를 얻게 된다.

- 준비물: A4 용지 1장, 4B 연필, 지우개
- 지시문: "자신을 포함해서 가족이 무언가를 하고 있는 모습을 그려 보세요. 만화나 막대 사람이 아닌 완전한 사람을 그려 보세요."
  (검사자는 검사 용지를 가로로 제시한다.)

가족 내 정서적 상호작용이 부족한 아동(6세)의 KFD

가족관계에 분노감이 있는 아동(6세)의 KFD

●그림 11-12● **KFD**

(4) 물고기 가족화(Fish Family Drawing)

물고기 가족화는 누구나 쉽게 그려 낼 수 있기 때문에 사람을 그리기 어려워하거나 표현력이 부족한 아동에게 실시하기 용이하다. 또한 자신을 드러내기 힘들어하여 진단이 어려운 아동에게도 방어 없이 가족화를 그릴 수 있는 기회를 제공하므로 동적 가족화에서 볼 수 있는 다양한 가족구성원들 간의 상호 관계를 우회적으로 볼 수 있는 방법으로 사용된다. 검사를 실시할 때는 어항이 미리 그려진 용지를 제시할 수도 있고, 아동이 직접 어항을 그리는 방법을 사용할 수도 있다.

- 준비물: A4 용지 혹은 어항 그림이 인쇄된 A4 용지, 4B 연필, 지우개
  (검사자의 판단에 따라 색연필, 크레파스 등 사용 가능)
- 지시문: "어항 속에 사는 물고기 가족을 그려 보세요.
  (색칠 도구가 주어졌을 때) 그리고 색칠도 해 보세요."

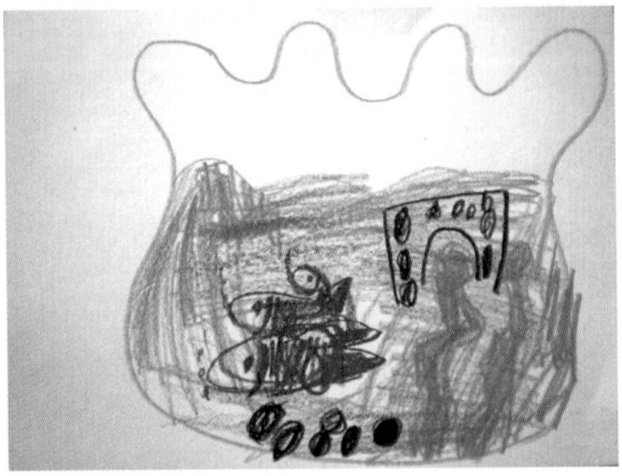

부모의 돌봄이 부족한 아동(7세)의 물고기 가족화

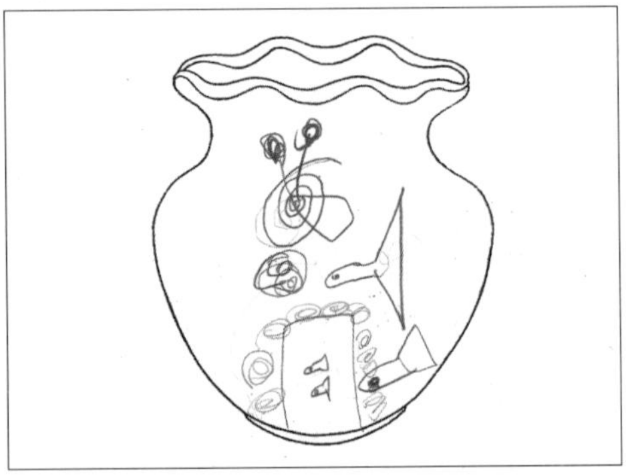

가족 내 소외감을 느끼는 아동(6세)의 물고기 가족화

●그림 11-13● **물고기 가족화**

(5) 동그라미 중심 가족화(Family-Centered Circle Drawings: FCCD)

동그라미 중심 가족화는 원이 그려진 용지에 어머니, 아버지, 자신의 모습을 각각 따로 그리고 원의 주변에 상징물을 그리는 3장의 그림검사로 개발 되었다. 그러나 실제 임상 현장에서는 짧은 시간 내에 효율적인 검사 진행을 위해서 혹은 나이가 어린 아동의 경우 그림을 여러 장 그리는 것을 힘들어하므로 한 장에 모두 그리도록 하는 방법이 활용되고 있다.

동그라미 중심 가족화는 검사 용지에 미리 그려진 원으로 인해 중심에 집중할 수 있도록 하며 부담 없이 그림을 그릴 수 있는 편안함을 제공하는 효과가 있다. 해석의 부분에서는 다른 인물화나 동적 가족화의 해석을 공유하는 부분이 많이 있지만 특별히 동그라미 중심 가족화는 각각의 인물에 대해 표현된 상징이 많은 정보를 제공해 준다. 각 인물의 상징으로 표현된 것에는 아동이 느끼는 부모나 자신에 대한 다양한 감정이 내포되어 있기 때문이다.

- 준비물: 지름 19.1~22.9cm 정도의 원이 그려진 A4 용지, 4B 연필, 지우개
  (검사자의 판단에 따라 색연필, 크레파스 등 사용 가능)
- 지시문: "원 안에 부모와 자신의 모습을 그리세요. 만화나 막대 사람이 아닌 완전한 사람의 모습을 그려 주세요. 사람이 완성되면 원의 주변에 그 사람과 연관 지어 떠오르는 것을 무엇이든 그려 주세요."

부모의 강압적인 학업 스트레스를 경험한 아동(9세)의 FCCD

가족 내 정서적 교류가 부족한 우울 아동(9세)의 FCCD

●그림 11-14● **FCCD**

(6) 동적 학교생활화(Kinetic School Drawing: KSD)

KSD는 학교의 친구와 선생님이 무언가를 하고 있는 모습을 그리게 하여 아동의 학교생활을 진단하는 데 사용하는 것으로 아동이 학교생활에서 느끼는 학업 인식이나 자기 인식, 또래 친구와의 관계, 교사와의 관계를 파악하여 학교생활의 적응 정도를 추측하는 데 유용하다. 그림 표현이 가능한 취학 전 아동의 경우도 유치원 생활화를 그리게 할 수 있으며, 이를 통해 사회적 집단 내에서 이루어지는 아동의 위치나 역할, 적응 상태를 파악할 수 있다.

- 준비물: A4 용지, 4B 연필, 지우개
- 지시문: "자신을 포함해서 학교에서 친구와 선생님이 무언가를 하고 있는 모습을 그려 보세요. 만화나 막대 사람이 아닌 완전한 사람의 모습을 그려 주세요."

학교생활 부적응 아동(7세)의 KSD

친구를 사귀지 못하는 소극적 아동(9세)의 KSD

●그림 11-15● **KSD**

(7) 빗속의 사람(Person in the Rain: PITR) 그림검사

인물화 검사에 '비가 온다'는 특정한 상황이 추가된 것으로 '비'는 외부적인 스트레스 상황을 의미한다. PITR 그림검사는 아동의 스트레스에 대한 지각의 정도와 대처양식을 파악하기 위한 진단 도구로 활용할 수 있다. 즉, 아동이 스트레스 상황에서 자신을 보호하고 환경을 통제할 수 있는 역량과 자아강도가 있는지와 더불어 아동의 강점을 파악하기에 적합하다.

- 준비물: A4 용지, 4B 연필, 지우개
  (색연필, 크레파스 등 색상을 첨가하여 검사 진행 가능)
- 지시문: "비가 내리고 있어요. 빗속에 있는 사람은 어떤 모습을 하고 있나요? 빗속에 있는 사람을 그려 주세요. 만화나 막대 사람이 아닌 완전한 사람의 모습을 그려 주세요."

언어발달 지연으로 또래관계 스트레스를 경험하는 아동(7세)의 PITR

우울하고 무기력한 아동(9세)의 PITR

●그림 11-16● **PITR**

(8) 사과 따는 사람(Person Picking an Apple from a Tree: PPAT) 그림검사

PPAT 그림검사는 나무와 사람으로 표현되는 자기상과 사과를 따는 목적을 가진 행위를 그리게 함으로써 아동의 문제해결력, 목적의 성취방향을 볼 수 있는 평가 도구이다. 또한 통제성이 높고 수정이 불가능하며 명확한 색감의 채색 도구인 마커를 사용함으로써 색채로 표현되는 보다 다양한 아동의 정서와 특징을 이해할 수 있다.

또한 PPAT 그림검사는 그림에 대해 14가지 항목별로 0점에서 5점으로 점수화하여 평가할 수 있는 형식척도와 그림의 내용을 13가지 항목으로 나누어 질적으로 해석할 수 있는 내용 척도가 개발되어 있어서 그림을 점수화하여 장애 증상과 임상적 상태를 진단하는 데 유용하다.

- 준비물: 8절 흰색 도화지, 12색 마커(사인펜).
- 지시문: "사과나무에서 사과를 따는 사람의 모습을 그려 주세요."

자신감이 없고 불안이 높은 아동(10세)의 PPAT　　ADHD 아동(8세)의 PPAT

●그림 11-17● **PPAT**

(9) 새둥지화(The Bird's Nest Drawing: BND)

새둥지화는 아동의 심리적인 애착 경험뿐만 아니라 안전과 보호, 돌봄에 대한 은유적인 인식을 나타내기 때문에 애착체계와 애착안정성을 평가하는 도구로 활용할 수 있다. 실시 후에는 애착 지표 항목에 따라 그림에 나타난 다양한 요소들을 평가하고 채점 준거에 따라 채점할 수 있다.

• 준비물: A4 용지, 4B 연필, 지우개, 12색 가는 마커
(검사자의 판단에 따라 색연필, 크레파스 등 사용 가능)
• 지시문: "새둥지가 있는 그림을 그려 보세요."

엄격한 통제로 우울한 아동(10세)의 BND

애착안정성의 부재로 경직되고 불안한 아동(9세)의 BND

●그림 11-18● **BND**

(10) 좋아하는 날씨(A Favorite Kind of Day: FKD) 그림검사

FKD 그림검사는 아동들의 그림 표현 속에 표현된 비, 눈, 해일, 강풍과 같은 거칠고 혹독한 궂은 날씨가 학대 피해 아동의 폭력적인 가정환경과 상황을 반영한다(Manning, 1987)는 가설을 근거로 학대를 받은 피해 아동을 변별하고 치료하기 위해 고안된 투사 검사이다. FKD 그림검사를 통해 학대 경험이 있는 아동들의 심리상태를 살펴볼 수 있으며 날씨의 요소(해, 비, 눈, 바람, 우박, 특정한 날씨의 움직임과 크기) 등을 근거로 채점기준을 세우고 채점할 수 있다.

• 준비물: A4 용지, 4B 연필, 지우개, 16색 크레용
• 지시문: "좋아하는 날씨를 그려 보세요."

정서적 방임 아동(7세)의 FKD

정서적 학대 아동(9세)의 FKD

●그림 11-19● **FKD**

최신 연구 ____ 웹 기반 집단미술치료 사례연구

* 박한울, 이수진, 김선아(2020). 웹 기반 집단미술치료 과정에서 나타나는 언어적 상호작용에 관한 질적 사례연구(A Qualitative Case Study on the Verbal Interaction in Web-based Group Art Therapy). **조형교육, NO. 76**, pp. 25-50.

초연결사회로 나아가고 있는 시대적 변화와 함께 코로나 19로 사회적 거리 두기가 이루어지면서 심리치료 분야에서도 비대면을 통한 치료 및 상담이 요구되고 있다. 이러한 변화의 흐름에서 미술치료 또한 온라인 플랫폼의 디지털 기술을 활용한 새로운 형태의 접근이 나타나고 있다. 박한울 등(2020)은 코로나 19라는 시대적 상황과 맞물려 미술치료에 대한 인식의 변화가 필요하며, 무엇보다 중요한 것은 치료 공간의 변화가 아닌 치료과정 안에서 이루어지는 치료사와 내담자의 상호작용이라는 점을 주목했다. 연구자들은 온라인 플랫폼을 기반으로 반응의 경로가 다양화됨에 따라 디지털 미디어를 활용한 미술치료는 내담자들에게 새로운 에너지 배열과 표현을 가져 올 뿐만 아니라 미술활동이나 그것을 표현하는 방식 그리고 그것을 타인과 나누는 상호작용 방식을 새롭게 제공할 수 있을 것으로 보았다.

웹 기반 집단미술치료의 목적은 집단 안에서 내담자들의 객관적 자기 이해와 미술활동을 통한 자기표현 과정에서 스스로 자각이 이루어지는 것이다. 연구자들은 화상회의(Zoom)를 통해 집단미술치료를 진행했으며, 내담자의 치료적 효과를 살펴보기 위해서 프로그램 안에서 텍스트 및 미술활동 과정을 중점적으로 다루었다. 내담자들에게는 자발적 참여를 독려하고 미술활동에서 태블릿 또는 디지털 그림 도구 사용 가능 여부를 묻고 사용할 수 있도록 했다. 또한 미술활동 주제를 한 주 전에 미리 제시하고 내담자가 작업을 한 후 작품을 온라인 플랫폼(네이버 Band)에서 공유했으며, 본 프로그램(Zoom)에서는 작품 설명과 이야기 나누기를 진행했다. 이러한 방식은 내담자에게 충분한 시간 동안 자유로운 형식의 미적 경험 기회를 제공하고 프로그램 안에서는 온전히 자기 생각, 경험, 느낌을 공유할 수 있는 긍정적 효과를 가져 왔다.

결과적으로 웹 기반에서 이루어지는 집단미술치료에서는 치료사와 내담자의 관계 이외에 여러 가지 요소들이 상호 보완적으로 영향을 미쳤다. 연구자들은 미술치료 환경에서 웹 기반 플랫폼의 새롭고 낯선 '공간', 서로에게 집중하고 한 걸음씩 다가가려는 치료사와 내담자들의 '참여', 작품활동에서 집중과 몰입의 결과물로써 '미술작품'이순환적 관계로 연결되어 영향을 주고 있다고 했다. 또한 이러한 시공간적 환경, 소통과 참여가 나타나는 관계 그리고 미술작품을 통한 몰입과 치유 경험은 웹 기반 미술치료의 새로운 가능성을 시사한다고 보았다.

실습 I

종이 한 장으로 표현하는 내 마음

활동목표	• 자신에 대해 탐색하고 이해할 수 있다. • 자신의 감정을 명료화한다.
준비물	A4 용지, 간단한 그리기 도구(크레파스, 색연필, 사인펜 등)
활동방법	1. 조용히 마음을 가라앉히고 마음의 변화에 집중해 본다. 2. 최근에(혹은 오늘) 어떠한 일들이 있었는지 기억해 보고 그때의 감정을 떠올려 본다. 3. 자신이 최근(혹은 오늘) 가장 많이 느끼는 감정이 무엇인지 생각해 본다. 4. A4 용지를 손에 들고 자신의 마음이 움직이는 대로 구기거나, 찢거나, 오리거나, 접어서 자신의 감정을 표현해 본다. 5. 원할 경우 간단한 그리기 도구를 이용하여 추가로 표현할 수 있다. 6. 자신의 작품에 제목을 정한다.
나눔 과정	• 어떤 일들이 떠올랐나요? • 그때의 감정은 어떠했나요? • 나의 종이는 어떻게 변화되었으며 그 의미는 무엇인가요? • 활동하기 전과 활동 후의 감정은 어떠한가요?
관찰 포인트	• 활동 중 보이는 반응은 어떠한가?(머뭇거리거나 소극적인 반응의 경우, 과격한 반응의 경우) • 자신의 감정을 잘 파악하고 표현하였는가? • 현재의 감정을 어떻게 표현하였는가?
작품 예시	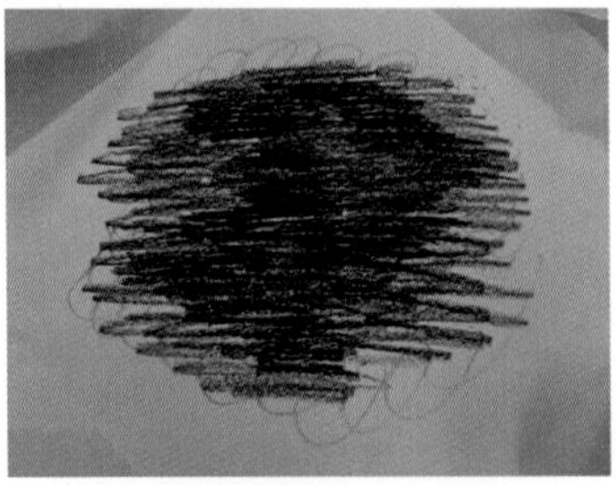   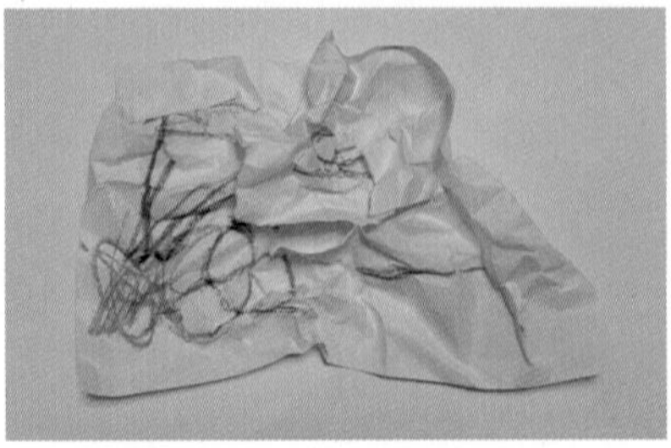

실습 2

집단 난화활동

활동목표	• 조원들과 난화를 완성하며 친밀감을 형성한다. • 심리적 이완을 경험한다. • 이미지를 찾고 이야기를 만드는 과정에서 집단에 대해 이해할 수 있다.
준비물	전지, 크레파스
활동방법	1. 4~6명이 한 조를 이루고 각자가 원하는 색의 크레파스를 선택하도록 한다. 2. 전지를 모두 사용하여 자유롭게 난화를 함께 그리다가 조원들의 합의가 이루어진 시점에서 난화 그리기를 마친다. 3. 조원들이 함께 난화에서 보이는 이미지를 찾아본다. 4. 찾아진 이미지를 활용하여 조원들이 함께 의논하여 이야기를 만들어 본다. 5. 이야기의 제목을 정한다. 6. 조별로 난화 작품과 이야기의 내용을 발표한다.
나눔 과정	• 함께 낙서를 할 때의 기분은 어떠했나요? • 난화를 통해 어떠한 이미지를 찾았나요? • 이야기를 만드는 과정은 어떠했나요? • 오늘의 작업과정을 통해 느껴지는 나의 감정은 어떠한가요? • 활동하기 전과 활동 후의 감정은 어떠한가요?
관찰 포인트	• 조별 활동에 대해 어떠한 반응을 보이는가? • 각 아동이 난화를 그리는 범위는 어떠한가?(자신의 주변에만 소극적으로 반응하는 경우와 타인의 영역에 허락 없이 침범하는 경우) • 활동 중에 집단과 개인의 에너지는 어떠한가? • 난화에서 이미지 찾기에 창의적으로 반응하는가? 어려워하는가? • 이야기 만들기를 할 때 주도적인가? 방관적인가?
작품 예시	 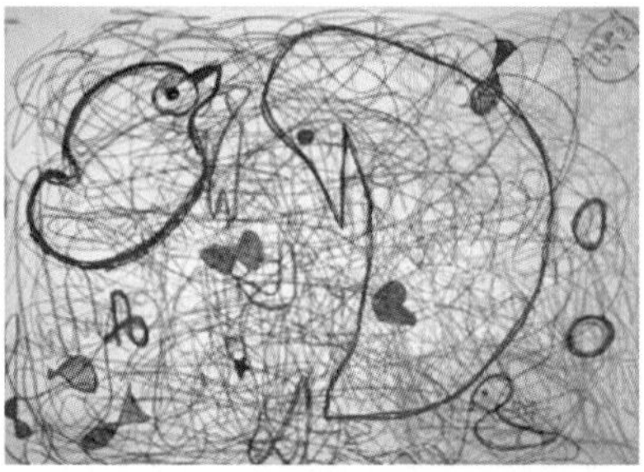

참고문헌

김예슬, 박성매, 오소정, 조연수(2017). **두드리면 열리는 미술치료**. 서울: 창지사.

김향미(2005). 미술교육에 있어서 미술치료적 관점에 관한 연구. **조형교육, 26**, 128-130.

박한울, 이수진, 김선아(2020). 웹 기반 집단미술치료 과정에서 나타나는 언어적 상호작용에 관한 질적 사례연구. **조형교육**, NO. 76, pp. 25-50.

손혜주, 최외선(2010). 미술치료와 미술교육이 아동의 미술능력과 친사회적 행동에 미치는 효과. **미술치료연구**, 17(3), 549-569.

신민섭(2010). **그림을 통한 아동의 진단과 이해(증보판)**. 서울: 학지사.

정여주(2003). **미술치료의 이해: 이론과 실제**. 서울: 학지사.

주리애(2015). **미술심리진단 및 평가**. 서울: 학지사.

Henley, D. R. (1992). *Exceptional children, exceptional art: Teaching art to special needs.* Davis Publications.

Kramer, E. (1961). Art and Emptiness: New problems in Art Education and Art Therapy. *The Bulletin of Art Therapy, 1*(1), 7-16.

Lyman, D. R., & Selman, R. L. (1985). Peer conflict in pair therapy: Clinical and developmental analyses. *New directions for child development, 29,* 85-102.

Manning, T. M. (1987). Aggression depicted in abused children's drawings. *The Arts in Psychotherapy, 14,* 15-24.

Moody, Jr, E. E. (1997). Lessons from pair counseling with incarcerated juvenile delinquents. *Journal of Addictions & Offender Counseling, 18*(1), 10-25.

Naumburg, M. (2014). *Dynamically Oriented Art Therapy: Its Principles and Practice.* **마가렛 나움버그의 역동적 미술치료**(전순영 역). 서울: 하나의학사. (원전 출판: 1987)

Rubin, J. A. (2006). *Art Therapy: An Introduction.* **미술치료학개론**(김진숙 역). 서울: 학지사. (원전 출판: 1999)

Ulman, E. (1961). Art therapy: the problem of definition. *Bulletin of Art Therapy, 1,* 1-19.

Ulman, E. (1971). The Power of Art in Therapy. In I. Jakab (Ed.), *Psychiatry and Art, 3,* 93-102. New York: S. Karger.

Ulman, E., Kramer, E., & Kwiatkowska, H. Y. (1977). *Art therapy in the United States.* University Park Press.

Wadeson, H. (2010). *Art psychotherapy* (2nd ed.). Hoboken, NJ: John Wiley & Sons.

정부24 https://www.gov.kr/portal/main

Chapter 12

어린이박물관 · 미술관 교육

최근 꾸준히 감소하고 있는 출산율과는 반대로 아동을 대상으로 하는 질 높은 문화 공간 또는 예술교육 프로그램에 대한 부모의 관심은 계속해서 증가하고 있다. 높아진 생활수준에 따라 문화향유 욕구가 증가하면서 박물관 또는 미술관들은 점점 아동을 위한 시설을 확충해 나가며 체계적인 교육 프로그램을 개발해 오고 있다. 박물관 또는 미술관은 역사적이고도 동시대적인 소장품에 기반하여 학교 교육과는 또 다른 차별화된 교육이 가능한 현장이 된다. 특히, 어린이박물관 · 미술관이 가지고 있는 가장 큰 특징은 아동이 박물관 · 미술관에서 인류의 문화유산과 예술품을 실제로 관찰하고, 체험하는 학습은 학교에서의 교육과는 다른 흥미와 몰입도를 끌어낼 수 있기에 중요하다. 하지만 어린이박물관 · 미술관에는 일반 박물관의 도슨트와 학예연구가와는 달리 어린이의 연령과 발달단계에 적합한 전시를 기획하고 구현할 수 있는 어린이 전문 도슨트 또는 에듀케이터가 필요하며, 이를 보조할 수 있는 보조 인력 또한 확충되어야 한다. 또한 최근에는 아동이 단순한 전시보다는 보다 실험적이고 상호작용을 할 수 있는 체험식 전시를 선호하기 때문에 보다 다양하고 디지털 기술을 접목시킨 전시물을 제작하여 전시의 질을 향상시킬 필요성 또한 대두되었다.

따라서 이 장에서는 어린이박물관 · 미술관 교육이 무엇인지 정의하고, 어떻게 시작되었는지 그 역사를 알아보고자 한다. 또한 국내 · 외에는 어떤 어린이박물관 · 미술관이 있으며, 최근에는 어떤 교육 프로그램이 운영되고 있는지 소개한다.

1. 어린이박물관 · 미술관의 정의

세계어린이박물관협회(Association of Children's Museum: ACM)는 어린이박물관을 '호기심을 자극하고 학습에 동기부여를 하는 전시와 프로그램을 제공함으로써 어린이들의 요구와 흥미에 부합하는 기관'이며, 동시에 '상설적인 비영리 기관으로서 기본적인 목적은 교육에 있으며, 사물(object)을 활용하고, 전문적인 직원을 고용하며, 정기적으로 대중에게 개방되는 기관'으로 정의하고 있다(ACM, 2012). 이 정의를 바탕으로 곽신숙(2017)은 박물관과는 차별화되는 어린이박물관만의 특징을 다음과 같이 3가지로 제시하였다.

① 어린이박물관은 어린이를 위한 기관이다.

–전통적인 박물관이 '소장품'의 해석에 보다 관심이 있다면, 어린이박물관은 '어린이(어린이와 동반 관람객)'라는 특정 대상을 목적으로 하는 박물관이다.

② '교육'을 특히 강조하는 기관이다.

–어린이를 위한 기관으로써 어린이 발달에 적합한 전시와 프로그램을 제시해야 한다.

③ 어린이를 위해서 유리 진열장 안에 있는 사물(object)을 보기만 하는 것이 아니라 직접 만지고 놀이할 수 있는 체험식(hands-on) 전시로 설계되어야 한다.

–직접 만진다는 것은 단순한 신체적 조작행위만을 뜻하는 것이 아닌, 그 행위를 통해 사고발달을 촉진하고 정서적인 감흥을 얻을 수 있는 정신적 작용을 포함하는 것이다.

박물관은 유형 및 무형의 인류 유산과 환경을 수집하여 보전, 연구, 전시하는 곳이다. 그중에서도 미술과 관련된 자료를 수집, 보전, 연구하며 전시하는 곳을 미술관이라고 할 수 있다. 2016년 2월 개정된 「박물관 및 미술관 진흥법」에서는 박물관을 '문화 · 예술 · 학문의 발전과 일반 공중의 문화향유 및 평생교육 증진에 이바지하기 위하여 역사 · 고고 · 인류 · 민속 · 예술 · 동물 · 식물 · 광물 · 과학 · 기술 · 산업 등에 관한 자료를 수집 · 관리 · 보존 · 조사 · 연구 · 전시 · 교육하는 시설'이라고 정의하였다.

또 미술관은 '문화 · 예술의 발전과 일반 공중의 문화향유 및 평생교육 증진에 이바지하기 위하여 박물관 중에서 특히 서화 · 조각 · 공예 · 건축 · 사진 등 미술에 관찬 자료를 수집 · 관리 · 보존 · 조사 · 연구 · 전시 · 교육하는 시설'이라고 정의하였다. 한국에서는 박물관과 미술관이 혼용되어 쓰이고 있는 경우가 많지만, 미술관은 미술 박물관의 약칭으로 박물관 중에서 특히 미술에 관한 자료를 위한 시설(한국초등미술교육학회, 2018)을 의미한다.

2. 어린이박물관 · 미술관의 역사

1) 국내 어린이박물관 · 미술관의 역사

우리나라 최초의 어린이박물관은 기업 사회공헌의 일환으로 설립된 삼성문화재단의 삼성어린이박물관이다. 미국에서 두 번째로 오래된 보스턴 어린이박물관(Boston Children's Museum)의 자문을 받아 1995년 5월 5일 어린이날에 개관하였다. '탐구와 표현'이라는 주제 아래 당시 전시 면적 410평 규모에 총 8개 영역에서 60여 점의 체험식 전시를 시작하였다. 이제까지의 박물관과는 달리 전시물을 만지고 체험하는 대한민국 최초의 체험식 박물관으로서 수요가 급증하여 1999년 12월에는 박물관 공간을 확장하기도 하였다. 또한 체험식 전시와 어린이 관람 행동의 특성상 관람객이 너무 많으면 체험활동이 제대로 이루어지기 어렵기 때문에 국내 최초로 2001년 '입장권 예매제'를 도입하여 보다 쾌적한 관람환경을 만들어 관람객의 만족도를 높였다. 하지만 2013년 삼성문화재단이 서울어린이대공원 인근에 위치한 '서울상상나라'를 위탁 운영하면서 2014년 5월 삼성어린이박물관은 개관한 지 20여 년 만에 폐관되었다.

●그림 12-1● **폐관된 삼성어린이박물관의 전경**
출처: 삼성뉴스룸 https://news.samsung.com/kr/1135

●그림 12-2● **서울상상나라의 전경**
출처: 여성신문 http://news.naver.com/main/read.nhn?mode=LSD&mid=sec&sid1=001&oid=310&aid=0000076717

이후 1997년에는 국립현대미술관의 어린이미술관 개관을 시작으로, 1998년 국립청주어린이박물관, 2003년 국립민속박물관의 어린이박물관 등이 문을 열었다. 이 외에도 국립경주박물관, 국립광주박물관, 국립전주박물관, 국립청주박물관에 소속된 기관으로서의 어린이박물관이 생기기 시작했다. 삼성어린이박물관의 개관 이후 초기 10년 동안 한국에 어린이박물관이 많이 개관을 하면서 어린이들을 대상으로 하는 체험식 전시물과 교육 프로그램을 갖추어 발전되는 양상을 보여 주었다. 2007년에는 개인 · 민간이 설립한 우리나라 최초의 어린이미술관 헬로우뮤지움이 개관했으며, 2011년에 아해 한국전통문화 어린이 박물관, 2015년에는 현대어린이책미술관이 분당에 개관하여 성공적으로 운영되고 있다. 곽신숙(2017)은 우리나라 어린이박물관의 발전과정을 크게 시기별 3단계로 나누어 제시하였다.

표 12-1 곽신숙(2017)의 우리나라 어린이박물관 발전과정

1단계 (1954~ 1994년)	준비기	• 1954년: 경주박물관학교에서 처음으로 어린이를 대상으로 하는 박물관 교육 프로그램이 운영됨 • 1970~1980년대: 국립박물관(현 국립중앙박물관)을 중심으로 박물관 교육이 본격적으로 시작되었지만 대부분 성인 대상의 강좌 프로그램이 주가 됨 • 1987년 '어린이박물관 교실'과 1989년 '엄마와 함께 박물관을'이라는 가족 프로그램을 시작으로 어린이 대상의 교육 프로그램이 전개되기 시작함
	박물관에서 어린이교육에 관심	
2단계 (1995~ 2004년)	태동기	• 1995년: 삼성문화재단에 의해 건립된 최초의 삼성어린이박물관 개관 • 1997년 이후: 국립현대미술관의 어린이미술관을 이후로 많은 국립박물관에서 어린이박물관을 운영하기 시작함 • 체험식 전시와 교육 프로그램들이 점차 심화되고 발전함
	어린이박물관의 개념 전달	
3단계 (2005~ 2016년	성장기	• 2005년: 국립중앙박물관과 국립경주박물관이 어린이박물관을 신설하여 개관 • 2007년: 최초의 어린이미술관 헬로우뮤지움 개관 • 2013년: 서울시에서 여성과 가족을 위한 보육정책의 일환으로 서울상상나라를 건립하고, 삼성문화재단과 서울시설공단이 위탁운영을 함(삼성어린이박물관의 폐관)
	어린이박물관의 공공성 강화	

1899년에 미국 브루클린 어린이박물관이 최초로 설립된 것에 비해 우리나라의 어린이박물관 설립은 1995년으로 거의 100년이나 늦게 시작되어 이제 겨우 25년 정도의 시간이 지났다. 하지만 박물관들은 각각의 가지고 있는 다양한 소장품을 이용하여 박물관 전시 주제를 어린이 대상에 맞추어 체험식 전시로 풀어내고 있으며, 보다 새로운 전시와 교육 프로그램을 개발하기 위해 노력하고 있기 때문에 그 발전 속도가 매우 빠르다고 볼 수 있다. 체험식 전시 이외에도 연령별, 주제별, 시기별 교육 프로그램을 끊임

없이 개발하고 운영하면서 지속적으로 변화하고 있다. 따라서 최근 어린이박물관의 수요는 매우 높으며 어린이집, 유치원, 초등학교와의 연계 프로그램, 학회 및 심포지엄 개최 등으로 어린이박물관 · 미술관의 입지를 다지고 있다.

2) 국외 어린이박물관 · 미술관의 역사

1899년 최초로 설립된 어린이박물관은 미국의 브루클린 어린이박물관(Brooklyn Children's Museum)이다. 브루클린 어린이박물관은 처음에는 공원에 위치한 브루클린 미술관의 부속 박물관으로 설립되었다. 어린이가 호기심을 가지고 자연사 표본과 도서컬렉션 등 실물(object)을 직접적으로 경험(first-hand experience)할 수 있도록 운영하였다. 대부분의 어린이박물관은 자체 소장품이 없이 운영되기도 하지만 브루클린 어린이박물관은 약 2만 7천여 개의 수백만 년 된 동물과 식물의 화석과 같은 희귀한 소장품을 가지고 있기 때문에 순회전시, 상설전시, 기획전시를 다양하게 계획할 수 있다는 장점을 가지고 있다. 또한 전시에만 그치는 것이 아닌 주변 학교나 지역사회에 소장품을 빌려 주어 어린이들이 언제 어디서나 흥미를 갖고 배울 수 있도록 적극적으로 지원하고 있다.

처음에는 동물 및 식물의 실물 표본이나 소형 전시물들을 관찰하고 체험용 교구로 사용하였다면, 1960년대에 이르러서야 단순히 박물관의 전시품이 전시되는 것을 넘어 '상호작용적(interactive)'인 학습경험과 '체험적(hands-on)' 전시 개념이 강조되었다. 이러한 새로운 전시 개념은 이후 현대적인 어린이박물관 · 미술관의 전시가 더욱 체계적이고 양질의 교육이 될 수 있는 발판이 되었다.

●그림 12-3● 브루클린 어린이박물관 전경 사진

●그림 12-4● 아이들이 들어가 뛰어놀 수 있게 옥상에 설치된 건축물 NEST

브루클린 어린이박물관을 시작으로 미국 어린이박물관의 발전과정을 딘(Din, 1998)은 크게 4단계로 나누어 제시하였다.

표 12-2 Din(1998)의 어린이박물관 발전과정

1단계 (1899~ 1928년)	기원과 혁신의 시기	• 최초의 브루클린 어린이박물관(1899년) 개관 • 1913년: 보스턴 어린이박물관 개관 • 1917년: 디트로이트 어린이박물관 개관 • 1925년: 인디애나폴리스 어린이박물관 개관 • 1927년: 코네티컷 웨스트하트퍼드 어린이박물관 개관
2단계 (1929~ 1957년)	공동의 노력 시기	• 어린이박물관의 중요성이 인식되기 시작하면서 40개 이상의 어린이박물관이 운영됨 • 여가시간이 증대되고 지역사회의 협력이 중요한 시기
3단계 (1958~ 1980년)	철학의 재정립 시기	• 1962년 당시 보스턴 어린이박물관의 관장이었던 스폭(M. Spock)은 기존의 사물 중심(object-centered)의 전시에서 관람객 중심(client-centered)의 전시로 주제를 바꾸기 시작함 • 전시물을 눈으로만 관람하는 전통적인 방식을 버리고, 직접 만지고 조작하고 때로는 올라타면서 전시물을 파악할 수 있도록 허용하는 체험식(hands-on) 전시를 최초로 시도함
4단계 (1891~ 1997년)	미국 전역으로의 확산기	• 1980년대에 어린이 박물관의 수가 폭발적으로 증가함 • 전시의 주제 또한 다양하고 세분화되어 1990년대까지 100개 이상의 박물관이 개관함

3. 어린이 박물관 · 미술관의 유형과 현황

1) 어린이박물관 · 미술관의 유형

어린이박물관 · 미술관은 크게 운영 주체에 따라 국립, 공립, 사립, 대학(박물관 및 미술관 진흥법, 2019)으로 나눌 수 있고, 운영 구조에 따라 독립, 부설, 위탁 어린이박물관 · 미술관(국립중앙박물관, 2019)으로 나눌 수 있다

(1) 운영 주체에 따른 분류

① 국립박물관 · 미술관

국립박물관은 국가의 설립하여 운영하는 박물관 · 미술관으로서 공무원과 준공무원의 자격을 가진 인력들이 국가를 대표하는 기관으로서의 기능 수행에 필요한 업무를 수행한다. 문화체육관광부장관 소속으로 국립중앙박물관, 국립민속박술관, 국립현대미술관을 둔다.

② 공립박물관 · 미술관

지방자체단체가 설립하여 운영하는 박물관 · 미술관이다. 지역사회의 박물관 · 미술관 자료의 구입, 관리, 보존, 전시 및 지역문화 발전과 지역주민의 문화 향유권 증진을 위하여 공립박물관과 미술관을 설립할 수 있다.

③ 사립박물관 · 미술관

「민법」, 「상법」, 그 밖의 특별법에 따라 설립된 법인, 단체 또는 개인이 설립하여 운영하는 박물관이다.

④ 대학 박물관 · 미술관

「고등교육법」에 따라 설립된 학교나 다른 법률에 따라 설립된 대학 교육과정의 교육기관은 교육 지원 시설로 대학 박물관 · 미술관을 설립할 수 있다. 교수와 학생의 연구와 교육활동에 필요한 박물관 자료나 미술관 자료의 수집, 정리, 관리, 보존 및 전시와 관련된 업무를 수행해야 하며, 국공립 · 사립 박물관 또는 미술관과의 교류와 협조도

있어야 한다.

(2) 운영 구조에 따른 분류

① 독립된 어린이박물관 · 미술관

모 박물관(Parent museum)이 없이 어린이를 주 관람객으로 하는 독립된 어린이박물이다. 미국에서 처음 발전했던 모델로 시설, 예산, 조직이 독립적으로 운영되고 있다. 소장품 전시보다는 체험식 전시(Hands-on)가 주를 이루기 때문에 다양한 주제와 영역이 종합적으로 구성되는 특징을 갖는다.

(예: 브루클린 어린이박물관, 인디애나 어린이박물관, 상상나라, 헬로우뮤지움 등)

② 부설 어린이박물관 · 미술관

모 박물관 내에 독립된 부설 어린이박물관 또는 어린이미술관의 형태로 따로 설립된다. 모 박물관의 작품이나 유물을 활용하거나, 별도의 모형 체험물을 가지기도 한다.

(예: 파리 퐁피두 미술관 내 어린이 갤러리, 국립중앙박물관의 어린이박물관 등)

③ 어린이를 위한 교육 프로그램을 운영하는 박물관 · 미술관

별도의 어린이미술관이 없이 어린이를 대상으로 하는 교육 프로그램을 운영하는 경우이다. 국내에서 가장 일반적으로 많이 찾아볼 수 있는 유형으로, 독립된 어린이미술관 또는 부설 어린이미술관의 공간 및 소장품을 활용하여 교육한다.

(예: 파리의 루브르박물관, 뉴욕현대미술관[MoMA], 대림미술관, 디뮤지엄 등)

2) 국내 어린이박물관 · 미술관의 현황

우리나라에서는 삼성어린이박물관이 1995년 첫 개관한 이래로 어린이박물관이 꾸준히 건립되고 있다. 우리나라 어린이박물관의 설립 추이와 관련되어 〈표 12-3〉을 보면 2000년대 들어 전통적인 박물관을 기반으로 한 어린이박물관 또는 어린이를 위한 체험학습실의 성장이 눈에 띄게 증가함을 알 수 있다.

표 12-3 우리나라 어린이박물관의 설립 추이(2018년 한국어린이박물관 협회 가입 기준)

연도	1970~1980년대	1990년대	2000년대	2010~2018년대
박물관 수	3	2	8	18
누계	3	5	13	31

출처: 국립중앙박물관(2019). 한국 어린이박물관 백서 2016-2018. 국립중앙박물관.

2012년에는 국립현대미술관이 EDU-STUDIO를 열어 어린이를 위한 현대 미술교육을 하고 있으며, 원래 있었던 어린이미술관을 개편하여 향후 확장하는 계획을 진행 중이다. 2016년에는 경기도의 고양시와 동두천시에 2개의 어린이박물관이 개관했고, 2023년 상반기 개관을 목표로 세종시 국립박물관 단지 내 국립어린이박물관도 건립 예정이다. 이렇게 어린이박물관의 수가 빠른 속도로 늘고 있지만, 여전히 인구와 지역 규모 대비 부족한 상황이기도 하다. 특히, 전국적으로 보다 많고 고르게 설립되어야 할 필요성이 있다.

2018년 한국어린이박물관 협회 가입을 기준[1]으로 한 『한국 어린이박물관 백서 2016-2018』에 수록된 기관 목록을 국립기관, 공립기관, 사립기관으로 나누어 살펴보면 다음과 같다.

(1) 국립기관

표 12-4 우리나라 국립 어린이박물관 · 미술관

	기관명	개관 연도	지역
1	국립중앙박물관 어린이미술관	2005	서울
2	국립경주박물관 어린이박물관	2005	경상북도
3	국립광주박물관 어린이박물관	2006	전라남도
4	국립전주박물관 어린이박물관	2014	전라북도
5	국립부여박물관 어린이박물관	2011	충청남도
6	국립공주박물관 우리문화체험실	2005	충청남도

1) 『한국 어린이박물관 백서 2016-2018』 수록 기관 선정 기준: ①「2017년 전국문화기반 시설 총람」(문화체육관광부, 2017)에 수록된 기관 중에 등록된 기관, ② 어린이 공간 및 시설을 갖춘 비영리기관으로 어린이박물관이 추구하는 미션과 철학이 있는 기관, ③ 2018년 10월 기준으로 한국 어린이박물관협회에 가입된 기관 중 심의에서 통과한 기관. 3가지 선정 기준을 토대로 최종 31곳을 확정하여 수록하였다.

7	국립진주박물관 감각체험실	2008	경상남도
8	국립청주박물관 어린이박물관	1998	충청북도
9	국립대구박물관 우리문화체험실 아롱다롱방	2006	대구
10	국립김해박물관 어린이박물관	2006	경상남도
11	국립제주박물관 체험관 어린이올레	2006	제주도
12	국립춘천박물관 어린이문화사랑방	2010	강원도
13	국립나주박물관 어린이체험놀이터	2016	전라남도
14	국립미륵사지유물전시관 어린이체험실	2015	전라북도
15	국립민속박물관 어린이박물관	2003	서울
16	국립아시아문화전당 어린이문화원	2015	광주
17	국립한글박물관 한글놀이터	2014	서울
18	국립해양박물관 어린이박물관	2012	부산
19	국립현대미술관 어린이미술관	1997	경기
20	대한민국역사박물관 어린이박물관	2012	서울

(2) 공립기관

표 12-5 우리나라 공립 어린이박물관 · 미술관

	기관명	개관 연도	지역
1	경기도어린이박물관	2011	경기
2	고양어린이박물관	2016	고양
3	목포어린이바다과학관	2013	전라남도
4	서울상상나라(구 삼성어린이박물관)	2013(1995)	서울
5	울산박물관 어린이박물관	2011	울산
6	인천어린이과학관	2011	인천
7	전쟁기념관 어린이박물관	2014	서울
8	한국만화박물관	2001	경기

(3) 사립기관

표 12-6 우리나라 사립 어린이박물관 · 미술관

	기관명	개관연도	지역
1	헬로우뮤지움 어린이미술관	2007	서울
2	아해한국전통문화어린이박물관	2011	경기
3	현대어린이책미술관 MOKA	2015	경기

3) 국외 어린이박물관 · 미술관의 현황

세계적으로 어린이박물관 · 미술관의 역사가 가장 길고 많은 곳은 미국이다. 1899년 브루클린 어린이박물관이 설립된 이후, 미국의 대도시를 중심으로 보스턴 어린이박물관(1913), 디트로이트 어린이박물관(1917), 인디애나폴리스 어린이박물관(1925) 등이 개관하였다. 1980년대 이후로 본격적인 확산기를 맞는 미국의 어린이박물관 · 미술관은 점차 대도시 이외의 지방 도시에까지 새로 생겨 현재 약 400개의 어린이박물관 · 미술관이 있다.

프랑스와 유럽의 어린이박물관 · 미술관은 국가의 탄탄한 지원 프로그램으로 운영되는 공공의 서비스 기관으로서 문화복지 차원의 형태를 띠고 있다. 파리의 퐁피두센터(Centre Pompidou)와 라빌레트 과학산업박물관(La Villette Cité des Sciences et de l'Industrie) 등은 대규모 국책사업으로 육성된 대중적 문화교육기관으로서 어린이 전시 프로그램 또한 성공적으로 운영되고 있다. 프랑스 외의 다른 유럽에서도 어린이박물관 · 미술관은 어린이 갤러리 또는 교육 아틀리에 같은 공간을 구성하여 유사한 교육의 형태와 경험을 제공한다고 볼 수 있다. 미국과 미국 외의 유럽, 아시아 등 다른 나라의 대표적인 어린이박물관 · 미술관을 살펴보면 〈표 12-7〉, 〈표 12-8〉과 같다.

(1) 미국

표 12-7 미국의 어린이박물관 · 미술관

	기관명	개관연도	지역
1	Brooklyn Children's Museum	1899	브루클린
2	Boston Children's Museum	1913	보스턴

3	Detroit Children's Museum	1917	디트로이트
4	Children's Museum of Indianapolis	1925	인디애나
5	Children's Museum of Hartford	1927	코네티컷
6	Children's Museum of Art	1988	뉴욕
7	Sugar Hill Children's Museum of Art & Storytelling	2015	뉴욕
8	Kohl Children's Museum	1985	일리노이
9	The New Children's Museum	1983	캘리포니아
10	Young At Art Museum	1987	플로리다
11	Lincoln Children's Museum	1989	네브래스카
12	National Museum of Play	1969	뉴욕
13	Adventure! Children's Museum	2015	오리건

(2) 미국 외 다른 지역 국가

표 12-8 미국 외 다른 지역 국가 어린이박물관 · 미술관

	기관명	개관연도	나라(도시)
1	유레카 어린이박물관(Eureka! The National Children's Museum)	1992	영국(웨스트요크셔)
2	트롬펜 쥬니어박물관(Tropenmuseum Junior)	1975	네덜란드
3	로마의 익스플로라(Explora Children's Museum)	2001	이탈리아(로마)
4	줌 어린이 박물관(ZOOM Kindermuseum)	1994	오스트리아(비엔나)
5	벨기에 어린이박물관(Musée des Enfants)	1978	벨기에(브루셀)
6	퐁피두 센터의 어린이 아틀리에(Atelier des Enfants in Centre Pompidou)	1977	프랑스(파리)
7	래버린스 어린이박물관(Labyrinth Children's Museum)	1997	독일(베를린)
8	유니바켄(Junibacken)	1996	스웨덴(스톡홀름)
9	리스본의 어린이박물관(Museu das Crianças)	1994	포르투갈(리스본)
10	팜바타 어린이박물관(Museo Pambata)	1994	필리핀(마닐라)
11	오사카의 키즈 플라자(Kids Plaza Osaka)	1997	일본(오사카)
12	상하이 발견어린이박물관(Shanghai Children's Museum)	1996	중국(상하이)
13	아부다비 루브르 어린이박물관(Louvre Abu Dhabi Children's Museum)	2017	아랍에미리트(두바이)
14	퀸즐랜드 아트 갤러리 오브 모던 아트 칠드런스 아트센터(QAGOMA Children's Art Centre)	1985	호주(퀸즐랜드)
15	카라카스 어린이박물관(Children's Museum of Caracas)	1982	베네수엘라(카라카스)

4. 어린이박물관 · 미술관 교육 프로그램

어린이박물관 · 미술관 교육 프로그램이란 박물관 · 미술관이 주체가 되어 진행되는 모든 형태의 교육을 의미한다. 박물관 · 미술관은 단순히 전시를 하는 곳이 아닌, 다양한 문화적 배경을 가진 관람객들을 위한 교육 프로그램을 제공하는 사회교육기관으로 그 역할과 기능을 넓혀 가고 있다. 박물관 · 미술관에서의 교육적인 기능이 강조되면서 미술관에서 소장품과 전시의 대중적 접근을 높이기 위해 제공하는 활동의 프로그램으로써 셀프 가이드 책자와 인쇄물, 전시 안내, 시연, 학습활동, 투어, 영화 감상, 강연, 특별 행사, 워크숍, 교사 연수 프로그램, 학교 연계 프로그램 등과 교육 관련 인력의 훈련 등을 포함한다(한국사립미술관협회, 2008).

1) 어린이박물관 · 미술관 교육 프로그램의 유형

박물관 · 미술관 교육 프로그램은 연령별, 집단별, 목표별, 기간별로 구분을 지어 다양하게 운영이 되고 있다. 또 각각의 연령별, 집단별에 맞추어 정기적인 이론 중심의 교육 프로그램이 진행될지, 1회성의 이론 · 감상 · 실기가 모두 병행되는 교육 프로그램이 진행될지, 또 어떤 형태의 전시를 기획할지를 세심하게 고려하여 프로그램이 구성된다.

어린이박물관 · 미술관의 교육 프로그램은 참여 관람객의 연령과 유형에 따라 개인, 단체, 가족, 일반 참여로 나눌 수도 있고, 전시 형식에 따라 이론 중심, 감상 중심, 실기 중심의 프로그램 등으로 구분될 수 있다. 다른 어린이박물관 · 미술관 교육 프로그램을 분석한 논문들(김희진, 2002; 이혜연, 2010)을 참고하여 어린이박물관 · 미술관 교육 프로그램을 유형별로 분류하여 다음과 같이 정리할 수 있다.

(1) 국내 어린이박물관 · 미술관 교육 프로그램

국내 어린이박물관 · 미술관 교육은 1990년대 초반부터 시작되어 1998년을 기점으로 점차 확대되었다(이혜연, 2010). 예술의 전당 한가람미술관의 '어린이 여름 미술학교'를 시작으로, 국립현대미술관의 '여름 어린이 미술학교' 등의 미술관들의 어린이 교육 프로그램이 많이 개설되기 시작했다. 그중 국립중앙박물관 어린이박물관과 경기도 어린이박물관의 교육 프로그램을 살펴보고자 한다.

① 국립중앙박물관 어린이박물관의 가족연계 프로그램

국립중앙박물관 어린이박물관에서 2016년 '눈부신 황금의 나라, 신라' 특별 전시와 연계한 가족 교육으로 신라의 건국 신화, 신라의 수도 등 신라의 역사와 문화에 대해 알아보고 금관 만들기를 통해 신라의 문화를 이해하며 상설전시실 문화재를 감상하는 교육을 계획하였다. 교육 프로그램의 대상은 가족으로, 초등학교 1~4학년 어린이를 동반한 20가족이었으며, 토요일 주말 약 1시간 20분 동안 진행되었다.

표 12-9 '눈부신 황금의 나라, 신라'전 가족 교육 프로그램 개요

학습목표	• 황남대총 금관과 금허리띠를 관찰하고 특징을 설명할 수 있다. • 신라 금관의 장식 요소를 바탕으로 나만의 금관을 만들 수 있다.
관련교과	사회(5-2)/사회탐구(5-2) • 대단원 1. 우리 역사의 시작과 발전 • 소단원 3. 고구려, 백제, 신라의 건국과 발전
학습내용	• 어린이박물관 특별전시와 연계한 수업을 통해 신라의 역사와 문화에 대한 이해 • 금관 만들기 체험활동과 상설 전시실 금관 및 허리띠 감상

구분	단계	교수·학습활동	장소	시간
도입	동기 유발	인사, 특별 전시실 이동	어린이박물관 특별전시실	5분
전개	전시실 관람	1. 눈부신 황금의 나라, 신라 A(신라의 탄생, 박혁거세) 2. 눈부신 황금의 나라, 신라 B(경주, 실크로드 탐험)		
	이동	교실로 이동		15분
	체험활동	신라의 금관 이야기	생각쑥쑥교실	5분
		금관 만들기		
정리	마무리	1. 활동지 배부 2. 설문지 작성 3. 인사 및 마무리	상설전시실	15분

●그림 12-5● **전시실 관람 모습**

●그림 12-6● **도슨트의 설명을 듣는 가족들**

●그림 12-7● **가족과 함께 신라 금관 만들기를 체험하는 모습**

② 경기도 어린이박물관의 교육 프로그램

최근에는 디지털 시대를 맞이하여 어린이박물관 · 미술관 또한 빠르게 발맞추어서 디지털 기술을 교육 프로그램에 활용시키고 있다. 경기도 어린이박물관은 2017년 공간을 새롭게 단장하면서 인터렉티브 미디어 전시 '컬러풀 정글(Colorful Jungle)'전을 기획하였다(국립중앙박물관, 한국박물관협회, 2019). 교육 프로그램의 대상을 6~9세의 아동들을 대상으로 한 프로그램의 개요는 〈표 12-0〉과 같다. 또 초등학생들을 대상으로 하는 초등 단체 프로그램을 따로 개발하여 운영하기도 하였다. 본 전시의 목표인 멸종 위기 동식물과 환경 보호에 관심을 갖고, 생태계 안에서 인간과 동식물 간의 공존에 대해 생각해 볼 기회를 제공하기 위하여 스토리텔링 기법을 활용한 디지털 기반의 박물관 교육 프로그램을 기획하였다.

표 12-10 '컬러풀 정글'전 교육 프로그램 개요

학습 목표	• 멸종된, 혹은 멸종 위기의 야생동물에 대해 관심을 갖는다. • 다양한 인터렉티브 미디어 경험(터치, 컬러링-스캐닝, 미션 수행)을 통해 멸종된, 혹은 멸종 위기의 야생동물을 보호하고 소중히 여기는 마음을 갖는다. • 아름다운 미디어 전시 공간 경험과 인터렉티브 미디어 경험을 통해 새로운 매체와 소통하는 즐거움과 아름다움을 경험한다.	
구분	내용	시간
도입	1. 인사, 안내 사항 전달 2. 컬러풀 정글 소개, '멸종'의 의미 3. 컬러풀 정글 속 동물 살펴보며 멸종된 동물과 멸종 위기 동물 알아보기	7분
전개	1. 사막여우가 보내온 편지 감상, 오늘 활동 소개 2. 경기도 지정 보호 야생 동식물 소개 및 컬러링-스캐닝 활동 진행 3. 팀별로 나눠 멸종 동물 보호 미션 수행	18분
마무리	1. 동식물을 보호하는 데 '인간의 역할'이 중요하다는 메시지 전달(판다의 사례) 2. 우리가 동식물을 보호하기 위해 할 수 있는 일에 대해 이야기 나누기	5분

●그림 12-8● 직접 스크린을 터치해 보는 모습

●그림 12-9● 인터렉티브 미디어 경험을 할 수 있는 전시 내부 모습

(2) 국외 어린이박물관 · 미술관 교육 프로그램

1845년 영국에서 제정된 박물관법에 의하면, 박물관 · 미술관은 단순히 전시품을 수집, 보존, 연구, 전시하는 목적에서 나아가 사회교육의 장으로서 역할을 해야 한다고 명시했다(이혜연, 2010). 이렇듯 미국과 유럽 지역에서는 미술관 교육의 중요성을 일찍이 인식하고, 교육 프로그램을 개발하기 위하여 많은 노력을 기울여 왔다.

이 외에도 박물관 · 미술관에서 전문적 지식을 갖춘 도슨트(docent[2])와 에듀케이터의 역할이 중요하다는 인식이 생기기 시작했다. 1960년대에 처음으로 보스턴 어린이박물관이 체험을 통한 학습을 강조하면서 점점 어린이를 위한 박물관 · 미술관 교육 프로그램은 아동의 오감을 만족시키고, 전시품과의 적극적인 상호작용을 유도하여 적극적으로 체험하며 배우는 교육 프로그램으로 운영되고 있다. 여기에서는 대표적으로 뉴욕 메트로폴리탄 미술관의 어린이 대상 프로그램을 소개한다.

① 뉴욕 메트로폴리탄 미술관(Metropolitan Museum of Art)

뉴욕 맨해튼에 위치한 메트로폴리탄 미술관은 1870년에 설립된 미국 최대 규모의 미술관이다. 그리스 미술, 중세 미술 전 시대와 지역에 걸친 유물품들과 각국의 회화, 조각, 사진, 공예품 등 300만 점이 넘는 방대한 컬렉션을 소장하고 있다. 미술관 투어, 워크숍, 공연, 가족 프로그램, 청소년 프로그램, K−12(유치원~12학년) 교사 프로그램 등 다양한 프로그램을 운영하고 있고, 그중 어린이와 가족을 대상으로 하는 프로그램은 〈표 12−11〉과 같다.

2) 도슨트: 미술관과 관람객, 작가의 작품과 사람들의 관심, 예술과 삶을 연결해 주는 매개의 역할을 하면서 학예사 또는 에듀케이터라고 불리는 미술관 교육담당자와 같은 역할을 하는 미술관의 또 다른 교육자이자 전문가를 말한다(한주연, 2020).

표 12-11 메트로폴리탄 미술관의 어린이 대상 프로그램

프로그램명	대상	내용	시간
Storytime in Nolen Library	18개월~3세 아동을 동반한 가족	가족과 아동은 미술관 내의 도서관인 Nolen Library의 어린이방에 가서 연령에 맞게 선정된 그림책을 읽고 이야기를 나눈다. 그 뒤, 미술관의 전시장에서 보물찾기를 하면서 미술작품을 감상하고, 이야기를 나누는 활동	30분
	3~6세 아동을 동반한 가족		
Start with Art at The MET	3~6세 아동	아동들은 보호자와 함께 교육담당자의 안내를 받으며 그날의 교육테마를 반영하는 전시장을 함께 둘러본다. 각 클래스마다 다른 테마를 사용하여 작품에 관한 이야기를 들려준다. 아동들은 준비된 그리기 도구를 사용하여 스케치하는 활동	1시간
Start with Art and Music	3~6세 아동	예술작품을 감상하고, 몸을 움직이고, 노래하며 미술관에서 미술과 음악적 요소를 함께 탐색하는 활동	1시간
Art Trek	7~11세 아동	시간과 세계를 여행하는 모험을 떠나는 아동들	1시간
Children's Classes[3]	2~4세 아동	미술관 컬렉션과 아동 주변의 세상을 연결하는 이야기. 노래, 미술활동을 할 수 있도록 소개하는 수업	45분
	5~8세 아동	• Virtual Stories and Glories: World Mythology at The Met –신화 이야기, 각 나라의 민속 이야기 속으로 직접 들어가는 인터렉티브 프로그램	1시간
	5~8세 아동	• Virtual Drawing Adventures –색, 질감 및 재료, 구성 등에 대해 배우면서 5,000년 이상 된 미술관 컬렉션을 그려 보는 수업	1시간
	5~8세 아동	• Virtual Material Exploration –그림 그리기, 콜라주(collage), 조각하기, 인쇄하기 등의 다양한 기법과 미술 재료를 탐색하면서 자신만의 포트폴리오를 만드는 수업	1시간
	9~12세 아동	• Virtual Painting Lab –미술관 컬렉션에 사용된 다양한 페인팅 기법(수채화 물감 섞기, 팝아트에서 사용된 기법 등)을 활용하여 자신만의 포트폴리오를 만드는 수업	1시간

3) 2021년 봄 학기 Children's Classes는 코로나 팬데믹 현상으로 인해 가상 수업 'Virtual Children's Classes'로 대체되었다. 출처: https://www.metmuseum.org/events/programs/families

●그림 12-10● **미술관에서 교육 프로그램에 참여하는 있는 아동들**

●그림 12-11● **박물관에서 도슨트의 설명을 듣고 있는 모습**

●그림 12-12● **미술관에서 스케치를 하거나 노트에 기록을 남기는 모습**

최신 연구 ___ 디지털 기술을 박물관·미술관 교육에서 어떻게 활용하는 것이 가장 효과적일까

* 정민영(2019). 디지털 기술을 활용한 박물관 교육 발전 방안 연구-국립경주박물관 교육 및 어린이박물관 전시 콘텐츠 사례를 중심으로-. **국립중앙박물관 교육 논문집, 3**, 29-51.

최근 제4차 산업혁명에 따른 미래 교육이 주목받으면서 인공지능(AI), 가상현실(VR), 증강현실(AR) 등의 디지털 기술들이 교육 분야에서 활용되고 있다. 사회적 교육기관인 박물관도 전시, 소장품 관리, 교육 등 여러 방면에서 디지털 기술을 받아들이려는 노력을 하고 있는데, 정민영(2019)은 디지털 기술을 활용한 국립경주박물관의 어린이박물관에서 진행되었던 다양한 교육/전시 사례를 분석하여 박물관 교육에서의 디지털 기술 활용과 발전 방안을 모색했다.

국립경주박물관의 어린이박물관은 자체 개발한 어플리케이션 '반짝반짝 신라, 두근두근 경주'를 개인 휴대전화에 다운받아 소책자 형식의 리플릿에서 실행하면 휴대전화에 가상의 세계가 펼쳐지는 증강현실(AR)[4] 기능을 탑재하였다. 상설전의 주제인 '신라'를 대표하는 탑에 대해 알아보는 탑 쌓기 게임 같은 3종의 연계 게임과, 글을 아직 읽지 못하는 어린이들도 콘텐츠를 즐길 수 있도록 음성서비스 또한 추가했다. 이러한 노력은 디지털 기술을 활용하여 어린이를 대상으로 하는 전시에 대한 흥미와 창의력을 높

●그림 12-13● **국립경주박물관의 '반짝반짝 신라, 두근두근 경주' 어플리케이션 화면**

4) 증강현실(Augmented Reality: AR): 현실에 가상의 영상 또는 유의미한 정보를 합성하여 사용자의 경험이 증강되도록 구현하는 기술을 말한다.

이고자 함이었다.

증강현실 외에도 가상현실(VR)[5]과 상호작용이 가능한 인터렉티브 미디어 월[6]을 설치하고, 3차원 프린터를 활용한 교육 프로그램들도 기획하였다. 2018년 천마총과 천마총 출토 문화재를 소개하는 어린이 동반 가족 대상 프로그램 '하늘을 나는 말이 있다고?!'에서 처음 사용하였고, 이러한 가상현실을 사용한 교육 프로그램의 장점은 참가자들의 흥미 유발과 만족도에 도움이 된 것으로 나타났지만, 인터넷 속도나 기기 사양에 따라 발생하는 문제점들이 있었다. 3차원 프린터를 활용한 박물관 문화재 복원 체험 프로그램 또한 시간의 제약이 있었으며, 프로그램의 기획 의도와는 다르게 문화재 복원에 대한 관심보다는 3차원 프린팅 기술 자체에 집중하는 경향을 보여 아쉬움이 남기도 했다.

참가자들은 어린이박물관 내 디지털 매체가 활용된 전시물에 대한 만족도를 7점 만점에 평균 6점 이상의 높은 점수로 평가하여 디지털 체험 전시물에 대한 만족도가 높았다. 하지만 모든 체험 전시물에 대한 선호도를 비교해 봤을 때는 아날로그 방식으로 직접 작업한 결과물을 디지털 매체로 전송하여 공유하는 방식의 콘텐츠가 가장 만족도가 높았다. 특히, 디지털과 아날로그의 적절한 조합이 어린이의 참여도와 흥미를 높이는 효과적인 방식이라는 것을 알 수 있다.

결과적으로 디지털 기술을 활용한 박물관 교육은 참가자들의 호기심을 자극하여 적극적인 자기주도적 학습을 가능하게 하고, 공간의 제약 없이 지속적인 소통이 가능하며, 사용자의 선택에 따른 다양한 결과를 도출해 낼 수 있다는 장점을 가지고 있다. 하지만 스마트 기기에 대한 사용자의 숙련도에 따라 그 효과의 차이가 확연히 다르게 나타나며, 인터넷 환경과 소프트웨어 개발 및 하드웨어 구축 등에 따른 기술적 · 경제적 한계도 분명하게 존재한다. 아쉽게도 디지털 기술의 참가자의 흥미 유발 및 만족도는 확인할 수 있었지만, 교육적 효과는 명확하게 드러나지 않았다. 따라서 디지털 기술의 효용성과 경향을 분석하여 교육적 효과를 도출할 수 있는 보다 전문적이고 객관적인 평가지표가 있어야 할 것이다.

5) 가상현실(Virtual Reality: VR): 현실과 유사한 가상의 허구적 환경이나 상황을 구현하고 이용자로 하여금 마치 실제 환경에서처럼 시각, 청각, 촉각 등으로 감지하고, 상호작용이 가능한 기술을 말한다.

6) 인터렉티브 미디어 월: 대형 미디어 월에 어린이박물관 상설전의 주제를 드러내는 일러스트 이미지를 상시로 전송하고, 그 앞을 사람이 지나가면 센서가 사람을 인식하여 기본 이미지 위에 움직이는 새로운 이미지를 등장시키는 방식의 새로운 콘텐츠를 말한다.

★ 요즘 가장 주목받는 디지털 아트 그룹: 팀 랩(Team Lab)

teamLab★

●그림 12-14● **팀랩의 로고**

디지털 아트 그룹 팀 랩의 수장 이노코 토시유키(Toshiyuki Inoko)는 도쿄 대학교에서 공학을 전공했으며, 2001년 대학교 벤처로 팀랩을 창업하였다. 처음 5명의 졸업생으로 시작해서 현재는 400명이 넘는 예술가, 프로그래머, 엔지니어, 컴퓨터 그래픽 애니메이터, 수학자, 건축가, 웹 디자이너, 그래픽 디자이너, 화가 등 여러 분야의 전문가들과 함께 학계 간의 경계가 없는 예술 그룹(Interdisciplinary Group of Artists)인 팀 랩이 결성되었다. 이름에서도 느낄 수 있듯 팀으로서, 집단 안에서의 창조를 중요시한다.

팀 랩의 작품들은 관람객들과의 상호작용을 통해 변화하고 완성된다. 따라서 관람객들은 이제까지 박물관 또는 미술관에서 경험해 보지 못했던 새로운 체험을 하면서 공동의 작품을 창조해 나간다. 실제로 디지털 아트 전시가 과거 예술의 저항성, 실험성, 창조성 등 예술가의 의도 중심이었다면, 요즘은 관객과의 상호작용성, 유희성, 대중성, 공유 가능성 등 관객의 의도를 중요시하는 트렌드로 변화하고 있다. 예를 들어, 미술관에서는 작품 앞에 관람객이 너무 많으면 시야를 가려 방해가 된다고 느끼지만, 팀 랩의 세계에서는 함께 영향을 끼치는 공동 운명체이다. 관람객들이 많으면 많을수록 꽃이 더 많이 피고, 또 그림을 더 많이 그리면 그릴수록 도시나 바닷속 세상은 더 가득 차고 풍요로워진다. 자신 옆에 있는 관람객의 행동에 따라 작품도 변하고, 나의 행동에 따라서도 작품이 변하기 때문에 오히려 타인인 관람객의 존재가 중요해지기도 한다. 우리는 팀 랩의 작품 속에서 타인을 보다 긍정적인 존재로 받아들이기도 하고, 어렵고 차갑게만 느껴졌던 디지털 아트에 대한 선입견 또한 바뀌는 경험을 한다. 이렇게 팀 랩의 목표는 작품을 통해서 인류가 한층 창조적이고 지적으로 진화하는 것이며, 서로 소통하고 평화롭게 공존하는 것이다. 궁극적으로는 작품을 통해 관객의 세계관이 변화되고 확장되어 인류를 성장하고 번영하게 하는 것이다.

싱가포르 아트사이언스 뮤지엄(ArtScience Museum)에서 2016년 3월부터 상설전으로 열리고 있는 'FUTURE WORLD: WHERE ART MEETS SCIENCE'전에서는 디지털 과학 기술을 예술작품에 결합시킨 신비한 미래 세계를 소개하였다. 대형 작품인 〈스케치 아쿠아리움(Sketch Aquarium)〉에서는 여러 관람자가 바다 생물 모양의 선이 그려진 종이 위에 준비된 색연필로 물고기, 거북이, 해마, 해파리 등 원하는 바다 생물 모양 종이를 골라 꾸며 준 뒤([그림 12-15]), 스캐너에 완성된 그림을 집어넣고 버튼을 누르면([그림 12-16]), 관람자의 그림이 스캔되어 디지털 이미지로 변환된다. 곧 눈앞에 있는 파란색 대형 아쿠아리움 스크린에 관람자의 그림이 들어가 움직이는 생물로 변화하여 헤엄치고 있는 것을 발견할 수 있다([그림 12-17]). 바닷속에는 먹이 주머니도 있어서 손으로 만지면 물고기들이 먹이 주위에 모여든다. 관람자가 스스로 참여하여 다른 관람자들과의 공동 창작물을 완성하는 놀라운 경험을 할 수 있는 것이다. 이 밖에도 다른 작품들 관람자가 작품에 다가가거나 작품 위에 서면 작품은 사람들의 움직임에 영향을 받으며 끝없이 변화해 나가며 살아 숨 쉬는 듯한 느낌을 준다.

2016년 8월 서울 잠실 롯데월드에서 'teamLab: World-Dance! Art Museum, Learn & Play! Future Park!'전 이후 2020년 9월부터 2021년 4월까지 서울 동대문 디자인 플라자(DDP)에서 'teamLab: LIFE'전이 열린다. 자연이 주는 축복과 위협 속에도 살아나가는 위대한 생명의 아름다움에 대한 메시지를 전달하는 전시로, 국내 관람객들도 팀 랩만의 독특하고 신비로운 인터렉티브 미디어 아트[7]를 직접 체험할 수 있게 되었다.

●그림 12-15● **직접 그림을 그리고 있는 관람객의 모습**

●그림 12-16● **직접 그린 그림을 스캐너에 넣는 모습**

●그림 12-17● **직접 그린 그림이 대형 스크린에 나와서 움직이는 전시 내부 모습**

출처: 팀랩 공식 홈페이지(www.teamlab.art).

7) 인터랙티브 미디어 아트(Interactive Media Art): 기존 예술과는 다르게 관람객이 작품을 직접 접촉하거나, 직접적이고 적극적인 참여를 통해 영향을 주고받는 예술의 형태를 말한다. 작품과 매우 근접한 거리에서 다감각적 체험이 가능하다는 특성을 갖는다(양지현, 2016).

실습

크로키로 빠르게 스케치하기

활동목표	• 크로키 기법을 이해하고, 표현할 수 있다. • 눈과 손의 협응력을 기를 수 있다.
준비물	종이(스케치북, 도화지, 작은 수첩이나 연습장 등)와 연필
활동방법	1. 먼저 무엇을 그릴지 정한다. 실제 인물을 그리는 인물 크로키가 가장 연습하기 좋기 때문에 가능하면 주변의 가족이나 친구가 모델이 되어 주면 가장 좋다. 2. 정해진 대상은 자연스러운 포즈를 잡아 준다. 만약 대상이 주변에 없다면 사진을 보면서 그려도 가능하다. 3. 타이머 또는 알람기능을 사용해서 처음에는 10분으로 시작한다. 4. 눈에 보이는 대상을 전체적인 부분부터 형태를 잡아 과감하고 빠르게 그려 나간다. 5. 전체적인 형태가 대략적으로 잡히면 세부적으로 특징적인 부분도 그려 주면서 완성한다. 6. 10분이 지난 뒤, 그림을 보면서 전체적인 균형이나 비율이 자연스러운지, 어떤 한 부분만 너무 자세하게 그린 건 아닌지, 대상의 특징은 잘 파악되어 그려졌는지 살펴본다. 7. 똑같은 과정을 5분, 3분, 1분 안에 그려 보는 크로키 연습을 해 본다. 8. 크로키가 익숙해지면 틈틈이 일상생활 속에서 연습할 수 있다. 예를 들어, 박물관 · 미술관에서 본 인상 깊었던 작품, 집에서 키우는 반려견, 지하철 맞은편에 앉아 있는 사람, 여행 중 가장 좋았던 장소 등 기억하고 싶은 것들을 크로키를 통해 기록할 수 있다.
지도 시 유의 사항	• 아동들에게 크로키를 게임처럼 소개하면서 가볍게 진행하면 처음에는 어려워할 수 있지만 특히 그림 그리기를 머뭇거리며 어려워하는 아동들에게 좋은 방법이 된다. • 굳이 아동들이 그린 크로키 그림에 대해 자세히 관찰하고 평가하기보다는 그냥 재미있게 그림 그리기를 연습한다는 가벼운 마음으로 지도하는 것이 중요하다. • 사실적으로 잘 그리는 그림만이 잘 그린 그림이라는 인식을 버릴 수 있도록 도와준다.
작품 예시	피터 메님(Peter Mennim[8])의 크로키 드로잉 참고 

8) 영국 작가 Peter Mennim의 홈페이지 https://www.petermennim.com/gallery/drawings/

참고문헌

곽신숙(2017). 어린이박물관 관람경험 분석 연구-서울상상나라를 중심으로-. 한양대학교 대학원 박사학위논문.

국립중앙박물관(2019). **한국 어린이박물관 백서 2016-2018**. 서울: 국립중앙박물관.

국립중앙박물관, 한국박물관협회(2019). 경기도 어린이박물관 미디어 전시 '컬러풀 정글(Colorful Jungle)' 체험을 통한 멸종위기 동식물 이해하기 프로그램 사례 발표. 국립중앙박물관 어린이박물관 교육 심포지엄 디지털 시대, 박물관 교육의 방향과 과제, 81-94. 5월 17일. 서울: 국립중앙박물관 교육관 제2강의실.

김희진(2002). 국내외 어린이 대상 미술관 교육 프로그램 현황 비교분석. 건국대학교 대학원 석사학위논문.

문화체육관광부(2017). **2017 전국 문화기반시설 총람**. 세종: 문화체육관광부.

문화체육관광부(2019). 박물관 및 미술관 진흥법(약칭: 박물관미술관법). 세종: 문화체육관광부.

양지형(2016). 인터랙티브 미디어아트에서 관람객의 참여와 체험을 통한 커뮤니케이션. 숭실대학교 대학원 박사학위논문.

양혜진, 김남효(2009). 미디어를 활용한 어린이 박물관의 체험전시 선호 연구. **기초조형학연구, 10**(6), 227-237.

이승민(2020), VR/AR 산업 활성화를 위한 법 · 제도 개선방안-의료 · 교육 · 영상 관련 실감 콘텐츠 규제를 중심으로-. **경제규제와 법, 13**(1), 75-95.

이윤진, 이정원(2014). 영유아의 문화시설 이용 경험에 영향을 미치는 요인. **육아정책연구, 8**(2), 65-93.

이혜연(2010). 미술관 어린이 교육 프로그램에 관한 연구. 중앙대학교 대학원 석사학위논문.

임수현(2020). 디지털 아트를 통한 공공성의 변용과 확장-〈완전한 세상〉과 〈팀랩 보더리스〉를 중심으로-. 부산대학교 대학원 석사학위논문.

정민영(2019). 디지털 기술을 활용한 박물관 교육 발전 방안 연구-국립경주박물관 교육 및 어린이박물관 전시 콘텐츠 사례를 중심으로-. **국립중앙박물관 교육 논문집**, 3, 29-51.

정진나(2012). 유아의 발달특성을 고려한 미술관 교육에 대한 탐색: 미국의 미술관 사례를 중심으로. **문화예술교육연구, 7**(4), 131-153.

한국사립미술관협회(2008). **미술관 교육담당자를 위한 미술관 교육프로그램 개발 및 운영 지침서-(사)한국사립미술관협회 회원 미술관을 중심으로-**. 서울: 사단법인 한국사립미술관협회.

한국초등미술교육학회(2018). **현대미술교육의 동향**. 경기: 교육과학사.

한주연(2020). 미술교육 전문성 관점에서 본 한국 미술관 교육의 현황과 과제. 서울대학교 대학원 박사학위논문.

ACM (2012). *Standards for Professional Practice in Children's Museums*. VA: Association of Children's Museum.

Din, H. W. (1998). A history of children's museums in the United States. 1899-1997: Implications for art education and museum education in art museums. Dissertation for the Ohio State University.

찾아보기

인 명

내 용

저자 소개

최나야(Choi Naya)
서울대학교 언어학과 학사, 아동가족학과 석사 및 박사
가톨릭대학교 아동학전공 교수
현 서울대학교 생활과학대학 아동가족학과 교수

김태연(Kim Taeyeon)
서울대학교 소비자아동학과 학사, 아동가족학과 석사 및 박사
안양법원어린이집 원장
현 원광대학교 가정아동복지학과 조교수

김도연(Kim Doyeon)
New York Univ. 순수미술(Studio Art) 학사
서울대학교 유아교육전공 석사 및 박사 수료
현 서울대학교 느티나무 어린이집 미술특활교사

김수희(Kim Suhee)
명지대학교 아동학 박사/신지식인(교육 분야)
육영재단 어린이회관유치원 원장
현 성결대학교 사범대학 유아교육과 조교수

조연수(Cho Yeonsoo)
이화여자대학교 미술대학 도예과 학사 및 석사
명지대학교 예술치료학과 미술치료학 석사 및 아동학과 박사
현 심리상담센터 한점미소 소장
인덕대학교 리빙세라믹디자인학과 겸임교수
덕성여자대학교 문화산업대학원 아동가족학과 겸임교수

전은옥(Jun Eunock)
한국방송통신대학교 유아교육 학사
가톨릭대학교 유아교육학 석사 및 아동학 박사
임마누엘어린이집 보육교사
한국방송통신대학교 청소년교육과/교육학과 및 유한대학교 아동보육학과 강사

아동미술

이론과 실습

How to Understand and Teach Children's Art

2021년 3월 15일 1판 1쇄 인쇄
2021년 3월 25일 1판 1쇄 발행

지은이 • 최나야 · 김태연 · 김도연 · 김수희 · 조연수 · 전은옥
펴낸이 • 김진환
펴낸곳 • ㈜학지사
04031 서울특별시 마포구 양화로 15길 20 마인드월드빌딩
대표전화 • 02-330-5114 팩스 • 02-324-2345
등록번호 • 제313-2006-000265호

홈페이지 • http://www.hakjisa.co.kr
페이스북 • https://www.facebook.com/hakjisa

ISBN 978-89-997-2375-9 93370

정가 24,000원

저자와의 협약으로 인지는 생략합니다.
파본은 구입처에서 교환해 드립니다.